Leitfäden der angewandten Informatik

M. Vetter
Aufbau betrieblicher Informationssysteme mittels konzeptioneller Datenmodellierung

Leitfäden der angewandten Informatik

Die Bände dieser Reihe sind allen Methoden und Ergebnissen der Informatik gewidmet, die für die praktische Anwendung von Bedeutung sind. Besonderer Wert wird dabei auf die Darstellung dieser Methoden und Ergebnisse in einer allgemein verständlichen, dennoch exakten und präzisen Form gelegt. Die Reihe soll einerseits dem Fachmann eines anderen Gebietes, der sich mit Problemen der Datenverarbeitung beschäftigen muß, selbst aber keine Fachinformatik-Ausbildung besitzt, das für seine Praxis relevante Informatikwissen vermitteln; andererseits soll dem Informatiker, der auf einem dieser Anwendungsgebiete tätig werden will, ein Überblick über die Anwendungen der Informatikmethoden in diesem Gebiet gegeben werden. Für Praktiker, wie Programmierer, Systemanalytiker, Organisatoren und andere, stellen die Bände Hilfsmittel zur Lösung von Problemen der täglichen Praxis bereit; darüber hinaus sind die Veröffentlichungen zur Weiterbildung gedacht.

Aufbau betrieblicher Informationssysteme

mittels konzeptioneller Datenmodellierung

Von Dr. sc. techn. Max Vetter
IBM Schweiz und Privatdozent an der
Eidg. Technischen Hochschule, Zürich

5., durchgesehene Auflage
Mit 242 Abbildungen

B. G. Teubner Stuttgart 1989

PD Dr. sc. techn. Max Vetter, Dipl.-Ing. ETH

1938 geboren in Zürich. Von 1958 bis 1963 Studium der Chemie an der Eidg. Technischen Hochschule (ETH) in Zürich. 1964 nach erfolgter Diplomierung Aufnahme der beruflichen Tätigkeit bei IBM in Basel. Daselbst in der Industrie während 10 Jahren mitverantwortlich für Entwurf und Realisierung technisch-wissenschaftlicher, kommerzieller sowie produktionssteuernder Datenbankapplikationen. Von 1973 bis 1978 Forschungs- und Lehrtätigkeit am European Systems Research Institute (ESRI) der IBM in Genf und La Hulpe, Brüssel. 1976 Promotion und 1982 Habilitation an der ETH in Zürich mit Arbeiten auf dem Gebiete der Datenstrukturen und des Datenbankentwurfs.

Im Rahmen von Beratungs- und Lehrverpflichtungen zahlreiche Aufenthalte unter anderem an den IBM Systems Research Institutes in Itoh/Japan und Rio de Janeiro, an den IBM Systems Science Institutes in London, New York und Tokyo, an den IBM-Laboratorien in Santa Teresa und Palo Alto, Kalifornien, am IBM Africa Institute an der Elfenbeinküste sowie bei den IBM Niederlassungen in Istanbul und Tel Aviv.

Seit 1979 Berater und Dozent für Datenbanken und Informationssysteme bei der IBM Schweiz in Zürich, seit 1982 Privatdozent für angewandte Informatik an der ETH Zürich sowie gelegentlich Lehrbeauftragter am Institut für Informatik der Universität Zürich und an der Abteilung für Militärwissenschaften der ETH Zürich.

CIP-Titelaufnahme der Deutschen Bibliothek

Vetter, Max:
Aufbau betrieblicher Informationssysteme : mittels konzeptioneller Datenmodellierung / von Max Vetter. - 5., durchges. Aufl. - Stuttgart : Teubner, 1989
(Leitfäden der angewandten Informatik)
ISBN 3-519-42464-9

Printed in Germany
Gesamtherstellung: Zechnersche Buchdruckerei GmbH, Speyer
Umschlaggestaltung: M. Koch, Reutlingen

Vorwort zu den ersten fünf Auflagen

Die Zahl der Firmen mehrt sich, die den Wert ***unternehmungsweiter konzeptioneller Datenmodelle*** erkannt haben und ein derartiges Modell bereits besitzen oder im Begriffe sind, dessen Realisierung in die Wege zu leiten. Man verspricht sich davon einen umfassenden Überblick bezüglich der datenspezifischen Sachverhalte einer Unternehmung insgesamt. Ein derartiger Überblick ist unbedingt erforderlich, will man das ***Jahrhundertproblem der Informatik*** einer Lösung zuführen. Es sei darunter folgendes verstanden:

1. **Das Jahrhundertproblem der Informatik besteht in der Bewältigung des Datenchaos, das infolge unkontrolliert gewachsener Datenbestände fast überall entstanden ist.**

2. **Das Jahrhundertproblem der Informatik erfordert die Schaffung einer Datenbasis, die für die effiziente Nutzung zukunftsträchtiger Möglichkeiten der Informatik – gemeint sind benützerfreundliche, auch Nichtinformatikern zumutbare Applikationsgeneratoren und höhere Datenbanksprachen – unerlässlich ist.**

Im vorliegenden Buch wird ein systematisches Vorgehensprozedere diskutiert, das im Idealfall zunächst die Ermittlung eines ***Grobkonzepts*** vorsieht und anschliessend auf dem Wege über ***applikationsorientierte*** und ***globale*** (d.h. applikationsüberspannende) zu ***unternehmungsweiten konzeptionellen Datenmodellen*** führt. Ein derartiges Modell ist wie folgt charakterisiert:

1. **Es ist unabhängig von der DV-technischen Implementierung der Daten auf Speichermedien.**

2. **Es ist neutral gegenüber Einzelanwendungen und deren lokaler Sicht auf die Daten.**

3. **Es basiert auf eindeutigen, mit den Fachabteilungen festgelegten Fachbegriffen, die für das weitere Vorgehen in der DV verbindlich sind.**

4. **Es stellt das Informationsangebot der Gesamtunternehmung auf begrifflicher Ebene dar und fungiert als Schnittstelle zwischen Anwendungen und Anwender als Informationsnachfrager einerseits sowie Datenorganisation und Datenverwaltung als Informationsanbieter anderseits.**

5. **Es bildet die Grundlage für die Ableitung der bei der Datenspeicherung verwendeten *physischen Datenstrukturen* sowie der bei der Datenverarbeitung verwendeten *logischen Datenstrukturen*.**

6. **Es ist die gemeinsame sprachliche Basis für die Kommunikation der an der Organisation von Datenverarbeitungsabläufen beteiligten Personen.**

Damit ein unternehmungsweites konzeptionelles Datenmodell im Sinne der vorstehenden Ausführungen zustande kommt, sind selbstverständlich vor und während der Entwicklung von Applikationen adäquate Massnahmen erforderlich. Im Sinne eines Vorschlages wird in diesem Buche ein entsprechendes Vorgehen diskutiert, das in der Fachwelt – sicherlich nicht zuletzt des produktneutralen Charakters wegen – auf ein grosses Interesse gestossen ist. Zahlreiche Unternehmungen halten sich mittlerweile mehr oder weniger an die vorgeschlagene Arbeitsweise und haben damit zum Teil spektakuläre Erfolge erzielt. Übrigens beschränkt sich dieses Interesse keineswegs nur auf deutschsprachige Länder. Dies geht schon daraus hervor, dass ich im Zusammenhang mit den vorliegenden Ideen die Gelegenheit hatte, bis jetzt in nahezu 20 Ländern auf 4 Kontinenten tätig zu sein. Aufgefallen ist mir dabei, dass sich nicht nur Firmen, sondern ganze Interessengemeinschaften (z.B. GUIDE) mit der Thematik auseinandergesetzt und für flankierende Aspekte wie "personelle Voraussetzungen", "Organisation", "Pflichtenhefte", etc. Richtlinien erarbeitet haben.

Dass das zur Diskussion stehende Vorgehen nicht nur in deutschsprachigen Ländern Fuss zu fassen vermochte, geht auch aus der Tatsache hervor, dass nunmehr im John Wiley Verlag in England eine englische Übersetzung mit dem Titel

Strategy for Data Modelling

(application- and enterprise-wide)

erhältlich ist [46]. Ausserdem soll dem Vernehmen nach zur Zeit auch in China an einer chinesischen und in Japan an einer japanischen Übersetzung gearbeitet werden.

Erwähnenswert ist sicher auch, dass die Realisierung eines ***Softwareproduktes zur maschinellen Unterstützung*** des vorliegenden Vorgehensprozederes verschiedenenorts vehement vorangetrieben wird. So beabsichtigt beispielsweise die ***delta Software AG*** in Schwerzenbach/Schweiz das im 9. Kapitel diskutierte maschinelle Entwurfsprozedere auf der Basis eines entsprechend konzipierten Data Dictionary's in ihr Produktangebot aufzunehmen.

Schliesslich sei positiv vermerkt, dass sich die Zahl der Firmen zu mehren beginnt, die nicht nur das mit der Entwicklung von Informationssystemen betraute Fachpersonal, sondern auch die in Fachabteilungen tätigen, als Gesprächspartner vorgesehenen EDV-Laien (teilweise bis hinauf zur Geschäftsleitung) in der Anwendung der Methode schulen lassen. Offenbar wird mehr und mehr erkannt, dass sich der ***menschliche Kommunikationsprozess*** mit dem nachstehend diskutierten, auf mengentheoretischen Erkenntnissen aufbauenden Vorgehen günstig beeinflussen lässt. Was übrigens die Schulung anbelangt, so bietet die ***Applied Learning International GmbH*** in Düsseldorf den Inhalt des vorliegenden Buches nunmehr auch in Form von Video-Aufzeichnungen an. Daneben besteht selbstverständlich nach wie vor die Möglichkeit, bei der IBM in Deutschland, Österreich und der Schweiz verschiedenartige, auf dem Inhalt des vorliegenden Buches aufbauende Kurse zu besuchen.

Der vorstehend geschilderten Akzeptanz steht anderseits aber auch eine gewisse Skepsis gegenüber. Noch wird offensichtlich nicht allgemein anerkannt, dass es für die Realisierung betrieblicher Informationssysteme grundsätzlich ***zwei*** Möglichkeiten gibt, nämlich:

- die konventionelle ***funktionsorientierte*** (man sagt auch ***ablauforientierte***) Vorgehensweise sowie

- die in diesem Buche propagierte ***datenorientierte*** Vorgehensweise.

Bei der ***funktionsorientierten Vorgehensweise*** versucht man zunächst, die für eine Applikation relevanten ***Funktionen*** (man könnte auch von ***Tätigkeiten*** sprechen) ausfindig zu machen. Erst in einem zweiten Schritt werden sodann die für besagte Funktionen erforderlichen Daten ermittelt. In der Regel resultieren dabei viele funktionsorientierte (d.h. wenig integrierte), Redundanz aufweisende Datenbestände und als Folge davon ein Zustand, der von Weizenbaum [49] wie folgt charakterisiert wurde: *"Es ist inzwischen eine Situation eingetreten, in der wir die **Zusammenhänge nicht mehr verstehen,** weil wir sie **nicht überblicken**... Viele der grösseren Computersysteme, die in der Welt funktionieren, sind **undurchschaubar**. Ich meine damit diejenigen, die im Militär, im Staat oder in der Wirtschaft genutzt werden. Ich meine nicht, dass niemand etwas davon versteht, aber ganz und gar **durchschauen kann man sie nicht mehr**."*

Bei der ***datenorientierten Vorgehensweise*** stehen demgegenüber die Daten im Mittelpunkt der Betrachtung. Idealerweise versucht man dabei, zunächst eine sehr grobe, unternehmungsweite Datenstruktur zu ermitteln. Diese wird sodann im Verlaufe der Zeit – etwa bei der Realisierung von Applikationen – verfeinert.

Folgende Vorteile kennzeichnen die ***datenorientierte Vorgehensweise:***

- **Bei der datenorientierten Vorgehensweise resultieren fast zwangsläufig integrierte, vielfach benutzbare, redundanzfreie Datenbanken.**
- **Die Vorgehensweise führt auch dann zum Ziel, wenn Funktionen vorerst einmal gar nicht ermittelt werden können. Dies ist immer dann der Fall, wenn eine Basis für die Beantwortung von spontanen, *nicht voraussehbaren* Fragestellungen – man denke an sogenannte *dispositive Informationssysteme* – geschaffen werden soll.**
- **Die Vorgehensweise vermag jederzeit einen Überblick bezüglich der datenspezifischen Aspekte einer Unternehmung zu gewährleisten. Dieser Sachverhalt wird in Zukunft mit der verteilten Datenverarbeitung (dazu ist auch der Einsatz von Personal Computern zu zählen) ausserordentlich an Bedeutung gewinnen.**

In *Manifest für die Informationstechnologie von morgen* [31] rechtfertigt J. Martin das datenorientierte Vorgehen wie folgt:

- Im Mittelpunkt der modernen Datenverarbeitung stehen die Daten,
- Die in einer Unternehmung verwendeten Daten*typen* ändern sich im Verlaufe der Zeit nicht wesentlich,
- Die Daten einer Unternehmung existieren unabhängig von ihrer Verwendung.

Gestützt auf diese Erkenntnisse propagiert J. Martin, zuallererst eine einwandfreie Datenbasis zu schaffen. Liegt diese einmal vor, so lassen sich mit ***höheren Datenbanksprachen*** und ***Anwendungsgeneratoren*** sehr rasch Ergebnisse erzielen.

Allerdings: ein datenorientiertes Vorgehen allein vermag noch keinen Erfolg zu garantieren, sondern bedarf ergänzend auch einer ***konzeptionellen Arbeitsweise***. Letztere lässt sich wie folgt charakterisieren:

- **Bei einer konzeptionellen Arbeitsweise wird die Lösung für ein Problem vom Groben zum Detail (englisch: Top-down) entwickelt.**
- **Konzeptionell arbeiten heisst abstrahieren. Dies bedeutet, dass nicht mit Begriffen gearbeitet wird, die den Einzelfall betreffen, sondern mit solchen, die stellvertretend für sehr viele Einzelfälle in Erscheinung treten können.**

- **Bei einer konzeptionellen Arbeitsweise werden hardware- und softwarespezifische Überlegungen zurückgestellt, bis eine logisch einwandfreie Lösung vorliegt.**

Das in diesem Buche vorgestellte Vorgehensprozedere hält sich konsequent an die vorstehenden Prinzipien, wobei die konzeptionelle Arbeitsweise nicht zuletzt auch dank des als ***Denkdisziplin*** zur Anwendung gelangenden ***Relationenmodells*** gewährleistet wird. Dies bedeutet keineswegs, dass das zur Diskussion stehende Vorgehen nur im Zusammenhang mit einem relationenunterstützenden Datenbankmanagementsystem von Bedeutung ist. Gleichsam als Leitmotiv sei deshalb folgende Aussage an den Anfang unserer Überlegungen gestellt:

Das Relationenmodell ist deshalb so bedeutsam, weil es als ein hervorragendes Instrument bei der Ermittlung applikationsorientierter wie auch unternehmungsweiter Datenmodelle eingesetzt werden kann – unabhängig davon, ob für die Implementierung des Modells ein konventionelles oder relationenunterstützendes Datenbankmanagementsystem zur Verfügung steht.

Und noch ein Hinweis: Es wird gelegentlich die Meinung vertreten, dass die in diesem Buche vorgestellte Methode nur mit maschinellen Hilfsmitteln zur Anwendung gelangen kann. Dieser Ansicht kann ich mich – nicht zuletzt aufgrund von praktischen Erfahrungen – überhaupt nicht anschliessen. Zu oft hat sich nämlich mittlerweile gezeigt, dass das zur Diskussion stehende Vorgehen zu spektakulären Lösungen führen kann, ohne dass dafür auch nur das geringste maschinelle Hilfsmittel zur Verfügung stehen muss. Dies gilt insbesondere zu Beginn eines Projektes, wo es in erster Linie darum geht, ***Konzepte*** zu erkennen und einen ***groben Lösungsansatz*** (wir sprechen in diesem Zusammenhang von einer ***Datenarchitektur***) zu Papier zu bringen. In späteren Projektphasen, in denen der grobe Lösungsansatz mit Detailaspekten ergänzt werden muss, ist der Einsatz eines rechnergestützten Hilfsmittels natürlich ausserordentlich interessant. Aus diesem Grunde soll in diesem Buche denn auch gezeigt werden, wie ein derartiges Instrument mit verhältnismässig geringem Aufwand selbst erstellt werden kann.

Gegenüber andern Werken mit ähnlicher Thematik dürfte sich die vorliegende Arbeit insofern unterscheiden, als ***praktisch orientierte Überlegungen*** gegenüber reiner Theorie eindeutig im Vordergrund stehen. Das Werk ist daher vorwiegend für Designer von Informationssystemen, für Systemkonstrukteure, Systemanalytiker, Datenbankadministratoren und Projektleiter bestimmt. Aber auch Studenten der entsprechenden Fachrichtungen sowie allgemein an Datenverarbeitung interessierte Kreise, welche die Bezugnahme zur Praxis suchen, sind damit angesprochen – nicht zuletzt auch darum, weil die praktisch orientierten Hinweise immer wieder mit theoretischen Erkenntnissen verankert werden.

Sollte nach der Lektüre des vorliegenden, der Datenmodellierung zugedachten Buches das Bedürfnis nach einer umfassenden Beschreibung aufkommen, welche die Anwendungssoftware-Entwicklung auch ***planungs***- und ***funktionsmässig*** beleuchtet, so sei dem Leser das neue Werk

Strategie der Anwendungssoftware-Entwicklung

(Planung, Prinzipien, Konzepte)

empfohlen [40].

Zum Abschluss noch ein Wort des Dankes. Dieser richtet sich an all jene Personen und Organisationen, die der hier vorgestellten Methode vertrauen und durch konstruktive Beiträge sowie aufbauende Kritik Verbesserungen ermöglichten oder durch Vorträge und Lehrgangsveranstaltungen für eine Verbreitung der Ideen besorgt waren. Namentlich erwähnt seien in diesem Zusammenhang die Herren N. Loewitsch von der IBM Österreich, Dr. Mainz und Dr. Bauer-Jürgens von der IBM Deutschland sowie H.P. Joos von der IBM Schweiz. Die genannten Herren dozieren bzw. dozierten äusserst erfolgreich in Deutschland, Österreich und der Schweiz die in diesem Buche behandelte Materie und haben mich auf zahlreiche Verbesserungsmöglichkeiten aufmerksam gemacht. Zu Dank verpflichtet bin ich sodann Herrn J. Zurkirchen, der mir bei der Umstellung der Druckausgabe auf IBM 3800 page mode ausserordentlich tatkräftig zur Seite gestanden ist. Ganz besonders bedanken möchte ich mich aber bei den Herren R. Strüby, General-Direktor der IBM Schweiz, F. Neresheimer und E. Marzorati (meine ehemaligen Vorgesetzten) sowie A. Butti (meinen jetzigen Vorgesetzten). Die genannten Herren haben wiederholt dafür gesorgt, dass ich meine Ideen auf internationaler Ebene durch Fachgremien überprüfen und bereichern lassen sowie an praktischen Fällen ausprobieren konnte. Allerdings muss korrekterweise gesagt werden, dass ich nachstehend meine persönliche Meinung vertrete. Die Ausführungen dürfen also nicht im Sinne einer Stellungnahme oder gar Ankündigung der IBM (meinem Arbeitgeber) aufgefasst werden.

Zürich, im Juni 1982 (1. Auflage),
Jan. 1985 (2., überarbeitete und erweiterte Auflage),
Juli 1986 (3., neubearbeitete und erweiterte Auflage),
Juli 1987 (4., überarbeitete und erweiterte Auflage)
August 1988 (5., durchgelesene und leicht modifizierte Auflage)

M. Vetter

Inhalt

1 Einleitung

Es empfiehlt sich, Anwendungen für Computer vom ***Groben zum Detail*** (englisch: ***Top-down***) zu entwickeln und zu realisieren. Dabei werden vier ***Gestaltungsebenen*** unterschieden, denen folgende Zielsetzungen zugrunde liegen (siehe auch Abb. 1.1):

1. Gestaltungsebene: Objektsystem-Design (OSD)

Ausgehend von einer Idee (beispielsweise *Realisierung eines Bestellerfassungssystems* oder *Realisierung eines Produktionssteuerungssystems*) geht es im ***Objektsystem-Design (OSD)*** primär darum, die betrieblich-organisatorischen Sachverhalte eines Projektes zu visualisieren, das Problemfeld eindeutig abzugrenzen sowie die Anforderungen an das zu realisierende System festzulegen. Zu diesem Zwecke werden die von einem Projekt tangierten ***Personen, Materialien, Informationen*** sowie ***Energien*** nebst den relevanten ***Aktivitäten, Material-, Informations-*** und ***Energieflüssen*** auf der Basis des ***Systemdenkens*** [13] erfasst, wobei Automatisierungsüberlegungen vorerst völlig ausser acht gelassen werden.

2. Gestaltungsebene: Informationssystem-Design (ISD)

Sind die betrieblich-organisatorischen Aspekte eines Projektes festgelegt, so konzentriert man sich auf der 2. Gestaltungsebene im Rahmen eines ***Informationssystem-Designs (ISD)*** auf die informationsspezifischen Sachverhalte eines Projektes. Zu diesem Zwecke werden die im Rahmen einer Anwendung zu produzierenden Benützersichten (d.h. Formulare und Bildschirmausgaben) bestimmt und deren struktureller Aufbau festgelegt.

Wurden auf den ersten beiden Gestaltungsebenen sowohl manuelle wie auch automatisierbare Aspekte einer Anwendung berücksichtigt, so konzentrieren wir uns auf den verbleibenden Gestaltungsebenen ausschliesslich auf die zu auto-

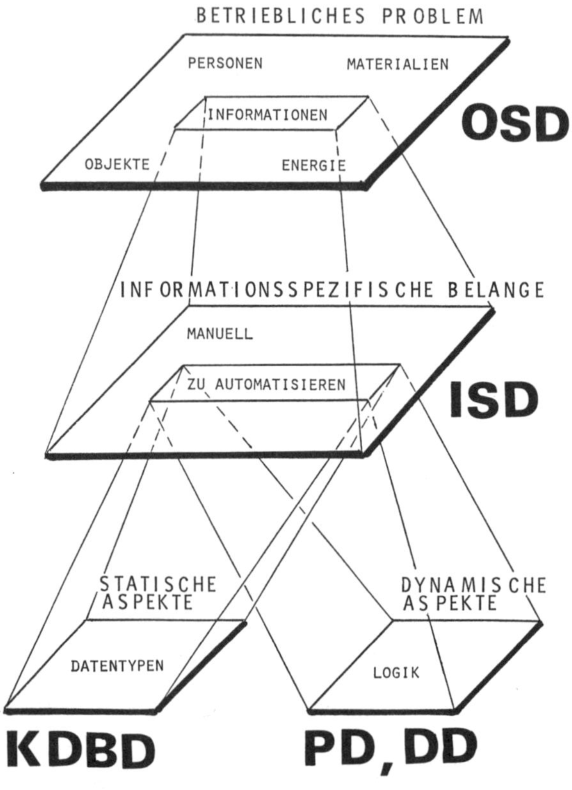

Abb. 1.1 Die vier Gestaltungsebenen des Projektentwicklungsprozesses.

matisierenden Sachverhalte. Somit ist vor Inangriffnahme der weiteren Tätigkeiten zu entscheiden, welcher Teil des Problembereiches einer Automatisierung zuzuführen ist.

3. Gestaltungsebene: Konzeptionelles Datenbankdesign (KDBD)

Das ***konzeptionelle Datenbankdesign (KDBD)*** befasst sich mit den statischen Aspekten und ermöglicht die Ermittlung der ***Datentypen***, die für eine Anwendung von Bedeutung sind. Der Begriff *statisch* bringt zum Ausdruck, dass beim KDBD ***zeitlich stabile Sachverhalte*** zur Debatte stehen. Tatsächlich unterliegen sauber definierte Daten***typen*** im Verlaufe der Zeit erfahrungsgemäss kaum einer Änderung (die Daten***werte*** ändern, aber nicht die Daten***typen***).

*Anmerkung: Mit Daten**typen** sind die Realität betreffende Sachverhalte und Tatbestände in **allgemein gültiger Form** festzuhalten. So basiert beispielsweise die* *allgemein gültige Aussage "Ein Mitarbeiter hat eine Personalnummer sowie einen Namen und arbeitet in einer Abteilung" auf* ***Datentypen****. Demgegenüber liegen der einen bestimmten Mitarbeiter betreffenden Aussage "Der Mitarbeiter mit der Personalnummer P1 heisst Peter und arbeitet in der Abteilung EDV"* ***Datenwerte*** *zugrunde. Auf* ***Datenwerten*** *basierende Aussagen weisen keinen allgemein gültigen Charakter auf, sondern beziehen sich immer auf ein ganz bestimmtes Exemplar (im vorliegenden Beispiel auf den Mitarbeiter mit der Personalnummer P1).*

Damit der vorstehende Sachverhalt vollumfänglich zutrifft, ist allerdings ein ***konzeptionelles Datenbankdesignprozedere*** erforderlich. Der Begriff *konzeptionell* bedeutet, dass die datenspezifischen Aspekte neutral, also losgelöst von hardware- und softwarespezifischen Überlegungen, zu bearbeiten sind. Ein konzeptionelles Datenbankdesign führt denn auch zu einer neutralen, ***konzeptionellen Datenstruktur***. Damit die eigentliche Datenbank realisiert werden kann, muss die konzeptionelle Struktur in eine geeignete, von der zur Verfügung stehenden Software unterstützte Datenstruktur transformiert werden.

Das vorstehende Prozedere mag auf den ersten Blick kompliziert erscheinen. Zahlreiche Gründe sprechen aber dafür, zunächst eine neutrale, konzeptionelle Datenstruktur zu schaffen und erst nachträglich davon die für die Implementierung erforderliche Datenstruktur abzuleiten. So kann man sich bei einem derartigen Vorgehen zunächst auf die logischen Aspekte konzentrieren, was den Einbezug von EDV-Laien in den Gestaltungsprozess erleichtert. Dieser Aspekt ist nicht zu unterschätzen, lassen sich doch Systeme, welche die Bedürfnisse der zukünftigen Benützer respektieren, erfahrungsgemäss nur unter Mitwirkung der Betroffenen problemlos realisieren. Darüber hinaus sind konzeptionelle Datenstrukturen stabil und brauchen nicht bei jedem Hardware- oder Softwarewechsel überarbeitet zu werden, was angesichts der extremen Progression, welche die Entwicklung informationstechnologischer Produkte kennzeichnet, nicht unwesentlich ist.

4. Gestaltungsebene: Prozessdesign (PD) und Dialogdesign (DD)

Das ***Prozessdesign (PD)*** und ***Dialogdesign (DD)*** befasst sich mit den dynamischen Aspekten einer Anwendung. Geht es im Prozessdesign darum, die Logik der Programme ***konzeptionell*** (also nicht auf eine bestimmte Programmiersprache bezogen) festzuhalten, so bezweckt das Dialogdesign die Ermittlung eines effizienten, ergonomischen Anforderungen genügenden Mensch-Maschine-Kommunikationsprozesses. Letzten Endes führen selbstverständlich sowohl das Prozess- wie auch das Dialogdesign zu ausführbaren Computerprogrammen, die von den Systembenützern aktiviert und mittels geeigneter Parameter gesteuert werden können.

Abb. 1.2 zeigt, dass das Vorgehensprozedere in der Regel für mehrere Projekte gleichzeitig zur Anwendung gelangt, und dass es in erster Linie EDV-Spezialisten betrifft (dank der konzeptionellen Arbeitsweise lassen sich aber auch EDV-Laien in den Gestaltungsprozess einbeziehen). Das Vorgehen wird heute in mehr oder weniger abgewandelter Form allgemein angewendet und wird ***vordefinierte Datenverarbeitung*** (englisch: ***Prespecified Computing***) genannt.

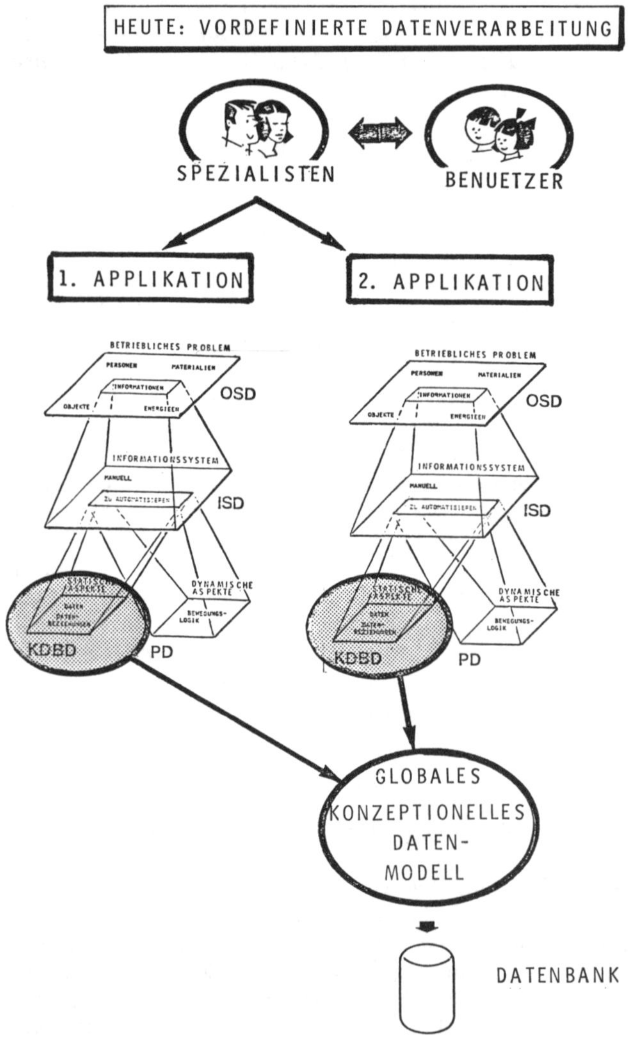

Abb. 1.2 Vordefinierte Datenverarbeitung (Prespecified Computing).

Abb. 1.2 verdeutlicht zudem, dass aufgrund einer Vereinigung der applikationsorientierten konzeptionellen Datenstrukturen eine ***globale*** (d.h. applikationsüberspannende) ***konzeptionelle Datenstruktur*** zustande kommt. Letztere bildet die Grundlage für die Ermittlung von Datenbanken, welche mehreren Anwendungen gleichzeitig zu genügen vermögen.

Der ständig wachsende Bedarf an qualifizierten EDV-Fachkräften und deren schwieriger werdende Rekrutierung zwingen nun mehr und mehr dazu, EDV-Laien mittels geeigneter Hilfsmittel in die Lage zu versetzen, informationsspezifische Probleme selbständig einer Lösung zuzuführen. Man spricht in diesem Zusammenhang von ***benützergesteuerter Datenverarbeitung*** (englisch: ***User Driven Computing***). Abb. 1.3 illustriert, dass den EDV-Laien bei der benützergesteuerten Datenverarbeitung einfache, keinerlei EDV-Kenntnisse voraussetzende ***Datenmanipulationssprachen*** sowie mächtige ***Programm-*** und ***Applikationsgeneratoren*** zur Verfügung stehen. Mit den genannten Hilfsmitteln ist ein EDV-Laie grundsätzlich in der Lage, eigene Datenbanken zu erstellen. Mag dies für persönliche Daten noch tolerierbar sein, so sollten Daten, die von allgemeinem Interesse sind, unbedingt in Datenbanken vorzufinden sein, denen ein sauberes Gesamtkonzept zugrunde liegt. Ist dies nicht der Fall, so ist ein Chaos in Form einer nicht kontrollierbaren Datenproliferation (Wucherung) vorprogrammiert. Dies bedeutet keineswegs, dass sämtliche Daten in einer zentralen Datenbank zur Verfügung stehen müssen. Die Devise lautet vielmehr:

- ***Zentralistische Verwaltung der Datentypen*** zwecks Schaffung eines Gesamtkonzeptes und Gewährleistung eines umfassenden Überblicks bezüglich der verfügbaren Daten.
- ***Föderalistische Speicherung der Datenwerte*** und damit Gewährleistung von grössen- und risikomässig begrenzten technischen Systemen.

Allerdings: Mit dem heute üblichen, applikationsorientierten Datenbankdesignprozedere wird sich die vorstehende Wunschvorstellung kaum realisieren lassen. Vielmehr ist dafür ein Vorgehen erforderlich, das in relativ kurzer Zeit zu einem groben Gesamtkonzept führt. Liegt das Gesamtkonzept – man spricht in diesem Zusammenhang von einer ***globalen (unternehmungsweiten) Datenarchitektur*** – einmal vor, so lässt sich letzteres bei der Entwicklung einzelner Anwendungen im Verlaufe der Zeit verfeinern. Dadurch kommt nach und nach ein ***globales (unternehmungsweites) konzeptionelles Datenmodell*** mit den im Vorwort genannten Merkmalen zustande.

Zu den vorstehenden Überlegungen gesellt sich noch die zunehmende Bedeutung erlangende ***verteilte Datenverarbeitung unter zentraler Kontrolle*** (englisch: ***Distributed Data Processing*** oder kurz: ***DDP***). DDP wurde bis heute vorwiegend auf dem Prinzip der sogenannten ***Transaktionswegleitung*** (englisch: ***Transaction Routing***) betrieben. Dies bedeutet, dass ein System in einem Computerverbund entscheiden kann, auf welchem Verbundsystem eine Transaktion zur Ausführung gelangen soll. Der Entscheid wird aufgrund eines ***Transaktionsverzeichnisses*** gefällt. Letzteres hält fest, welche Transaktionen auf welchen Systemen zur Ausführung gelangen können. Wesentlich ist dabei, dass

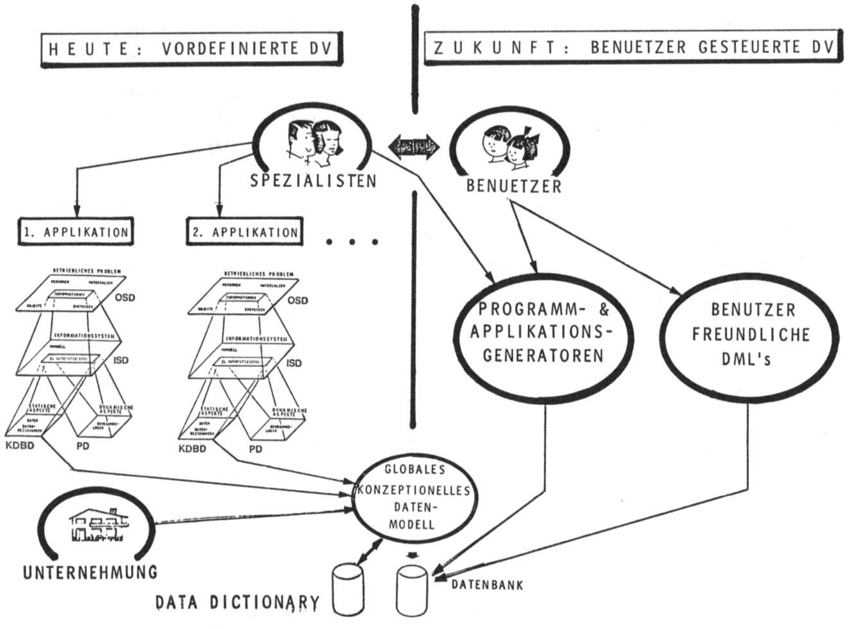

Abb. 1.3 Vordefinierte und benützergesteuerte Datenverarbeitung (Prespecified und User Driven Computing).

eine in einem bestimmten System in Gang gesetzte Transaktion ausschliesslich auf Datenbestände zugreifen kann, die besagtem System physisch zugeordnet sind. Stellt sich im Verlaufe der Transaktionsausführung heraus, dass anderweitigen Systemen zugeordnete Datenbestände benötigt werden, so sind neue Transaktionen zu generieren und in anderweitigen Systemen in Gang zu setzen. Daraus folgt, dass die Logik einer Transaktion unter Umständen von der Verteilung der Daten abhängig ist, was im Falle einer Datenneuverteilung Programmmodifikationen erforderlich machen kann.

Dem Prinzip der Transaktionswegleitung steht die flexiblere ***Datenwegleitung*** (englisch: ***Data Routing***) gegenüber. Datenwegleitung bedeutet, dass eine in einem bestimmten System in Gang gesetzte Transaktion anderweitigen Systemen zugeordnete Datenbestände ansprechen kann, ohne den Standort besagter Datenbestände kennen zu müssen. Wo die angeforderten Daten angesiedelt sind, wird aufgrund eines ***globalen Datenmodells*** systemmässig ausfindig gemacht. Es versteht sich, dass die Transaktionsprogramme damit völlig unabhängig von der Datenverteilung zu konzipieren sind.

Man sieht, dass die Ermittlung eines unternehmungsweiten Datenmodells in den 80er und 90er Jahren aus gewichtigen Gründen in den Mittelpunkt des Interesses rücken dürfte. Erfolgsbewusste Unternehmungen werden sich der damit einhergehenden Problematik auf die Dauer kaum entziehen können.

Mit diesen einleitenden Bemerkungen sind die Hauptakzente dieses Buches bereits vorgezeichnet. Es beschäftigt sich ausschliesslich mit datenspezifischen Aspekten und zwar anwendungsbezogen wie auch global (unternehmungsweit). Wir sind der Meinung, dass den diesbezüglichen Überlegungen mit dem Aufkommen von ***Applikationsgeneratoren*** (sie werden es auch dem EDV-Laien ermöglichen, sich prototypmässig an eine Problemlösung heranzutasten) aber auch mit der zunehmenden Verbreitung ***benützerfreundlicher Datenmanipulationssprachen der 4.*** und ***5. Generation*** (Expertensysteme) eine zentrale und fundamentale Bedeutung zukommen wird. Sollen die informationsspezifischen Bemühungen einer Unternehmung nicht im Chaos enden (Personal Computer stellen in diesem Zusammenhang eine ausserordentlich grosse Gefahr dar), so ist die Schaffung eines umfassenden Datenmodells im Sinne der vorstehenden Ausführungen nicht zu umgehen.

Nun aber zum Aufbau des vorliegenden Buches.

Zunächst werden im 2. Kapitel sogenannte ***Konstruktionselemente*** eingeführt, welche die Konstruktion von ***konzeptionellen*** (also hardware- und softwareunabhängigen) ***Realitätsmodellen*** ermöglichen.

Im 3. Kapitel wird sodann gezeigt, wie die auf Konstruktionelementen basierenden Realitätsmodelle mittels ***Datenstrukturen*** dargestellt werden können. Diskutiert werden in diesem Zusammenhang die Prinzipien von ***Relationen*** sowie von ***netzwerkartigen*** und ***hierarchischen Datenstrukturen***. Gezeigt wird auch, dass Relationen ohne weiteres in Netzwerke und diese wiederum in Hierarchien zu transformieren sind. Dieser Aspekt ist dann bedeutsam, wenn ein relational definiertes konzeptionelles Datenmodell mit einem Datenbankmanagementsystem zu realisieren ist, welches nur Netzwerke und/oder Hierarchien unterstützt.

Das 4. Kapitel beschäftigt sich mit Regeln, die bei der Definition von Datenstrukturen zu beachten sind. Diese Regeln – sie sind unter dem Begriff ***Normalisierung*** bekannt geworden – ermöglichen es, ein zu Problemen Anlass gebendes Datenkonglomerat (normalerweise ist in diesem Zusammenhang von ***Relationen*** die Rede) in kleinere Einheiten zu zerlegen, bis keine Probleme mehr in Erscheinung treten. Für die Praxis ist der geschilderte ***Zerlegungsprozess*** weniger bedeutsam als der in den folgenden Kapiteln geschilderte ***Syntheseprozess***. Dieser sieht vor, dass einzelne ***Konstruktionselemente*** (für die systematische Ermittlung derselben werden in Kapitel 6 verschiedene Verfahren diskutiert) mittels sogenannter ***Elementarrelationen*** zu definieren sind. Letztere lassen sich anschliessend aufgrund der im 5. Kapitel diskutierten Regeln zusammenfassen, wodurch optimale, voll normalisierte Relationen resultieren. Besagte Relationen repräsentieren die in Abb. 1.4 als zentraler Bezugspunkt in Erscheinung tretende ***konzeptionelle Datenstruktur*** und ermöglichen die Ermittlung von ***logischen Datenstrukturen*** (Kapitel 7) wie auch von ***physischen Datenstrukturen unterschiedlichen Typs*** (Kapitel 8). Erstere beschreiben, wie die Daten einem Benützer der Datenbank zur Verfügung gestellt werden, während mit letzteren zum Ausdruck gebracht wird, wie die Daten auf einem externen Speichermedium zu speichern sind.

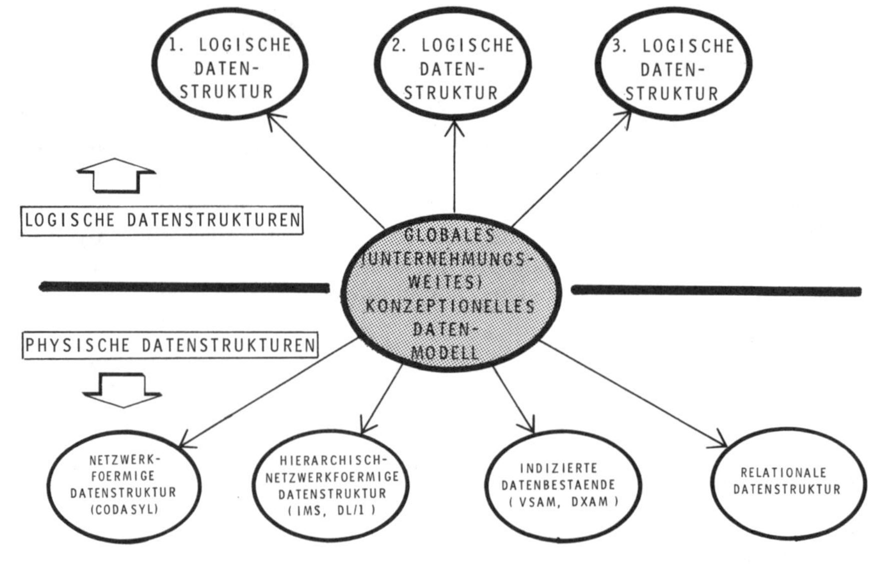

Abb. 1.4 Die konzeptionelle Datenstruktur als zentraler Bezugspunkt.

Abschliessend wird im 9. Kapitel gezeigt, wie sich das vorstehend geschilderte Vorgehensprozedere weitgehend automatisieren lässt.

Und noch ein Hinweis zum Anhang. Dieser enthält einerseits die Lösungen zu den Übungsaufgaben und anderseits den Abschnitt ***Mengenlehre für Informatiker***. Das Studium dieses Abschnittes (möglichst noch vor der Lektüre der nachfolgenden Kapitel) ist allen Lesern empfohlen, die über keine Kenntnisse der Mengenlehre verfügen. Es hat sich nämlich gezeigt, dass die Mengenlehre nicht nur das Verständnis für die nachstehend diskutierten Konzepte erleichtert, sondern darüber hinaus auch das abstrakte Denkvermögen fördert. Angesichts der ständig wachsenden Komplexität der zu lösenden Aufgaben ist dieser Sachverhalt nicht ganz bedeutungslos.

Es fällt auf, dass der Begriff *konzeptionell* (im Sinne von hardware- und softwareunabhängig) im vorstehenden Text wiederholt in Erscheinung getreten ist. Tatsächlich wird in diesem Buche ein Weg aufgezeigt, der zu allgemeinen, auch langfristig gültigen Lösungen führt. Angesichts der extremen Progression, welche die Entwicklung informationstechnologischer Produkte kennzeichnet, kann die Bedeutung von neutralen Lösungen, die auch nach häufigen Hardware- und Softwareänderungen ihre Gültigkeit bewahren, nicht genug unterstrichen werden.

2 Konstruktionselemente

Konstruktionselemente (englisch: ***Conceptual Objects***) dienen der ***konzeptionellen*** (d. h. hardware- und software-unabhängigen) Realitätsmodellierung. Grundsätzlich unterscheidet man zwischen Konstruktionselementen, die den ***Einzelfall*** betreffen und solchen, die ***stellvertretend*** für mehrere Einzelfälle in Erscheinung treten können. Den Einzelfall betreffende Konstruktionselemente, wie

- ***Entität***,
- ***Eigenschaft***,
- ***Faktum***,
- ***Beziehung***

ordnet man einer ***einfachen Abstraktionsebene*** zu, während die mehrere Einzelfälle betreffenden Konstruktionselemente, wie

- ***Entitätsmenge***,
- ***Domäne***,
- ***Entitätsattribut***,
- ***Beziehungsmenge***,
- ***Beziehungsattribut***

einer ***höheren Abstraktionsebene*** angehören.

Im folgenden werden die genannten Konstruktionselemente anhand eines durchgehenden Beispiels, welches die medizinische Betreuung von Patienten durch Ärzte zum Inhalt hat, im Detail vorgestellt. Weitere, aus der Praxis stammende Beispiele sollen eine Vertiefung der erarbeiteten Erkenntnisse ermöglichen.

2.1 Die Konstruktionselemente der einfachen Abstraktionsebene

Die Konstruktionselemente der einfachen Abstraktionsebene betreffen den Einzelfall. Man zählt dazu:

- die ***Entität***,
- die ***Eigenschaft***,
- das ***Faktum***,
- die ***Beziehung***.

Was ist eine Entität ?

> **Eine Entität ist ein individuelles und identifizierbares Exemplar von Dingen, Personen oder Begriffen der realen oder der Vorstellungswelt [51].**

Eine Entität kann demzufolge sein (siehe auch Abb. 2.1.1):

- Ein ***Individuum*** wie beispielsweise ein Einwohner, ein Mitarbeiter, ein Student, ein Dozent, usw.

- Ein ***reales Objekt*** wie beispielsweise eine Maschine, ein Gebäude, ein Produkt, usw.

- Ein ***abstraktes Konzept*** wie beispielsweise ein Fachgebiet, eine Vorlesung, usw.

- Ein ***Ereignis*** wie beispielsweise die Immatrikulation eines Studenten, eine Rechnungsverbuchung, usw.

Anmerkung: Es gibt Autoren, die auch eine Beziehung (beispielsweise die Ehebeziehung zwischen einer Frau und einem Mann) als Entität auffassen. Da eine Beziehung aber eines der unten aufgeführten Merkmale nicht erfüllt (Unabhängigkeit) wird das Beziehungskonzept im folgenden gesondert behandelt.

Aus der Sicht eines Systementwerfers ist eine ***Entität***:

EINE ENTITAET KANN SEIN:	BEISPIELE
EIN INDIVIDUUM	 EINWOHNER MITARBEITER STUDENT DOZENT
EIN REALES OBJEKT	 MASCHINE GEBAEUDE PRODUKT
EIN ABSTRAKTES KONZEPT	FACHGEBIET "INFORMATIK" VORLESUNG "AUFBAU BETRIEBLICHER INFORMATIONSSYSTEME"
EIN EREIGNIS	IMMATRIKULATION EINES STUDENTEN

Abb. 2.1.1 Beispiele für Entitäten.

- **Immer: Eine eindeutig identifizierbare Einheit,**
- **Immer: Eine Einheit, deren Existenz auf einem geeigneten Speichermedium aufgrund eines Identifikationsmerkmals (d. h. eines Schlüsselwertes) darstellbar sein muss und zwar unabhängig von der Existenz anderweitiger Entitäten,**
- **Meistens: Eine Einheit, für die Informationen gesammelt und auf einem geeigneten Speichermedium festgehalten werden sollen.**

Was den Aspekt "eindeutig identifizierbare Einheit" betrifft, so bestimmt die jeweilige Sachlage, was als Einheit in Erscheinung treten soll. So wäre beispielsweise durchaus denkbar, dass für die Applikation A Schulklassen als Entitäten in Erscheinung treten, während für die Applikation B einzelne Schüler als Entitäten von Bedeutung sein könnten (vergleiche Abb. 2.1.2). Es versteht sich, dass dieser Sachverhalt auch in einem Datenmodell gebührend zum Ausdruck kommen sollte.

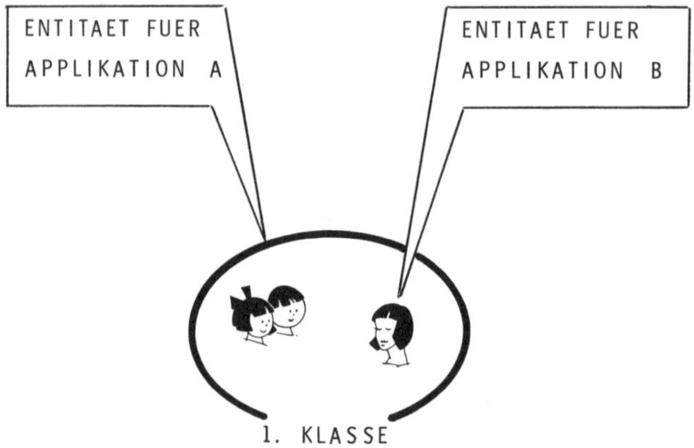

Abb. 2.1.2 Was als Entität in Erscheinung tritt, wird von der Sachlage her bestimmt. Die Abbildung illustriert, dass für die Applikation A Schulklassen als Entitäten in Erscheinung treten, während für die Applikation B einzelne Schüler als Entitäten von Bedeutung sind.

Nun aber zurück zu unserem Arzt-Patienten-Beispiel. Abb. 2.1.3 zeigt zwei unser Beispiel betreffende Entitäten.

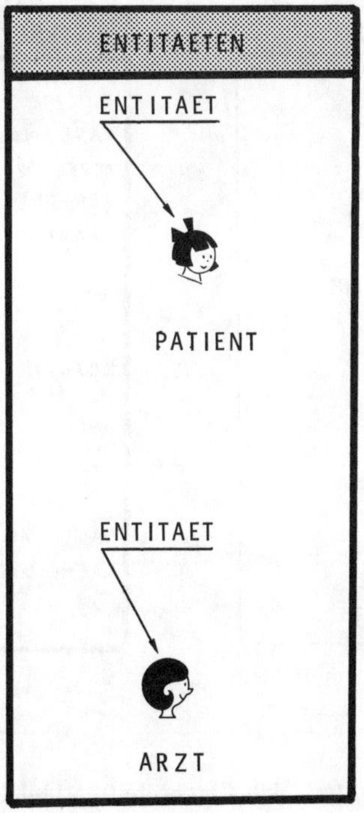

Abb. 2.1.3 Arzt-Patienten-Beispiel: Entitäten.

Was ist eine Eigenschaft ?

Eine <u>Eigenschaft</u> wird Entitäten zugeordnet und ermöglicht damit deren

- ***Charakterisierung*,**
- ***Klassierung* und**
- **unter Umständen: eindeutige *Identifizierung*.**

Eine Eigenschaft hat einen Namen und einen (allenfalls mehrere) Eigenschaftswerte.

Abb. 2.1.4 zeigt einige Eigenschaften, mit denen die Entitäten des Arzt-Patienten-Beispiels charakterisiert werden könnten. In der Regel wird der Name einer Eigenschaft mit Grossbuchstaben, Eigenschaftswerte hingegen werden mit Kleinbuchstaben geschrieben.

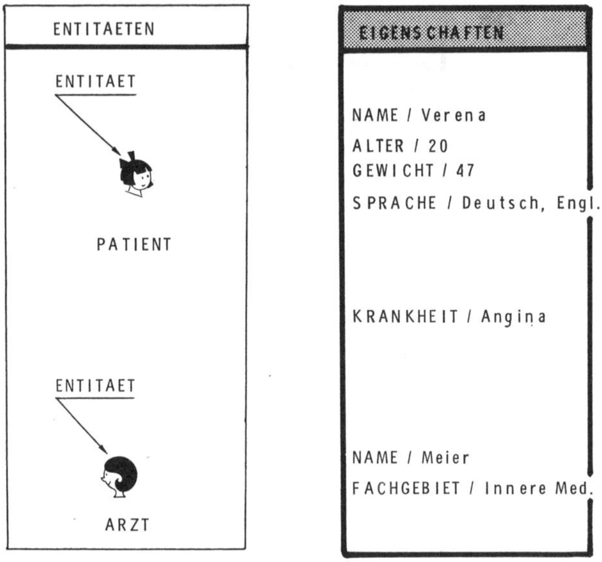

Abb. 2.1.4 Arzt-Patienten-Beispiel: Eigenschaften und Eigenschaftswerte.

Was ist ein Faktum ?

Ein Faktum stellt eine Zuordnung einer Eigenschaft und eines Eigenschaftswertes zu einer Entität dar.

Mit andern Worten:

Ein Faktum ist eine Behauptung, derzufolge eine Entität für eine Eigenschaft einen bestimmten Eigenschaftswert aufweist.

Die in Abb. 2.1.5 gezeigten Fakten sind beispielsweise dadurch zustande gekommen, dass den Entitäten die Eigenschaften NAME, ALTER, GEWICHT, etc. mit den Eigenschaftswerten "Verena", 20, 47, etc. zugeordnet wurden.

Man beachte, dass ein und derselbe Eigenschaftswert durchaus mehreren Entitäten zugeordnet werden kann, wodurch eben entsprechend viele, *unterschiedliche Fakten* postuliert werden.

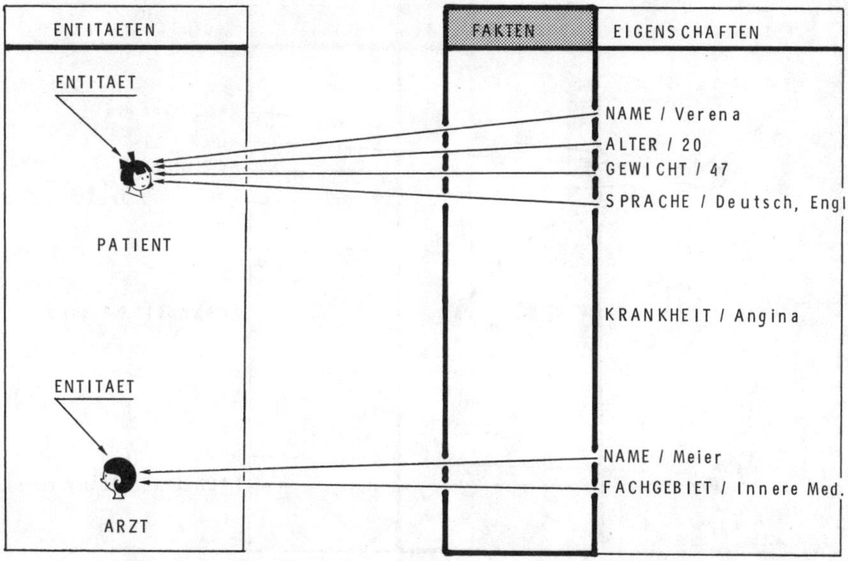

Abb. 2.1.5 Arzt-Patienten-Beispiel: Fakten. Ein Faktum ist eine Behauptung, derzufolge eine spezifische Entität für eine spezifische Eigenschaft einen bestimmten Eigenschaftswert aufweist.

Was ist eine Beziehung ?

Eine Beziehung assoziert wechselseitig zwei (möglicherweise mehr als zwei) Entitäten.

In unserem Beispiel halten wir eine individuelle Beziehung zwischen einem Arzt und einem Patienten aufgrund der Symbolik

< Arzt, Patient >

fest (siehe Abb. 2.1.6). Die genannte Symbolik repräsentiert ein sogenanntes ***Beziehungselement*** und soll zum Ausdruck bringen, dass ein bestimmter Arzt einen bestimmten Patienten behandelt, aber auch, dass ein bestimmter Patient von einem bestimmten Arzt behandelt wird. Berücksichtigen wir neben einem Patienten und einem Arzt auch das Patientenzimmer, so kommt folgendes, drei Entitäten involvierendes Beziehungselement zustande:

< Arzt, Patient, Zimmer >

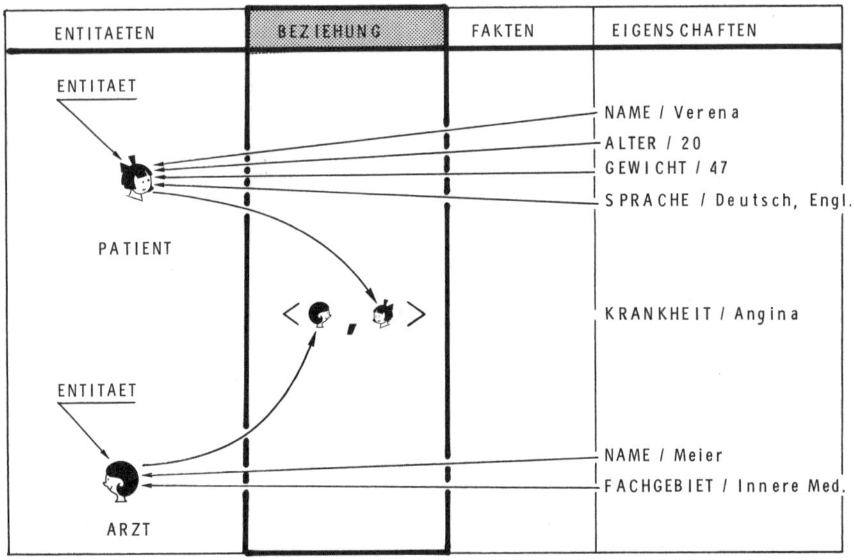

Abb. 2.1.6 Arzt-Patienten-Beispiel: Beziehung zwischen Entitäten. Die an einer Beziehung partizipierenden Entitäten – im Beispiel die Ärztin Meier und die Patientin Verena – werden innerhalb der Zeichen < sowie > aufgeführt. Der Ausdruck <...> verdeutlicht, dass es sich bei einem Beziehungselement um eine ***Einheit*** handelt.

An einem Beziehungselement sind also in der Regel zwei (möglicherweise auch mehr als zwei) Entitäten beteiligt. Im Spezialfall sind sogar Beziehungselemente denkbar, die nur eine Entität betreffen. So würde der Sachverhalt, demzufolge ein Arzt sich selber behandelt, wie folgt dargestellt:

< Arzt, Arzt >

Selbstverständlich lassen sich auch für ein Beziehungselement Fakten postulieren. So kommt beispielsweise in Abb. 2.1.7 ein Faktum dadurch zustande, dass dem gezeigten Beziehungselement die Eigenschaft KRANKHEIT zusammen mit dem Eigenschaftswert Angina zugeordnet ist. Offensichtlich kommt damit zum Ausdruck, dass der gezeigte Arzt für den behandelten Patienten die Krankheit Angina diagnostiziert.

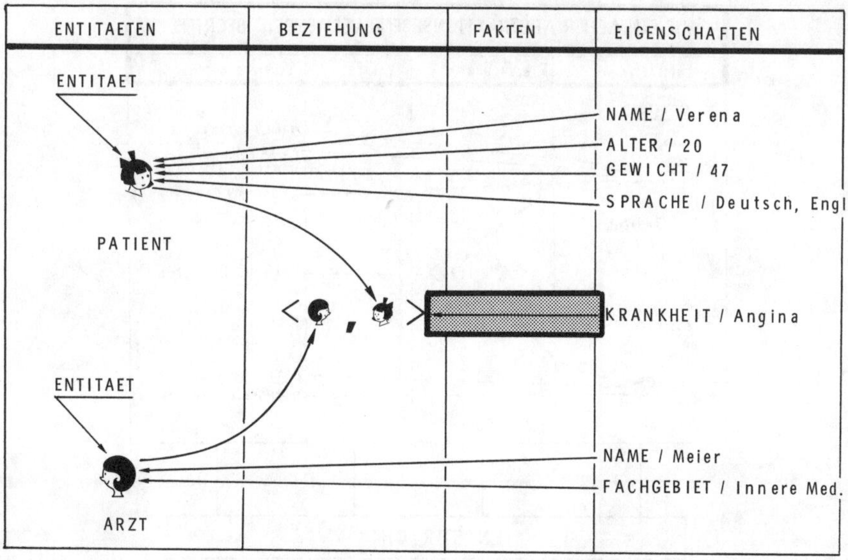

Abb. 2.1.7 Arzt-Patienten-Beispiel: Faktum für Beziehungselement. Ein Faktum kann auch eine Behauptung sein, derzufolge ein spezifisches Beziehungselement für eine spezifische Eigenschaft einen bestimmten Eigenschaftswert aufweist.

Abb. 2.1.8 zeigt zusammenfassend die der einfachen Abstraktionsebene angehörenden Konstruktionselemente. Man erkennt, dass besagte Konstruktionselemente die Darstellung von Tatbeständen ermöglichen, die ***einzelne Realitäts-*** oder ***Vorstellungselemente*** betreffen (im Beispiel Ärzte und Patienten). Da ein effizienter Modellierungsprozess niemals auf einzelnen Realitäts- und Vorstellungselementen basieren kann, arbeitet man – wie ebenfalls der Abb. 2.1.8 entnommen werden kann – anstelle einzelner Entitäten mit ***Entitätsmengen***, anstelle einzelner Beziehungselemente mit ***Beziehungsmengen***, anstelle einzelner Fakten mit ***Attributen*** (wobei zwischen Entitäts- und Beziehungsattributen unterschieden wird) und anstelle einzelner Eigenschaften mit ***Domänen*** (auch ***Wertebereiche*** genannt).

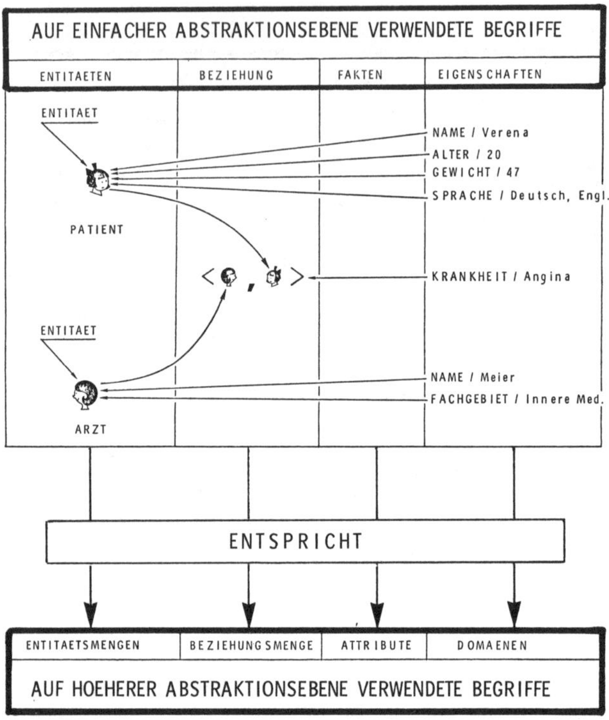

Abb. 2.1.8 Auf einfacher Abstraktionsebene verwendete Begriffe. Die Abbildung illustriert, dass für das Festhalten von Sachverhalten, die einzelne Realitäts- oder Vorstellungselemente betreffen, die Begriffe ***Entität***, ***Beziehung***, ***Faktum*** sowie ***Eigenschaft*** erforderlich sind. Auf einer höheren Abstraktionsebene arbeitet man demgegenüber mit Mengen und Mengenbeziehungen. So gelangen anstelle einzelner Entitäten ***Entitätsmengen***, anstelle einzelner Beziehungselemente ***Beziehungsmengen***, anstelle einzelner Fakten ***Attribute*** (d. h. Entitäts- und Beziehungsattribute) und anstelle einzelner Eigenschaften ***Domänen*** zum Einsatz.

2.2 Die Konstruktionselemente der höheren Abstraktionsebene

Die Konstruktionselemente der höheren Abstraktionsebene können jeweils stellvertretend für mehrere Einzelfälle in Erscheinung treten. Man zählt dazu:

- die ***Entitätsmenge***,
- die ***Domäne*** (auch ***Wertebereich*** genannt),
- das ***Entitätsattribut***,
- die ***Beziehungsmenge***,
- das ***Beziehungsattribut***.

Was ist eine Entitätsmenge ?

Man sagt, dass unterschiedliche, aber aufgrund der gleichen Eigenschaften charakterisierte Entitäten vom gleichen ***Typ*** sind. Damit lässt sich die Entitätsmenge wie folgt definieren:

Eine Entitätsmenge ist eine eindeutig benannte Kollektion von Entitäten gleichen Typs.

Mit andern Worten:

Eine Entitätsmenge ist eine eindeutig benannte Kollektion von Entitäten, die aufgrund der gleichen Eigenschaften (nicht Eigenschaftswerte !) charakterisiert werden.

Im aktuellen Beispiel werden alle Patienten aufgrund der nämlichen Eigenschaften wie NAME, ALTER, GEWICHT charakterisiert und können – gesamthaft betrachtet – als eine Entitätsmenge namens PATIENT aufgefasst werden (siehe Abb. 2.2.1). Desgleichen repräsentiert die Gesamtheit aller Ärzte eine weitere – in Abb. 2.2.1 mit ARZT bezeichnete – Entitätsmenge.

Es ist durchaus möglich, dass Entitätsmengen überlappen können. So wäre für das aktuelle Beispiel denkbar, dass ein Arzt zugleich auch Patient sein kann. Abb. 2.2.2 illustriert, dass es in einem solchen Falle ohne weiteres möglich, ja sogar ratsam ist, eine weitere Entitätsmenge zu definieren, welche die überlappenden Entitätsmengen umfasst [51]. Ratsam deswegen, weil mit einer überlappenden Entitätsmenge verhindert werden kann, dass ein bestimmtes Faktum (beispielsweise der Name einer Person) mehrfach festgehalten werden muss (beispielsweise für eine Person als Arzt und für die gleiche Person als Patient). Übrigens:

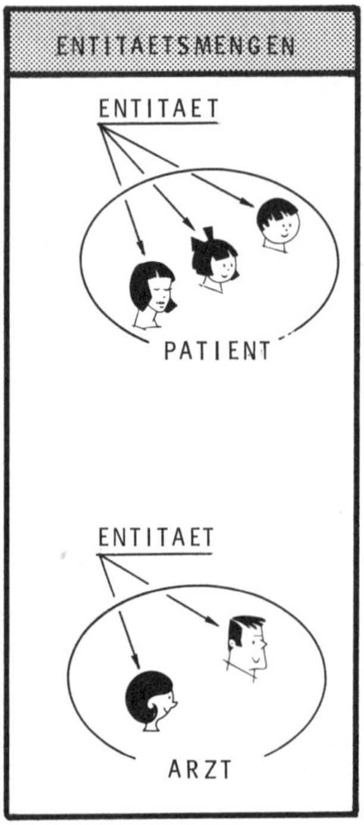

Abb. 2.2.1 Arzt-Patienten-Beispiel: Entitätsmengen. Eine Entitätsmenge stellt eine benannte Kollektion von Entitäten gleichen Typs (das heisst aufgrund der nämlichen Eigenschaften charakterisierte Entitäten) dar.

Das mehrmalige Festhalten ein und desselben Faktums (also nicht Eigenschaftswertes !) bezeichnet man als *Datenredundanz*.

Und noch ein Hinweis: In der in Abb. 2.2.2 festgehaltenen Konstellation existiert ein Arzt oder ein Patient primär als Person, d. h. die Existenz eines Arztes bzw. eines Patienten sollte nur gewährleistet sein, wenn der Arzt bzw. der Patient als Person existiert. Um diesen Sachverhalt auch in einem Datenmodell gebührend berücksichtigen zu können, führen wir folgende Begriffe ein:

- ***unabhängige Entität*** oder auch ***Kernentität*** (englisch: ***Kernel Entity***) sowie
- ***abhängige Entität*** (englisch: ***Dependent Entity***).

Für eine ***Kernentität*** gilt die bereits in Kapitel 2.1 diskutierte Definition. Aus der Sicht eines Systementwerfers ist eine ***Kernentität*** demzufolge:

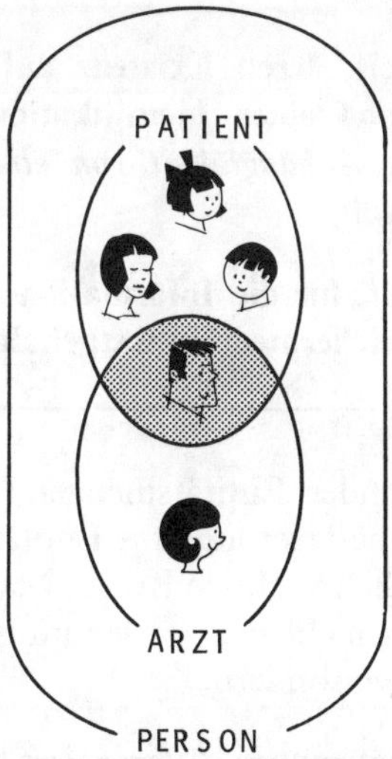

Abb. 2.2.2 Für überlappende Entitätsmengen kann immer eine Menge definiert werden, welche die überlappenden Mengen umfasst.

- **Immer: Eine eindeutig identifizierbare Einheit,**
- **Immer: Eine Einheit, deren Existenz auf einem geeigneten Speichermedium aufgrund eines Identifikationsmerkmals (d. h. eines Schlüsselwertes) darstellbar sein muss und zwar *unabhängig von der Existenz anderweitiger Entitäten*,**
- **Meistens: Eine Einheit, für die Informationen gesammelt und auf einem geeigneten Speichermedium festgehalten werden sollen.**

Bei der Realitätsmodellierung treten die Entitätsmengen mit Kernentitäten – wir wollen sie im folgenden ***Kernentitätsmengen*** nennen – als eigentliche "Modellaufhänger" in Erscheinung. Die Anzahl der Kernentitätsmengen ist beschränkt und wird erfahrungsgemäss selbst bei einem unternehmungsweiten Datenmodell kaum mehr als 20 Stück betragen.

Eine ***abhängige Entität*** ist demgegenüber:

> - **Immer: Eine eindeutig identifizierbare Einheit,**
> - **Immer: Eine Einheit, deren Existenz auf einem geeigneten Speichermedium aufgrund eines Identifikationsmerkmals (d. h. eines Schlüsselwertes) *in Abhängigkeit von einer anderweitigen Entität* dargestellt werden soll,**
> - **Immer: Eine Einheit, für die Informationen gesammelt und auf einem geeigneten Speichermedium festgehalten werden sollen.**

Das Definieren von umfassenden Entitätsmengen (man kann in diesem Zusammenhang auch von einer Überlagerung von Entitätsmengen sprechen) spielt in der Praxis eine ausserordentlich wichtige Rolle. Man kann mit der ***Überlagerung von Entitätsmengen*** nämlich nicht nur – wie im vorangegangenen Beispiel der Fall – ***Redundanz vermeiden***, sondern:

- Entitäten in einer Entitätsmenge ***differenziert*** behandeln,
- Das Datenmodell ***vereinfachen***,
- Entitäten ***verdichten***.

Wir zeigen im folgenden einige illustrative Beispiele.

Überlagerung von Entitätsmengen zwecks differenzierter Behandlung von Entitäten

1. Beispiel:

Im linken Teil der Abb. 2.2.3 wird eine Entitätsmenge MITARBEITER gezeigt. Sie enthält als Entitäten individuelle Mitarbeiter, die alle aufgrund von gleichartigen Eigenschaften charakterisiert werden. Einzelne Mitarbeiter sollen nun detaillierter beschrieben werden, weil sie (beispielsweise als Vorgesetzte) eine besondere Stellung einnehmen. Dies kann dadurch bewerkstelligt werden, dass man – wie im rechten Teil der Abb. 2.2.3 gezeigt – der Entitätsmenge MITARBEITER die Entitätsmenge VORGESETZTE überlagert. Alle der Entitätsmenge VORGESETZTE angehörenden Entitäten lassen sich nun mittels zusätzlicher Eigenschaften charakterisieren. Es versteht sich, dass eine Person nur dann Vorgesetzter sein kann, wenn besagte Person als Mitarbeiter existiert. Entsprechend stellen die Mitarbeiter ***Kernentitäten*** und die Vorgesetzten ***abhängige Entitäten*** dar.

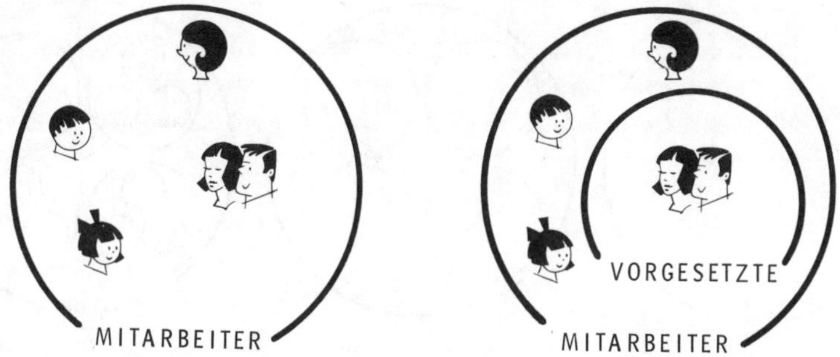

Abb. 2.2.3 Überlagerung von Entitätsmengen zwecks differenzierter Behandlung von Entitäten (1. Beispiel).

2. Beispiel:

(Wir verdanken dieses Beispiel der Firma Escher-Wyss in Zürich)

Im linken Teil der Abb. 2.2.4 wird eine Entitätsmenge TURBINE gezeigt. Sie enthält als Entitäten einzelne Turbinen, die alle aufgrund von gleichartigen Eigenschaften charakterisiert werden. Um nun auch typenabhängige Eigenschaften spezifizieren zu können, werden der Entitätsmenge TURBINE die zusätzlichen Entitätsmengen AXIAL, FRANCIS, PUMP und PELTON überlagert (im mittleren Teil von Abb. 2.2.4 gezeigt). Unabhängig von der Turbinenart durchläuft jede Turbine unterschiedlich charakterisierte Zustände wie ***Offertenzustand***, ***Konstruktionszustand*** sowie ***Installationszustand***. Um diese verschiedenen Zustände unterschiedlich charakterisieren zu können, werden den Entitätsmengen AXIAL, FRANCIS, PUMP und PELTON jeweils drei weitere Entitätsmengen OFF (die Turbinen im Offertenzustand enthaltend), CON (die Turbinen im Konstruktionszustand enthaltend) sowie INST (die Turbinen im Installationszustand enthaltend) überlagert (im rechten Teil von Abb. 2.2.4 gezeigt). Das Beispiel illustriert damit sehr schön, dass die Überlagerung von Entitätsmengen auch mehrstufig möglich ist.

Es versteht sich, dass die Turbinen im vorstehenden Beispiel als ***Kernentitäten***, die den überlagerten Entitätsmengen angehörenden Entitäten hingegen als ***abhängige Entitäten*** aufgefasst werden müssen.

Halten wir noch einmal fest:

1. Bei einer Turbine handelt es sich entweder um eine Axial-, Francis-, Pump- oder Pelton-Turbine, d. h. für eine Turbine steht eine ***Auswahl*** von Turbinenarten zur Verfügung.

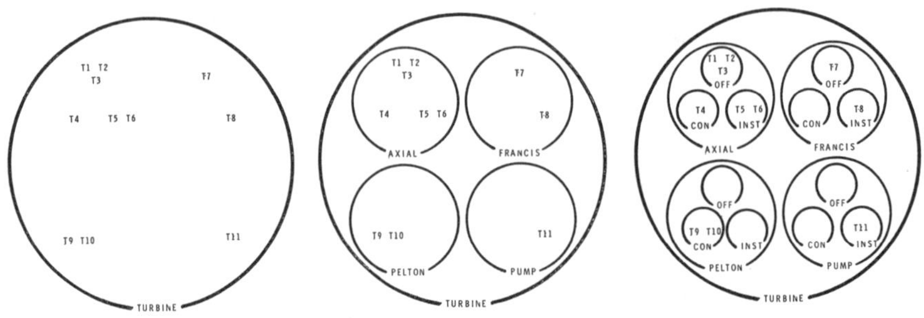

Abb. 2.2.4 Überlagerung von Entitätsmengen zwecks differenzierter Behandlung von Entitäten (2. Beispiel).

2. Jede Turbine befindet sich unabhängig von der Turbinenart zunächst im Offertenzustand, dann im Konstruktionszustand und schliesslich im Installationszustand, d. h. jede Turbine durchläuft eine ***Sequenz*** von Zuständen.

Die in Abb. 2.2.4 gezeigte Anordnung verdeutlicht das vorstehend beschriebene ***Auswahl-*** und ***Sequenzkriterium*** in keiner Weise. Mit der in Abb. 2.2.5 gezeigten, von M.A. Jackson [25] vorgeschlagenen Notation lassen sich die beschriebenen Kriterien aber einwandfrei darstellen. Im Grunde genommen stellt die in Abb. 2.2.5 gezeigte Struktur den ***Lebenszyklus*** einer Entität dar.

Das vorstehende Beispiel illustriert einen wichtigen Sachverhalt. So bedeutet der Umstand, demzufolge eine Turbine im Verlaufe der Zeit verschiedene, unterschiedlich charakterisierte Lebensphasen durchläuft, dass bei der Datenmodellierung nicht nur ***statische*** (d.h. die Datenstruktur betreffende), sondern unter Umständen auch ***dynamische Aspekte*** zu beachten sind. Geht man davon aus, dass die Integrität einer Datenbank sowohl in statischer wie auch in dynamischer Hinsicht primär vom Datenbankmanagentsystem zu gewährleisten ist, so wird man letzterem in Zukunft auch Sachverhalte der in Abb. 2.2.5 gezeigten Art bekanntzugeben haben. Wie man sich die diesbezüglichen Spezifikationen vorzustellen hat, wird in Kapitel 4.9 im Zusammenhang mit der ***Beziehungsintegrität*** zur Sprache kommen.

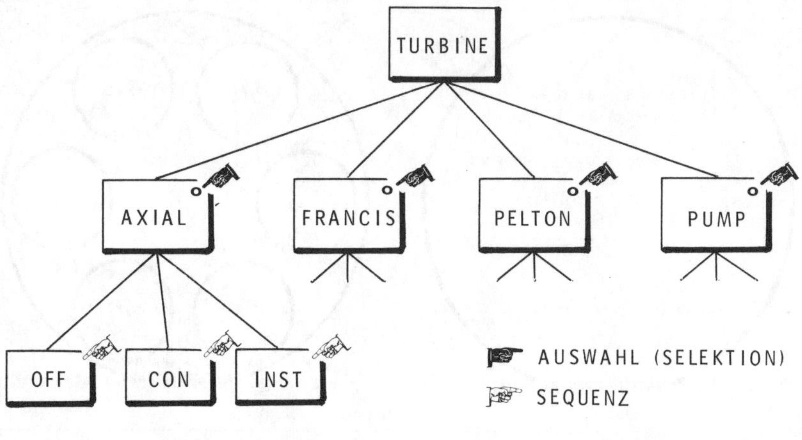

Abb. 2.2.5 Lebenszyklus einer Entität. Eine Turbine (Entität) ist entweder vom Typ AXIAL, FRANCIS, PUMP oder PELTON (die ***Auswahl***möglichkeiten sind mit einem kleinen Kreis in der rechten oberen Ecke des den Turbinentyp repräsentierenden Kästchens markiert). Jede Turbine durchläuft eine ***Sequenz*** von Zuständen; d. h. sie befindet sich zunächst im Offertenzustand, dann im Konstruktionszustand und schliesslich im Installationszustand.

Überlagerung von Entitätsmengen zwecks Vereinfachung des Datenmodells

In einem **Data Dictionary** wird unter anderem die Existenz von sogenannten Subjekten unterschiedlichen Typs wie **Applikationssystemen** (A1, A2, A3, ...), **Jobs** (J1, J2, J3, ...), **Programmen** (P1, P2, P3, ...), **Datenbanken** (B1, B2, B3, ...), **Records** oder **Segmenten** (R1, R2, R3, ...), **Feldern** oder **Elementen** (F1, F2, F3, ...) festgehalten. Im linken Teil von Abb. 2.2.6 wird eine Entitätsmenge DATA-DICTIONARY gezeigt, welche die genannten Subjekte enthält. Alle Subjekte werden zunächst einmal typenunabhängig aufgrund von gleichartigen Eigenschaften charakterisiert. Um nun auch typenabhängige Eigenschaften berücksichtigen zu können, werden – wie im rechten Teil von Abb. 2.2.6 gezeigt – der Entitätsmenge DATA-DICTIONARY mehrere zusätzliche Entitätsmengen wie SYSTEM, JOB, PROGRAM, DATABASE, RECORD, FIELD überlagert. Selbstverständlich gilt auch hier, dass die Existenz eines Applikationssystems, Jobs, Programms, etc. nur durch die Existenz eines entsprechenden Subjektes möglich sein darf. Subjekte sind demzufolge ***Kernentitäten***, während Applikationssysteme, Jobs, Programme, etc. ***abhängige Entitäten*** darstellen.

Soweit ist noch nicht einzusehen, warum die vorstehende Überlagerung eine Vereinfachung des Datenmodells zur Folge haben soll. Wir werden aber im Zusammenhang mit der Diskussion von ***Beziehungsmengen*** auf das Data-Dic-

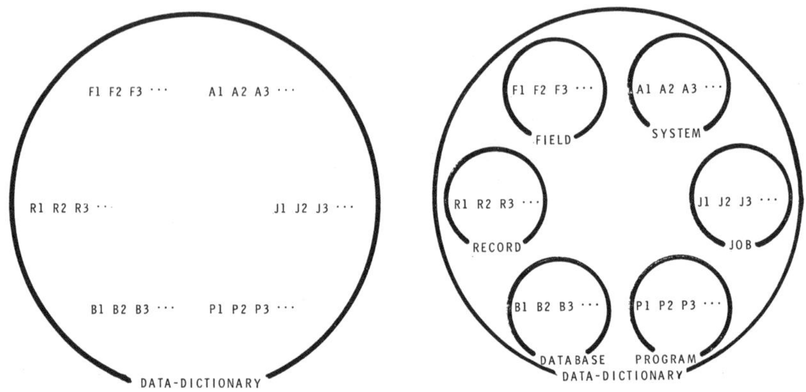

Abb. 2.2.6 Überlagerung von Entitätsmengen zwecks Vereinfachung des Datenmodells.

tionary-Beispiel zurückkommen und dabei die mit der Überlagerung von Entitätsmengen zu erzielende Modellvereinfachung sehr schön nachweisen können.

Überlagerung von Entitätsmengen zwecks Verdichtung von Entitäten

Es wurde bereits früher darauf hingewiesen, dass die jeweilige Sachlage bestimmt, was als Einheit (d. h. als Entität) in Erscheinung treten soll (siehe Abb. 2.1.2). Im folgenden wird gezeigt, dass die zur Diskussion stehende Überlagerungstechnik auch verwendet werden kann, um den Umfang einer Einheit (also das, was als Entität in Erscheinung treten soll) unterschiedlich festzulegen.

Im linken Teil der Abb. 2.2.7 wird eine Entitätsmenge STUDENT gezeigt. Sie enthält als Entitäten individuelle Studenten, die alle aufgrund von gleichartigen Eigenschaften charakterisiert werden. Im rechten Teil von Abb. 2.2.7 wurde der Entitätsmenge STUDENT eine Entitätsmenge KLASSE überlagert, deren Entitäten Schulklassen mit mehreren Studenten darstellen. Die Überlagerungstechnik hat im vorliegenden Beispiel also eine Verdichtung von Studenten zu Schulklassen zur Folge und führt damit zu einem völlig neuen Entitätstyp.

Machen wir im vorliegenden Beispiel die Existenz eines Studenten von der Existenz einer Klasse abhängig, dann handelt es sich bei den Studenten um ***abhängige Entitäten***. Durchaus denkbar wäre aber auch, dass wir die Existenz eines Studenten völlig losgelöst von der Existenz einer Klasse (also im Sinne einer ***Kernentität***) darstellen möchten. Ob es sich bei einer Entität um eine ***Kernen-***

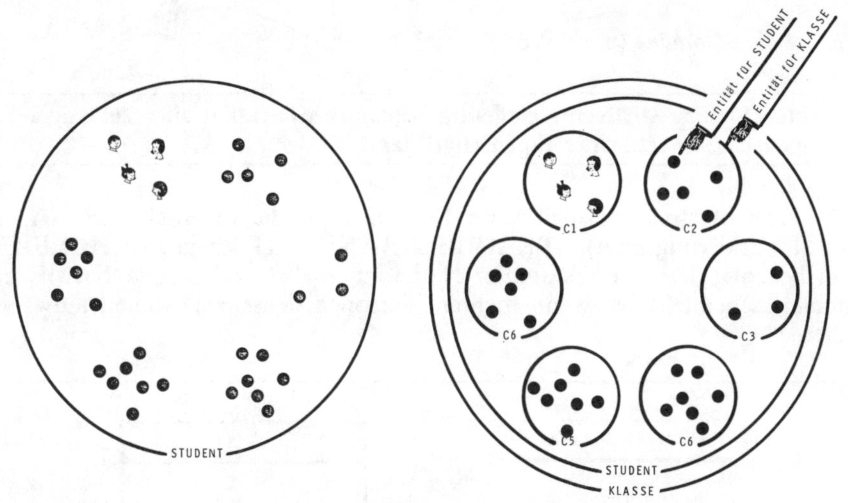

Abb. 2.2.7 Überlagerung von Entitätsmengen zwecks Verdichtung von Entitäten.

tität oder um eine ***abhängige Entität*** handelt, ist nicht ganz belanglos und wird später im Datenmodell gebührend zu berücksichtigen sein.

Konstellationen, die der in Abb. 2.2.7 gezeigten entsprechen, kommen in der Praxis übrigens recht häufig vor. So könnte man sich beispielsweise für eine Fertigungsunternehmung anstelle der Schulklassen **Produkte** und anstelle der Schüler **Produktaufmachungen** wie flüssig, fest, pulverförmig, etc. vorstellen. Analog könnte man sich für eine Bankunternehmung anstelle der Schulklassen **Valoren** (z.B. Gold, Aktie der Firma X, etc.) und anstelle der Schüler **Subvaloren** (z.B. Barrengold, körniges Gold, ..., Namensaktie der Firma X, Inhaberaktie der Firma X, etc.) vorstellen.

Und noch ein wichtiger Hinweis: man stelle sich vor, dass auf der ***operationellen Ebene*** einer Unternehmung Entitätsmengen mit operationellen Daten zur Verfügung stehen. Auf der ***taktischen*** oder gar ***strategischen*** Unternehmungsebene wird man kaum an den operationellen Detaildaten interessiert sein. Dadurch, dass den Entitätsmengen der operationellen Ebene im Sinne der vorstehenden Ausführungen weitere Entitätsmengen überlagert werden, kann auf einfache Weise eine Verdichtung der Daten erzielt werden.

Doch nun weiter zum nächsten ***Konstruktionselement***.

Was ist eine Domäne (auch Wertebereich genannt) ?

Eine Domäne stellt eine eindeutig benannte Kollektion aller zulässigen Eigenschaftswerte einer Eigenschaft dar.

Abb. 2.2.8 illustriert beispielsweise Domänen für die Eigenschaften NAME, WERT (Erklärung folgt), SPRACHE, KRANKHEIT sowie FACHGEBIET. Man beachte, dass ein bestimmter Name innerhalb der Domäne NAME nur einmal erscheint, selbst wenn mehrere Personen denselben Namen aufweisen sollten.

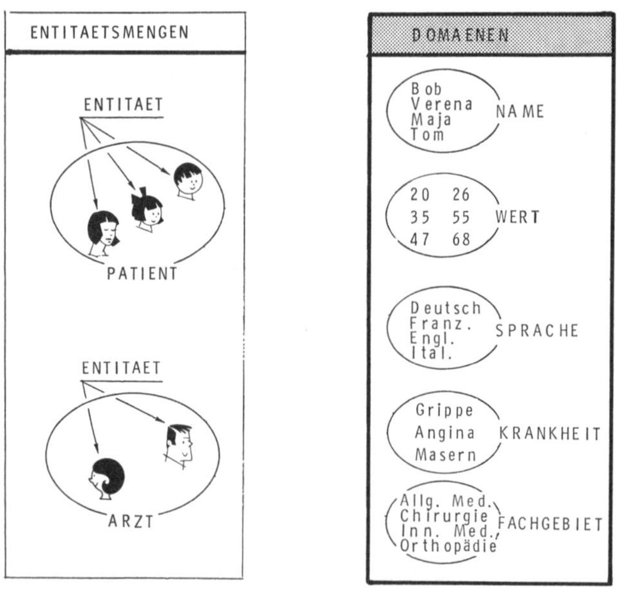

Abb. 2.2.8 Arzt-Patienten-Beispiel: Domänen. Eine Domäne repräsentiert eine eindeutig benannte Kollektion von Werten, die eine Eigenschaft annehmen kann.

Es versteht sich, dass die zulässigen Werte einer Domäne – wie in Abb. 2.2.8 der Fall – in Form einer Liste, beispielsweise

< Bob, Verena, Maja, Tom >

oder mittels Bereichsgrenzen, beispielsweise

$$0 \leq \text{WERT} \leq 100$$

definiert werden können. Denkbar ist auch die Angabe einer Formel, welche die zulässigen Werte zu generieren vermag, beispielsweise

$$\text{RABATT} = \text{BETRAG} \times 0.04$$

Anmerkung: Wenngleich das Domänenprinzip von den heute verfügbaren Datenbankmanagementsystemen in der Regel nicht direkt unterstützt wird, sollten Domänen bei der Realitätsmodellierung unbedingt im Sinne der nachstehenden Ausführungen berücksichtigt werden. Wird diese Empfehlung konsequent befolgt, so lassen sich die Gesamtzusammenhänge auch bei umfangreichen Modellen jederzeit sauber darstellen.

Was ist ein Entitätsattribut ?

Der obere Teil von Abb. 2.2.9 zeigt verschiedene, der einfachen Abstraktionsebene angehörende Konstruktionselemente. Im unteren Teil der gleichen Abbildung sind entsprechende, der höheren Abstraktionsebene angehörende Konstruktionselemente aufgeführt. Man erkennt:

Ein Entitätsattribut ist eine benannte Kollektion von Fakten, die allesamt aufgrund einer Zuordnung von Eigenschaftswerten aus einer bestimmten Domäne (möglicherweise aus mehreren Domänen) zu den Entitäten einer Entitätsmenge zustande kommen.

Mit andern Worten:

Ein Entitätsattribut assoziert die Entitäten einer Entitätsmenge mit Eigenschaftswerten, die einer (oder – wie noch zu zeigen sein wird – mehreren) Domäne(n) angehören.

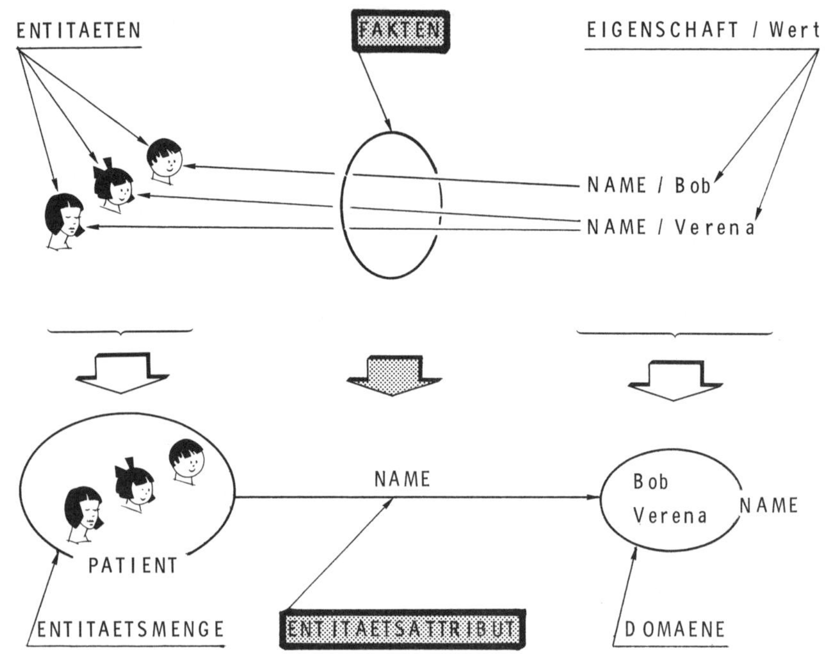

Abb. 2.2.9 Prinzip von Entitätsattributen. Ein Entitätsattribut stellt die Menge aller Fakten dar, die durch Zuordnung der Werte einer Eigenschaft zu den Entitäten einer Entitätsmenge zustande kommen.

Im folgenden wird gezeigt, dass einem Entitätsattribut verschiedene sogenannte ***Assoziationstypen*** zugrunde liegen können. Man unterscheidet:

- ***einfache*** (man sagt auch: Typ 1) ***Assoziationen***,
- ***konditionelle*** (Typ C) ***Assoziationen***,
- ***komplexe*** (Typ M) ***Assoziationen***.

In Abb. 2.2.10 steht beispielsweise ein Patient jederzeit mit einem Namen in Beziehung. Eine derartige Konstellation repräsentiert eine ***einfache*** (Typ 1) ***Assoziation***. Demzufolge:

Eine einfache (Typ 1) Assoziation namens N von einer Menge A zu einer Menge B, formal dargestellt mittels

$$N: A \longrightarrow B$$

bedeutet, dass jedes Element in A jederzeit mit einem Element in B in Beziehung steht.

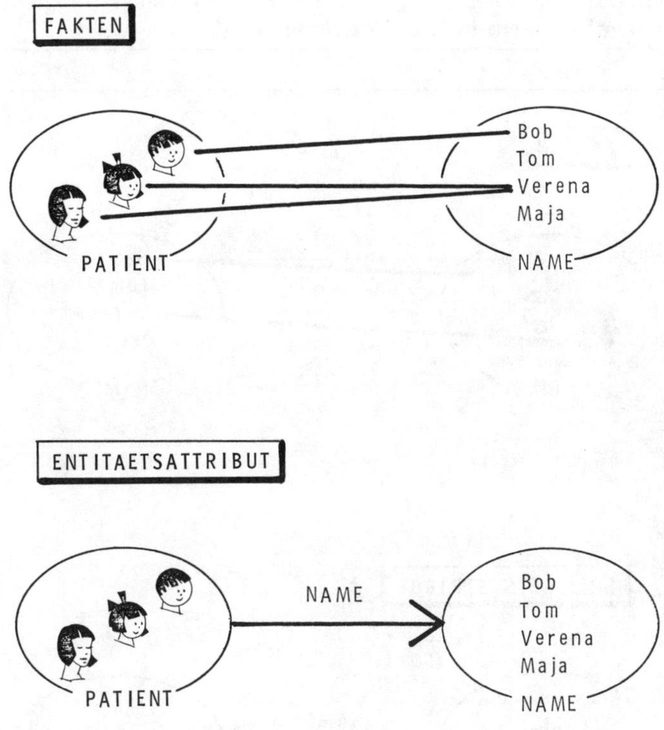

Abb. 2.2.10 Einfache (Typ 1) Assoziation (auch Funktion genannt).

Beispielsweise liesse sich der in Abb. 2.2.10 gezeigte Sachverhalt formal wie folgt festhalten:

$$\text{NAME: PATIENT} \longrightarrow \text{NAME}$$

Einfache (Typ 1) Assoziationen werden auch ***Funktionen*** genannt. Bezüglich Abb. 2.2.10 würde man sagen, dass eine ***Funktion*** von PATIENT nach NAME vorliegt, oder dass NAME von PATIENT ***funktional abhängig*** sei.

In Abb. 2.2.11 steht ein Patient höchstens mit einem (möglicherweise auch keinem) Namen in Beziehung. Eine derartige Konstellation repräsentiert eine ***konditionelle*** (Typ C) ***Assoziation***. Demzufolge:

> **Eine konditionelle (Typ C) Assoziation namens N von einer Menge A zu einer Menge B, formal dargestellt mittels**
>
> **N: A ——) B**
>
> **bedeutet, dass ein Element in A höchstens mit einem (möglicherweise auch keinem) Element in B in Beziehung steht.**

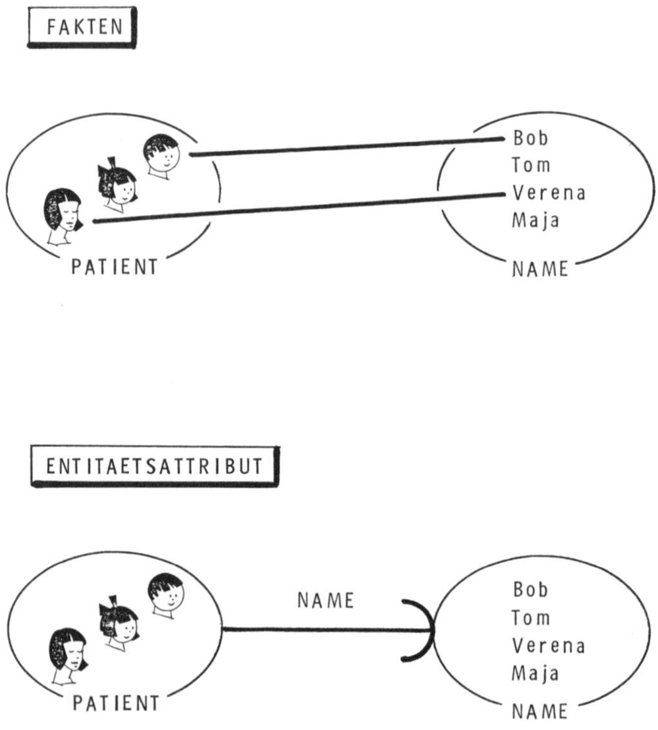

Abb. 2.2.11 Konditionelle (Typ C) Assoziation.

Beispielsweise liesse sich der in Abb. 2.2.11 gezeigte Sachverhalt formal wie folgt festhalten:

NAME: PATIENT ——) NAME

In Abb. 2.2.12 steht ein Patient in der Regel mit mehreren Namen in Beziehung. Eine derartige Konstellation repräsentiert eine ***komplexe*** (Typ M) ***Assoziation***. Demzufolge:

Eine komplexe (Typ M) Assoziation namens N von einer Menge A zu einer Menge B, formal dargestellt mittels

$$\mathbf{N: A \twoheadrightarrow B}$$

oder

$$\mathbf{N: A \not\twoheadrightarrow B}$$

bedeutet, dass ein Element in A mit beliebig vielen (also auch null oder nur einem) Element(en) in B in Beziehung stehen kann.

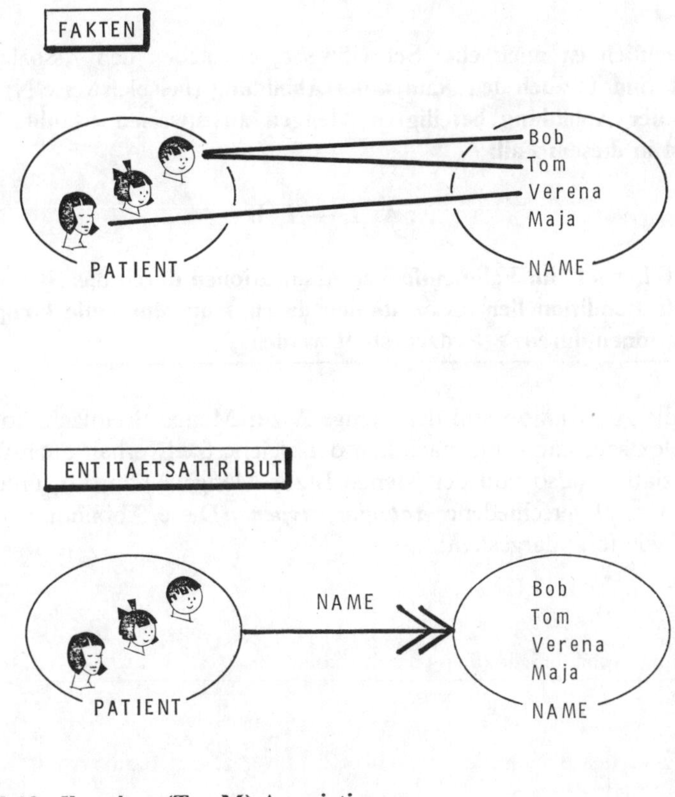

Abb. 2.2.12 Komplexe (Typ M) Assoziation.

Beispielsweise liesse sich der in Abb. 2.2.12 gezeigte Sachverhalt formal wie folgt festhalten:

NAME: PATIENT ⟶⟫ NAME

Sehr oft ist es vorteilhaft, nicht nur die Assoziation von der Menge A zur Menge B, sondern auch die dazu inverse Assoziation (d. h. die Assoziation von der Menge B zur Menge A) zu berücksichtigen. Man sagt:

Eine die Mengen A und B involvierende <u>Abbildung</u> besteht aus einer Assoziation von A nach B und der dazu inversen Assoziation.

Ist die Assoziation von A nach B vom Typ T und jene von B nach A vom Typ T′, so hält man die entsprechende Abbildung formal wie folgt fest:

(T : T′)

Gebräuchlich ist auch eine Schreibweise, die neben den Assoziationsarten T und T′ auch den Namen der Abbildung (beispielsweise N) sowie die an der Abbildung beteiligten Mengen auszuweisen erlaubt. Man schreibt in diesem Fall:

N: A T′—T B

wobei T bzw. T′ im Falle einfacher Assoziationen durch das Symbol >, im Falle konditioneller Assoziationen durch) und im Falle komplexer Assoziationen durch > > dargestellt werden.

Nachdem die Assoziation von der Menge A zur Menge B einfach, konditionell oder komplex sein kann und nachdem der gleiche Sachverhalt auch für die inverse Assoziation (also von der Menge B zur Menge A) zutrifft, unterscheidet man 3 × 3 = 9 verschiedene ***Abbildungstypen***. Diese Abbildungstypen werden formal wie folgt dargestellt:

1.	**(1:1)**	**oder**	**N: A ←——→ B**
2.	**(1:C)**	**oder**	**N: A (——→ B**
3.	**(1:M)**	**oder**	**N: A ↞——→ B**
4.	**(C:1)**	**oder**	**N: A ←——) B**
5.	**(C:C)**	**oder**	**N: A (——) B**
6.	**(C:M)**	**oder**	**N: A ↞——) B**
7.	**(M:1)**	**oder**	**N: A ←——↠ B**
8.	**(M:C)**	**oder**	**N: A (——↠ B**
9.	**(M:M)**	**oder**	**N: A ↞——↠ B**

Abb. 2.2.13 zeigt einige Abbildungsbeispiele. Es ist leicht zu erkennen, dass eine (M:C)-Abbildung durch eine Vertauschung der Mengen A und B in eine (C:M)-Abbildung umfunktioniert wird. Man sagt, dass die Abbildungen (M:C) und (C:M) ***symmetrisch*** seien. Nachdem der gleiche Sachverhalt auch für die Abbildungen (1:M) und (M:1) bzw. (1:C) und (C:1) zutrifft, hat man grundsätzlich zwischen sechs verschiedenen Abbildungstypen zu unterscheiden.

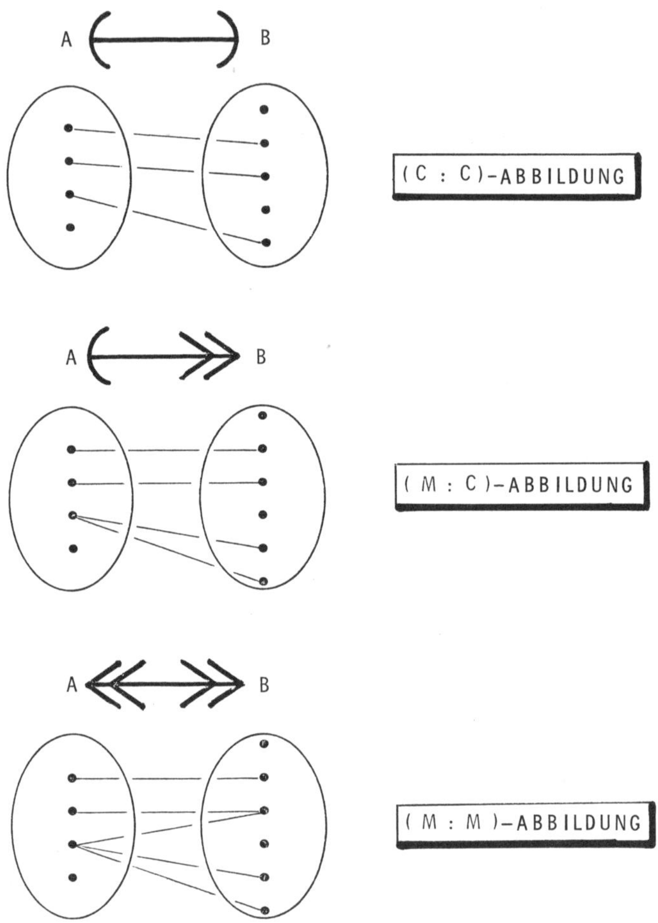

Abb. 2.2.13 Beispiele für Abbildungen. Eine die Mengen A und B involvierende Abbildung besteht aus einer Assoziation von der Menge A zur Menge B und der dazu inversen Assoziation.

Abb. 2.2.14 zeigt weitere das Arzt-Patienten-Beispiel betreffende Entitätsattribute.

Man erkennt aus Abb. 2.2.14 :

- Ein Entitätsattribut assoziert eine Entitätsmenge in der Regel mit *einer* Domäne,

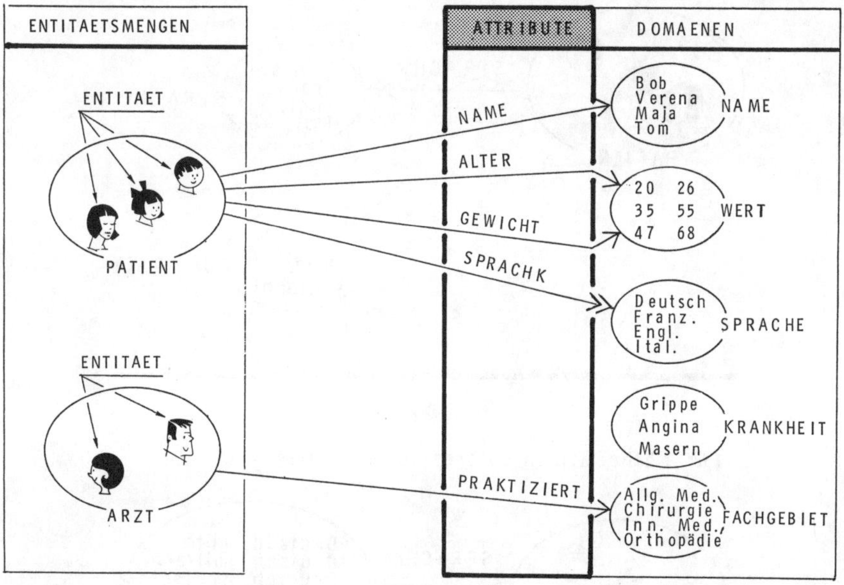

Abb. 2.2.14 Arzt-Patienten-Beispiel: Entitätsattribute. Ein Entitätsattribut stellt eine Beziehung zwischen einer Entitätsmenge und einer (allenfalls mehreren) Domäne(n) dar.

- Ein Entitätsattribut weist einen Namen auf, der in der Regel mit dem Domänennamen übereinstimmt (Beispiel: NAME),
- Der Name eines Entitätsattributes braucht nicht unbedingt mit dem Namen der Domäne übereinzustimmen (Beispiel: ALTER, GEWICHT, SPRACHK, PRAKTIZIERT),
- Eine Entitätsmenge kann durchaus aufgrund mehrerer Attribute mit ein und derselben Domäne in Beziehung stehen (Beispiel: ALTER und GEWICHT),
- Einem Entitätsattribut kann eine einfache (Typ 1) Assoziation (Beispiel: NAME, ALTER, GEWICHT, PRAKTIZIERT), eine konditionelle (Typ C) oder eine komplexe (Typ M) Assoziation (Beispiel: SPRACHK) zugrunde liegen,
- Eine Entitätsmenge kann aufgrund eines Attributs durchaus mit mehreren Domänen in Beziehung stehen. So wäre beispielsweise denkbar, dass mit dem Attribut SPRACHK (für Sprachkenntnisse stehend) neben den gesprochenen Sprachen auch die Qualität der Sprachkenntnisse ausgewiesen werden soll. Abb. 2.2.15 zeigt, wie man sich in diesem Fall das entsprechende Entitätsattribut vorzustellen hat.

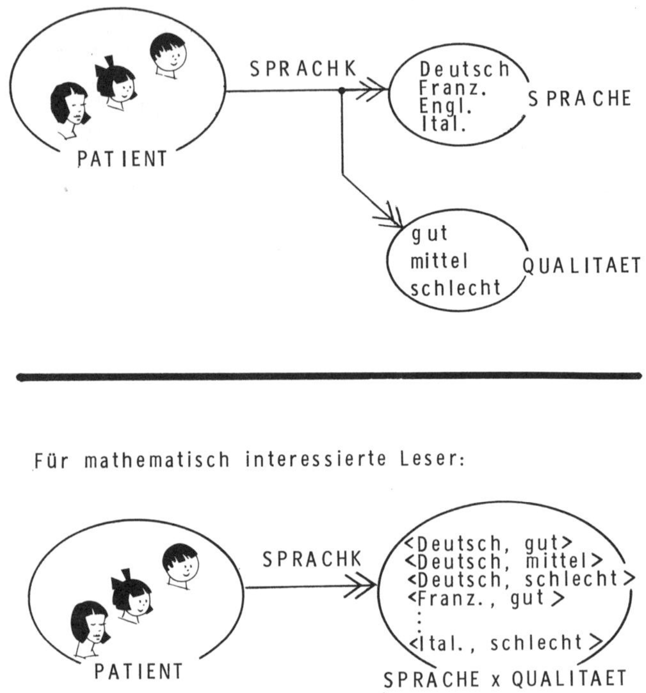

Abb. 2.2.15 Ein Entitätsattribut kann eine Entitätsmenge mit mehreren Domänen in Beziehung setzen.

Anmerkung für mathematisch interessierte Leser: Im unteren Teil von Abb. 2.2.15 wird gezeigt, dass das Entitätsattribut SPRACHK die Entitätsmenge PATIENT streng genommen mit dem ***Cartesischen Produkt***

$$\text{SPRACHE} \times \text{QUALITAET}$$

(also wieder mit einer einzigen Domäne) in Beziehung setzt.

Für die in Abb. 2.2.2 festgehaltene Sachlage (eine Person kann sowohl Arzt wie auch Patient sein) ist es möglich, neben Entitätsattributen, die Ärzte und Patienten gleichermassen betreffen, auch Entitätsattribute zu definieren, die entweder nur für Ärzte oder nur für Patienten zutreffen. So betrifft das in Abb. 2.2.16 gezeigte Entitätsattribut NAME sowohl Ärzte wie auch Patienten (entsprechend wurde das Attribut ausgehend von der Entitätsmenge PERSON definiert), während das Entitätsattribut BLUTDRUCK (resp. PRAKTIZIERT) nur für die Untermenge PATIENT (resp. ARZT) zutrifft (entsprechend wurden die genannten Attribute ausgehend von den Entitätsmengen PATIENT resp. ARZT definiert).

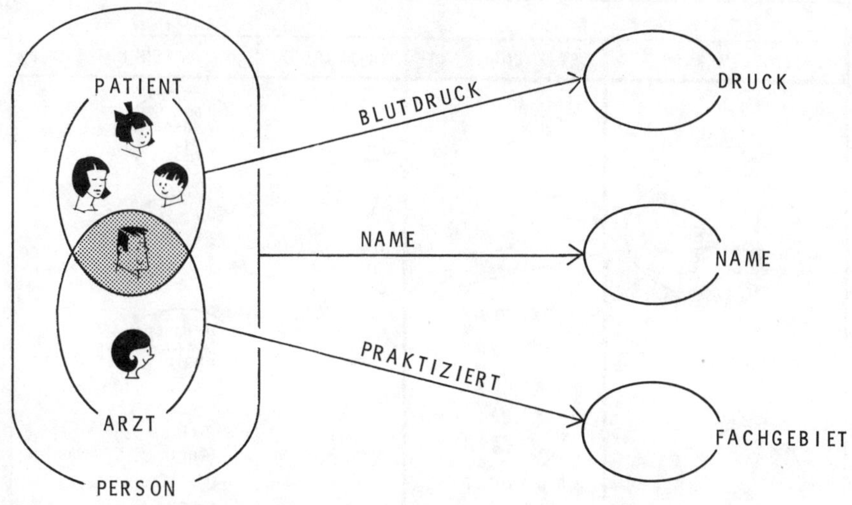

Abb. 2.2.16 Mögliche Entitätsattribute für Entitätsmengen mit Untermengen. In der Abbildung betrifft das Entitätsattribut NAME sowohl Ärzte wie auch Patienten, während das Entitätsattribut BLUTDRUCK (resp. PRAKTIZIERT) nur für die Untermenge PATIENT (resp. ARZT) zutrifft.

Doch nun weiter zum nächsten ***Konstruktionselement***.

Was ist eine Beziehungsmenge ?

Man sagt, dass unterschiedliche Beziehungselemente, die aber allesamt Entitäten der gleichen Entitätsmenge(n) involvieren und denen allesamt die gleiche Bedeutung zukommt, vom gleichen Typ sind.

Eine Beziehungsmenge ist eine eindeutig benannte Kollektion von Beziehungselementen gleichen Typs.

Beispielsweise involviert die in Abb. 2.2.17 gezeigte Beziehungsmenge BEHANDELT die Entitätsmengen PATIENT und ARZT. Der von PATIENT (bzw. ARZT) nach BEHANDELT weisende Doppelpfeil $\twoheadrightarrow$ bedeutet, dass ein Patient (bzw. ein Arzt) mit einer beliebigen Anzahl von Beziehungselementen in BEHANDELT assoziert sein kann. Auf die Realität übertragen bedeutet dies, dass ein Patient in der Regel von mehreren Ärzten behandelt wird (bzw. dass ein Arzt in der Regel mehrere Patienten behandelt). Die Beziehungsmenge BEHANDELT reflektiert also zwei Assoziationen und ermöglicht damit, sowohl die einen bestimmten Patienten behandelnden Ärzte, als auch die von einem bestimmten Arzt behandelten Patienten ausfindig zu machen.

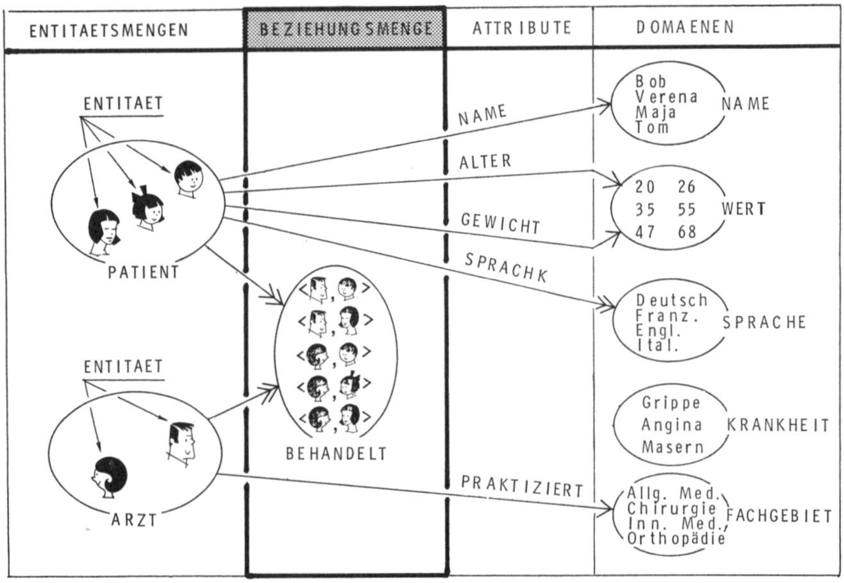

Abb. 2.2.17 Arzt-Patienten-Beispiel: Beziehungsmenge. Eine Beziehungsmenge stellt eine eindeutig benannte Kollektion gleichartiger Beziehungselemente dar.

Es versteht sich, dass die in Abb. 2.2.17 gezeigten Entitätsmengen nicht nur an der Beziehungsmenge BEHANDELT, sondern an beliebig vielen weiteren Beziehungsmengen beteiligt sein können.

Eine Beziehungsmenge, an der – wie in Abb. 2.2.17 der Fall – zwei Entitätsmengen beteiligt sind, repräsentiert den Normalfall. Grundsätzlich können aber an einer Beziehungsmenge beliebig viele Entitätsmengen beteiligt sein. Soll beispielsweise gezeigt werden, welche Ärzte welche Patienten in welchen Zimmern behandeln, so könnte dieser Sachverhalt mit einer die Entitätsmengen PATIENT, ARZT sowie ZIMMER involvierenden Beziehungsmenge festgehalten werden. Dass auch Beziehungsmengen, die nur eine Entitätsmenge involvieren, in der Praxis ausserordentlich bedeutsam sein können, soll im folgenden anhand einiger illustrativer Beispiele gezeigt werden.

1. Beispiel: Stückliste

Abb. 2.2.18 zeigt eine Entitätsmenge PRODUKT mit den Produkten (d. h. Entitäten) P1, P2, P3, ... Man erkennt, dass sich ein Produkt in der Regel aus mehreren anderweitigen Produkten (sogenannten Komponenten) zusammensetzt. So erfordert beispielsweise die Produktion des Produktes P1 die Komponenten P3, P4 sowie P5. Man nennt eine Operation, welche die für die Herstellung eines bestimmten Produktes erforderlichen Komponenten zu bestimmen erlaubt, eine ***Auflösung*** (englisch: ***Explosion***). Offensichtlich stehen die Entitäten der Entitätsmenge PRODUKT aufgrund einer Auflösungsassoziation komplex mit Entitäten der gleichen Entitätsmenge in Beziehung. Formal lässt sich dieser Sachverhalt wie folgt festhalten:

$$\text{AUFLÖSUNG: PRODUKT} \twoheadrightarrow \text{PRODUKT}$$

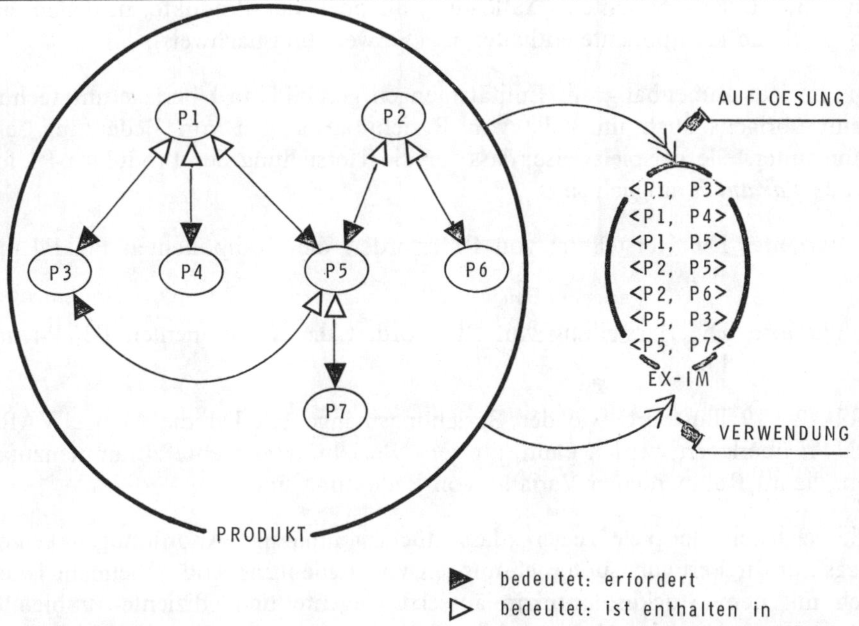

Abb. 2.2.18 Stückliste: 1. Beispiel einer nur eine Entitätsmenge involvierenden Beziehungsmenge.

Aus Abb. 2.2.18 ist ausserdem ersichtlich, dass eine Komponente in der Regel in mehreren Produkten verwendet wird. So wird beispielsweise die Komponente P5 für die Produktion von P1 und P2 verwendet. Ein sog. ***Verwendungsnachweis*** (englisch: ***Implosion***) ermöglicht die Ermittlung jener Produkte, für deren Herstellung eine vorgegebene Komponente erforderlich ist. Offensichtlich stehen die Entitäten der Entitätsmenge PRODUKT aufgrund einer

Verwendungsassoziation komplex mit Entitäten der nämlichen Entitätsmenge in Beziehung. Formal lässt sich dieser Sachverhalt wie folgt festhalten:

$$\text{VERWENDUNG: PRODUKT} \twoheadrightarrow \text{PRODUKT}$$

Übrigens stellt die Verwendungsassoziation die zur Auflösungsassoziation inverse Assoziation dar. Demzufolge lassen sich die genannten Assoziationen zusammenlegen, wodurch folgende Abbildung zustande kommt:

$$\text{EX-IM: PRODUKT} \twoheadleftarrow\!\!\twoheadrightarrow \text{PRODUKT}$$

Abb. 2.2.18 zeigt, wie die vorgängig besprochenen Assoziationen mit Hilfe einer einzigen Beziehungsmenge – wir wollen sie im folgenden EX-IM nennen – festgehalten werden können. Die Beziehungsmenge EX-IM ermöglicht sowohl die Bestimmung der für die Herstellung eines vorgegebenen Produktes erforderlichen Komponenten (Auflösung) als auch der Produkte, in denen eine vorgegebene Komponente enthalten ist (Verwendungsnachweis).

Die im Zusammenhang mit Entitätsmengen geschilderte Überlagerungstechnik kann übrigens auch im Falle von Beziehungsmengen von Bedeutung sein. Man unterstelle beispielsweise, dass für die Herstellung des Produktes P1 folgende ***Varianten*** möglich sind:

1. Variante: Die Herstellung von P1 erfordert die Komponenten P3, P4 und P5.

2. Variante: Die Herstellung von P1 erfordert die Komponenten P3, P4 und P6.

Abb. 2.2.19 illustriert, wie der Beziehungsmenge EX-IM die Menge VARIANTE überlagert werden kann, um jene Beziehungselemente zusammenzufassen, die im Rahmen einer Variante von Bedeutung sind.

Die nächsten Beispiele zeigen, dass stücklistenmässige Anordnungen keineswegs nur für Fertigungsunternehmungen von Bedeutung sind. Vielmehr lassen sich mit dem Stücklistenprinzip äusserst elegante und effiziente Problemlösungen für ganz andere Arbeitsgebiete finden.

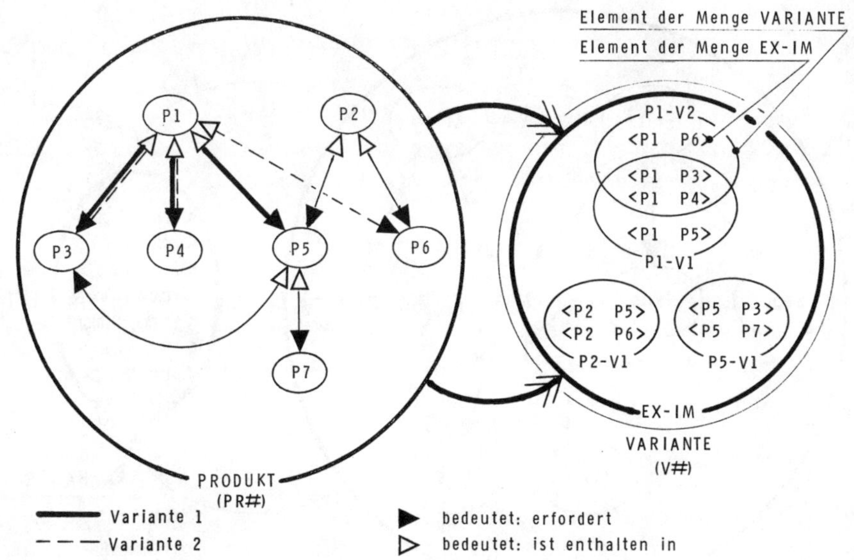

Abb. 2.2.19 Beispiel einer Überlagerung einer Beziehungsmenge.

2. Beispiel: Buchungsproblem einer Bankunternehmung

(Wir verdanken dieses Beispiel dem Schweiz. Bankverein in Basel)

Abb. 2.2.20 zeigt eine Entitätsmenge KONTO mit den Konti Fritz, Emma, Sepp, Max, ... Man erkennt, dass ein Konto aufgrund einer Sollbeziehung in der Regel mit mehreren anderweitigen Konti in Beziehung steht. So schuldet beispielsweise Fritz (Schuldner) dem Sepp, Hans und Max (Gläubiger) gewisse Beträge. Offensichtlich stehen die Entitäten der Entitätsmenge KONTO aufgrund einer Sollassoziation komplex mit Entitäten der gleichen Entitätsmenge in Beziehung, formal:

$$\text{SOLL: KONTO} \twoheadrightarrow \text{KONTO}$$

Aus Abb. 2.2.20 ist ausserdem ersichtlich, dass ein Konto in der Regel aufgrund einer Habenbeziehung mit mehreren anderweitigen Konti in Beziehung steht. So erhält beispielsweise Max (Gläubiger) von Fritz und Emma (Schuldner) gewisse Beträge. Offensichtlich stehen die Entitäten der Entitätsmenge KONTO aufgrund einer Habenassoziation komplex mit Entitäten der nämlichen Entitätsmenge in Beziehung, formal:

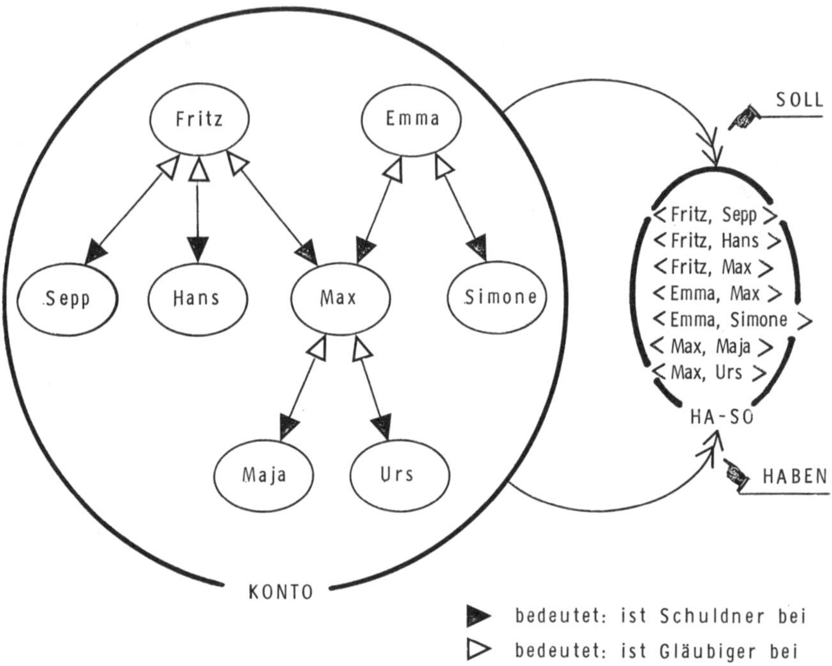

Abb. 2.2.20 Buchungsproblem: 2. Beispiel einer nur eine Entitätsmenge involvierenden Beziehungsmenge.

HABEN: KONTO $\longrightarrow\!\!\!\!\rightarrow$ KONTO

Selbstverständlich stellt die Habenassoziation auch hier die zur Sollassoziation inverse Assoziation dar. Demzufolge lassen sich die genannten Assoziationen zusammenlegen, was zu folgender (M:M)-Abbildung führt:

HA-SO: KONTO $\twoheadleftarrow\!\!\!\twoheadrightarrow$ KONTO

Wie im Falle des Stücklistenproblems können die vorgängig besprochenen Assoziationen mit Hilfe einer einzigen Beziehungsmenge – in Abb. 2.2.20 HA-SO genannt – festgehalten werden. Die Beziehungsmenge HA-SO ermöglicht sowohl die Ermittlung aller Gläubiger eines Schuldners (Sollbeziehung) als auch aller Schuldner eines Gläubigers (Habenbeziehung).

Den Varianten im Stücklistenproblem entsprechen sogenannte ***Sammelbuchungen*** im Buchungsproblem. Wird demzufolge der Beziehungsmenge HA-SO die Menge SAMMEL überlagert, so lassen sich jene Buchungen zusammenfassen, die im Rahmen einer Sammelbuchung von Bedeutung sind.

3. Beispiel: Das Data-Dictionary-Problem

Ein Data Dictionary wird nicht nur verwendet, um die Existenz von Subjekten unterschiedlichen Typs festzuhalten (vergleiche Abb. 2.2.6), sondern beinhaltet auch Angaben bezüglich der Beziehungen zwischen diesen Subjekten.

In Abb. 2.2.21 wurde beispielsweise angenommen, dass im Rahmen der Applikation A1 die Jobs J1 und J2 zur Ausführung gelangen – ein Sachverhalt, der sich durchaus mit der ***Auflösung*** eines Produktes in seine Komponenten vergleichen lässt. Man erkennt ausserdem, dass der Job J2 nicht nur im Rahmen der Applikation A1 sondern auch A3 zur Ausführung gelangt – ein Sachverhalt, der sich durchaus mit einem ***Verwendungsnachweis*** in einer Stückliste vergleichen lässt. Da vergleichbare Konstellationen für alle übrigen Subjekte der Entitätsmenge DATA-DICTIONARY gelten, lässt sich das Data-Dictionary-Problem gleich behandeln wie das Stücklistenproblem.

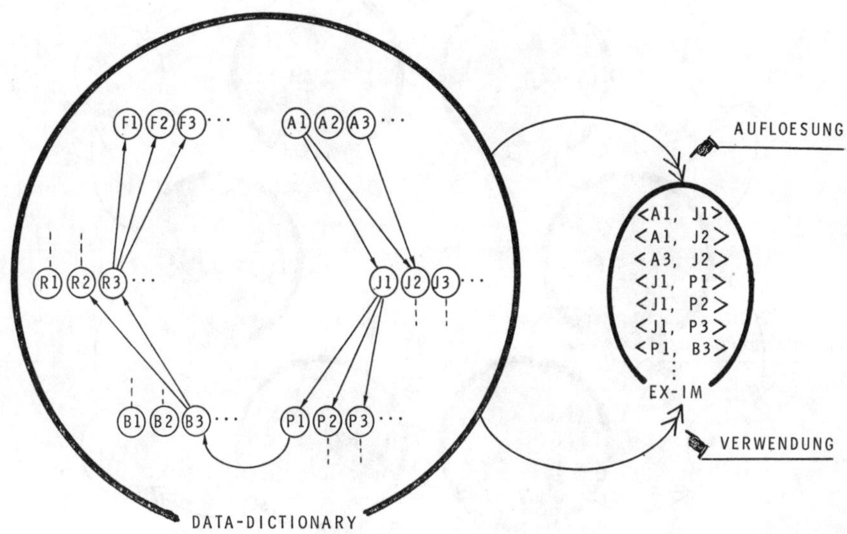

Abb. 2.2.21 Data Dictionary: 3. Beispiel einer nur eine Entitätsmenge involvierenden Beziehungsmenge.

Jetzt wird aber auch der Vorteil evident, der sich mit der Überlagerung von Entitätsmengen im Falle des Data-Dictionary-Problems erzielen lässt. Grundsätzlich könnte man ja die in Abb. 2.2.6 gezeigten, der Entitätsmenge DATA-DICTIONARY überlagerten Entitätsmengen SYSTEM, JOB, PROGRAM, DATABASE, RECORD sowie FIELD auch als ganz normale (also nicht überlagerte) Entitätsmengen auffassen. Dies würde aber dazu führen, dass eine ganze Menge von Beziehungsmengen in Betracht gezogen werden müssten; in unserem sehr vereinfachten Beispiel nämlich: eine die Entitätsmengen SYSTEM und JOB involvierende Beziehungsmenge, sodann eine zweite für JOB und PROGRAM, eine dritte für PROGRAM und DATABASE, eine vierte für DATABASE und RECORD und schliesslich eine fünfte für RECORD und FIELD (siehe Abb. 2.2.22). Dass damit eine immense Aufblähung des Datenmodells einhergeht, versteht sich. Sehr viel bedeutsamer ist aber, dass sich das "aufgeblähte Modell" im Vergleich zum "einfachen Modell" nur viel mühsamer veränderten Anforderungen anpassen lässt. Soll beispielsweise zu einem späteren Zeitpunkt im Data Dictionary festgehalten werden, welche Programme welche Programmodule enthalten, so müsste mit dem "aufgeblähten Modell" wiederum eine Beziehungsmenge definiert werden. Wird hingegen mit der Entitätsmengenüberlagerung gearbeitet, so lässt sich der geschilderte Sachverhalt unmittelbar in der Beziehungsmenge EX-IM festhalten.

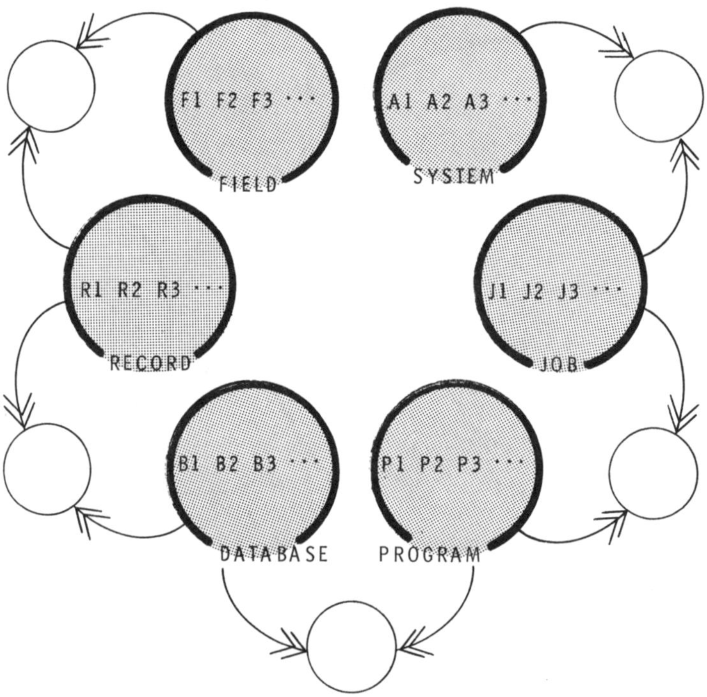

Abb. 2.2.22 Lösung des Data-Dictionary-Problems ohne Überlagerung von Entitätsmengen.

4. Beispiel: Zeitliche Abfolge von Ereignissen

Abb. 2.2.23 zeigt eine Entitätsmenge KURS mit den Kursen K1, K2, K3, ... Festgehalten werden soll die Tatsache, dass einem Kurs in der Regel mehrere anderweitige Kurse folgen können. Diese ***zeitliche Abfolge*** (die Kurssequenz also) lässt sich wiederum durchaus mit der ***Stücklistenauflösung*** eines Produktes vergleichen. Dem ***Verwendungsnachweis*** der Stückliste würde dann in unserem Kursbeispiel die ***Kursvoraussetzung*** entsprechen.

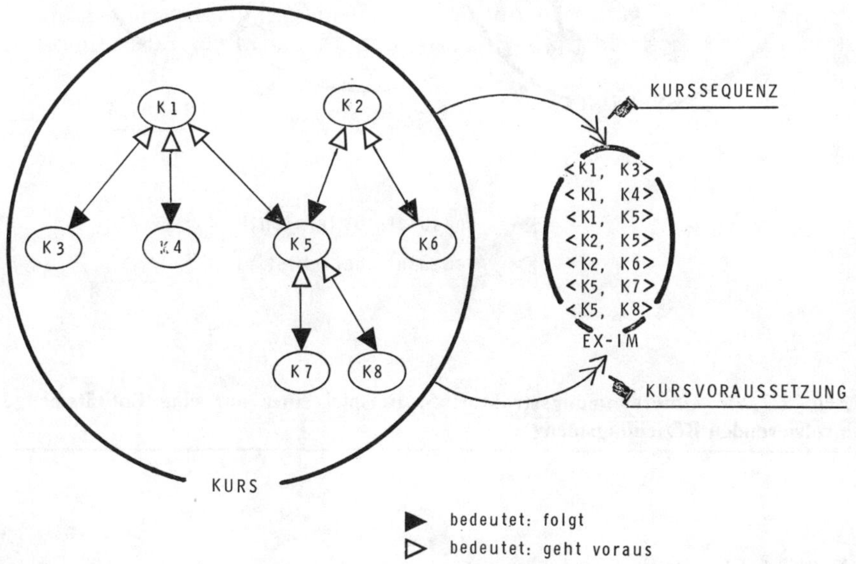

Abb. 2.2.23 Zeitliche Abfolge: 4. Beispiel einer nur eine Entitätsmenge involvierenden Beziehungsmenge.

5. Beispiel: Unternehmungsstruktur

Abb. 2.2.24 zeigt eine Entitätsmenge PERSON mit den Personen P1, P2, P3, ... Man erkennt, dass die im Bilde festgehaltene Beziehungsmenge UN-BE sowohl die komplexe ***Unterstellungsassoziation*** (einem Vorgesetzten unterstehen in der Regel mehrere Mitarbeiter), als auch die dazu inverse einfache ***Berichtsassoziation*** (ein Mitarbeiter berichtet an einen Vorgesetzten) reflektiert.

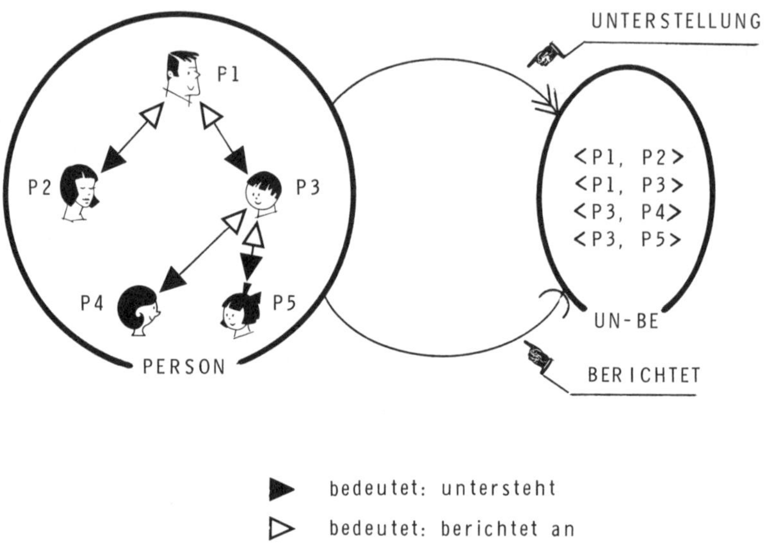

Abb. 2.2.24 Unternehmungsstruktur: 5. Beispiel einer nur eine Entitätsmenge involvierenden Beziehungsmenge.

6. Beispiel: Flugplan

(Wir verdanken dieses Beispiel der SWISSAIR in Zürich)

Im folgenden soll das ***Flugplanproblem*** mittels geeigneter Konstruktionselemente gelöst werden. Grundsätzlich sagt ein Flugplan aus, welche Städte im Rahmen eines Fluges angeflogen werden.

Wir wollen das Problem schrittweise lösen und definieren zu diesem Zwecke vorerst eine Entitätsmenge STADT, welche die von der Fluggesellschaft bedienten ***Städte*** als Entitäten aufweist. Sodann halten wir in einer nur gerade die Entitätsmenge STADT involvierenden Beziehungsmenge Beziehungselemente fest, welche jeweils den ***Herkunftsort*** sowie den ***Zielort*** enthalten. Abb. 2.2.25 zeigt, dass damit eine Anordnung zustande kommt, die im Prinzip der vorgängig diskutierten ***Stücklistenanordnung*** entspricht.

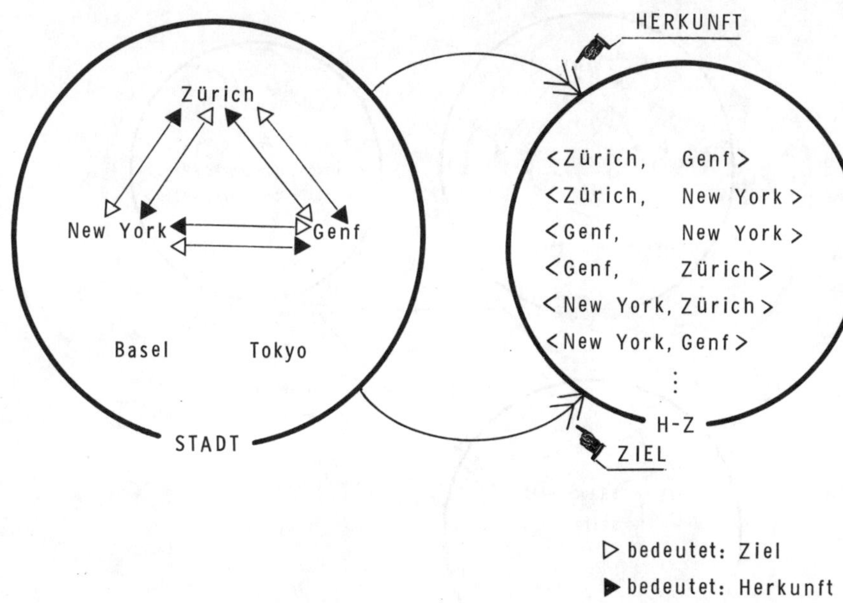

Abb. 2.2.25 Flugplanproblem: 1. Teil.

Als nächstes definieren wir eine Entitätsmenge FLUG, welche die von der Fluggesellschaft getätigten ***Flüge*** als Entitäten aufweist. Diese Entitätsmenge wird nun mit der vorgängig diskutierten Beziehungsmenge in Beziehung gesetzt, wodurch eine neue Beziehungsmenge zustande kommt, welche die ***Flugpläne*** festzuhalten erlaubt. Abb. 2.2.26 zeigt das Ergebnis. Man erkennt, dass der Flug SR110 von Zürich via Genf nach New York führt, während mit dem Flug SR100 New York von Zürich aus direkt angeflogen wird.

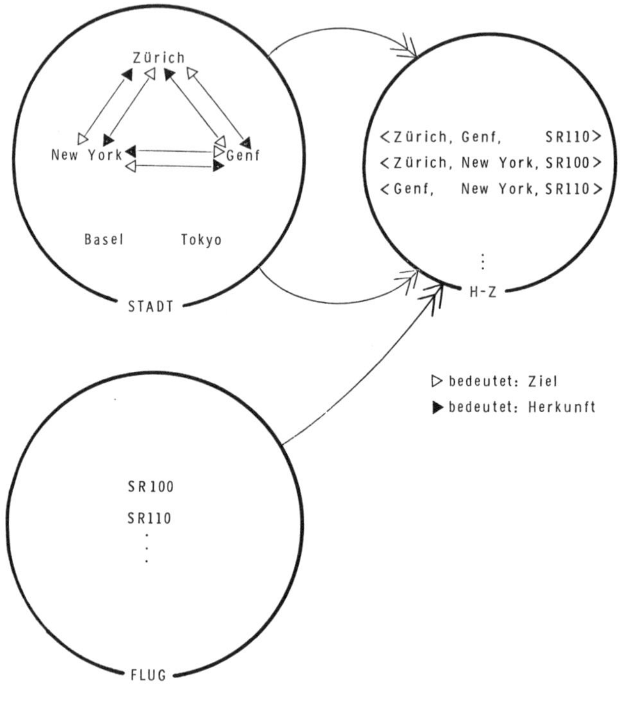

Abb. 2.2.26 Flugplanproblem: 2. Teil.

Zu einer gleichwertigen Lösung wäre man auch gekommen, wenn man der im 1. Schritt erhaltenen Beziehungsmenge gemäss Abb. 2.2.27 eine Menge FLUG überlagert hätte, deren Elemente jeweils die für einen bestimmten Flug relevanten Beziehungselemente umfassen.

Doch nun weiter zum nächsten ***Konstruktionselement***.

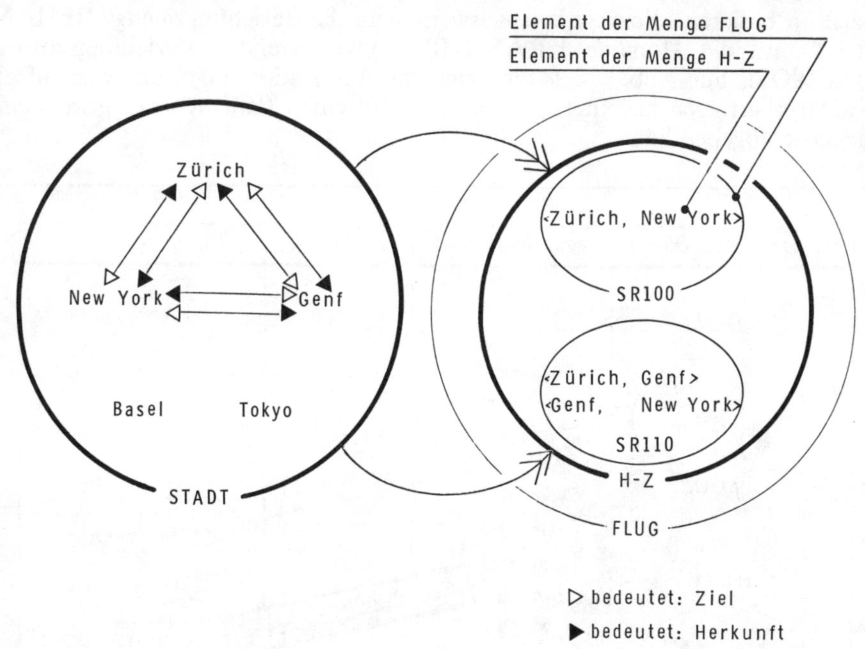

Abb. 2.2.27 Flugplan mit Überlagerungstechnik realisiert.

Was ist ein Beziehungsattribut ?

Einem Beziehungsattribut liegt das gleiche Prinzip wie einem Entitätsattribut zugrunde. Demzufolge:

> **Ein <u>Beziehungsattribut</u> ist eine benannte Kollektion von unterschiedlichen Fakten, die allesamt aufgrund einer Zuordnung von Eigenschaftswerten aus einer bestimmten Domäne (möglicherweise aus mehreren Domänen) zu den Beziehungselementen einer Beziehungsmenge zustande kommen.**
>
> **Mit andern Worten:**
>
> **Ein <u>Beziehungsattribut</u> assoziert die Beziehungselemente einer Beziehungsmenge mit Eigenschaftswerten, die einer (möglicherweise mehreren) Domäne(n) angehören.**

Ein Beziehungsattribut kann – in Analogie zu einem Entitätsattribut – auf einer einfachen (Typ 1), konditionellen (Typ C) oder komplexen (Typ M) Assoziation basieren. So liegt beispielsweise dem die Beziehungsmenge BEHANDELT und die Domäne KRANKHEIT involvierenden Beziehungsattribut DIAGNOSE aus Abb. 2.2.28 eine einfache Assoziation zugrunde, was auf die Realität übertragen bedeutet, dass ein Arzt für einen Patienten nur gerade eine Diagnose abgeben kann.

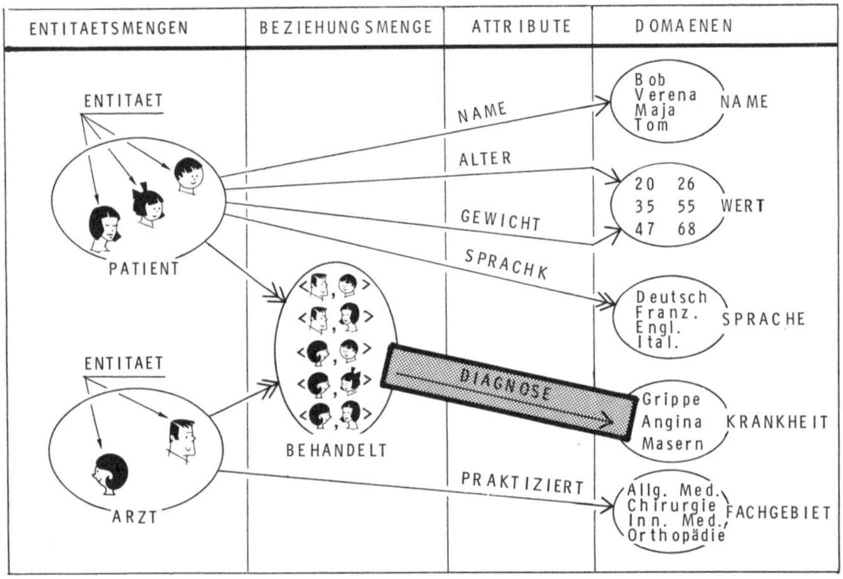

Abb. 2.2.28 Arzt-Patienten-Beispiel: Beziehungsattribut. Ein Beziehungsattribut stellt eine Beziehung zwischen einer Beziehungsmenge und einer (allenfalls mehreren) Domäne(n) dar.

Wir wollen im folgenden das Verständnis für das Konzept von Beziehungsattributen anhand von weiteren Beispielen vertiefen.

1. Beispiel: Stückliste

Abb. 2.2.29 zeigt wiederum die bereits in Abb. 2.2.18 aufgeführte Stückliste. Allerdings wurde die Anordnung insofern ergänzt, als die in Klammern aufgeführten Zahlen die Mengen der Komponenten angeben, die für die Herstellung einer Einheitsmenge eines bestimmten Produktes erforderlich sind. So lässt sich beispielsweise ableiten, dass für die Herstellung von 1 kg P1 2 kg P3, 3 kg P4 sowie 2 kg P5 bereitgestellt werden müssen.

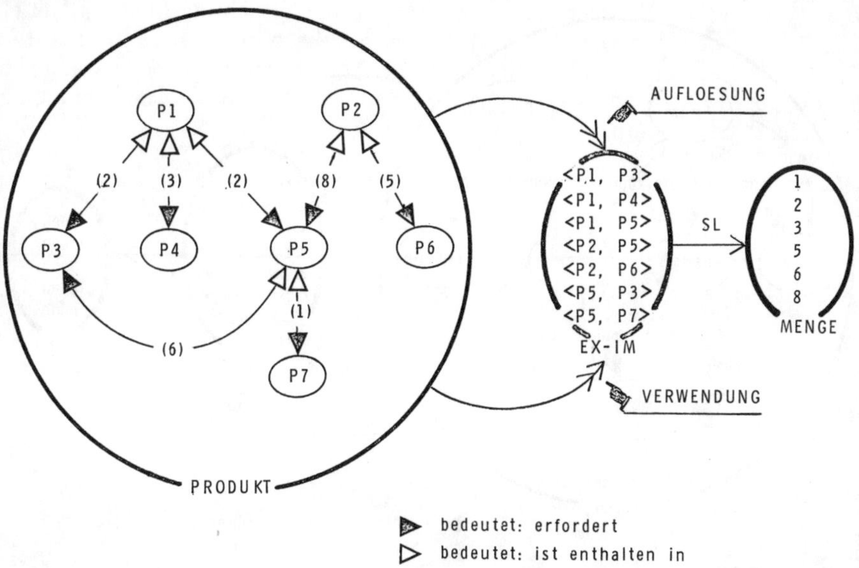

Abb. 2.2.29 Stückliste: Beziehungsattribut.

Die vorstehend beschriebenen Mengen charakterisieren also die Beziehung zwischen Produkten und den für deren Herstellung erforderlichen Komponenten. Demzufolge muss die Menge im Sinne eines ***Beziehungsattributes*** – wir haben es in Abb. 2.2.29 SL (für Stückliste stehend) genannt – behandelt werden. Nachdem offenbar für eine bestimmte Produkt-Komponenten-Beziehung nur eine Menge vorgegeben wird, liegt diesem Beziehungsattribut eine einfache Assoziation zugrunde.

2. Beispiel: Buchungsproblem einer Bankunternehmung

Abb. 2.2.30 zeigt wiederum das bereits in Abb. 2.2.20 aufgeführte Buchungsbeispiel. Allerdings wurde die Abbildung insofern ergänzt, als die in Klammern aufgeführten Zahlen die von den Schuldnern an die Gläubiger transferierten Beträge reflektieren. Die Beträge charakterisieren die Beziehungen zwischen Schuldnern und Gläubigern und müssen daher wiederum im Sinne eines ***Beziehungsattributes*** – wir haben es in Abb. 2.2.30 BUCHUNG genannt – behandelt werden. Dem Beziehungsattribut liegt eine komplexe Assoziation zugrunde, weil ein Schuldner einem seiner Gläubiger durchaus mehrere Beträge schulden kann.

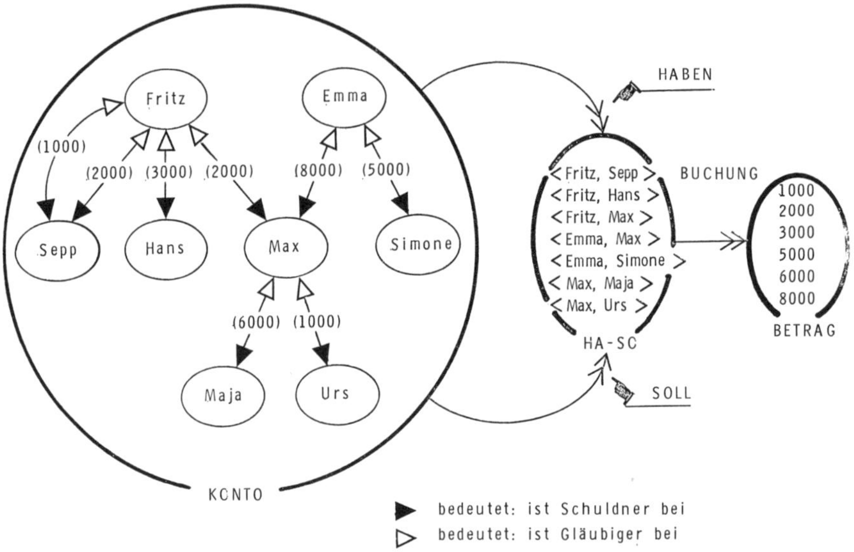

Abb. 2.2.30 Buchungsproblem: Beziehungsattribut.

Wir haben bereits darauf hingewiesen, dass zwischen den Konstruktionselementen der einfachen Abstraktionsebene und jenen der höheren Abstraktionsebene Entsprechungen vorliegen. So gilt:

Einfache Abstraktionsebene:		**Höhere Abstraktionsebene:**
- **Entität**	⟶	- **Entitätsmenge**
- **Beziehung**	⟶	- **Beziehungsmenge**
- **Eigenschaft mit Eigenschaftswert(en)**	⟶	- **Domäne (oder auch Wertebereich)**
- **Faktum**	⟶	- **Attribut (d. h. Entitäts- oder Beziehungsattribut)**

Abb. 2.2.31 illustriert diese Entsprechungen für das Arzt-Patienten-Beispiel.

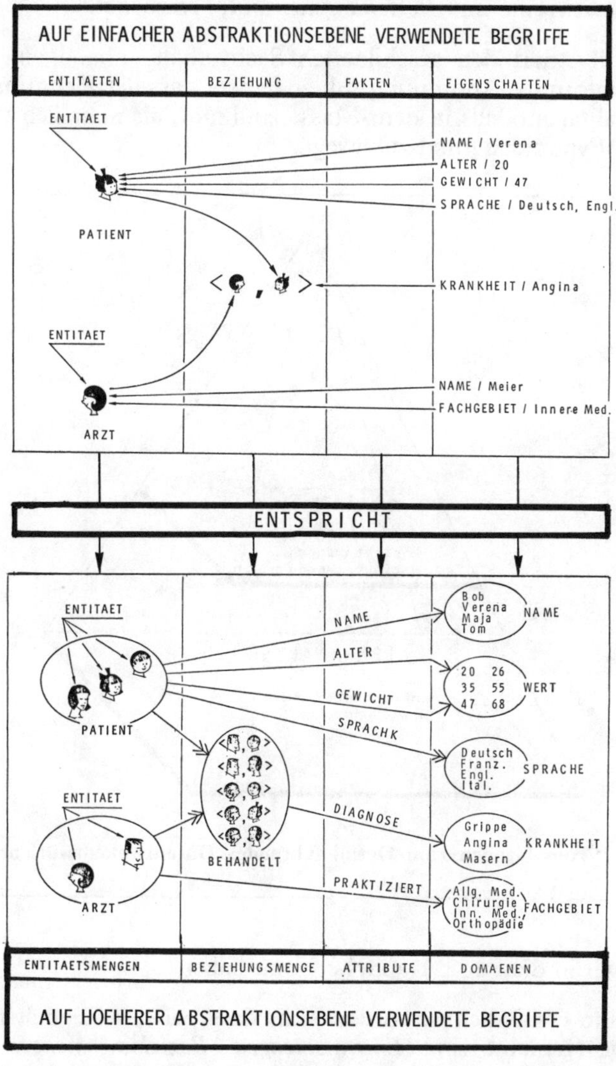

Abb. 2.2.31 Zwischen Konstruktionselementen der einfachen und der höheren Abstraktionsebene vorliegende Entsprechungen.

Realitätsmodelle sollten grundsätzlich vom ***Groben zum Detail*** (englisch: ***Top-Down***) erarbeitet werden. Zu diesem Zwecke ermittelt man als erstes eine sogenannte ***Datenarchitektur***; d. h., man bestimmt die ***Entitätsmengen*** und ***Bezie-***

hungsmengen, die im Rahmen einer Applikation – bei umfassenderen Modellen bereichsweit, ja sogar unternehmungsweit – von Bedeutung sind. Erst anschliessend werden im Rahmen einer sogenannten ***Datenanalyse*** die Details (d. h. ***Entitätsattribute*** und ***Beziehungsattribute***) erarbeitet.

Abb. 2.2.32 illustriert den geschilderten Sachverhalt anhand einer Pyramide. Die pyramidenförmige Anordnung soll andeuten, dass der Kenntnisgrad bezüglich eines Realitätsmodells in dem Masse zunimmt, als man sich vom Pyramidenkopf dem Pyramidengrund zubewegt.

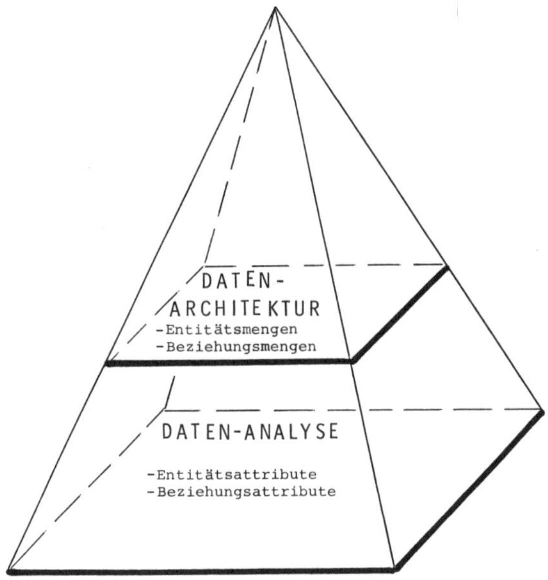

Abb. 2.2.32 Vom Groben zum Detail führendes Datenbankentwurfsprozedere (1. Teil).

Was sollten wir in diesem 2. Kapitel erkannt haben?

Zunächst sollte ersichtlich geworden sein, dass bei der Realitätsmodellierung mit Begriffen (gemeint sind ***Entitätsmengen***, ***Beziehungsmengen***, ***Entitätsattribute*** sowie ***Beziehungsattribute***) gearbeitet werden kann, die stellvertretend für viele Einzelfälle (gemeint sind ***Entitäten***, ***Beziehungen*** sowie ***Fakten***) in Erscheinung treten können. Sodann sollte deutlich geworden sein, dass Entitätsmengen, Beziehungsmengen, Entitätsattribute sowie Beziehungsattribute eine ***konzeptionelle*** (d. h. neutrale, hardware- und software-unabhängige) Realitätsmodellierung ermöglichen.

2.3 Übungen Kapitel 2

2.1 (Wir verdanken diese Übung dem International Education Center (IEC) der IBM in La Hulpe, Brüssel)

Man halte mit Hilfe von Konstruktionselementen folgende Realitätsbeobachtungen fest:

1. Eine Unternehmung organisiert firmeninterne Kurse unterschiedlichen Typs (beispielsweise Informatik, Betriebswirtschaftslehre, Branchenkunde, etc.). Für jeden Kurstyp gibt es pro Jahr mehrere Kursangebote (beispielsweise Informatik im Frühjahr, Sommer und Herbst).

2. Jedes Kursangebot erfordert einen bis mehrere Lehrer. Ein Lehrer ist in der Regel für mehrere Kursangebote zuständig.

3. Für jedes Kursangebot schreiben sich in der Regel mehrere Schüler ein. Ein Schüler kann sich für mehrere Kursangebote einschreiben.

4. Die Lehrer und Schüler sind Angestellte ein und derselben Firma. Ein Angestellter kann sowohl als Lehrer wie auch als Schüler in Erscheinung treten.

5. Jedes Kursangebot erfordert einen Klassenraum. Ein Klassenraum kann zu unterschiedlichen Zeiten von verschiedenen Kursangeboten belegt sein.

6. Jeder Lehrer und jeder Schüler braucht ein Schlafzimmer. Ein Schlafzimmer kann zu unterschiedlichen Zeiten von verschiedenen Personen belegt werden.

7. Kurstypen müssen in einer vorgegebenen Sequenz besucht werden. In der Regel können einem bestimmten Kurstyp mehrere anderweitige Kurstypen folgen. Umgekehrt erfordert ein bestimmter Kurstyp in der Regel vorgängig den Besuch von mehreren anderweitigen Kurstypen.

Hinweis: Die Übung lässt sich mit der Überlagerung von Mengen sehr elegant lösen.

2.2 (Wir verdanken diese Übung der Schweizerischen Volksbank in Bern)

Eine Unternehmung beschliesst, die Verwaltung der Computerliteratur zu automatisieren. Es wird festgestellt:

1. Für ein Manual existieren in der Regel mehrere Exemplare mit unterschiedlichen Standorten.
2. Für ein Manual gibt es in der Regel Zusätze (Technical News Letters, Supplements, etc.), die allesamt am Standort des Manuals vorliegen müssen.
3. Jedes Manual lässt sich einer bestimmten Subjektgruppe zuordnen.
4. Manuale werden samt Zusätzen von Mitarbeitern ausgeliehen oder befinden sich in deren Besitz.
5. Manuale werden samt Zusätzen von Lieferanten geliefert. Allerdings treffen die Zusätze erst im Verlaufe der Zeit ein. Es muss gewährleistet werden, dass jedes Manual jederzeit sämtliche Zusätze aufweist.

Man ermittle ein Realitätsmodell, welches die Lieferung, Ausleihe, Vollständigkeit der Manuale (alle Zusätze vorhanden), Standort der Manuale zu überwachen und diverse Statistiken zu erstellen erlaubt.

2.3 Man definiere mit Hilfe von Konstruktionselementen ein Modell zur Darstellung genealogischer Sachverhalte. Das Modell soll die Beantwortung von Fragestellungen folgender Art ermöglichen:

- Eine Person ist (war) Gattin (Gatte) von wem?
- Eine Person ist Tochter (Sohn) von wem?
- Eine Person ist Grosskind, Urgrosskind, Ururgrosskind, etc. von wem?
- Eine Person ist Mutter (Vater) von wem?
- Eine Person ist Grossmutter (Grossvater), Urgrossmutter (Urgrossvater), Ururgrossmutter (Ururgrossvater), etc. von wem?
- Eine Person ist Tante (Onkel) von wem?
- Eine Person ist Nichte (Neffe) von wem?
- Eine Person ist Cousine (Cousin) von wem?

Usw.

3 Datenstrukturtypen

Im vorangegangenen Kapitel wurden die Begriffe eingeführt, welche eine modellhafte Darstellung eines Realitätsausschnittes ermöglichen. Im folgenden geht es nun darum, die bislang mehr bildhaft orientierte Realitätsdarstellung einem für computerisierte Informationssysteme geeigneteren Abstraktionsgrad zuzuführen und **Entitäten** (bzw. **Entitätsmengen**), **Beziehungen** (**Beziehungsmengen**) sowie **Fakten** (**Entitätsattribute** und **Beziehungsattribute**) mit Hilfe geeigneter ***Datenstrukturen*** darzustellen. Zur Sprache kommen in diesem Zusammenhang die Prinzipien von

- ***relationalartigen***,
- ***netzwerkförmigen*** sowie
- ***hierarchischen***

Datenstrukturtypen.

Diese Strukturtypen werden im folgenden im Detail vorgestellt, wobei vorerst aber noch der ***Entitätsschlüsselbegriff*** eingeführt werden soll.

3.1 Entitätsschlüssel

Was ist ein Entitätsschlüssel ?

> **Ein Entitätsschlüssel ist ein Entitätsattribut, mit dessen Werten die einer Entitätsmenge angehörenden Entitäten eindeutig identifiziert werden können.**

Für Entitätsschlüssel werden in der Regel künstliche Attribute geschaffen, die gemäss [51] folgende Kriterien erfüllen müssen:

- ***Eindeutigkeit***

  Jeder Entität ist ein Schlüsselwert zugeordnet, der anderweitig nie vorkommt. Der Schlüssel ist unveränderlich.

- ***Laufende Zuteilbarkeit***

  Eine neuauftretende Entität erhält ihren Entitätsschlüsselwert sofort.

- ***Kürze, Schreibbarkeit***

  Ein Entitätsschlüssel soll kurz sein und leicht geschrieben werden können.

In Abb. 3.1.1 wurden beispielsweise individuelle Patienten (bzw. Ärzte) aufgrund eines P#-Wertes (bzw. A#-Wertes) repräsentiert. Die Menge aller P#-Werte (bzw. A#-Werte) stellt eine ***Entitätsschlüsseldomäne*** dar, die in Abb. 3.1.1 P# (bzw. A#) genannt wurde. Entitätsschlüsseldomänen werden stellvertretend für die bislang zeichnerisch gezeigten ***Entitätsmengen*** eingesetzt. Es versteht sich, dass bildhaft dargestellte Entitäten in den ***Beziehungsmengen*** ebenfalls durch Entitätsschlüsselwerte ersetzt werden.

Damit sind die Voraussetzungen zur konzeptmässigen Darstellung der Prinzipien von ***relationalartigen***, ***netzwerkförmigen*** sowie ***hierarchischen Datenstrukturtypen*** gegeben.

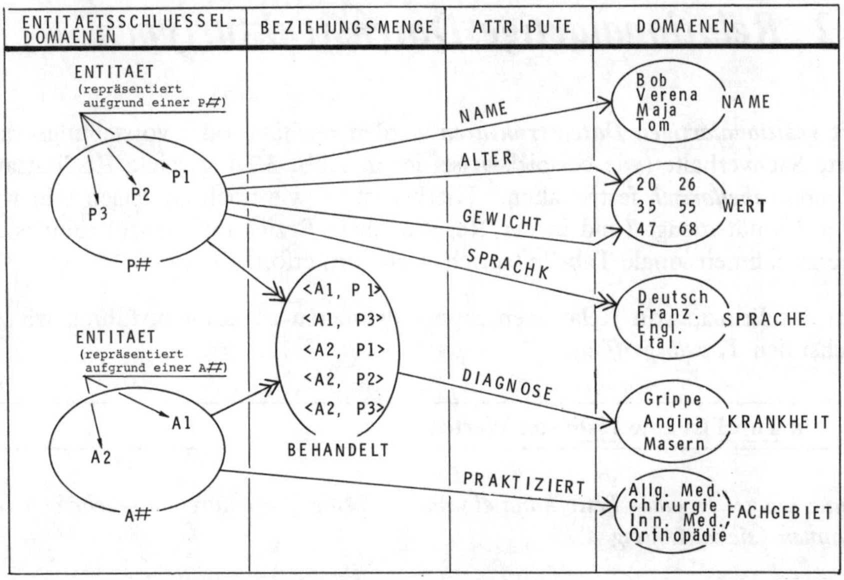

Abb. 3.1.1 Darstellung von Entitäten und Beziehungen mit Hilfe von geeigneten Entitätsschlüsselwerten. Die Abbildung bezieht sich auf das in Kapitel 2 diskutierte Arzt-Patienten-Beispiel.

3.2 Relationalartige Datenstrukturtypen

Mit ***relationalartigen Datenstrukturen*** werden realitäts- oder vorstellungsorientierte Sachverhalte (wie beispielsweise der in Abb. 3.1.1 gezeigte Realitätsausschnitt) ***tabellarisch*** festgehalten. Hierbei ist – wie noch zu zeigen sein wird – je Entitätsmenge (und in der Regel auch je Beziehungsmenge) mindestens eine zweidimensionale Tabelle (sprich: Relation) erforderlich.

Um das Prinzip von Relationen sauber definieren zu können, führen wir zunächst den ***Tupelbegriff*** ein.

Ein Tupel ist eine Liste von Werten.

*Anmerkung: In einer **Liste** kann ein und derselbe Wert durchaus mehrfach vorkommen (siehe Anhang A.1).*

Wie Abb. 3.2.1 zeigt, werden die einem Tupel angehörenden Werte vorgegebenen Mengen entnommen. So enthält beispielsweise das Tupel

< 101, Hans, Zürich, Basel, 12.24.35, 8.3.84 >

jeweils einen Wert aus den Mengen PE# und NAME sowie jeweils zwei Werte aus den Mengen ORT und DATUM. Das Tupel könnte bedeuten, dass die Person mit PE# = 101 Hans heisst, in Zürich wohnt, am 24. Dezember 1935 in Basel geboren wurde und am 3. August 1984 eine Tätigkeit aufgenommen hat.

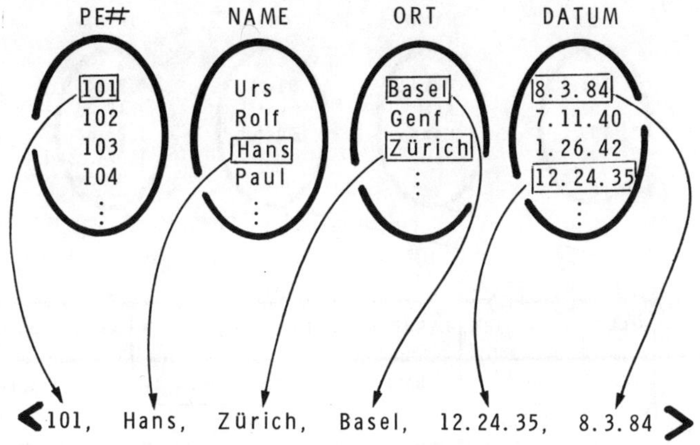

Abb. 3.2.1 Tupelprinzip. Ein Tupel ist eine Liste von Werten.

Eine Relation lässt sich nun wie folgt definieren:

Eine Relation ist eine Menge von Tupeln. Normalerweise werden die Tupel tabellenförmig angeordnet, sodass jedes Tupel einer Tabellenzeile entspricht.

Anmerkung: In einer Menge kann ein und dasselbe Tupel nur einmal vorkommen (siehe Anhang A.1).

Eine Relation ist wie folgt charakterisiert (die nachstehenden Nummern beziehen sich auf die eingekreisten Zahlen in Abb. 3.2.2):

1. Sie hat einen eindeutigen ***Namen*** (z.B. PERSON).

2. Sie hat 0 - n ***Tupel*** (d. h. Tabellenzeilen). Die Ordnung der Tupel ist bedeutungslos, weil ein Tupel nicht aufgrund einer Position, sondern aufgrund von ***Werten*** (d.h. symbolisch) angesprochen wird.

3. Sie hat 1 - m Kolonnen, die ***Attribute*** genannt werden. Die Ordnung der Attribute ist bedeutungslos, weil ein Attribut nicht aufgrund einer Position, sondern aufgrund eines ***Attributnamens*** (d.h. symbolisch) angesprochen wird.

4. Ein bestimmtes Attribut enthält ***Attributswerte***, die allesamt ein und derselben Menge entnommen werden. Dies bedeutet, dass alle Werte einer Kolonne vom gleichen Typ sind (d. h. numerisch, alphabetisch, alphanumerisch).

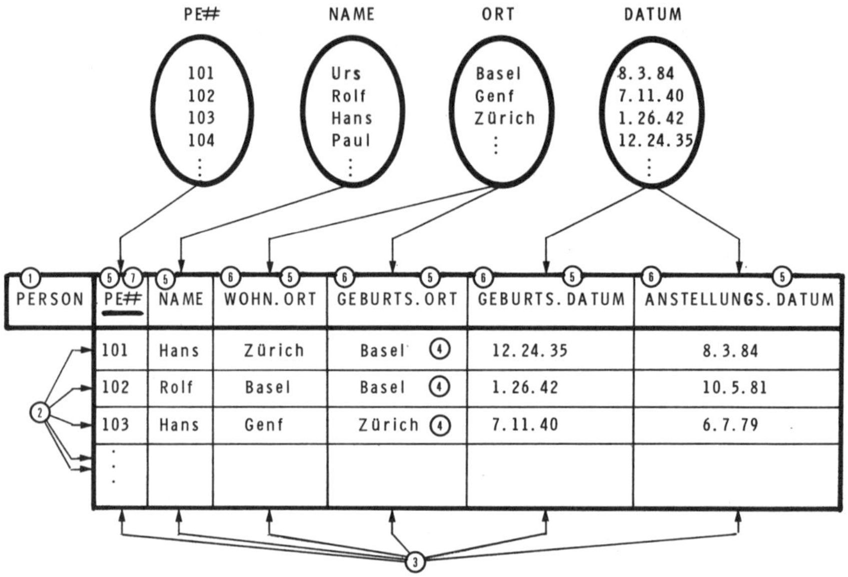

Abb. 3.2.2 Das Prinzip von Relationen (die umkreisten Zahlen beziehen sich auf Erklärungen im Text).

5. Innerhalb einer Relation hat jedes Attribut einen ***eindeutigen Namen***, welcher dem Namen der Menge entspricht, von der die Werte für das Attribut entnommen werden.

6. Um eindeutige Attributsnamen auch dann gewährleisten zu können, wenn mehrere Attribute ihre Werte aus ein und derselben Menge beziehen (z.B. ORT und DATUM), ergänzt man den Mengennamen mit einem sogenannten ***Rollennamen***. Ein Rollenname umschreibt die den Attributswerten zukommende Bedeutung.

7. Eine Relation hat mindestens einen ***Schlüssel***. Ein Schlüssel ist ein Attribut (möglicherweise eine minimale Kombination von Attributen), dessen Werte für die eindeutige Identifizierung der Tupel verwendet werden können. Dies bedeutet, dass ein bestimmter Schlüsselwert in einer Relation nur gerade einmal auftreten darf. Es bedeutet aber auch, dass ein und dasselbe Tupel in einer Relation nur gerade einmal auftreten kann (die Tupel unterscheiden sich ja zumindest im Schlüsselwert). Der Schlüssel einer Relation wird durch Unterstreichen des (der) Schlüsselattribute(s) kenntlich gemacht.

8. Eine Relation wird formal wie folgt festgehalten:

RELATIONSNAME (1. Attribut, 2. Attribut, ..., n-tes Attribut)

Die in Abb. 3.2.2 gezeigte Relation würde also wie folgt spezifiziert:

```
PERSON ( PE#, NAME, WOHN.ORT, GEBURTS.ORT, GEBURTS.DATUM,

        ANSTELLUNGS.DATUM )
```

Anmerkung für mathematisch interessierte Leser: Die in Abb. 3.2.2 gezeigte Relation PERSON ist eine Untermenge des ***Cartesischen Produktes*** *(siehe Anhang A.2), appliziert auf die Mengen PE#, NAME, ORT (zweimal) sowie DATUM (zweimal); formal:*

$$PERSON \subseteq PE\# \times NAME \times ORT \times ORT \times DATUM \times DATUM$$

Weil dem Schlüsselkonzept im Rahmen unserer Überlegungen eine fundamentale Bedeutung zukommt, wollen wir uns im folgenden noch detaillierter damit beschäftigen.

Wir rekapitulieren:

> **Ein Schlüssel einer Relation R ist ein Attribut, mit dessen Werten die Tupel der Relation R eindeutig identifiziert werden können. Unter Umständen lässt sich diese eindeutige Identifizierung nur mit einem *zusammengesetzten Schlüssel*, bestehend aus einer *minimalen* Attributskombination, erzielen. "Minimal" bedeutet, dass kein Attribut der Kombination weggelassen werden kann, ohne dass die eindeutige Identifizierbarkeit verloren geht. Ein zusammengesetzter Schlüssel ist immer dann minimal, wenn die Schlüsselkomponenten *wechselseitig komplex miteinander in Beziehung stehen* (Beispiel folgt).**

Jede Relation weist einen sogenannten ***Primärschlüssel*** auf. Für den Einschub eines Tupels in eine Relation ist mindestens der Primärschlüsselwert vorzugeben. Alle übrigen Attributswerte brauchen im Moment des Einschubs nicht unbedingt bekannt zu sein; d. h. sie können durch sogenannte ***Nullwerte*** repräsentiert werden.

Anmerkung: Ein ***Nullwert*** *(englisch:* ***Null Value****) bedeutet* ***"nicht existent"*** *und darf nicht mit einem* ***numerischen 0-Wert*** *(englisch:* ***zero****) verwechselt werden.*

Neben dem Primärschlüssel kann eine Relation im Prinzip beliebig viele zusätzliche Schlüssel (sogenannte ***Schlüsselkandidaten***) aufweisen. Dabei gilt, dass der Primärschlüssel und jeder beliebige Zusatzschlüssel wechselseitig einfach assoziert sind (Beispiel folgt).

Wie bereits angedeutet, wird der Primärschlüssel einer Relation durch Unterstreichen des (der) Schlüsselattribute(s) kenntlich gemacht. Zusätzliche Schlüssel werden – so vorhanden – mit einem vor dem (den) Schlüsselattribut(en) stehenden Spezialzeichen bekanntgegeben (in diesem Buche wird ein zusätzlicher Schlüssel mit dem Zeichen + kenntlich gemacht).

Man beachte, dass mit dem Begriff ***Schlüssel*** gemeinhin ganz unterschiedliche Sachverhalte bezeichnet werden. So verwendet man ein und denselben Begriff insbesondere auch dann, wenn eigentlich von

- ***Identifikationsschlüssel,***
- ***Zugriffsschlüssel,***
- ***Sekundärschlüssel*** (auch ***Alternate Key*** genannt),
- ***Sortierschlüssel***

die Rede sein sollte. Zu beachten ist, dass ein Relationsschlüssel lediglich ein ***Identifikationsschlüssel*** ist und demzufolge keinerlei Aussagen bezüglich der Zugriffsmöglichkeiten impliziert. Für den Zugriff auf eine Relation kommt nämlich grundsätzlich jedes Attribut in Frage. Ebensowenig impliziert das Schlüsselprinzip eine Aussage bezüglich der Sequenz der Tupel, können letztere doch sowohl unsortiert als auch sortiert nach beliebigen Kriterien vorliegen.

Die vorstehenden Aussagen sollen im folgenden anhand von Beispielen illustriert werden.

1. Beispiel: Relation mit zwei Schlüsseln

Abb. 3.2.3 zeigt die Relation PERSON mit den Attributen PE# (Personalnummer), SV# (Sozialversicherungsnummer), NAME, etc. Geht man davon aus, dass eine Person aufgrund einer Personalnummer oder aufgrund einer Sozialversicherungsnummer eindeutig identifiziert werden kann, so kommen für die Relation PERSON sowohl PE# wie auch SV# als Schlüssel in Frage. Man beachte, dass die beiden Schlüssel wechselseitig einfach assoziert sind; formal:

$$PE\# \longleftrightarrow SV\#$$

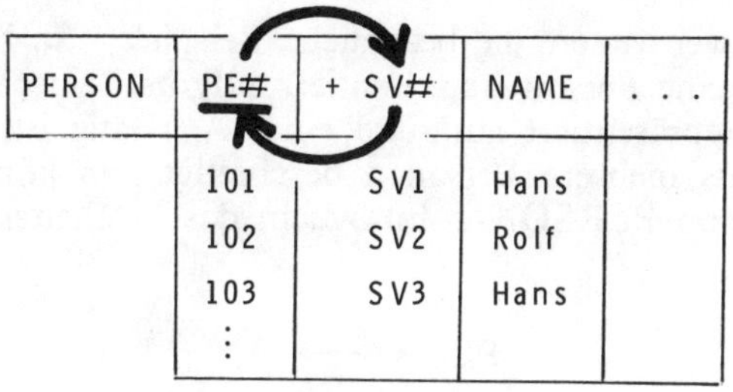

Abb. 3.2.3 Beispiel einer Relation mit zwei Schlüsseln. PE# repräsentiert den Primärschlüssel der Relation PERSON. Dies bedeutet, dass für den Einschub eines Tupels mindestens ein PE#-Wert vorzugeben ist.

2. Beispiel: Relation mit zusammengesetztem Schlüssel

Stellt man den Sachverhalt, demzufolge eine Person mehrere Sprachen sprechen kann und eine Sprache in der Regel von mehreren Personen gesprochen wird mittels der in Abb. 3.2.4 gezeigten Relation SPRACHK (für Sprachkenntnisse stehend) dar, so lässt sich ein Tupel nur aufgrund eines zusammengesetzten Schlüssels, bestehend aus den Attributen PE# und SPRACHE, eindeutig identifizieren. Man beachte, dass die Komponenten des zusammengesetzten Schlüssels wechselseitig komplex assoziert sind; formal:

$$\text{PE\#} \twoheadleftarrow\twoheadrightarrow \text{SPRACHE}$$

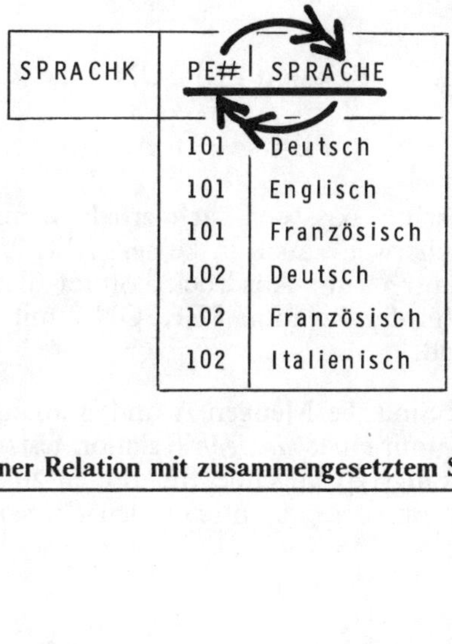

Abb. 3.2.4 Beispiel einer Relation mit zusammengesetztem Schlüssel.

Die vorangegangenen Beispiele illustrieren, dass eine Relation zumindest einige der in Kapitel 2.2. eingeführten Abbildungstypen festzuhalten erlaubt.

Abb. 3.2.5 zeigt zwei weitere diesbezügliche Beispiele. So besagt die Relation PERSON-1, dass eine Person (repräsentiert aufgrund einer PE#) in einer einzigen Abteilung (repräsentiert aufgrund einer A#) tätig ist, während in einer Abteilung durchaus mehrere Personen beschäftigt sein können. Mit andern Worten: die Relation PERSON-1 ermöglicht das Festhalten der (1:M)-Abbildung

PE# ↞⟶ A#

(1 : M)-ABBILDUNG:

PE# ↞⟶ A#

PERSON-1	PE#	A#
	101	A1
	102	A1
	103	A2
	⋮	

(C : M)-ABBILDUNG:

PE# ↞—) A#

PERSON-2	PE#	nw A#
	101	A1
	102	A1
	103	--

Abb. 3.2.5 Festhalten von Abbildungen mittels Relationen.

Demgegenüber wird mit der Relation PERSON-2 die (C:M)-Abbildung

PE# ↞—) A#

festgehalten. Man beachte, dass der Sachverhalt, demzufolge eine Person in höchstens einer (möglicherweise auch in keiner) Abteilung tätig ist, in der Relation PERSON-2 dadurch zum Ausdruck kommt, dass für das Attribut A# sogenannte ***Nullwerte*** (in der Relation PERSON-2 mit der Abkürzung **nw** angedeutet) zugelassen sind.

Fassen wir zusammen: Sind die Mengen A und B an einer Abbildung beteiligt und ist diese Abbildung mit einer ***einzigen*** Relation festzuhalten, so sind in Abhängigkeit vom Abbildungstyp folgende Relationen zu definieren (zur Erinnerung: unterstrichene Attribute repräsentieren den ***Primärschlüssel*** der Relation, ein + Zeichen kennzeichnet einen ***Schlüsselkandidaten*** und die vor einem Attribut stehende Abkürzung **nw** deutet darauf hin, dass für das betreffende Attribut **Nullwerte** zulässig sind):

1. Die (1:1)-Abbildung **A ⟵⟶ B** erfordert:

R ($\underline{A}$, + B) oder R (+ A, $\underline{B}$)

A	B		A	B
a1	b1		a1	b1
a2	b2		a2	b2
a3	b3		a3	b3

2. Die (1:C)-Abbildung **A (⟶ B** erfordert:

R (+/nw A, $\underline{B}$)

A	B
a1	b1
-	b2
a2	b3
-	b4

*Anmerkung: Für das Attribut A kann ein echter A-Wert nur einmal (infolge A ⟶ B), ein Nullwert aber mehrmals (infolge B ⟶) A) in Erscheinung treten. Mit dem Attribut A lassen sich demzufolge nur jene Tupel eindeutig identifizieren, die einen echten A-Wert aufweisen. Im folgenden soll in einem solchen Fall von einem **Pseudoschlüsselkandidaten** die Rede sein. Zu beachten ist, dass nicht alle Datenbankmanagementsysteme das Prinzip des Pseudoschlüsselkandidaten unterstützen.*

3. Die (1:M)-Abbildung **A ⟵⟵⟶ B** erfordert:

R ($\underline{A}$, B)

A	B
a1	b1
a2	b1
a3	b2

4. Die (C:1)-Abbildung **A ⟵⟶) B** erfordert:

R (A,	+/nw B)
a1	b1
a2	-
a3	b2
a4	-

Anmerkung: Das Attribut B ist ***Pseudoschlüsselkandidat.***

5. Die (C:C)-Abbildung **A (——) B** würde folgende Relationen erfordern:

R (nw A,	+/nw B)
a1	b1
a2	-
-	b2

oder

R (+/nw A,	nw B)
a1	b1
a2	-
-	b2

Diese Relationen sind aber nicht korrekt, weil Nullwerte für den Primärschlüssel nicht zulässig sind. Die relationale Darstellung einer (C:C)-Abbildung erfordert zwei Relationen, nämlich:

R1 (A,	+/nw B)
a1	b1
a2	-

und

R2 (B)
b1
b2

Anmerkung: In R1 ist das Attribut B ***Pseudoschlüsselkandidat.***

Denkbar ist auch folgende Lösung:

R1 (A)
a1
a2

und

R2 (B,	+/nw A)
b1	a1
b2	-

Anmerkung: In R2 ist das Attribut A ***Pseudoschlüsselkandidat.***

6. Die (C:M)-Abbildung **A ↞——) B** erfordert:

R (A,	nw B)
a1	b1
a2	b1
a3	-
a4	b2

7. Die (M:1)-Abbildung **A ←—↠ B** erfordert:

```
R ( A,  B )

    a1  b1
    a1  b2
    a2  b3
```

8. Die (M:C)-Abbildung **A (—↠ B** erfordert:

```
R ( nw A,  B  )

       a1  b1
       a1  b2
       -   b3
       a2  b4
```

9. Die (M:M)-Abbildung **A ↞—↠ B** erfordert:

```
R ( A,  B  )

    a1  b1
    a1  b2
    a2  b2
```

Nach diesen einführenden Bemerkungen soll nun mittels Abb. 3.2.6 gezeigt werden, wie eine Relation zustande kommt, welche die Entitätsattribute NAME, ALTER sowie GEWICHT der in Kapitel 2 eingeführten Entitätsmenge PATIENT festzuhalten erlaubt.

Man erkennt aus Abb. 3.2.6, dass jedes Entitätsattribut in der Relation PATIENT einer Kolonne entspricht. Zusätzlich enthält die Relation eine Kolonne für die Entitätsschlüsseldomäne P#. Eine Tabellenzeile (also ein *Tupel*) kommt dadurch zustande, dass den beteiligten Domänen P#, NAME, WERT einzelne Werte entnommen werden. Dabei ist darauf zu achten, dass eine Tabellenzeile jeweils lediglich Fakten einer bestimmten Entität aufnehmen kann. So ist – um ein Beispiel zu geben – die erste Tabellenzeile der Relation PATIENT dadurch zustande gekommen, dass den Domänen P#, NAME sowie WERT für die Kolonnen P#, NAME, ALTER.WERT und GEWICHT.WERT die Werte P1, Bob, 20 sowie 55 entnommen wurden. Die damit zustande gekommene Tabellenzeile besagt, dass der Patient (das heisst die Entität) mit der Patientennummer P1 Bob heisst, 20 Jahre alt ist und ein Gewicht von 55 kg aufweist.

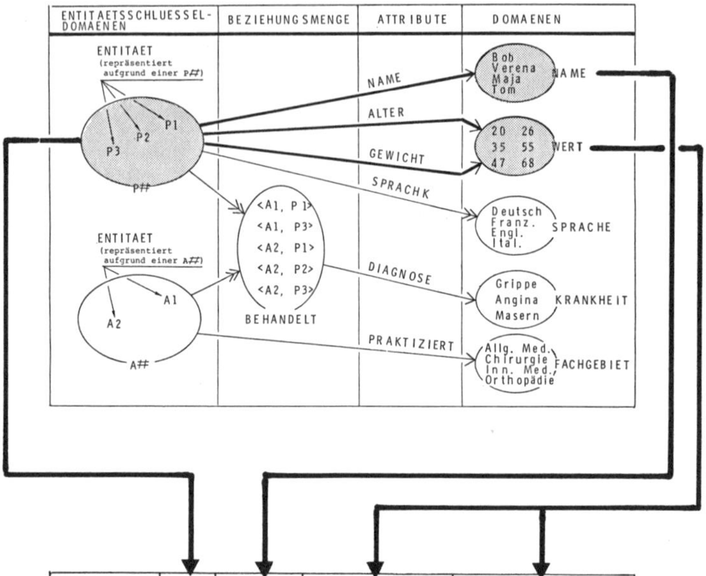

PATIENT	<u>P#</u>	NAME	ALTER.WERT	GEWICHT.WERT
	P1	Bob	20	55
	P2	Verena	35	47
	P3	Verena	26	68

Abb. 3.2.6 Relation zum Festhalten patientenspezifischer Fakten.

Die Tatsache, dass P# in der Relation PATIENT unterstrichen wurde, deutet darauf hin, dass P# den ***Primärschlüssel*** der Relation PATIENT darstellt.

Man beachte, dass in einer Relation pro Schlüsselwert für jedes nicht dem Schlüssel angehörende Attribut ein und nur ein Attributswert eingebracht werden kann. Die nicht dem Schlüssel angehörenden Attribute sind somit allesamt vom Schlüssel funktional abhängig; formal:

$$P\# \longrightarrow \text{NAME}$$

$$P\# \longrightarrow \text{ALTER.WERT}$$

$$P\# \longrightarrow \text{GEWICHT.WERT}$$

*Anmerkung: Streng genommen gelten die vorstehenden Aussagen nur für **normalisierte** Relationen (das Prinzip der **Normalisierung** kommt im nächsten Kapitel zur Sprache).*

Auf die Realität bezogen bedeuten diese Funktionen, dass ein Patient nur gerade einen Namen, ein Alter und ein Gewicht aufweist. Zu beachten ist, dass diese Tatbestände mit der Relation PATIENT unter gar keinen Umständen verletzt werden können. So würde beispielsweise ein Einschub des Tupels

< P1, Peter, 50, 100 >

(mit dem bewirkt würde, dass der Patient P1 plötzlich zwei Namen, zwei Alter und zwei Gewichte aufweist) nicht akzeptiert. Dies darum, weil jedes vernünftig konzipierte Datenbankmanagementsystem erkennen würde, dass P1 als Schlüsselwert bereits existiert. Sozusagen beiläufig leistet damit das dem Relationenmodell zugrunde liegende tabellarische Konzept in Verbindung mit dem geschilderten Schlüsselprinzip einen wesentlichen Beitrag zur Erhaltung der ***Integrität*** (das heisst Richtigkeit) einer Datenbank.

Abb. 3.2.7 illustriert die relationalartige Darstellung des Entitätsattributes SPRACHK. Wie bereits im Zusammenhang mit der Abb. 3.2.4 diskutiert, reflektiert der zusammengesetzte Schlüssel ***P#, SPRACHE*** die (M:M)-Abbildung

$$P\# \twoheadleftarrow\!\!\!\twoheadrightarrow \text{SPRACHE}$$

d. h. den Tatbestand, demzufolge ein Patient mehrere Sprachen spricht und eine Sprache von mehreren Patienten gesprochen werden kann.

Es wurde bereits darauf hingewiesen, dass je Entitätsmenge eine Relation erforderlich ist. Dabei muss der Primärschlüssel der Relation zwangsläufig der Entitätsschlüsseldomäne entsprechen. Diese Aussage lässt sich unmittelbar von der in Kapitel 2.2 diskutierten Entitätsdefinition her ableiten. Letztere besagt unter anderem, dass ***die Existenz einer Entität*** (gemeint sind sowohl ***Kernentitäten*** wie auch ***abhängige Entitäten***) ***aufgrund eines Schlüsselwertes darstellbar sein muss***. Dieser Forderung kann aber nur genügt werden, wenn eine Relation zur Verfügung steht, deren Primärschlüssel mit dem Schlüssel der darzustellenden Entitätsmenge übereinstimmt. Auf unser Beispiel bezogen bedeutet dies, dass für die Entitätsmenge ARZT aus Abb. 3.1.1 eine weitere Relation zu definieren ist. Abb. 3.2.8 illustriert den Aufbau besagter Relation.

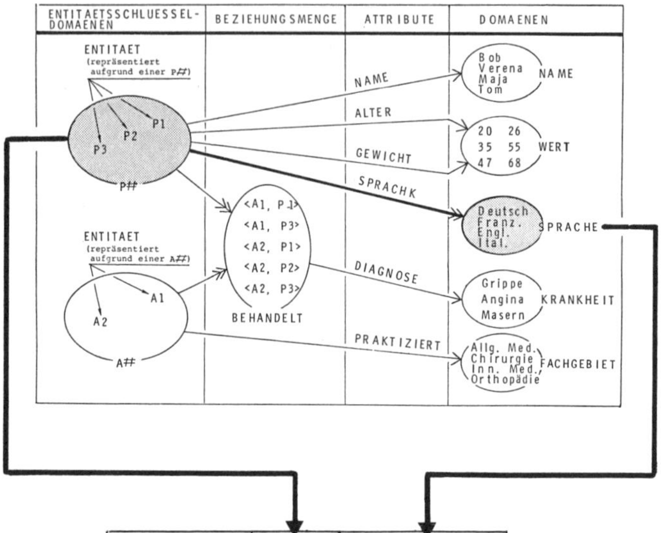

SPRACHK	P#	SPRACHE
	P1	Deutsch
	P1	Franz.
	P1	Engl.
	P2	Deutsch
	P2	Engl.
	P3	Deutsch
	P3	Ital.

Abb. 3.2.7 Relationartige Darstellung des Entitätsattributes SPRACHK. Die Relation ermöglicht das Festhalten der Tatsache, derzufolge ein Patient mehrere Sprachen spricht und eine Sprache von mehreren Patienten gesprochen wird.

Wie lässt sich nun aber eine Beziehungsmenge mit einem Beziehungsattribut relationalartig festhalten? Abb. 3.2.9 illustriert die Lösung des Problems für die in Abb. 3.1.1 gezeigte Beziehungsmenge BEHANDELT und das Beziehungsattribut DIAGNOSE. Nachdem die Beziehungsmenge BEHANDELT die Entitätsschlüsseldomänen A# und P# involviert, ist es nicht erstaunlich, dass den genannten Domänen in der Relation BEHANDELT je eine Kolonne (d.h. ein Attribut) entspricht. Für das Festhalten des Beziehungsattributes DIAGNOSE ist eine weitere Kolonne erforderlich, welche ihre Werte aus der Domäne KRANKHEIT bezieht. Damit ist es möglich, die von einem Arzt betreuten Patienten inklusive Diagnose festzuhalten. Übrigens weist der zu-

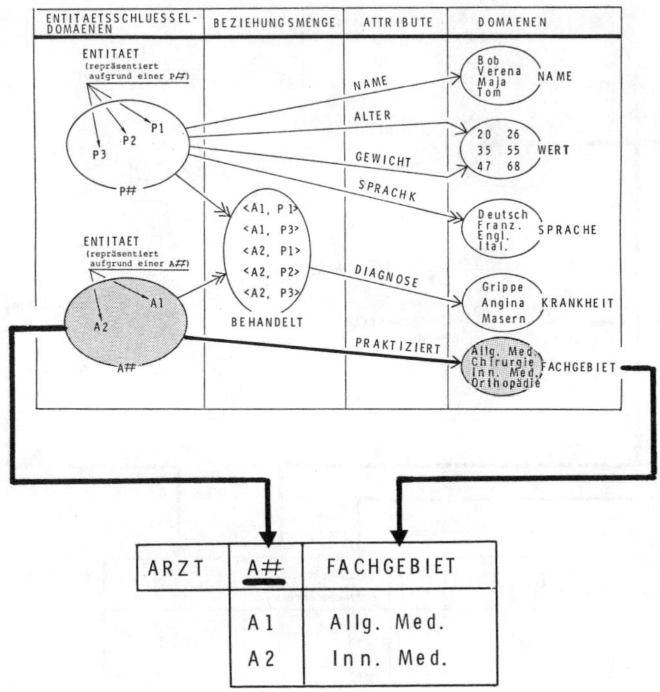

Abb. 3.2.8 Relation zum Festhalten ärztespezifischer Fakten.

sammengesetzte Schlüssel *A#, P#* in der Relation BEHANDELT darauf hin, dass ein Arzt mehrere Patienten betreut, und dass ein Patient von mehreren Ärzten behandelt werden kann. Hingegen kann mit der durch die Relation BEHANDELT fixierten Konstellation pro Arzt-Patienten-Beziehung jeweils nur eine Diagnose festgehalten werden. Wären je Patient mehrere Diagnosen festzuhalten, so könnte dieser Anforderung mit dem zusammengesetzten Schlüssel *A#, P#, KRANKHEIT* entsprochen werden. Je nach Schlüsseldefinition können somit völlig unterschiedliche Realitätssachverhalte festgehalten werden.

Die vorstehenden Ausführungen dürfen durchaus dahingehend interpretiert werden, dass das Relationenmodell aufgrund präziser, auf mengentheoretischen Erkenntnissen basierenden Kriterien die eindeutige Definition realitätsbedingter Sachverhalte ermöglicht.

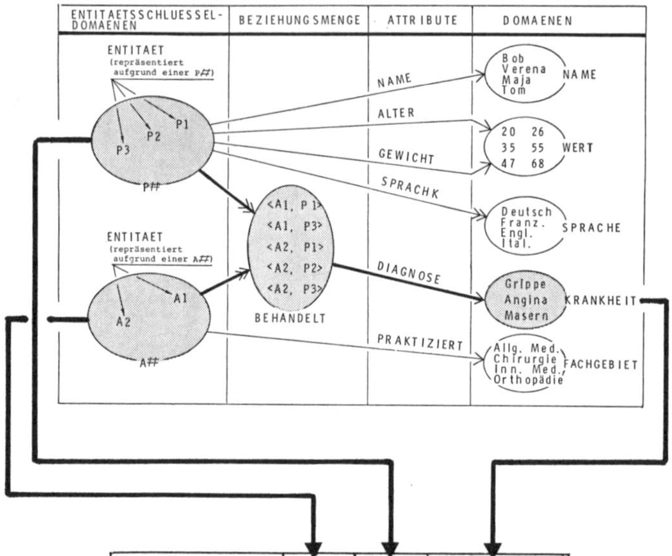

BEHANDELT	A#	P#	KRANKHEIT
	A1	P1	Grippe
	A1	P3	Masern
	A2	P1	Angina
	A2	P2	Angina
	A2	P3	Masern

Abb. 3.2.9 Relation zum Festhalten einer Beziehungsmenge und eines Beziehungsattributes. Die Abbildung bezieht sich auf die in Abb. 3.1.1 gezeigte Sachlage.

Abb. 3.2.10 illustriert zusammenfassend alle Relationen, die für das Festhalten der in Abb. 3.1.1 gezeigten Sachlage erforderlich sind.

PATIENT	P#	NAME	A.WERT	GEW.WERT
	P1	Bob	20	55
	P2	Verena	35	47
	P3	Verena	26	68

SPRACHK	P#	SPRACHE
	P1	Deutsch
	P1	Franz.
	P1	Engl.
	P2	Deutsch
	P2	Engl.
	P3	Deutsch
	P3	Ital.

ARZT	A#	FACHGEBIET
	A1	Allg. Med.
	A2	Inn. Med.

BEHANDELT	A#	P#	KRANKHEIT
	A1	P1	Grippe
	A1	P3	Masern
	A2	P1	Angina
	A2	P2	Angina
	A2	P3	Masern

Abb. 3.2.10 Erforderliche Relationen für das Arzt-Patienten-Beispiel.

Zusammenfassende Ergebnisse

Die Charakteristika von Relationen lassen sich zusammengefasst wie folgt umschreiben:

1. Je Entitätsmenge ist immer und je Beziehungsmenge ist in der Regel (präzise Angaben folgen in späteren Kapiteln) eine Relation zu definieren.

2. Realitäts- und vorstellungbezogene Fakten sind primär nach Entitätsmengen oder Beziehungsmengen geordnet.

3. Beziehungen zwischen Relationen (und damit im übertragenen Sinne zwischen Entitäten) kommen aufgrund von identischen Attributswerten zustande. Sind beispielsweise die den Patienten P1 behandelnden Ärzte gesucht, so werden zunächst in der Relation BEHANDELT alle Tabellenzeilen mit der Patientennummer P1 ausfindig gemacht (die Tabellenzeilen einer Relation lassen sich aufgrund beliebiger Attributswerte ansprechen). Dabei fallen – wie aus Abb. 3.2.11 hervorgeht – neben den diagnostizierten Krankheiten auch die Nummern der Ärzte an, die den Patienten P1 betreuen. Besagte Ärztenummern ermöglichen den Einstieg in die ARZT-Relation und damit das Auffinden aller die gesuchten Ärzte betreffenden Fakten. Der ganze Prozess lässt sich übrigens auch umkehren. Dies bedeutet, dass eine sogenannt ***symmetrische Fragestellung*** (im vorliegenden Beispiel also die Frage nach den Patienten, die von einem bestimmten Arzt betreut werden) in analoger Weise behandelt werden kann.

   Zum oben beschriebenen Sachverhalt gesellt sich noch ein weiterer Aspekt. Die Beziehungen zwischen Relationen sind – im Gegensatz zu konventionellen Strukturen (also Hierarchien und Netzwerken) – nicht statisch fixiert, sondern werden beim Aufruf ***dynamisch*** aufgebaut. Dies hat in Verbindung mit dem geschilderten Beziehungsprinzip einen enormen Flexibilitätsgrad zur Folge, indem notwendige, neue Realitätsausschnitte reflektierende Datenbankerweiterungen denkbar einfach zu realisieren sind. Ein Beispiel möge diese Aussage illustrieren.

   Man nehme an, dass in unserem Beispiel neben Ärzten und Patienten auch Schlafräume (man denke an ein Spital) von Interesse sind. Erwünscht ist das Festhalten von schlafraumspezifischen Fakten sowie ein Hinweis bezüglich des Schlafraumes eines Patienten. Abb. 3.2.12 illustriert die für die obgenannte Problemstellung erforderlichen Datenbankerweiterungen. Man erkennt, dass die Relation RAUM das Festhalten von Fakten ermöglicht, die Schlafräume (Entitäten) betreffen. Anderseits etabliert die in der Relation RAUM und in der erweiterten Relation PATIENT erscheinende R# eine ***wechselseitige*** Beziehung zwischen Patienten und Schlafräumen.

   Zu beachten ist bei alledem, dass die geschilderten Erweiterungen – vorausgesetzt, dass mit einem echt relationalen Datenbankmanagementsystem gearbeitet wird – ***dynamisch*** (d. h. ohne Unterbruch des Datenbankbetriebs) eingebracht werden können. Echt relationale Datenbankmanagementsysteme ermöglichen somit ***dynamische Strukturanpassungen***, also nicht nur – wie bei konventionellen Datenbankmanagementsystemen ja auch der Fall – dynamische Anpassungen des Datenbank***inhalts***.

4. Mit Relationen kann ein Realitätsausschnitt ***redundanzfrei*** modelliert werden. Dies bedeutet, dass ein und dasselbe Faktum nur einmal in Erscheinung tritt. Man beachte die Nuancierung in der Formulierung: Was in einer Datenbank – ob auf relationalartigen oder konventionellen Prinzi-

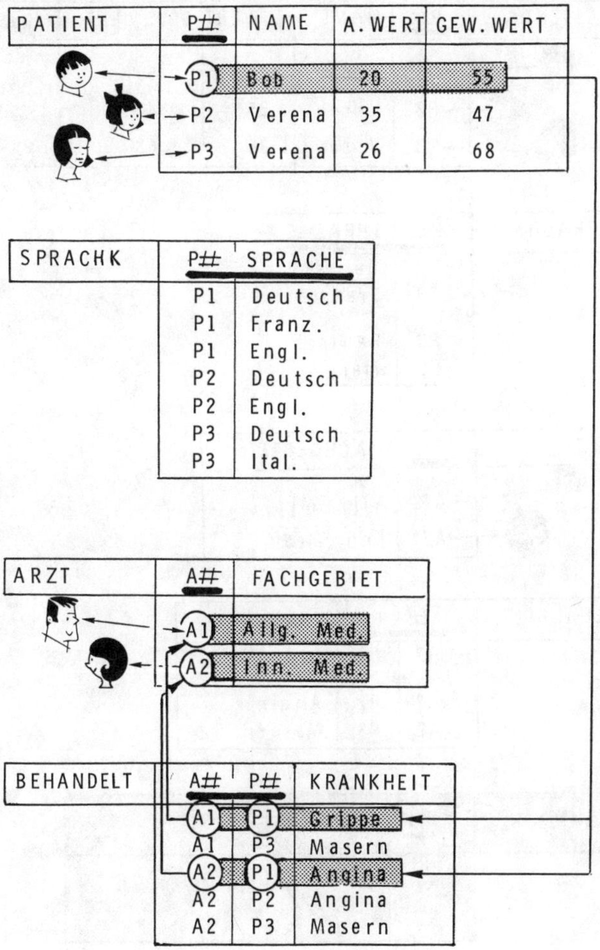

Abb. 3.2.11 Beziehungen zwischen Relationen kommen aufgrund identischer Attributswerte zustande.

pien basierend – nach Möglichkeit vermieden werden sollte, ist das mehrmalige Auftreten ein und desselben ***Faktums***, nicht aber ein und desselben ***Eigenschaftswertes*** (in Abb. 3.2.6 umschreibt das zweimalige Auftreten des Eigenschaftswertes "Verena" ***zwei*** verschiedene Fakten, ist doch der Begriff "Verena" unterschiedlichen, durch die Schlüsselwerte P2 und P3 symbolisierten Entitäten zugeordnet).

Analoge Überlegungen gelten übrigens auch für die in Abb. 3.2.9 aufgeführte Relation BEHANDELT. Hier bildet ein spezifisches A#-P#-

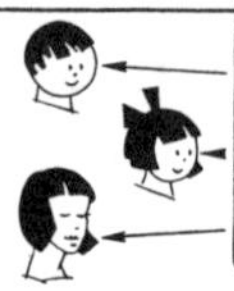

PATIENT	P#	NAME	A.WERT	GEW.WERT	R#
	P1	Bob	20	55	R1
	P2	Verena	35	47	R2
	P3	Verena	26	68	R1

SPRACHK	P#	SPRACHE
	P1	Deutsch
	P1	Franz.
	≈	≈
	P3	Deutsch
	P3	Ital.

ARZT	A#	FACHGEBIET
	A1	Allg. Med.
	A2	Inn. Med.

BEHANDELT	A#	P#	KRANKHEIT
	A1	P1	Grippe
	≈	≈	≈
	A2	P2	Angina
	A2	P3	Masern

RAUM	R#	GROESSE	FENSTER ...
	R1	2	3
	R2	1	2

Abb. 3.2.12 Neuen Realitätsausschnitt reflektierende Datenbankerweiterungen. Die Abbildung illustriert, dass für das Festhalten schlafraumspezifischer Fakten eine neue Relation (RAUM) definiert werden muss. Die ***wechselseitigen*** Beziehungen zwischen Patienten und Schlafräumen kommen aufgrund des in der Relation RAUM und in der erweiterten Relation PATIENT erscheinenden Attributes R# zustande.

Wertepaar einen festen, ein Beziehungselement fixierenden Begriff. Wenn in der Relation BEHANDELT ein und dieselbe Ärzte- oder Patientennummer mehrmals auftritt, so liegt keine Redundanz vor, sondern werden völlig unterschiedliche Sachverhalte – eben individuelle Ärzte-Patienten-Beziehungen – zur Darstellung gebracht.

Vor Inangriffnahme des nächsten Themas soll hier ein wichtiger Sachverhalt speziell herausgestrichen werden.

Es wird immer wieder die fälschliche Meinung vertreten, dass das Relationenmodell nur im Zusammenhang mit einem Relationen unterstützenden Datenbankmanagementsystem von Bedeutung sei. Dass die dem Relationenkonzept zugrunde liegenden, auf mengentheoretischen Überlegungen basierenden Prinzipien sehr wohl auch für den Entwurf von konventionellen Datenbanken eingesetzt werden können – um nicht zu sagen: eingesetzt werden ***sollten*** – wird späteren Ausführungen zu entnehmen sein. Ein relationenorientiertes Datenbankentwurfsprozedere führt – unabhängig davon, ob es im Zusammenhang mit konventionellen oder relationalartigen Datenbankmanagementsystemen zum Einsatz gelangt – in jedem Fall zu einer logisch korrekten Datenstruktur, mit der die ***Integrität*** (das heisst Richtigkeit) einer Datenbank jederzeit gewährleistet werden kann.

Einfachheit, Präzision (weil auf wohl definierten, mengentheoretischen Erkenntnissen aufbauend) und die oben geschilderte ***Flexibilität*** sind wohl die hervorstechendsten Merkmale, welche die relationalartige Arbeitsweise gegenüber der konventionellen Methodik auszeichnen. Und noch einmal: diese Vorzüge kann man sich weitgehend auch für den Entwurf von konventionellen Datenbanken nutzbar machen.

3.3 Netzwerkförmige Datenstrukturtypen

Waren für das relationalartige Festhalten der in Abb. 3.1.1 gezeigten Sachlage 4 Relationen erforderlich (siehe Abb. 3.2.10), so lässt sich der nämliche Realitätsausschnitt mit einer ***einzigen*** Netzwerkstruktur abbilden. Dieser Sachverhalt ist nicht etwa als Vorteil zu werten, sind doch innerhalb der Netzwerkstruktur nach wie vor den 4 Relationen entsprechende Komponenten vorzufinden. So enthält die Netzwerkstruktur pro Relation einen sogenannten ***Recordtyp***, der nun allerdings ***statisch*** (das heisst gewissermassen fest verdrahtet) mit anderweitigen Recordtypen in Beziehung steht. Abb. 3.3.1 illustriert obige Aussage für das Arzt-Patienten-Beispiel (im Sinne einer Vereinfachung sollen hinfort die Sprachkenntnisse eines Patienten nicht mehr berücksichtigt werden).

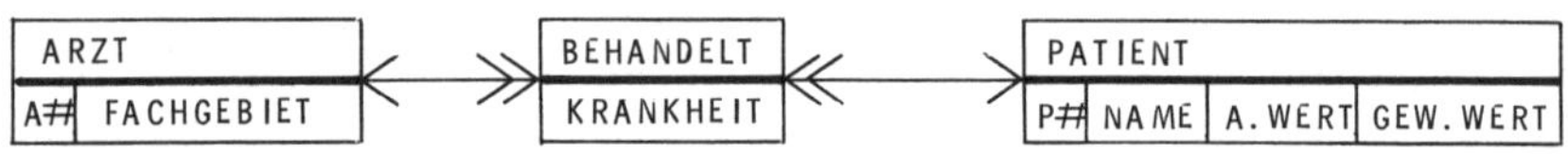

Abb. 3.3.1 Erforderliche Netzwerkstruktur für das Arzt-Patienten-Beispiel (ohne Berücksichtigung der Sprachkenntnisse). Die Abbildung zeigt einen sogenannten ***Netzwerkstrukturtyp***, das heisst eine allgemeine, für alle Ärzte und alle Patienten gültige Anordnung. Der Anordnung entsprechen folgende Relationen:

ARZT (<u>A#</u>, FACHGEBIET)

BEHANDELT (<u>A#, P#</u>, KRANKHEIT)

PATIENT (<u>P#</u>, NAME, A.WERT, GEW.WERT)

Vergleicht man den Aufbau der in Abb. 3.3.1 gezeigten Recordtypen mit den in Abb. 3.2.10 aufgeführten gleichnamigen Relationen, so stellt man fest, dass der Recordtyp BEHANDELT – im Gegensatz zur gleichnamigen Relation – ohne A# und P# auskommt. Diese Feststellung ist nicht erstaunlich, kommen doch die Beziehungen zwischen Recordtypen (und damit im übertragenen Sinne zwischen Entitäten) in einem Netzwerk nicht symbolisch, sondern aufgrund einer statischen, auf Adresshinweisen beruhenden Verkettung zustande. Es versteht sich, dass die der Verkettung dienlichen Adresshinweise Bestandteil der Recordtypen sind. Allerdings werden die Adresshinweise normalerweise zeichnerisch nicht ausgewiesen, sondern – wie in Abb. 3.3.1 der Fall – mit Linien und Pfeilen angedeutet.

Wie man sich die netzwerkartige Anordnung einzelner ***Recordvorkommen*** (ein Recordvorkommen entspricht sozusagen einem Tupel in einer Relation) vorzustellen hat, geht aus Abb. 3.3.2 hervor. Nun wird aber auch der Unterschied zur relationalartigen Vorgehensweise offensichtlich: stehen bei dieser ***Mengen*** (sprich Relationen) im Vordergrund, so wird das Bild bei Netzwerken in erster Linie von ***Elementen*** (sprich Recordvorkommen) geprägt. Dass dieser Sachverhalt entscheidende Auswirkungen auf die Verarbeitung von Datenstrukturen hat, wird im nächsten Kapitel zu zeigen sein.

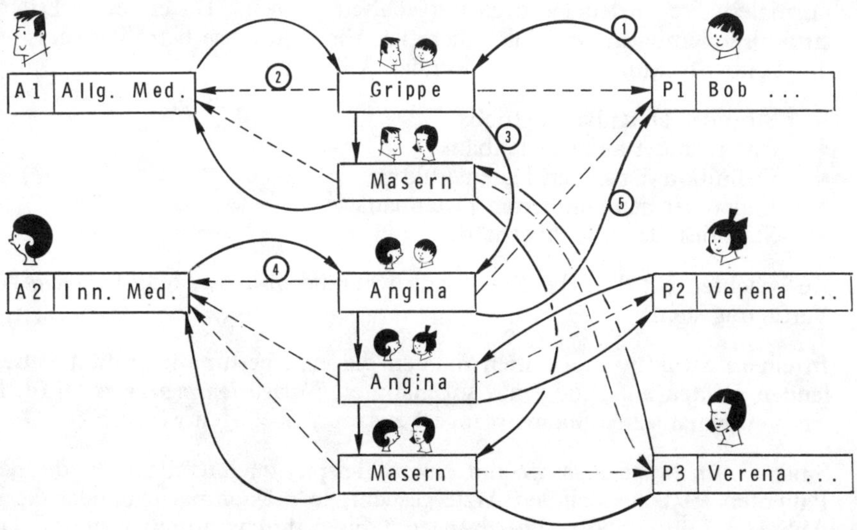

Abb. 3.3.2 Erforderliche Netzwerkstruktur für das Arzt-Patienten-Beispiel (ohne Berücksichtigung der Sprachkenntnisse). Die Abbildung zeigt ein sogenanntes ***Netzwerkstrukturvorkommen***, d. h. eine spezifische, nur für bestimmte Ärzte und Patienten gültige Anordnung.

Die zu Beginn eingeführte, zwischen einer einfachen und einer höheren Abstraktionsebene unterscheidende Klassifizierung ist auch für netzwerkartige Datenstrukturen sinngemäss anwendbar. So spricht man auf der höheren Abstraktionsebene von sogenannten ***Netzwerkstrukturtypen*** und versteht darunter eine allgemeine, für alle involvierten Entitäten (das heisst alle Ärzte und alle Patienten) gültige Anordnung von Recordtypen (siehe Abb. 3.3.1). Auf der einfachen Abstraktionsebene spricht man hingegen von sogenannten ***Netzwerkstrukturvorkommen*** und versteht darunter eine spezifische, für bestimmte Entitäten (beispielsweise die Ärzte A1 und A2 sowie die Patienten P1, P2 und P3) gültige Anordnung von Recordvorkommen (siehe Abb. 3.3.2).

Zusammenfassende Ergebnisse

Die Charakteristika von Netzwerkstrukturen lassen sich zusammengefasst wie folgt umschreiben:

1. Alle Entitätsmengen und Beziehungsmengen können in der Regel mit nur ***einer*** Netzwerkstruktur definiert werden. Diese enthält je Entitätsmenge und in der Regel je Beziehungsmenge einen Recordtyp.

2. Die Beziehungen zwischen Recordtypen (und damit im übertragenen Sinne zwischen Entitäten) kommen aufgrund einer ***statischen***, auf Adresshinweisen beruhenden Anordnung zustande, wobei besagte Adresshinweise normalerweise in den Records festgehalten werden. Da bei einer Datenstrukturänderung in der Regel auch die Adresshinweise betroffen sind, bedingt eine Strukturanpassung folgende Aktionen:

   - Stop des Datenbankbetriebs.
   - Entladen der alten Datenbank.
   - Definition der neuen Datenstruktur.
   - Laden der neu definierten Datenbank.
   - Start des Datenbankbetriebs.

   Zu beachten ist, dass die Datenbank während all dieser Schritte ***nicht*** zur Verfügung steht.

3. In einem Strukturvorkommen müssen die eine bestimmte Entität betreffenden Fakten aufgrund eines sogenannten ***Navigationsprozesses*** [3] (d. h. eines systematischen Suchvorganges) zusammengetragen werden.

   Sind – um obige Aussage mit einem Beispiel zu illustrieren – die den Patienten P1 behandelnden Ärzte gesucht, so müssen nacheinander die in Abb. 3.3.2 numerierten Beziehungen 1 bis 5 durchschritten werden. Offensichtlich charakterisieren die dabei angesteuerten Ärzte A1 und A2 den Patienten P1; das heisst, im Rahmen der obgenannten Problemstellung treten die genannten Ärzte im Grunde genommen als der Entität P1 zugeordnete Eigenschaftswerte in Erscheinung. Umgekehrt treten die Patienten P1 und P3 als der Entität A1 zugeordnete Eigenschaftswerte in Erscheinung, wenn von den durch den Arzt A1 betreuten Patienten die Rede ist. Ein Arzt (oder ein Patient) kann somit je nach Problemstellung einmal als Entität oder aber als Eigenschaftswert aufgefasst werden. Von diesem ***Dualitätsprinzip*** wird später im Zusammenhang mit hierarchischen Strukturen noch einmal die Rede sein.

4. Netzwerkstrukturen ermöglichen eine redundanzfreie Modellierung eines Realitätsausschnittes (d. h. ein und dasselbe Faktum erscheint wie bei Relationen ein und nur einmal).

3.4 *Hierarchische Datenstrukturtypen*

Waren in einem Netzwerk alle Recordtypen gleichberechtigt, so zeichnet sich in einer Hierarchie ein Recordtyp speziell aus. Dieser stellt die ***Wurzel*** der Hierarchie dar und stimmt aufbaumässig mit einer Relation überein, deren Primärschlüssel dem Schlüssel einer ***Kernentitätsmenge*** entspricht. Auf unser Beispiel bezogen erfüllen zwei Relationen diese Bedingung, nämlich die Relation ARZT sowie die Relation PATIENT (siehe Abb. 3.2.10). Entsprechend ist für das hierarchische Festhalten des Arzt-Patienten-Beispiels sowohl für die Ärzte wie auch für die Patienten je eine Hierarchiewurzel zu definieren. Man kann – auf einen generalisierten Nenner gebracht – sagen, dass für das hierarchische Festhalten eines Realitätsausschnittes soviele ***Wurzelrecordtypen*** (und damit Hierarchien) definiert werden müssen, als ***Kernentitätsmengen*** vorliegen.

Die vorstehende Gesetzmässigkeit lässt sich unmittelbar von der in Kapitel 2 diskutierten Entitätsdefinition ableiten. Letztere besagt unter anderem, dass die Existenz einer Kernentität aufgrund eines Schlüsselwertes darstellbar sein muss und zwar ***unabhängig von der Existenz anderweitiger Entitäten.*** Dieser Forderung vermögen aber in einer hierarchischen Datenstruktur nur die Wurzelrecords zu genügen.

Eine hierarchische Datenstruktur enthält ausser der Wurzel auch sogenannte ***Dependents.*** Man kann sich deren Zustandekommen so vorstellen, dass man in einem Netzwerk – ausgehend von dem der Hierarchiewurzel entsprechenden Recordtyp – den vorerwähnten ***Navigationsprozess*** vollzieht. Werden dabei nacheinander zwei Recordtypen angesteuert, die zum einen einer Beziehungsmenge, zum andern aber einer Entitätsmenge entsprechen, so werden besagte Recordtypen zusammengefasst und als ***Dependent*** in die Hierarchie eingebracht. Appliziert man obige Aussagen – ausgehend vom Recordtyp PATIENT – auf das in Abb. 3.3.1 gezeigte Netzwerk, so resultiert die in Abb. 3.4.1 gezeigte Hierarchie.

Appliziert man obige Aussagen – diesmal allerdings vom Recordtyp ARZT ausgehend – auf das in Abb. 3.3.1 gezeigte Netzwerk, so resultiert eine weitere, in Abb. 3.4.2 gezeigte Hierarchie.

Die in den Abb. 3.4.1 und Abb. 3.4.2 gezeigten Anordnungen stellen ***hierarchische Strukturtypen*** dar. Wir bewegen uns damit wiederum auf einer höheren, für alle involvierten Entitäten (d. h. Ärzte und Patienten) gültigen Abstraktionsebene. Demgegenüber stellen die auf einer einfachen Abstraktionsebene für das Festhalten von bestimmten Entitätsfakten verwendeten Anordnungen sogenannte ***hierarchische Strukturvorkommen*** dar. Abb. 3.4.3 sowie Abb. 3.4.4 illustrieren derartige Vorkommen für das aktuelle Beispiel.

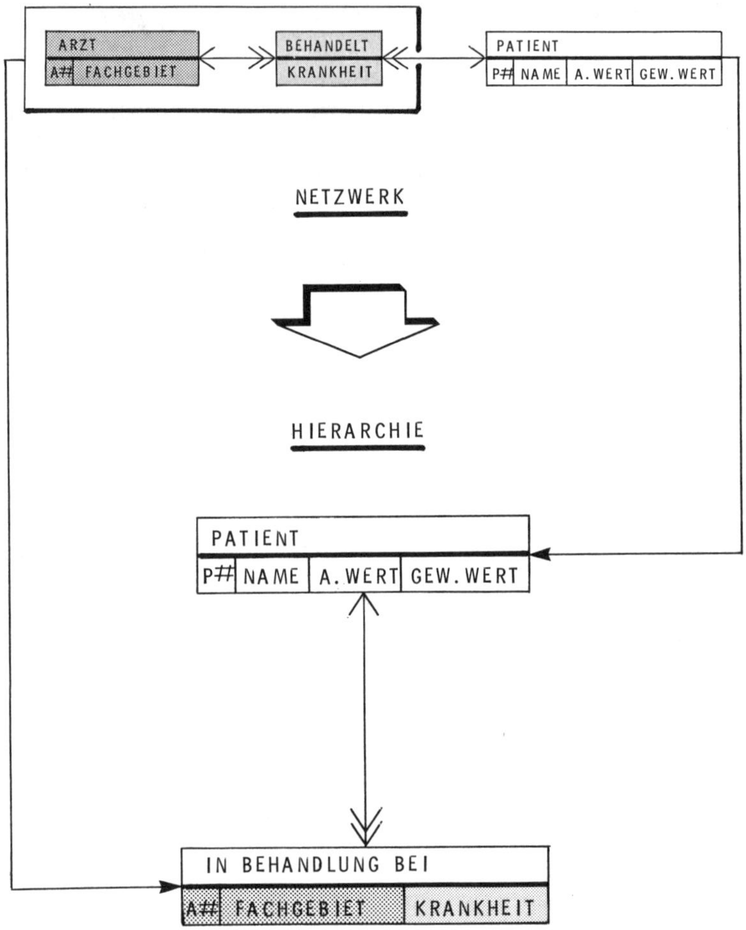

Abb. 3.4.1 Von Netzwerk abgeleitete Hierarchie zum Festhalten patientenspezifischer Fakten. Die Abbildung zeigt einen ***hierarchischen Strukturtyp***, das heisst eine allgemeine, für alle Patienten gültige Anordnung.

Zusammenfassende Ergebnisse

Die Charakteristika von hierarchischen Datenstrukturen lassen sich zusammenfassend wie folgt umschreiben:

1. Für das Festhalten der einen Realitätsausschnitt betreffenden Sachverhalte ist je Kernentitätsmenge ein hierarchischer Strukturtyp zu definieren.

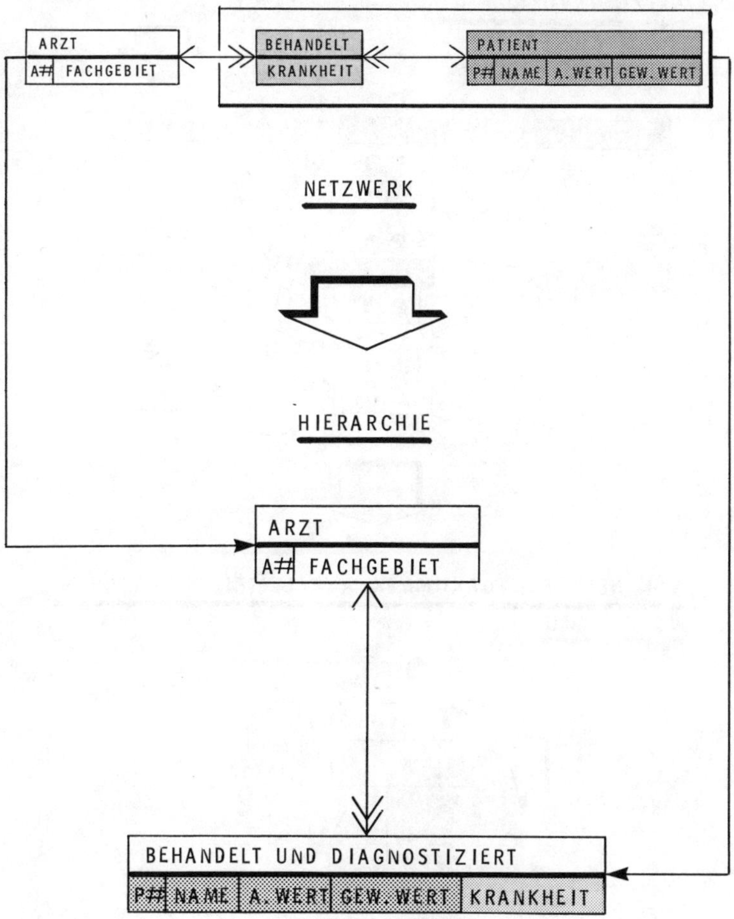

Abb. 3.4.2 Von Netzwerk abgeleitete Hierarchie zum Festhalten ärztespezifischer Fakten. Die Abbildung zeigt wiederum einen ***hierarchischen Strukturtyp***, das heisst eine allgemeine, für alle Ärzte gültige Anordnung.

2. Die Hierarchiewurzel enthält mindestens den Schlüssel der Kernentitätsmenge, für die Attribute festzuhalten sind.

3. Dependents enthalten die Schlüssel von anderweitigen Entitätstypen, allenfalls ergänzt mit Beziehungsattributen.

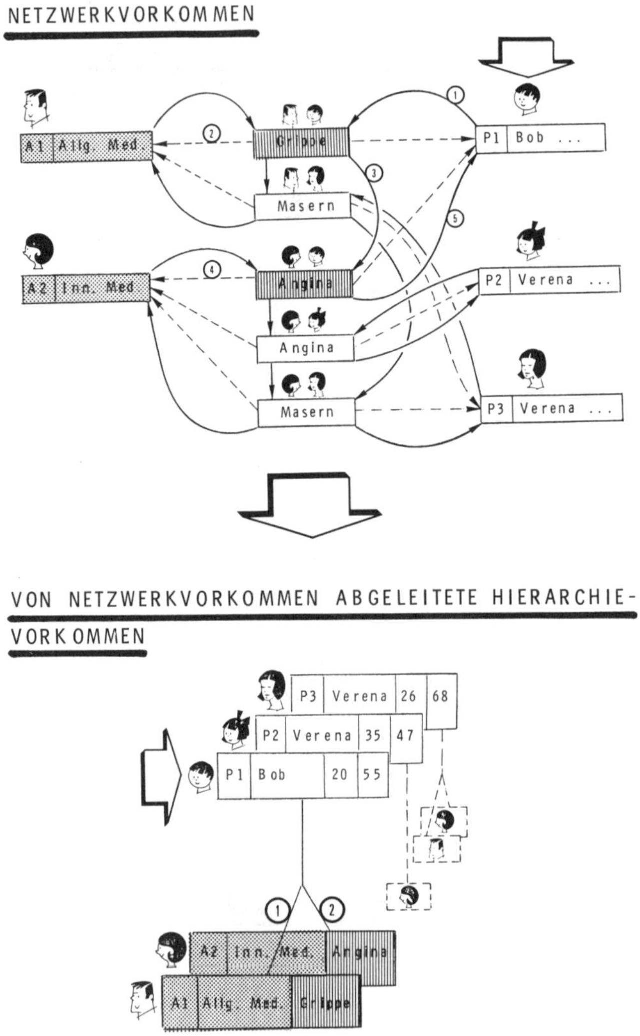

Abb. 3.4.3 Von Netzwerkvorkommen abgeleitete Hierarchievorkommen zum Festhalten patientenspezifischer Fakten. Gezeigt sind insgesamt drei ***hierarchische Strukturvorkommen***, das heisst spezifische, nur für die Patienten P1, P2, P3 gültige Anordnungen.

4. Die Beziehungen zwischen Recordtypen (und damit im übertragenen Sinne zwischen Entitäten) kommen aufgrund einer ***statischen***, in der Regel auf Adresshinweisen beruhenden Anordnung zustande.

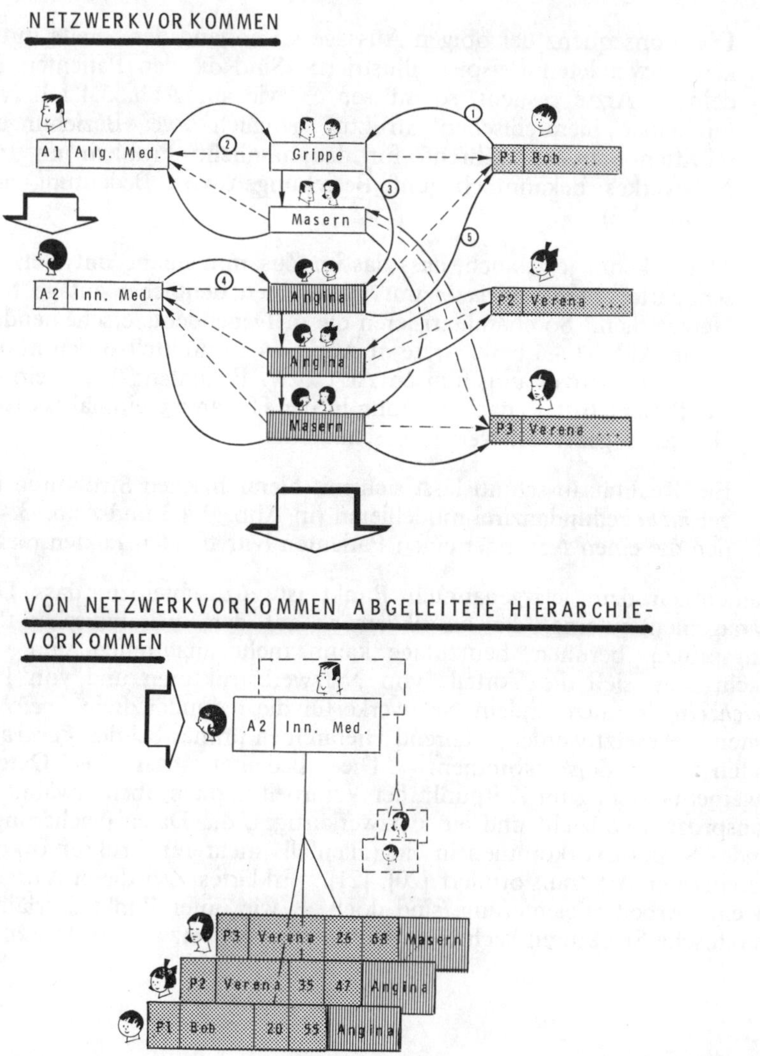

Abb. 3.4.4 Von Netzwerkvorkommen abgeleitete Hierarchievorkommen zum Festhalten ärztespezifischer Fakten. Gezeigt sind insgesamt zwei ***hierarchische Strukturvorkommen***, das heisst spezifische, nur für die Ärzte A1 und A2 gültige Anordnungen.

5. In einem hierarchischen Strukturvorkommen sind *alle* eine Entität betreffenden Fakten nach Bedeutung geordnet vorzufinden, während besagte

Fakten in einem Netzwerk aufgrund eines Navigationsprozesses zusammengetragen werden müssen.

Die Konsequenz der obigen Aussage sei anhand des bereits mit Netzwerken verwendeten Beispiels illustriert: Sind die den Patienten P1 behandelnden Ärzte gesucht, so müssen – wie aus Abb. 3.4.3 hervorgeht – mit einer hierarchischen Struktur lediglich zwei Beziehungen durchschritten werden, während für das nämliche Problem im Falle eines Netzwerkes bekanntlich fünf Beziehungen von Bedeutung sind (siehe Abb. 3.3.2).

Man erkennt jetzt auch, dass das im Zusammenhang mit Netzwerken geschilderte ***Dualitätsprinzip*** mit Hierarchien deutlicher zutage tritt als mit Netzwerken. So charakterisieren die in Dependents erscheinenden Patienten in Abb. 3.4.4 bzw. Ärzte in Abb. 3.4.3 unmittelbar den in der übergeordneten Wurzel aufgeführten Arzt bzw. Patienten; d. h. ein Arzt bzw. ein Patient tritt je nach Stellung in der Hierarchie einmal als Entität oder aber als Eigenschaftswert in Erscheinung.

6. Ein Realitätsausschnitt lässt sich mit hierarchischen Strukturen in der Regel ***nicht*** redundanzfrei modellieren (in Abb. 3.4.3 und Abb. 3.4.4 erscheinen die einen Arzt oder einen Patienten betreffenden Fakten mehrmals).

Namentlich dem letztgenannten Punkt ist zuzuschreiben, dass Datenbankmanagementsysteme, die ***ausschliesslich*** auf dem hierarchischen Strukturierungsprinzip beruhen, heutzutage kaum mehr anzutreffen sind. Vielmehr macht man sich die Vorteile von Netzwerkstrukturen und von Hierarchien ***gleichzeitig*** zunutze, indem Netzwerke für die redundanzfreie ***Speicherung*** von Daten eingesetzt werden, während Hierarchien primär bei der ***Verarbeitung*** von Daten zum Zuge kommen. Dies bedeutet, dass das Datenbankmanagementsystem zum Zeitpunkt der Verarbeitung den oben erwähnten Navigationsprozess vollzieht und ein netzwerkartiges, die Datenspeicherung reflektierendes Strukturvorkommen in ein (allenfalls mehrere) Strukturvorkommen hierarchischer Art transformiert [20], [21]. Erklärtes Ziel dieser Vorgehensweise ist eine Arbeitserleichterung, sind doch – wie unter Punkt 5 erläutert – hierarchische Strukturen leichter zu handhaben als Netzwerkstrukturen.

3.5 Sprachen für die Manipulation von Datenstrukturen

Der bereits angedeutete Tatbestand, demzufolge bei Relationen ***Mengen*** im Vordergrund stehen, während das Bild bei Netzwerken (und übrigens auch bei Hierarchien) in erster Linie von ***Elementen*** (sprich Recordvorkommen) bestimmt wird, hat entscheidende Auswirkungen bei der Verarbeitung von Datenstrukturen. Diese Auswirkungen sollen im folgenden anhand der Benützersprachen

- *S*tructured *E*nglish *Qu*ery *L*anguage SEQUEL [7] sowie
- *Q*uery *b*y *E*xample QBE [52]

verdeutlicht werden, wobei es nicht darum geht, alle Funktionen besagter Sprachen vorzustellen. Vielmehr sollen die Eigenheiten ***mengenverarbeitender Sprachen*** ganz allgemein erarbeitet und anhand folgender Problemstellung dargelegt werden:

"Gesucht sind alle Ärzte, die zurzeit Patienten behandeln".

Ist das in Abb. 3.2.10 gezeigte, auf Relationen basierende Realitätsmodell gegeben, so lässt sich die Lösung für die anstehende Problemstellung offensichtlich mit der Relation BEHANDELT finden, sind doch in besagter Relation alle einschlägigen Ärzte-Patienten-Beziehungen vorzufinden. Mit SEQUEL – einer mengen- (sprich: relationen-) orientierten Sprache – wird die Problemstellung wie folgt formuliert:

```
SELECT A#
  FROM BEHANDELT
```

Abb. 3.5.1 zeigt die von der Maschine erarbeitete Lösung, die offensichtlich in Form einer Tabelle (das heisst Relation) zur Verfügung steht. Tatsächlich impliziert jede an eine Relationaldatenbank gestellte Fragestellung die Ableitung einer neuen, die Antwort repräsentierenden Relation.

Hätte die nämliche Problemstellung mit der in Abb. 3.4.2 gezeigten Hierarchie gelöst werden müssen, so wäre bei Verwendung einer herkömmlichen Programmiersprache ein Programm notwendig gewesen, dessen Ablauflogik aus Abb. 3.5.2 hervorgeht.

Offensichtlich führt die konventionelle Vorgehensweise, bei der einzelne Recordvorkommen angesprochen und verarbeitet werden, zu einer Programmlogik mit ***Sprung-Anweisungen*** (englisch: ***Branch operations***), ***Schleifen*** (***Do***

A#
A 1
A 2

Abb. 3.5.1 Antwort auf eine mit SEQUEL formulierte Fragestellung. Die Abbildung illustriert die auf die Fragestellung "Welche Ärzte behandeln zurzeit Patienten?" von der Maschine erarbeitete Lösung, wobei das in Abb. 3.2.10 gezeigte Realitätsmodell angesprochen wurde.

Loops) sowie ***Iterationen***. Tatsächlich unterscheiden sich konventionelle Programmiersprachen vor allem in dieser Hinsicht von einer mengen- (sprich: relationen-) orientierten Sprache, erübrigen sich doch bei letzterer in der Regel die oben erwähnten Operationen. Anders formuliert: Stehen bei der konventionellen Vorgehensweise im Zusammenhang mit dem ***Auswahlprozess*** Sprachelemente (wie bedingte und unbedingte Sprünge, Schleifen, Iterationen) zur Beschreibung einer ***Kontrollogik*** im Vordergrund, so lässt sich mit einer mengenverarbeitenden Sprache das gewünschte Ergebnis unabhängig vom Ermittlungsverfahren ***beschreiben***. Aus diesem Grunde spricht man bei konventionellen Sprachen auch etwa von ***Prozedural-*** oder ***WIE-Sprachen*** (d. h. ***wie*** ist ein Ergebnis zu ermitteln), während im Zusammenhang mit Relationen von ***deskriptiven*** - oder ***WAS-Sprachen*** (d. h. ***was*** ist als Ergebnis erwünscht) die Rede ist. Mithin liegt der Unterschied zwischen dem konventionellen und dem mengenverarbeitenden Vorgehen hauptsächlich im ***Auswahlprozess***.

Die obgenannten Sachverhalte haben zwei Konsequenzen zur Folge. Zum einen erleichtert (oder ermöglicht gar erst) die bei deskriptiven Sprachen gegebene Möglichkeit, das gewünschte Ergebnis unabhängig vom Ermittlungsverfahren zu beschreiben, eine maschinelle ***Optimalisierung*** des Auswahlprozesses. Zum andern kommen deskriptive Sprachen der natürlichen Sprache (bei der mit einer Fragestellung ja auch nicht ein Verfahren für die Ermittlung einer Antwort vorgegeben wird) bedeutend näher als die herkömmlichen Programmiersprachen. Tatsächlich zeichnen sich deskriptive Sprachen in der Regel durch einen hohen Grad an Benützerfreundlichkeit aus und können aus diesem Grunde durchaus auch EDV-Laien zugemutet werden. Diese Aussage ist keineswegs aus der Luft gegriffen, wurden doch in den USA mit QBE – einer weiteren, deskriptiv orientierten Sprache – hinsichtlich der Benützerfreundlichkeit ausserordentlich ermutigende Experimente durchgeführt [34]. So wurde einer Gruppe von Studenten ***ohne*** jegliche EDV-Kenntnisse im Rahmen einer rund zweistündigen Lektion die Funktionsweise von QBE erklärt. Hierauf wurden die Studenten mit einer Reihe mehr oder weniger komplexer Problemstellungen folgender Art konfrontiert:

- Ermittle alle Mitarbeiter, die mehr verdienen als ihr Manager.

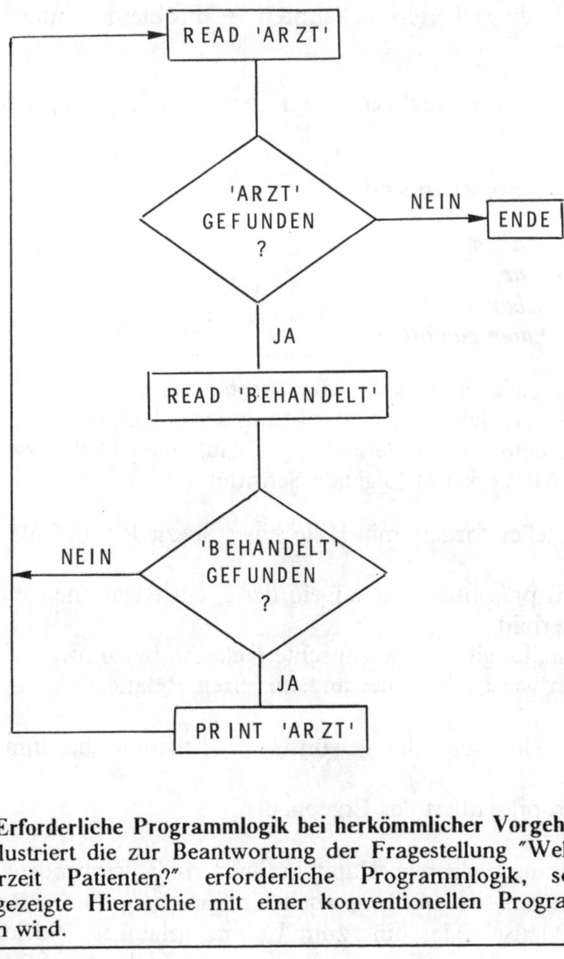

Abb. 3.5.2 Erforderliche Programmlogik bei herkömmlicher Vorgehensweise. Die Abbildung illustriert die zur Beantwortung der Fragestellung "Welche Ärzte behandeln zurzeit Patienten?" erforderliche Programmlogik, sofern die in Abb. 3.4.2 gezeigte Hierarchie mit einer konventionellen Programmiersprache angesprochen wird.

- Wer arbeitet in der gleichen Abteilung wie Herr X?
- Gesucht sind alle Firmen, deren gesamtes Angebot von der Firma X vertrieben wird.
- Ermittle alle Mitarbeiter, die mehr verdienen als der Manager von X, aber jünger sind als der Manager von Y.

Dabei wurden im Mittel 67% aller Problemstellungen richtig gelöst, wobei für die Lösungsfindung je Aufgabenstellung durchschnittlich 1,6 Minuten erforderlich waren. Dieses Ergebnis ist insofern beachtenswert, als Fragestellungen der obgenannten Art erfahrungsgemäss selbst Fachkräften – zumindest bei konventioneller Vorgehensweise – etwelche Schwierigkeiten bereiten. Eine Wiederholung des Experimentes nach zwei Wochen (*ohne* zusätzliche Lektion) ergab übrigens wieder ein ermutigendes Resultat, wurden doch im Mittel für 75% der – allerdings bereits bekannten – Problemstellungen korrekte Lösungen gefunden.

Dieses mit EDV-Laien durchgeführte Experiment lässt folgende Schlussfolgerungen zu:

Mengenorientierte Sprachen sind:

- ***Benützerfreundlich,***
- ***Leicht erlernbar,***
- ***Wenig vergessbar,***
- ***Auch EDV-Laien zumutbar.***

Wie hat man sich nun aber die Arbeitsweise mit QBE vorzustellen? Abb. 3.5.3 illustriert den zur Beantwortung der bekannten Fragestellung "Welche Ärzte behandeln zurzeit Patienten?" ablaufenden Dialog zwischen Mensch und Maschine. Man erkennt folgende Schritte:

1. Der Fragesteller fordert mit Hilfe eines speziellen Befehls ein Rasterbild an.
2. Das System präsentiert das angeforderte, ein Relationengerüst symbolisierende Rasterbild.
3. Der Fragesteller gibt die gewünschte Relation bekannt.
4. Das System weist alle in der angeforderten Relation enthaltenen Attribute aus.
5. Der Fragesteller gibt die gewünschten Attribute bekannt (P. steht für "Print").
6. Das System präsentiert das Ergebnis.

Die in den vorangegangenen Kapiteln wiederholt verwendete Abstraktionsklassifizierung eignet sich übrigens auch für Sprachen, die im Rahmen der Zusammenarbeit Mensch-Maschine zum Einsatz gelangen. So könnte man die konventionelle, mit Hierarchien und Netzwerken übliche Arbeitsweise (d. h. Recordvorkommen verarbeitende, prozedurale Programmlogik oder englisch: **Single record at a time logic**) als der einfachen Abstraktionsebene zugehörig betrachten. Demgegenüber liesse sich die mit Relationen übliche Arbeitsweise (d. h. Mengen verarbeitende, deskriptive Programmlogik oder englisch: **Multi record at a time logic**) eindeutig der höheren Abstraktionsebene zuordnen.

Mit diesen Möglichkeiten sind die Grenzen denkbarer Verbesserungen in der Zusammenarbeit Mensch-Maschine noch längst nicht erreicht. Schon heute wird in Laboratorien mit Prototypen gearbeitet, die eine auf der natürlichen Sprache basierende Zusammenarbeit Mensch-Maschine ermöglichen. Effiziente, für die Praxis geschaffene Systeme der letztgenannten Art dürften aber doch noch einige Zeit auf sich warten lassen.

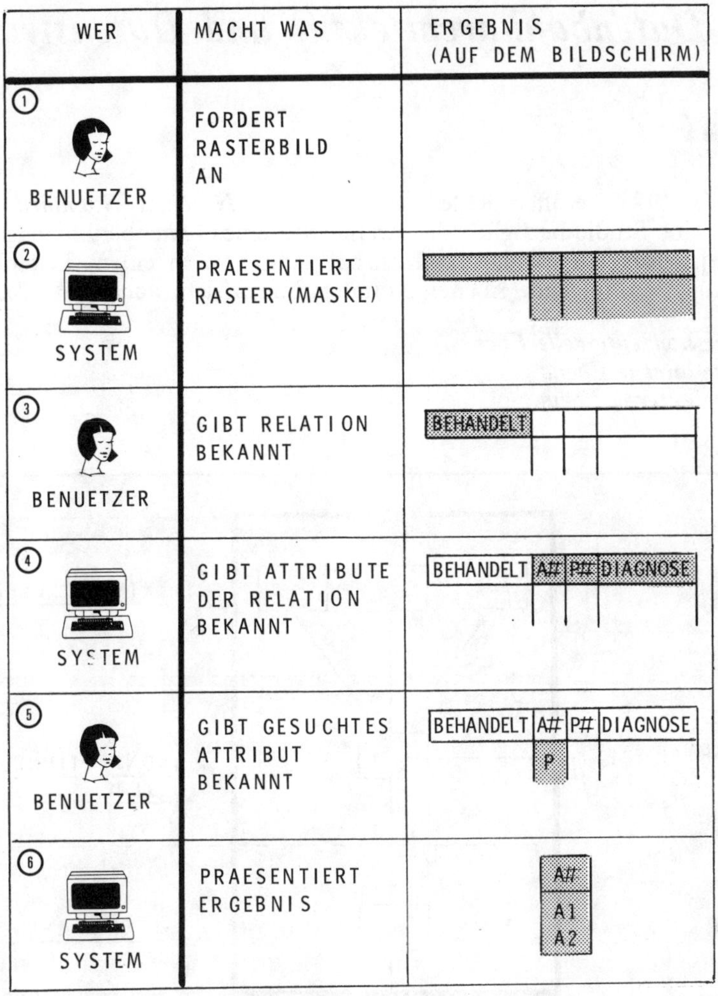

Abb. 3.5.3 Dialogmässige Zusammenarbeit Mensch-Maschine bei Verwendung von QBE. Die Abbildung illustriert den zur Beantwortung der Fragestellung "Welche Ärzte behandeln zurzeit Patienten?" ablaufenden Dialog zwischen Mensch und Maschine, wobei das in Abb. 3.2.10 gezeigte Realitätsmodell angesprochen wird.

3.6 Datenbankarchitektur und Datenstrukturtypen

Im Jahre 1975 veröffentlichte das ***American National Standard Institute (ANSI)*** eine Studie bezüglich der Architektur eines Datenbankmanagementsystems [2]. Das vorgeschlagene Konzept sieht vor, in einem Datenbankmanagementsystem folgende Ebenen zu unterstützen (siehe auch Abb. 3.6.1):

- ***Eine konzeptionelle Ebene***
- ***Eine interne Ebene***
- ***Eine externe Ebene***

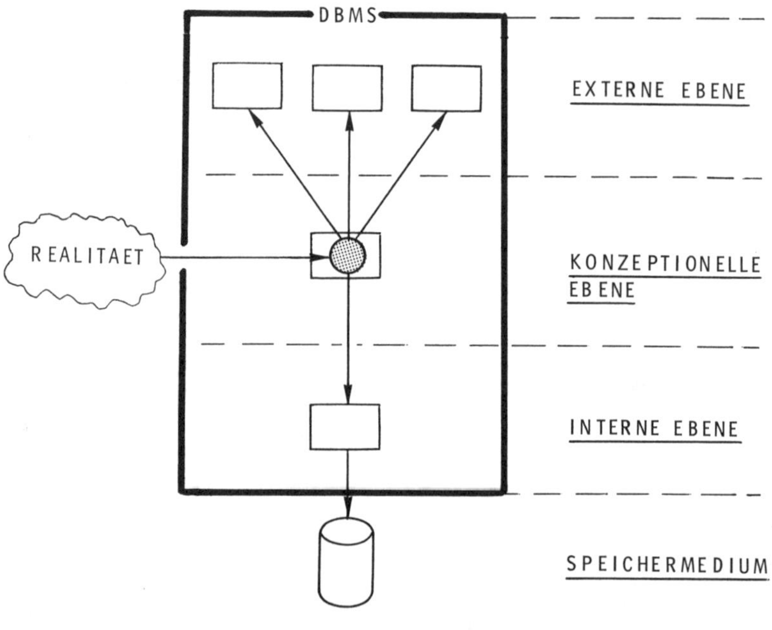

Abb. 3.6.1 Architektur eines Datenbankmanagementsystems. Die Abbildung bezieht sich auf einen vom American National Standard Institute (ANSI) veröffentlichten Vorschlag. Danach sollen in einem Datenbankmanagementsystem eine *konzeptionelle Ebene*, eine *interne Ebene* sowie eine *externe Ebene* unterstützt werden.

Jede Ebene hat unterschiedliche Zielsetzungen zu erfüllen. So soll auf der ***konzeptionellen Ebene*** das Festhalten eines Realitätsmodells ohne Rücksicht auf Charakteristika hardwaremässiger oder applikatorischer Art möglich sein. Angestrebt wird die Schaffung eines ***zentralen***, ***stabilen Bezugspunktes***, der nur dann einer Änderung unterliegt, wenn der bislang berücksichtigte Realitätsausschnitt erweitert (allenfalls modifiziert) werden soll.

In Expertenkreisen ist die Notwendigkeit zur Schaffung eines konzeptionellen (also hardware- und software-unabhängigen, ja sogar applikationsneutralen), zentralen und stabilen Bezugspunktes unbestritten. Allerdings sind bezüglich eines geeigneten Erstellungsprozederes immer noch heftige Kontroversen im Gange, wobei nicht zu übersehen ist, dass sich in letzter Zeit die in diesem Buche beschriebene, auf Relationen basierende Vorgehensweise mehr und mehr durchzusetzen beginnt. Die Gründe dafür sind verständlich, wenn man weiss, dass das auf präzisen, mathematisch fundierten Grundlagen basierende Relationenprinzip eine weitgehend automatisierbare Ermittlung einer realitätskonformen, die Integrität auch über die Zeit gewährleistenden Datenstruktur ermöglicht. Die Empfehlungen von Experten tendieren sogar dahin, einen konzeptionellen Bezugspunkt auch dann zu schaffen, wenn das zurzeit verfügbare Datenbankmanagementsystem keine konzeptionelle Ebene im Sinne der obigen Ausführungen unterstützt. Wie noch zu zeigen sein wird, bildet in einem solchen Fall ein sogenannter ***Data Dictionary*** ein denkbar geeignetes Instrument zur Speicherung der konzeptionellen Sachverhalte.

Auf der ***internen Ebene*** wird mit Hilfe einer geeigneten Struktur (man spricht in diesem Zusammenhang von der ***physischen Datenstruktur***) festgehalten, wie die Daten auf einem externen Speichermedium zu speichern sind. Es versteht sich, dass dabei auf das Realitätsmodell der konzeptionellen Ebene Bezug zu nehmen ist, wobei gleichzeitig auch die Charakteristika der verfügbaren Hardware berücksichtigt werden müssen.

Auf der ***externen Ebene*** wird schliesslich mit Hilfe von geeigneten Datenstrukturen (man spricht in diesem Zusammenhang von den ***logischen*** oder ***externen Datenstrukturen***) festgehalten, wie die Daten einem Benützer der Datenbank (gemeint sind sowohl EDV-Laien als auch Programmierer) präsentiert werden sollen. Auch hier wird auf das Realitätsmodell der konzeptionellen Ebene Bezug genommen, wobei jetzt allerdings auch Anforderungen applikatorischer Art einzubeziehen sind. Selbstverständlich können auf der externen Ebene ***deskriptive*** (oder: ***WAS-***) ***Sprachen*** ohne weiteres neben konventionellen ***Prozedural-*** (oder: ***WIE-***) ***Sprachen*** koexistieren.

Die Bedeutung der konzeptionellen Ebene als zentraler und stabiler Bezugspunkt wird dann offensichtlich, wenn man sich folgende Aspekte vor Augen hält:

- Die einer kontinuierlichen Änderung unterworfenen Informationsbedürfnisse der Systembenützer sowie die Notwendigkeit, sich den mit der technologischen Entwicklung einhergehenden Neuerungen ständig anpassen zu müssen.

- Die Möglichkeit, Datenbanken geographisch – möglicherweise über Kontinente hinweg – zu verteilen.

Was den ersten Aspekt anbelangt, so ist es unerlässlich, dass sich Änderungen jeglicher Art isoliert behandeln lassen. Liegt ein stabiler und zentraler Bezugspunkt im Sinne der obigen Ausführungen vor, so ist diese Forderung insofern gewährleistet, als bei einer notwendigen Anpassung einer externen oder internen Struktur lediglich die Schnittstelle zum zentralen Bezugspunkt neu zu überdenken ist. Alles übrige bleibt dagegen unverändert.

Im Zusammenhang mit der geographischen Verteilung von Datenbanken ergibt sich fast zwangsläufig die Notwendigkeit eines zentralen Bezugspunktes, lässt sich doch damit gewährleisten, dass Operationen auf entfernte Datenbanken ihrem Bestimmungsort tatsächlich auch zugeführt werden können.

Bliebe noch die Frage nach den einzusetzenden Strukturarten zu beantworten.

Auf der ***internen Ebene*** bestimmt in erster Linie die verfügbare Hardware die für die ***Datenspeicherung*** zu wählende Strukturart. Mit den heute zur Anwendung gelangenden Geräten sind – neben anderweitigen, in diesem Buche aber nicht diskutierten Möglichkeiten – ***Netzwerkstrukturen*** durchaus angebracht. Letztere ermöglichen – wie in Kapitel 3.3 gezeigt – eine redundanzfreie Modellierung eines Realitätsausschnittes, indem Informationselemente mittels Adresshinweisen sinnvoll miteinander verkettet werden.

Auf der ***konzeptionellen Ebene*** sind bezüglich der einzusetzenden Strukturart nach wie vor heftige Kontroversen im Gange. Allerdings scheint sich das auf präzisen, mathematisch fundierten Grundlagen basierende ***Relationenmodell*** mehr und mehr durchzusetzen.

Was nun die ***externe Ebene*** anbelangt, so wäre es im Grunde genommen wünschbar, hierarchische, netzwerkförmige sowie relationalartige Datenstrukturen ***gleichzeitig*** zu unterstützen. Diese, mit ***Strukturtypenkoexistenz*** umschriebene Möglichkeit böte den unbestreitbaren Vorteil, dass unzählige, konventionelle Datenstrukturen verarbeitende Programme auch in einem zukünftigen Datenbankmanagementsystem praktisch unbesehen weiter betrieben werden könnten. Mit andern Worten: die Probleme, die sich bei einer Migration auf ein neues Datenbankmanagementsystem ohne vorsorgliche Massnahmen fast zwangsläufig ergeben würden, kämen dank der ***Strukturtypenkoexistenz*** vermutlich kaum zum Tragen. Wir meinen, dass allseits befriedigende Datenbankmanagementsysteme – jedenfalls was die auf der externen Ebene zu unterstützenden Strukturtypen anbelangt – langfristig auf der Basis einer uneingeschränkten "Sowohl als auch"-Devise realisiert werden sollten. Die etwas engstirnige "Entweder oder"-Mentalität ist in diesem Zusammenhang nicht angebracht, weist doch – wie in diesem Kapitel wiederholt gezeigt – jede Strukturart ihre Vorteile auf – und wenn diese auch nur darin bestünden, dass weltweit bereits x-tausend Programme die eine oder andere Strukturart voraussetzen.

Was sollten wir in diesem 3. Kapitel erkannt haben?

Zunächst sollte ersichtlich geworden sein, dass ein Realitätsausschnitt mit unterschiedlichen Datenstrukturtypen (gemeint sind ***Relationen***, ***Netzwerke*** sowie ***Hierarchien***) dargestellt werden kann. Sodann sollte deutlich geworden sein, dass sich besagte Datenstrukturtypen ineinander überführen lassen – eine Möglichkeit, die namentlich in Datenbankmanagementsystemen mit dreistufiger Architektur zur Anwendung gelangt.

4 Die Normalisierung von Relationen

In den vorangegangenen Kapiteln wurde gezeigt, wie sich ein Realitätsausschnitt mit Hilfe von ***Konstruktionselementen*** (d.h. ***Entitätsmengen***, ***Beziehungsmengen***, ***Entitätsattributen*** sowie ***Beziehungsattributen***) bzw. von ***Datenstrukturen*** (d.h. ***Relationen***, ***Netzwerkstrukturen*** sowie ***hierarchischen Strukturen***) darstellen lässt. Im vorliegenden Kapitel soll nun gezeigt werden, dass bei der Bildung von Datenstrukturen gewisse Gesetzmässigkeiten beachtet werden sollten. Diese Gesetzmässigkeiten – sie sind unter dem Begriff ***Normalisierung*** bekanntgeworden – bewirken:

- Die Elimination von Redundanz (wobei wir unter Redundanz – wie in Kapitel 2.2. ausgeführt – das mehrmalige Festhalten ein und desselben ***Faktums*** verstehen wollen),

- Die Elimination von ***Schwierigkeiten*** (man sagt auch: ***Anomalien***), die im Zusammenhang mit Speicheroperationen wie ***Einschüben*** (***Inserts***), ***Löschungen*** (***Deletes***) und ***Modifikationen*** (***Updates***) auftreten können,

- Das eindeutige Festhalten realitätskonformer Sachverhalte. Mit andern Worten: das Ermitteln von ***Datenstrukturen***, die keine Möglichkeit bieten, einmal getroffene Annahmen bezüglich der Realität verletzen zu können. Damit kann eine fundamentale Bedingung zur Erhaltung der ***Integrität*** (d.h. Richtigkeit) einer Datenbank gewährleistet werden.

Abb. 4.1 illustriert anhand von ineinandergeschachtelten Rechtecken die Zusammenhänge zwischen den in diesem Kapitel zur Sprache kommenden fünf ***Normalformen***. Man erkennt zunächst, dargestellt aufgrund des äussersten Rechteckes, dass es ***unnormalisierte*** und ***normalisierte*** Relationen gibt. Einige dieser Relationen, dargestellt aufgrund des zweitäussersten Rechteckes, respektieren die Kriterien der ***1. Normalform*** (man spricht in diesem Zusammenhang von ***1NF-Relationen***). Einige der in 1. Normalform befindlichen Relationen, dargestellt aufgrund des drittäussersten Rechteckes, respektieren auch die Kriterien der *2. Normalform* (man spricht in diesem Zusammenhang von ***2NF-Relationen***), usw. Die Abbildung verdeutlicht somit, dass eine in einer höheren Normalform befindliche Relation automatisch auch die Kriterien der unteren Normalformen respektiert.

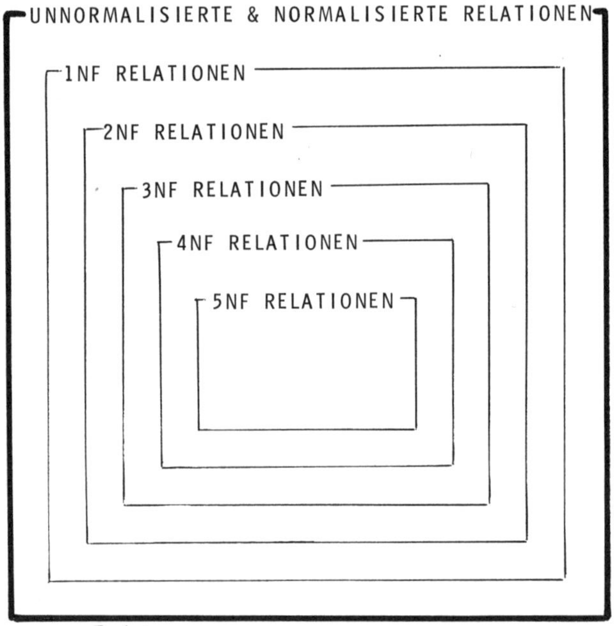

Abb. 4.1 Zusammenhang zwischen Normalformen.

Werden bei der Bildung von Datenstrukturen alle Normalisierungsregeln beachtet, so spricht man von ***voll normalisierten Datenstrukturen***. Wichtig ist folgender Sachverhalt:

Voll normalisierte Datenstrukturen weisen einen ausserordentlich hohen Aussagegehalt auf. Sie können gelesen werden wie ein Buch und ermöglichen insbesondere das Erkennen von Annahmen, die der Modellentwerfer bezüglich der Realität getroffen hat.

Nun aber zur Gliederung des vorliegenden Kapitels. Zunächst wird eine Problemstellung präsentiert, anhand derer anschliessend die verschiedenen Normalformen diskutiert werden. Im Abschnitt ***Beziehungsintegrität*** wird sodann gezeigt, dass die Normalformen einer Ergänzung bedürfen, soll die ***Integrität*** (d.h. Richtigkeit) einer Datenbank über die Zeit gewährleistet werden können.

4.1 Die Problemstellung

Abb. 4.1.1 zeigt die Problemstellung, anhand derer die verschiedenen Normalformen diskutiert werden sollen.

GESUCHT IST EIN REALITAETSMODELL, DAS DIE ENTITAETSMENGEN

- PERSON (D.H. MITARBEITER)
- ABTEILUNG
- PRODUKT

ZU BERUECKSICHTIGEN ERLAUBT.

EINE REALITAETSANALYSE ERGIBT FOLGENDE FESTSTELLUNGEN:

	EIN MITARBEITER HAT JEDERZEIT
1. Feststellung:	EINEN NAMEN SOWIE
2. Feststellung:	EINEN WOHNORT. ER IST IN
3. Feststellung:	EINER ABTEILUNG TAETIG UND
	PRODUZIERT IN DER REGEL
4. Feststellung:	MEHRERE PRODUKTE. DABEI IST
5. Feststellung:	PRC PRODUKT UND PERSON EINE
	BESTIMMTE ZEIT ERFORDERLICH.
6. Feststellung:	JEDE ABTEILUNG HAT EINEN NAMEN.
	DESGLEICHEN IST JEDEM PRODUKT
7. Feststellung:	EIN NAME ZUGEORDNET.
	IN EINER ABTEILUNG SIND
8. Feststellung:	MEHRERE PERSONEN TAETIG.
	DESGLEICHEN ARBEITEN AN
	EINEM PRODUKT IN DER REGEL
9. Feststellung:	MEHRERE PERSONEN.

Abb. 4.1.1 Problemstellung zur Illustration der Normalformen (leicht modifiziert aus [51]).

An der Problemstellung sind offensichtlich beteiligt:

- ***Entitäten***

  das heisst: Personen, Abteilungen sowie Produkte.

- ***Beziehungen zwischen Entitäten***

  aufgrund der Feststellungen 3 und 8 werden Personen und Abteilungen wechselseitig miteinander in Beziehung gesetzt, während die Feststellungen 4 und 9 zu wechselseitigen Beziehungen zwischen Personen und Produkten führen.

- ***Entitätsattribute***

  die Feststellungen 1, 2, 6 und 7 führen zu Entitätsattributen.

- ***Ein Beziehungsattribut***

  die Feststellung 5 führt zu einem Beziehungsattribut.

Eine graphische Darstellung der gesamten Problemstellung (d.h. sämtlicher **Entitätsmengen**, **Beziehungsmengen**, **Entitätsattribute**, **Beziehungsattribute** sowie **Domänen**) kann Abb. 4.1.2 entnommen werden. Die genannte Abbildung illustriert auch die verwendeten Entitätsschlüssel. Man sieht, dass Abteilungen aufgrund von A#-Werten, Personen aufgrund von PE#-Werten und Produkte aufgrund von PR#-Werten dargestellt werden.

Damit haben wir die Voraussetzungen geschaffen, um die Kriterien der verschiedenen Normalformen diskutieren zu können.

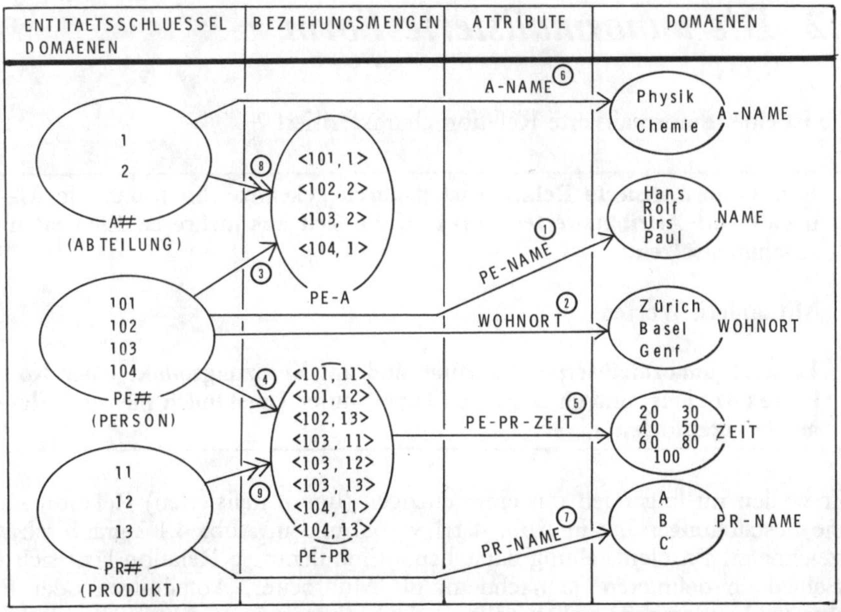

Abb. 4.1.2 Graphische Darstellung der am Abteilungen-Personen-Produkte-Beispiel beteiligten Konstruktionselemente. Die umkreisten Zahlen beziehen sich auf die in Abb. 4.1.1 aufgeführten Feststellungen. Das Zeichen ⟶ repräsentiert eine ***einfache Assoziation*** (d.h. eine Funktion), während das Symbol ⟶⟶ für eine ***komplexe Assoziation*** steht.

4.2 Die unnormalisierte Form

Wie ist eine unnormalisierte Relation charakterisiert ?

Eine unnormalisierte Relation ist dadurch gekennzeichnet, dass sie Attribute mit Attributswerten aufweist, die sich aus mehreren Elementen zusammensetzen.

Mit andern Worten:

In einer unnormalisierten Relation sind am Kreuzungspunkt einer Kolonne (Attribut) und einer Reihe (Tupel) unter Umständen mehrere Elemente vorzufinden.

Wir wollen im folgenden mit einer einzigen (unnormalisierten) Relation sämtliche Feststellungen der in Abb. 4.1.1 verbal und in Abb. 4.1.2 graphisch aufgezeichneten Problemstellung darstellen. Eine derartige Relation lässt sich unterschiedlich definieren, je nachdem, ob Mitarbeiter, Abteilungen oder Produkte im Vordergrund stehen sollen. Sind wir primär an Mitarbeitern interessiert, so definieren wir entsprechend Abb. 4.2.1

PERSON-UN (PE#, NAME, WOHNORT, A#, A-NAME, PR#, PR-NAME, ZEIT)

PERSON-UN	PE#	NAME	WOHNORT	A#	A-NAME	PR#	PR-NAME	ZEIT
	101	Hans	Zürich	1	Physik	11, 12	A, B	60, 40
	102	Rolf	Basel	2	Chemie	13	C	100
	103	Urs	Genf	2	Chemie	11, 12 13	A, B, C	20, 50, 30
	104	Paul	Zürich	1	Physik	11, 13	A, C	80, 20

Abb. 4.2.1 Für das Abteilungen-Personen-Produkte-Beispiel erforderliche unnormalisierte Relation. Eine unnormalisierte Relation ist dadurch gekennzeichnet, dass sie Attribute mit Attributswerten aufweist, die sich jeweils aus mehreren Elementen zusammensetzen.

Falls den Abteilungen die grösste Bedeutung zukommt, so definieren wir:

```
ABTEILUNG-UN ( A#, A-NAME, PE#, NAME, WOHNORT, PR#,
                    PR-NAME, ZEIT )
```

Schliesslich: falls die Betonung auf den Produkten liegt, so definieren wir:

```
PRODUKT-UN ( PR#, PR-NAME, ZEIT, PE#, NAME, WOHNORT, A#,
                 A-NAME )
```

Die obgenannten Relationen sind (wie Abb. 4.2.1 für die Relation PERSON-UN beispielshalber zeigt) in unnormalisierter Form, weil sie am Kreuzungspunkt einer Tabellenreihe und einer Tabellenkolonne (beispielsweise PR#, PR-NAME oder ZEIT) mehrere Elemente aufweisen können.

Das Tupel

< 101, Hans, Zürich, 1, Physik, {11, 12}, {A, B}, {60, 40} >

besagt, dass der Mitarbeiter mit der Personalnummer 101 Hans heisst, in Zürich wohnt und in der Abteilung 1 namens Physik tätig ist. Für die Herstellung des Produktes mit der Nummer 11 und dem Namen A hat der Mitarbeiter 60 Minuten gebraucht, während für das Produkt mit der Nummer 12 und dem Namen B 40 Minuten erforderlich waren.

Unterstellt man, dass sich die Tupel der Relation PERSON-UN nur mit dem Attribut PE# eindeutig identifizieren lassen, so stellt besagtes Attribut den ***Primärschlüssel*** der Relation dar. Offensichtlich wird bei einer unnormalisierten Relation zugelassen, dass in Verbindung mit einem bestimmten Schlüsselwert (beispielsweise PE# = 101) mehrere Werte eines anderweitigen Attributes aufgeführt werden können (beispielsweise PR# = 11 und 12). Ausserdem werden Fakten – wie beispielsweise die Tatsache, derzufolge die Abteilung mit A# = 1 "Physik" oder das Produkt mit PR# = 11 "A" heisst – redundant festgehalten. Als Folge davon erwachsen die nachstehend aufgeführten Nachteile:

1. Unnormalisierte Relationen sind *schwer zu handhaben*, da die Anzahl der Elemente von Zeile zu Zeile variiert, je nach Anzahl der von einer Person produzierten Produkte. Zugegeben: EDV-Fachkräfte dürften mit derartigen Situationen kaum in Verlegenheit zu bringen sein. Nun versucht man aber je länger je mehr, informationsspezifische Probleme mittels geeigneter, minimale Kenntnisse voraussetzender Datenmanipulationssprachen auch durch EDV-Laien lösen zu lassen. Es versteht sich, dass eine Datenmanipulationssprache einfacher konzipiert werden kann (und damit auch eher von EDV-Laien akzeptiert wird), wenn davon ausgegangen werden darf, dass alle Tupel einer Relation jederzeit gleich viele

Elemente aufweisen. Gerade das ist aber in einer unnormalisierten Relation nicht der Fall.

2. Die unnormalisierte Relation PERSON-UN ist durch einen hohen Grad an ***Datenredundanz*** gekennzeichnet (zur Erinnerung: unter Datenredundanz versteht man das mehrmalige Festhalten ein und desselben Faktums). So erscheint beispielsweise das Faktum, demzufolge die Abteilung mit der Nummer 1 "Physik" heisst, einmal für die Person 101 und ein zweites mal für die Person 104. Folgende Gründe führen zu dieser Redundanz:

   a. Die Existenz eines Mitarbeiters wird aufgrund ***eines*** Tupels festgehalten.

   b. Die Feststellung, derzufolge in einer Abteilung in der Regel mehrere Personen beschäftigt sind, zwingt uns, eine spezifische Abteilungsnummer in ***mehreren*** Tupeln aufzuführen.

   c. Die Feststellung, derzufolge eine Abteilung nur ***einen*** Namen hat, zwingt uns, im Zusammenhang mit einer bestimmten Abteilungsnummer immer denselben Abteilungsnamen aufzuführen.

   Die vorstehend genannten Gründe bewirken die Redundanz bezüglich der Abteilungsnamen. Analoge Gründe bewirken zudem eine Redundanz bezüglich der Produktnamen.

3. Datenredundanz verursacht nicht nur eine höhere Speicherbelegung, sondern führt auch zu sogenannten ***Anomalien in Speicheroperationen.***

Wir definieren:

<u>Anomalien in Speicheroperationen</u> sind Schwierigkeiten, die im Zusammenhang mit Einschub-, Modifikations- sowie Löschoperationen auftreten können. "Schwierigkeit" bedeutet, dass eine der genannten Speicheroperationen eine Relation in einen Zustand überführen kann, der getätigten Realitätsbeobachtungen nicht mehr entspricht.

Was den letztgenannten Nachteil anbelangt, so illustriert Abb. 4.2.2 mögliche Verletzungen einiger Feststellungen der in Abb. 4.1.1 festgehaltenen Problemstellung. So liesse sich beispielsweise mit einer Modifikationsoperation die Feststellung 6 (jede Abteilung weist nur ***einen*** Namen auf) ohne weiteres verletzen. Die in Abb. 4.2.2 gezeigte Modifikationsoperation (also das angedeutete Überschreiben des Abteilungsnamens "Chemie" mit dem neuen Abteilungsnamen "Personal") ist nämlich vom Relationsprinzip aus betrachtet durchaus legal, obschon damit bewirkt wird, dass die Abteilung mit A# = 2 im Falle des Mitarbeiters mit PE# = 102 "Personal" und im Falle des Mitarbeiters mit PE# = 103 "Chemie" heisst. Ähnliches lässt sich auch für eine Einschuboperation sagen. So illustriert Abb. 4.2.2 einen denkbaren, die Feststellungen 6 und 7 (jede Abteilung und jedes Produkt weist nur ***einen*** Namen auf) gleich mehrfach verletzenden Einschub. Obschon dieser Einschub realitätswidrige Aussagen impliziert, ist er vom Relationsprinzip aus betrachtet akzeptierbar, weil ein ***nicht existenter Schlüsselwert*** (d.h. PE# = 105) eingebracht wird.

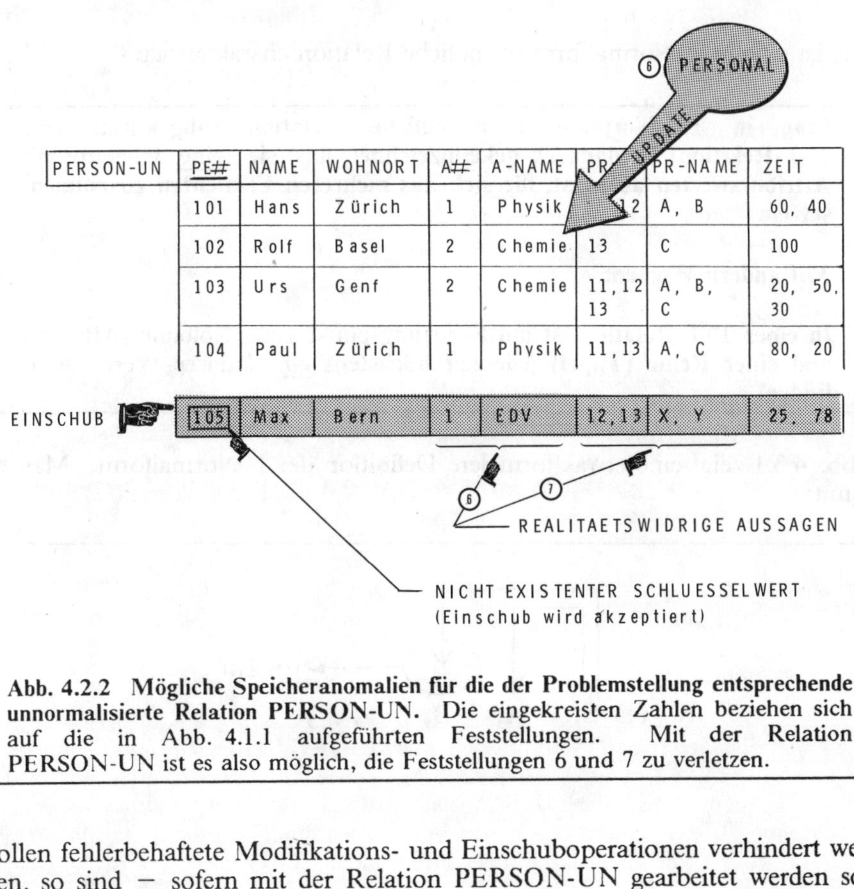

Abb. 4.2.2 Mögliche Speicheranomalien für die der Problemstellung entsprechende unnormalisierte Relation PERSON-UN. Die eingekreisten Zahlen beziehen sich auf die in Abb. 4.1.1 aufgeführten Feststellungen. Mit der Relation PERSON-UN ist es also möglich, die Feststellungen 6 und 7 zu verletzen.

Sollen fehlerbehaftete Modifikations- und Einschuboperationen verhindert werden, so sind – sofern mit der Relation PERSON-UN gearbeitet werden soll – komplexe Verifikationsprogramme erforderlich, die sicherstellen müssen, dass ein und dasselbe, redundant auftretende Faktum auch nach erfolgter Speicheroperation durchgehend den gleichen Wert aufweist. Der nämliche Effekt lässt sich allerdings wesentlich leichter erzielen, wenn bei der Konzipierung von Relationen die nachstehend diskutierten Normalisierungskriterien berücksichtigt werden.

4.3 Die 1. Normalform

Wie ist eine in 1. Normalform befindliche Relation charakterisiert?

Eine in 1. Normalform befindliche Relation (abgekürzt: eine 1NF-Relation) ist dadurch gekennzeichnet, dass sie keine Attribute mit Attributswerten aufweist, die sich aus mehreren Elementen zusammensetzen.

Mit andern Worten:

In einer 1NF-Relation ist am Kreuzungspunkt einer Kolonne (Attribut) und einer Reihe (Tupel) jederzeit höchstens ein skalarer Wert vorzufinden.

Abb. 4.3.1 zeigt eine etwas formalere Definition der 1. Normalform. Man erkennt:

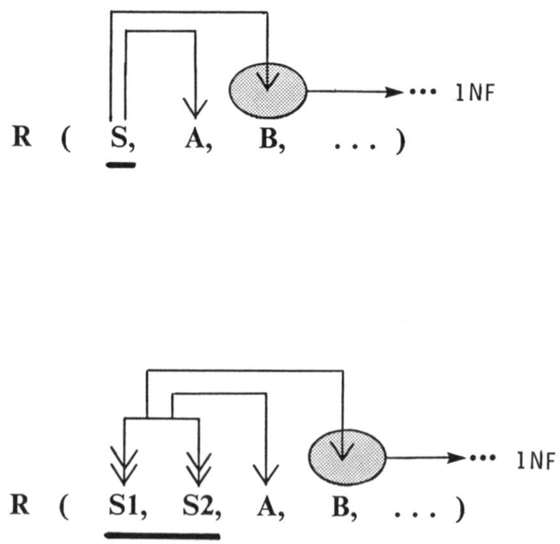

Abb. 4.3.1 1NF-Kriterium. In einer in 1. Normalform befindlichen Relation sind alle nicht dem Schlüssel angehörenden Attribute funktional abhängig vom Gesamtschlüssel.

Eine Relation

$$R(\underline{S}, A, B, C, ...)$$

mit dem einfachen Schlüssel *S* oder eine Relation

$$R(\underline{S1, S2}, A, B, C, ...)$$

mit dem zusammengesetzten Schlüssel *S1, S2* ist in 1NF, wenn alle nicht dem Schlüssel angehörenden Attribute vom Schlüssel funktional abhängig sind. Es muss also gelten:

$$S \longrightarrow A, \quad S \longrightarrow B, \quad S \longrightarrow C, ...$$

Beziehungsweise:

$$S1, S2 \longrightarrow A, \quad S1, S2 \longrightarrow B, \quad S1, S2 \longrightarrow C, ...$$

Die Erklärung für die vorstehende Definition ist einfach. Zunächst: Ein Schlüsselwert erscheint in einer Relation mit Sicherheit nur einmal. Weil die funktionalen Abhängigkeiten gelten, erscheint ein bestimmter Schlüsselwert immer nur in Verbindung mit einem einzigen A-, B-, C-, etc. Wert. Dies führt aber dazu, dass am Kreuzungspunkt einer Kolonne (Attribut) und einer Reihe (Tupel) zwangsläufig nur ein Wert vorzufinden ist.

Was nun unser Beispiel anbelangt, so liessen sich die Feststellungen der in Abb. 4.1.1 verbal und in Abb. 4.1.2 graphisch aufgezeigten Problemstellung mit Hilfe einer in 1. Normalform befindlichen Relation gemäss Abb. 4.3.2 festhalten. Zu beachten ist, dass sich ein Tupel der Relation PERSON-1NF nur aufgrund einer Attributskombination, bestehend aus PE# und PR#, identifizieren lässt. Damit wird wiederum die Bedeutung des im Zusammenhang mit der Schlüsseldefinition verwendeten Begriffs ***"minimale Attributskombination"*** evident (siehe Kapitel 3.2.). Eine als Schlüssel verwendete Attributskombination ist bekanntlich dann mit Sicherheit minimal, wenn die Komponenten des zusammengesetzten Schlüssels wechselseitig ***komplex*** assoziert sind. Offensichtlich trifft diese Bedingung für den Schlüssel der Relation PERSON-1NF zu, steht doch ein PE#-Wert in der Regel mit ***mehreren*** PR#-Werten in Beziehung. Umgekehrt steht ein PR#-Wert in der Regel mit mehreren PE#-Werten in Beziehung. Es gilt also:

FESTSTELLUNG-4: PE# $\twoheadrightarrow$ PR#

sowie

FESTSTELLUNG-9: PR# $\twoheadrightarrow$ PE#

PERSON-1NF	PE#	NAME	WOHNORT	A#	A-NAME	PR#	PR-NAME	ZEIT
	101	Hans	Zürich	1	Physik	11	A	60
	101	Hans	Zürich	1	Physik	12	B	40
	102	Rolf	Basel	2	Chemie	13	C	100
	103	Urs	Genf	2	Chemie	11	A	20
	103	Urs	Genf	2	Chemie	12	B	50
	103	Urs	Genf	2	Chemie	13	C	30
	104	Paul	Zürich	1	Physik	11	A	80
	104	Paul	Zürich	1	Physik	13	C	20

Abb. 4.3.2 Für das Abteilungen-Personen-Produkte-Beispiel erforderliche 1NF-Relation. Eine in 1. Normalform befindliche Relation ist dadurch gekennzeichnet, dass sie ***keine*** Attribute mit Attributswerten aufweist, die sich jeweils aus mehreren Elementen zusammensetzen.

Vergleicht man die unnormalisierte Relation PERSON-UN aus Abb. 4.2.1 mit der 1NF-Relation aus Abb. 4.3.2, so kommt man zu folgenden Feststellungen:

1. Die Relationen PERSON-UN und PERSON-1NF weisen den gleichen Informationsgehalt auf.
2. Die Relation PERSON-1NF zeichnet sich gegenüber der Relation PERSON-UN insofern aus, als bei ersterer die Anzahl der Elemente von Zeile zu Zeile konstant bleibt, während diese Anzahl bei letzterer variiert. Als Folge davon ist die Relation PERSON-1NF – insbesondere von EDV-Laien – leichter zu handhaben als die Relation PERSON-UN.
3. Beide Relationen sind durch einen hohen Grad an Datenredundanz gekennzeichnet und ermöglichen damit die bekannten Speicheranomalien.

Was die letzte Aussage anbelangt, so illustriert Abb. 4.3.3 für die Relation PERSON-1NF die Einbringung von Aussagen, die allesamt Feststellungen der in Abb. 4.1.1 aufgeführten Problemstellung verletzen. Man erkennt, dass es aufgrund von Modifikations- und Einschuboperationen entgegen den genannten Feststellungen möglich ist, für eine Person mehrere Namen, mehrere Wohnorte und mehrere Abteilungen einzubringen. Desgleichen können für eine Abteilung und ein Produkt – wiederum fälschlicherweise – mehrere Namen vergeben werden. Trotzdem sind diese Modifikationen aus den bereits im Zusammenhang mit unnormalisierten Relationen dargelegten Gründen vom Relatonsprinzip aus betrachtet legal.

Im folgenden sei gezeigt, warum die Attribute NAME, WOHNORT, A#, A-NAME sowie PR-NAME Datenredundanz und damit die in Abb. 4.3.3 gezeigten Speicheranomalien bewirken.

1. Die dem zusammengesetzten Schlüssel ***PE#, PR#*** zugrunde liegenden komplexen Assoziationen

⑥ PERSONAL

UPDATE

PERSON-1NF	PE#	NAME	WOHNORT	A#	A-NAME	PR#	PR-NAME	ZEIT
	101	Hans	Zürich	1	Physik		A	60
	101	Hans	Zürich	1	Physik		B	40
	102	Rolf	Basel	2	Chemie	13	C	100
	103	Urs	Genf	2	Chemie	11	A	20
	103	Urs	Genf	2	Chemie	12	B	50
	103	Urs	Genf	2	Chemie	13	C	30
	104	Paul	Zürich	1	Physik	11	A	80
	104	Paul	Zürich	1	Physik	13	C	20
EINSCHUB	104	Max	Bern	2	EDV	12	X	25

NICHT EXISTENTER SCHLUESSELWERT (Einschub wird akzeptiert)

VERLETZT DIE FESTSTELLUNGEN: ① ② ③ ⑥ ⑦

Abb. 4.3.3 Mögliche Speicheranomalien für die der Problemstellung entsprechende Relation PERSON-1NF. Die eingekreisten Zahlen beziehen sich auf die in Abb. 4.1.1 aufgeführten Feststellungen. Mit der Relation PERSON-1NF ist es also möglich, die Feststellungen 1, 2, 3, 6 sowie 7 zu verletzen.

FESTSTELLUNG-4: PE# ⟶⟶ PR#

FESTSTELLUNG-9: PR# ⟶⟶ PE#

zwingen uns, sowohl einen bestimmten PE#-Wert als auch einen bestimmten PR#-Wert in der Regel in mehreren Tupeln aufzuführen.

2. Die Funktionen:

FESTSTELLUNG-1: PE# ⟶ NAME

FESTSTELLUNG-2: PE# ⟶ WOHNORT

FESTSTELLUNG-3: PE# ⟶ A#

zwingen uns, zusammen mit einem bestimmten PE#-Wert (der aus den in Punkt 1 aufgeführten Gründen in der Regel mehrmals erscheint), immer den gleichen Namen, den gleichen Wohnort sowie die gleiche Abteilungsnummer aufzuführen.

Übrigens ist auch das Attribut A-NAME vom Attribut PE# funktional abhängig, formal:

PE# ⟶ A-NAME

Diese Funktion – sie hat auf die Realität bezogen selbstverständlich keine Bedeutung – ergibt sich aufgrund der sogenannten ***Produktfunktionsregel*** (siehe auch Anhang A.2). Letztere besagt:

> **Sind die Mengen A, B, C an folgenden Funktionen F1 und F2 beteiligt**
>
> **F1: A ⟶ B**
>
> **F2: B ⟶ C**
>
> **so liegt auch eine Funktion F3 von A nach C vor, formal:**
>
> **F3: A ⟶ C**
>
> **Die Funktion F3 ist die *Produktfunktion* der Funktionen F1 und F2.**

Nachdem für unser Beispiel gilt:

FESTSTELLUNG-3: PE# ⟶ A#

FESTSTELLUNG-6: A# ⟶ A-NAME

so gilt aufgrund der Produktfunktionsregel eben auch

PE# ⟶ A-NAME

Wir sind somit auch gezwungen, zusammen mit einem bestimmten PE#-Wert (der aus den in Punkt 1 aufgeführten Gründen in der Regel mehrmals erscheint), immer den gleichen Abteilungsnamen aufzuführen.

3. Die Funktion

   FESTSTELLUNG-7: PR# ⟶ PR-NAME

   zwingt uns, zusammen mit einem bestimmten PR#-Wert (der aus den in Punkt 1 aufgeführten Gründen in der Regel mehrmals erscheint), immer den gleichen Produktnamen aufzuführen.

Das zu keinen Problemen Anlass gebende Attribut ZEIT ist weder von PE# noch von PR# funktional abhängig. Es gilt also:

PE# ⟶̸ ZEIT

(mit der Bedeutung, dass eine Person für die von ihr produzierten Produkte in der Regel unterschiedliche Zeiten benötigt) und

$$PR\# \not\rightarrow ZEIT$$

(mit der Bedeutung, dass für ein von verschiedenen Personen produziertes Produkt in der Regel unterschiedliche Zeiten benötigt werden).

Nachdem das Attribut ZEIT weder von PE# noch von PR# (also von keiner Schlüsselkomponente) funktional abhängig ist, sagt man, dass ZEIT in der Relation PERSON-1NF ***voll funktional abhängig*** sei vom Schlüssel ***PE#, PR#***.

Allgemein gilt:

> **In einer Relation**
>
> **R (*S1, S2* , A, ...)**
>
> **ist das Attribut A vom Schlüssel *S1, S2* voll funktional abhängig, formal dargestellt durch**
>
> $$S1, S2 \Longrightarrow A$$
>
> **falls gilt:**
>
> $$S1, S2 \longrightarrow A \quad \text{und}$$
>
> $$S1 \not\rightarrow A \quad \text{und}$$
>
> $$S2 \not\rightarrow A$$
>
> **In Worten: Ein Attribut A einer Relation R ist *voll funktional abhängig* vom zusammengesetzten Schlüssel der Relation R, falls A funktional abhängig ist vom Gesamtschlüssel, nicht aber von Schlüsselteilen.**

Es wurde bereits gezeigt, dass die zu Problemen Anlass gebenden Attribute NAME, WOHNORT, A#, A-NAME sowie PR-NAME entweder von PE# oder PR# (also von der einen oder andern Schlüsselkomponente) funktional abhängig sind. Demzufolge sind die genannten Attribute ***nicht*** voll funktional abhängig vom Gesamtschlüssel ***PE#, PR#***. Hingegen ist das zu keinen Problemen Anlass gebende Attribut ZEIT voll funktional abhängig vom Gesamtschlüssel ***PE#, PR#***.

Mit diesen Erkenntnissen können wir uns jetzt mit der 2. Normalform befassen.

4.4 Die 2. Normalform

Wie ist eine in 2. Normalform befindliche Relation charakterisiert?

Eine in 2. Normalform befindliche Relation (abgekürzt: eine 2NF-Relation) ist dadurch gekennzeichnet, dass jedes nicht dem Schlüssel angehörende Attribut funktional abhängig ist vom Gesamtschlüssel (1NF-Kriterium), nicht aber von einzelnen Schlüsselteilen.

Mit andern Worten:

Eine Relation ist in 2NF, falls sie in 1NF ist und jedes nicht dem Schlüssel angehörende Attribut voll funktional abhängig ist vom Schlüssel.

Zu beachten ist, dass die 2. Normalform nur dann verletzt werden kann, wenn eine Relation einen ***zusammengesetzten Schlüssel*** sowie mindestens ein nicht dem Schlüssel angehörendes Attribut aufweist.

Abb. 4.4.1 illustriert das vorstehend diskutierte 2NF-Kriterium in graphischer Weise.

Analysiert man die in Abb. 4.3.2 festgehaltene Relation PERSON-1NF hinsichtlich der Einhaltung der Kriterien der 2. Normalform (das Ergebnis der Analyse wird in Abb. 4.4.2 gezeigt), so stellt man fest, dass alle nicht dem Schlüssel ***PE#, PR#*** angehörenden Attribute funktional abhängig sind vom Gesamtschlüssel (d.h. das 1NF-Kriterium ist erfüllt). Ebenso offensichtlich ist aber auch, dass gewisse nicht dem Schlüssel angehörende Attribute funktional abhängig sind von Schlüsselteilen (d.h. das 2NF-Kriterium ist – zumindest für gewisse Attribute – nicht erfüllt). So sind beispielsweise

1. NAME, WOHNORT, A# sowie A-NAME, entsprechend der in Abb. 4.1.1 aufgeführten Feststellungen 1, 2, 3 und 6, funktional abhängig vom Schlüsselteil PE#, während

2. PR-NAME, entsprechend der Feststellung 7, funktional abhängig ist vom Schlüsselteil PR#. Hingegen ist

3. ZEIT weder vom Schlüsselteil PE# noch vom Schlüsselteil PR# funktional abhängig – sofern man unterstellt, dass eine Person an mehreren Produkten unterschiedlich lange arbeitet und ein Produkt von mehreren Personen unterschiedlich lange bearbeitet wird. Mit andern Worten: In der Relation PERSON-1NF erfüllt nur gerade ZEIT das 2NF-Kriterium.

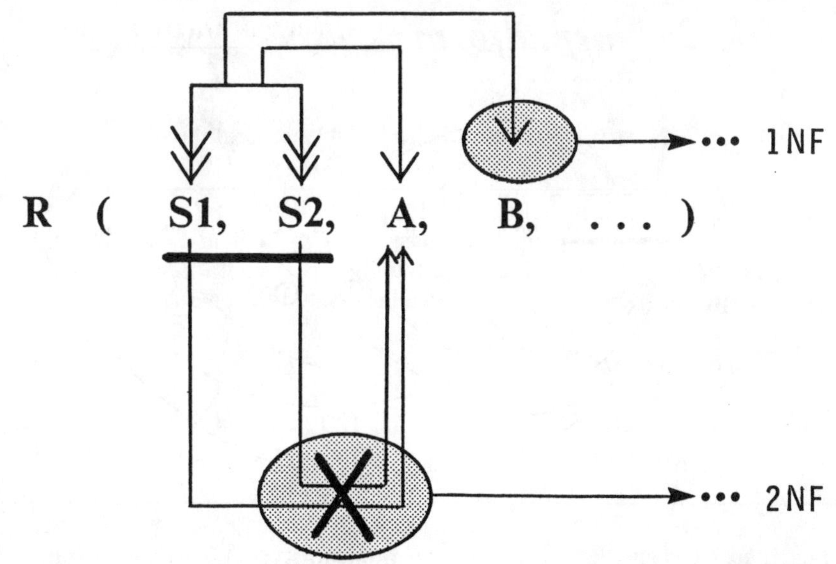

Abb. 4.4.1 2NF-Kriterium. In einer in 2. Normalform befindlichen Relation sind alle nicht dem Schlüssel angehörenden Attribute funktional abhängig vom Gesamtschlüssel, nicht aber von Schlüsselteilen.

Es ist nicht zu verkennen: Offensichtlich verletzen akkurat die mit Speicheranomalien in Zusammenhang stehenden Attribute aus Abb. 4.3.3 die Kriterien der 2. Normalform. Appliziert man also diese Kriterien konsequent auf eine Relation, so können die zu Speicheranomalien Anlass gebenden Attribute erkannt und der problembehafteten Relation entnommen werden. Zu diesem Zwecke ist es üblich, die Abhängigkeiten in einer Relation graphisch auszuweisen, was für die Relation PERSON-1NF in Abb. 4.4.3 geschehen ist. Man sieht, dass jedes Attribut in einem Rechteck aufgeführt wird. Im Falle eines zusammengesetzten Schlüssels werden die einzelnen Rechtecke der Schlüsselkomponenten innerhalb eines grösseren Rechteckes aufgeführt (im vorliegenden Beispiel also die Rechtecke für die Attribute PE# und PR#). Hierauf werden die Rechtecke entsprechend der vorliegenden Abhängigkeiten mit Pfeilen verbunden. Dabei kennzeichnen Pfeile der Art $\longrightarrow$ funktionale Abhängigkeiten, während volle funktionale Abhängigkeiten mit Pfeilen der Art $\Longrightarrow$ festgehalten werden.

Wie bereits erwähnt, hat sich die graphische Darstellung der Abhängigkeiten in einer Relation vor allem im Hinblick auf die Überführung von Relationen nie-

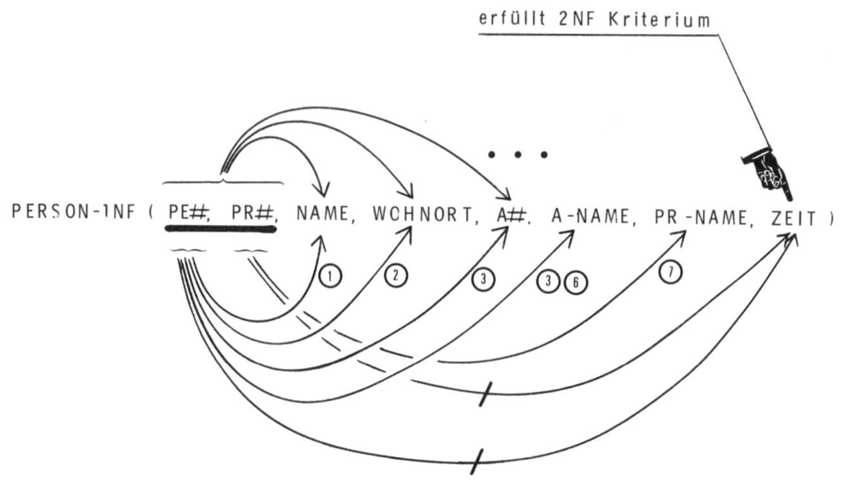

Abb. 4.4.2 Funktionale Abhängigkeiten in PERSON-1NF. Die eingekreisten Zahlen beziehen sich jeweils auf eine in Abb. 4.1.1 aufgeführte Feststellung, derzufolge die betreffende funktionale Abhängigkeit gegeben ist.

derer Normalform in solche höherer Normalform bewährt. Abb. 4.4.4 illustriert, wie die in Abb. 4.4.3 gezeigte Graphik zu interpretieren ist, um jene 2NF-Relationen zu erkennen, welche die zu Problemen Anlass gebende 1NF-Relation ersetzen können. Es lassen sich folgende Relationen ableiten:

PERSON-2NF (PE#, NAME, WOHNORT, A#, A-NAME)

PRODUKT (PR#, PR-NAME)

PE-PR (PE#, PR#, ZEIT)

Die Relationen PERSON-2NF und PRODUKT sind in 2NF, weil sie in 1NF sind und – einen einfachen Schlüssel aufweisend – die 2. Normalform gar nicht verletzen können. Die Relation PE-PR ist in 2NF, weil ZEIT vom Schlüssel ***PE#, PR#*** voll funktional abhängig ist.

Abb. 4.4.5 zeigt die oben erwähnten Relationen zusammen mit den für unser Beispiel erforderlichen Tupeln.

Die drei Relationen in Abb. 4.4.5 weisen insgesamt den gleichen Informationsgehalt auf wie die ursprüngliche Relation PERSON-1NF. Diese Aussage trifft deshalb zu, weil identische Attribute in mehreren Relationen auftreten. Dadurch ist es möglich, Relationen aufgrund von identischen Attributswerten miteinander in Beziehung zu setzen. Konkret: das in der Relation PERSON-2NF und PE-PR auftretende Attribut PE# bzw. das in der Relation PRODUKT und

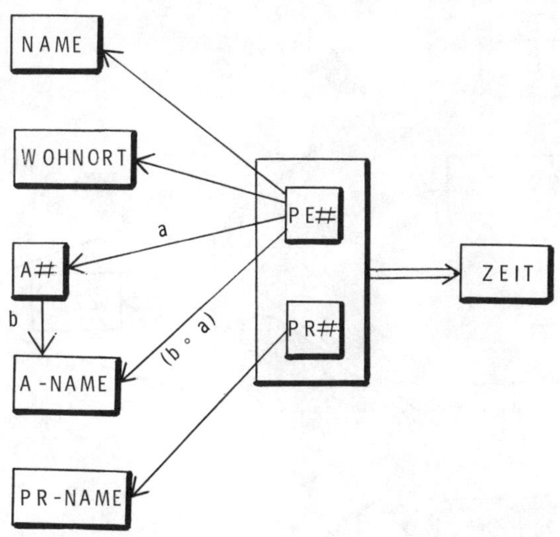

Abb. 4.4.3 Graphische Darstellung der Abhängigkeiten in der Relation PERSON-1NF. Pfeile der Art ⟶ kennzeichnen funktionale Abhängigkeiten, während volle funktionale Abhängigkeiten mit der Symbolik ⟹ festgehalten werden.

PE-PR auftretende Attribut PR# gestatten es, aus verschiedenen Relationen stammende, identische PE#- (bzw. PR#-) Werte aufweisende Tupel zu kombinieren. Dadurch entstehen Tupel, die jenen in der aufgespaltenen Relation PERSON-1NF entsprechen; das heisst, es ist jederzeit möglich, die 2NF-Relationen aufgrund von Verschmelzungsoperationen – Informatiker sprechen in diesem Zusammenhang von ***natürlichen Verbundoperationen*** (siehe Anhang A.3) – wieder in die ursprüngliche 1NF-Relation zurückzutransformieren. Wäre diese Rücktransformation nicht möglich, so gingen durch den Normalisierungsprozess Informationen verloren.

Man beachte, dass das Attribut PE# in der Relation PERSON-2NF den ***Primärschlüssel*** repräsentiert, während das nämliche Attribut in der Relation PE-PR – für sich alleine betrachtet – kein Schlüssel ist. Man sagt, das Attribut PE# repräsentiert in der Relation PE-PR einen sogenannten ***Fremdschlüssel.*** Mithin lässt sich ein Fremdschlüssel wie folgt definieren:

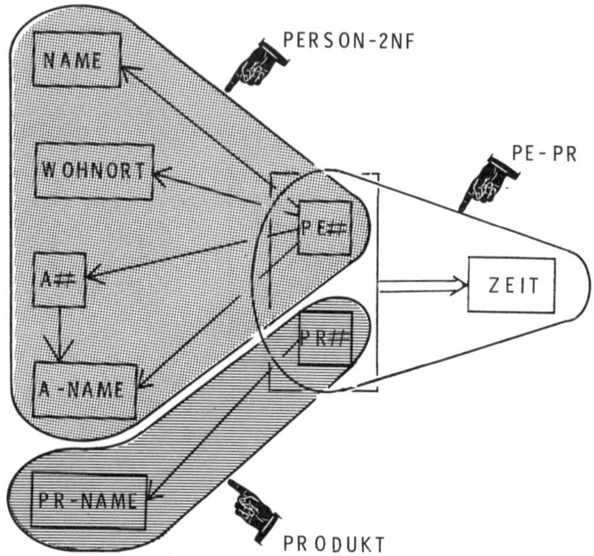

Abb. 4.4.4 Aufspaltung der Relation PERSON-1NF in drei 2NF- Relationen.

Ein nicht als Primärschlüssel qualifizierendes Attribut (auch eine Attributskombination ist möglich) einer Relation R ist ein Fremdschlüssel besagter Relation, falls das gleiche Attribut (bzw. die gleiche Attributskombination) als *Primärschlüssel* einer anderweitigen Relation in Erscheinung tritt. In seltenen Fällen ist sowohl der Primärschlüssel wie auch der Fremdschlüssel in ein und derselben Relation vorzufinden.

Fremdschlüsselwerte müssen immer mit Primärschlüsselwerten übereinstimmen, es sei denn, man lasse als Fremdschlüsselwerte auch Nullwerte zu (Erklärung folgt).

Aus Abb. 4.4.5 ist zu ersehen, dass ein Tupel der Relation PERSON-2NF aufgrund eines bestimmten PE#-Wertes in der Regel mit mehreren Tupeln der Relation PE-PR in Beziehung steht; das heisst, von der Relation mit dem Primärschlüssel (PERSON-2NF) zur Relation mit dem Fremdschlüssel (PE-PR) liegt eine komplexe (Typ M) Assoziation vor, formal:

PERSON-2NF ⟶⟶ PE-PR

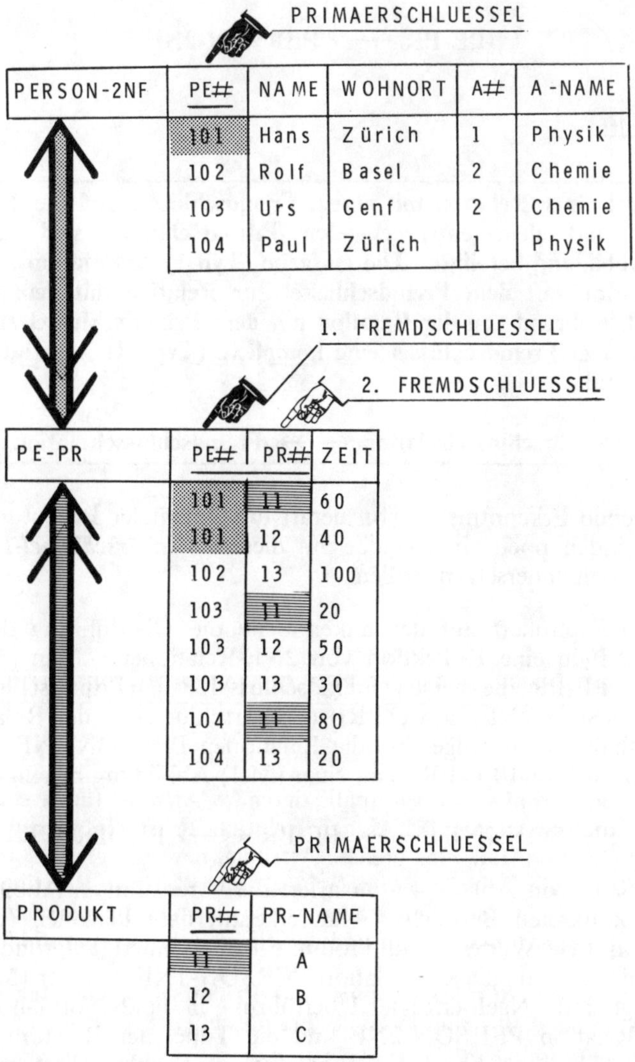

PERSON-2NF	PE#	NAME	WOHNORT	A#	A-NAME
	101	Hans	Zürich	1	Physik
	102	Rolf	Basel	2	Chemie
	103	Urs	Genf	2	Chemie
	104	Paul	Zürich	1	Physik

PE-PR	PE#	PR#	ZEIT
	101	11	60
	101	12	40
	102	13	100
	103	11	20
	103	12	50
	103	13	30
	104	11	80
	104	13	20

PRODUKT	PR#	PR-NAME
	11	A
	12	B
	13	C

Abb. 4.4.5 Für das Abteilungen-Personen-Produkte-Beispiel erforderliche 2NF-Relationen.

Umgekehrt steht ein Tupel der Relation PE-PR aufgrund eines PE#-Wertes immer nur mit einem Tupel der Relation PERSON-2NF in Beziehung; das heisst, von der Relation mit dem Fremdschlüssel (PE-PR) zur Relation mit dem Primärschlüssel (PERSON-2NF) liegt eine einfache (Typ 1) Assoziation vor, formal:

$$\text{PE-PR} \longrightarrow \text{PERSON-2NF}$$

Allgemein gilt:

> **Die Tupel einer Relation mit einem Fremdschlüssel und die Tupel der Relation mit dem entsprechenden Primärschlüssel sind an einer (1:M)-Abbildung beteiligt. Die einfache (Typ 1) Assoziation führt von der Relation mit dem Fremdschlüssel zur Relation mit dem Primärschlüssel, während von der Relation mit dem Primärschlüssel zur Relation mit dem Fremdschlüssel eine komplexe (Typ M) Assoziation vorliegt, formal:**
>
> **Primärschlüsselrelation $\longleftrightarrow\!\!\!\!\!\!\rightarrow$ Fremdschlüsselrelation**

Die vorstehende Erkenntnis ist von derart fundamentaler Bedeutung, dass wir uns im folgenden noch eingehender mit diesem ***Primärschlüssel-Fremdschlüssel-Prinzip*** auseinandersetzen wollen.

Abb. 4.4.6 rekapituliert auf der linken Seite die Überführung der Relation PERSON-1NF in eine Kollektion von 2NF-Relationen. Man erkennt, dass die Relation PE-PR die beiden Fremdschlüssel PE# (Primärschlüssel in der Relation PERSON-2NF) sowie PR# (Primärschlüssel in der Relation PRODUKT) enthält. Demzufolge sind die Relationen PERSON-2NF und PE-PR bzw. PRODUKT und PE-PR je an einer (M:1)-Abbildung beteiligt, formal:

$$\text{PERSON-2NF} \longleftrightarrow\!\!\!\!\!\!\rightarrow \text{PE-PR} \leftarrow\!\!\!\!\!\!\longleftrightarrow \text{PRODUKT}$$

Die rechte Seite von Abb. 4.4.6 illustriert die vorerwähnten Abbildungen anhand eines konkreten Beispiels. Man erkennt, dass Personen (repräsentiert aufgrund von PE#-Werten) und Produkte (repräsentiert aufgrund von PR#-Werten) in der ursprünglichen Relation PERSON-1NF an einer (M:M)-Abbildung beteiligt sind. Nach erfolgter Überführung in die 2. Normalform sind die Tupel der Relation PERSON-2NF und die Tupel der Relation PE-PR an einer (1:M)-Abbildung beteiligt. Eine analoge Sachlage liegt auch für die Tupel der Relation PRODUKT sowie der Relation PE-PR vor.

Allgemein gilt:

> **Hält eine Relation den Sachverhalt fest, demzufolge Entitäten (zusammen mit ihren Attributen) an einer (M:M)-Abbildung beteiligt sind, so bewirkt der Normalisierungsprozess, dass besagte (M:M)-Abbildung in zwei (M:1)-Abbildungen aufgespalten wird.**

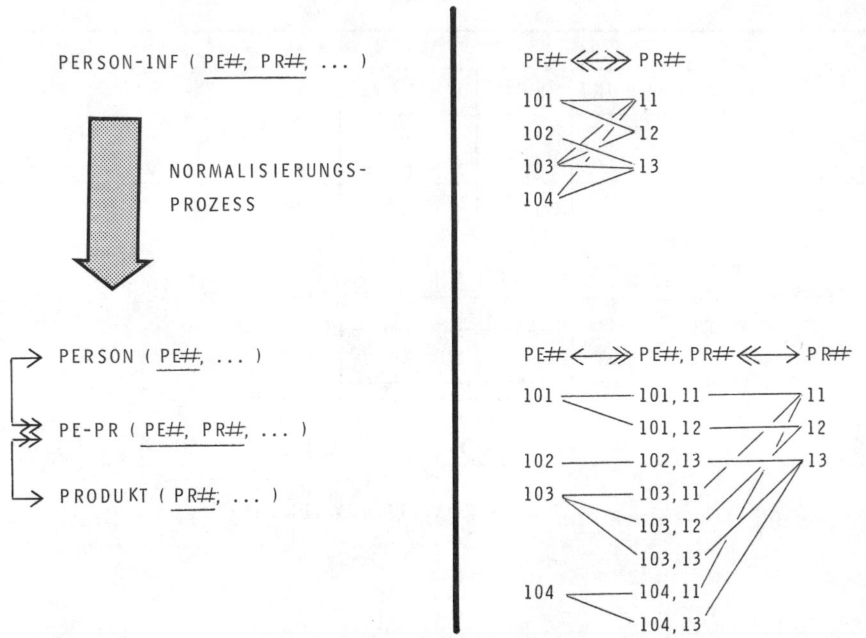

Abb. 4.4.6 Auswirkung des Normalisierungsprozesses auf (M:M)-Abbildungen. Eine (M:M)-Abbildung wird durch den Normalisierungsprozess in zwei (M:1)-Abbildungen zerlegt.

Im Zusammenhang mit der später zur Sprache kommenden Transformation eines Relationenmodells in eine konventionelle Datenstruktur werden die vorstehend geschilderten Gesetzmässigkeiten von grosser Bedeutung sein.

Vorerst wenden wir uns aber wieder den in Abb. 4.4.5 gezeigten 2NF-Relationen zu und überlegen uns, ob der Normalisierungsprozess zu einer gänzlichen Beseitigung der Datenredundanz (und damit zu einer Elimination der Speicheranomalien) geführt hat.

Wir stellen fest, dass in der Relation PRODUKT das Attribut PR-NAME vom Schlüssel ***PR#*** funktional abhängig ist. Nachdem ein bestimmter, für ein Produkt stehender PR#-Wert als Schlüssel nur einmal in Erscheinung treten kann, bewirkt die vorgenannte Funktion, dass für ein Produkt jederzeit nur ein Produktname eingebracht werden kann, was aber die in Abb. 4.1.1 aufgeführte Feststellung 7 korrekt reflektiert. Mit andern Worten: die in der Relation PERSON-1NF durch das Attribut PR-NAME verursachte Datenredundanz kommt in der Relation PRODUKT nicht mehr zum Tragen. Abb. 4.4.7 illustriert, dass es mit der Relation PRODUKT tatsächlich nicht mehr möglich ist, mittels Speicheroperationen für ein Produkt mehrere Namen einzubringen.

PRODUKT	PR#	PR-NAME
	11	A
	12	B
	13	C

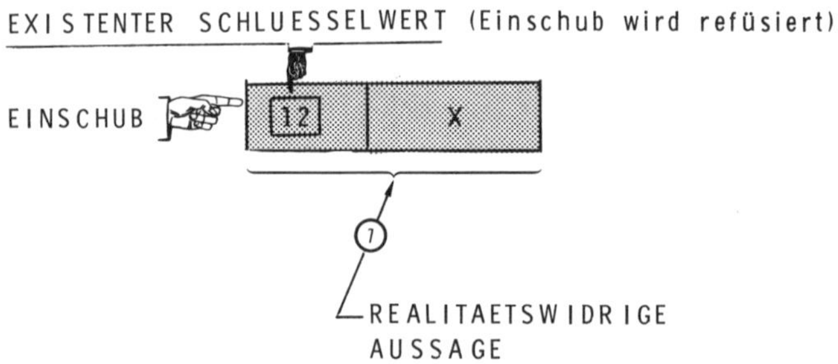

Abb. 4.4.7 Die 2NF-Relation PRODUKT weist keinerlei Speicheranomalien auf. Die eingekreiste Zahl 7 bezieht sich auf die in Abb. 4.1.1 aufgeführte Feststellung, derzufolge ein Produkt immer nur einen Namen aufweist. Die Relation PRODUKT ermöglicht also ***keine*** Verletzung der Tatsache, derzufolge ein Produkt nur ***einen*** Namen hat.

Was nun die Relation PERSON-2NF betrifft, so sind in besagter Relation die Attribute NAME, WOHNORT, A# und A-NAME vom Schlüssel ***PE#*** funktional abhängig. Nachdem ein bestimmter PE#-Wert als Schlüssel nur einmal in Erscheinung treten kann, bewirken die vorgenannten Funktionen, dass für eine Person jederzeit nur ein Name, ein Wohnort sowie eine Abteilung eingebracht werden kann, was aber die in Abb. 4.1.1 aufgeführten Feststellungen 1, 2 und 3 korrekt reflektiert. Mit andern Worten: die in der Relation PERSON-1NF durch die Attribute NAME, WOHNORT und A# verursachte Datenredundanz kommt in der Relation PERSON-2NF nicht mehr zum Tragen. Hingegen verursacht das Attribut A-NAME in der Relation PERSON-2NF nach wie vor Datenredundanz und damit die unerwünschten Anomalien in Speicheroperationen. Abb. 4.4.8 illustriert, dass es mit der Relation PERSON-2NF tatsächlich möglich ist, mittels Modifikations- und Einschuboperationen für eine Abteilung mehrere Namen einzubringen, was aber der Feststellung 6 eindeutig zuwiderläuft.

Im folgenden seien die Gründe dargelegt, die in der Relation PERSON-2NF zur vorerwähnten Datenredundanz führen.

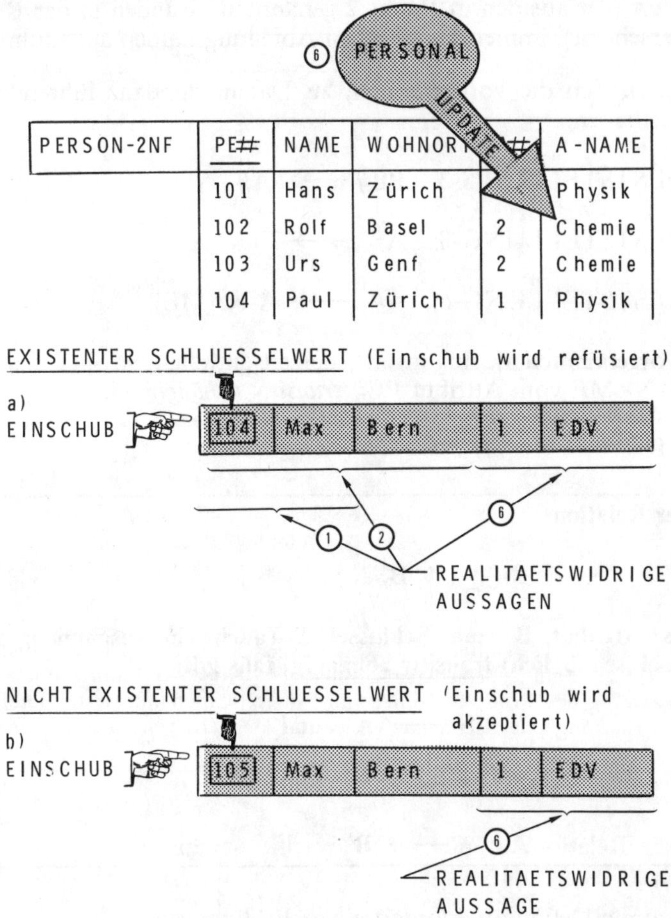

Abb. 4.4.8 Mögliche Speicheranomalien für die Relation PERSON-2NF. Die eingekreisten Zahlen beziehen sich auf die in Abb. 4.1.1 aufgeführten Feststellungen. Mit der Relation PERSON-2NF ist es somit nur möglich, die Feststellung 6, nicht aber die Feststellungen 1, 2 sowie 3 zu verletzen.

1. In der Relation PERSON-2NF wird ein bestimmter Mitarbeiter aufgrund eines Tupels repräsentiert. Dieses enthält unter anderem die Nummer der Abteilung, in der besagter Mitarbeiter tätig ist.

2. Nachdem entsprechend der Feststellung 8 in einer Abteilung mehrere Personen tätig sein können, muss eine bestimmte Abteilungsnummer in der Regel in mehreren Tupeln aufgeführt werden.

3. Nachdem entsprechend der Feststellung 6 jede Abteilung nur gerade einen Namen aufweist, sind wir gezwungen, zusammen mit einem bestimmten A#-Wert (der aus den in Punkt 2 genannten Gründen in der Regel mehrmals erscheint), immer den gleichen Abteilungsnamen aufzuführen.

Formal lassen sich die vorgenannten, zu Datenredundanz führenden Gründe wie folgt festhalten:

FESTSTELLUNG-3: PE# $\longrightarrow$ A#

FESTSTELLUNG-8: A# $\not\longrightarrow$ PE#

FESTSTELLUNG-6: A# $\longrightarrow$ A-NAME

Falls die vorgenannten Bedingungen jederzeit zutreffen, so sagt man, dass das Attribut A-NAME vom Attribut PE# ***transitiv abhängig*** sei.

Allgemein gilt:

In einer Relation

R (<u>*S*</u> , A, B, ...)

ist das Attribut B vom Schlüssel *S* (auch ein zusammengesetzter Schlüssel ist möglich) <u>transitiv abhängig</u>, falls gilt:

1. S $\longrightarrow$ A und

2. A $\not\longrightarrow$ S und

3. A $\longrightarrow$ B

Die vorgenannte Definition erfordert einige Erklärungen:

- Wir erinnern uns, dass die beiden Funktionen

  1. S $\longrightarrow$ A und

  3. A $\longrightarrow$ B

  die ***Produktfunktion***

  S $\longrightarrow$ B

  implizieren (siehe Anhang A.2).

- Die Bedingung

2. A $\not\longrightarrow$ S

bewirkt, dass das Attribut A ***nicht*** als Schlüsselkandidat der Relation R in Frage kommt (zur Erinnerung: wenn sowohl das Attribut S wie auch das Attribut A als Schlüssel in Frage kommen, so muss folgende Abbildung vorliegen:

S $\longleftrightarrow$ A

Als Folge des unter Punkt 2 aufgeführten Sachverhaltes kann ein bestimmter A-Wert durchaus mehrfach auftreten. Dies führt aber, zusammen mit der Funktion

3. A $\longrightarrow$ B

zu Datenredundanz, sind wir doch gezwungen, einen bestimmten, in der Regel mehrmals auftretenden A-Wert, immer mit demselben B-Wert zu kombinieren. Abb. 4.4.9 fasst die vorstehenden Überlegungen zusammen.

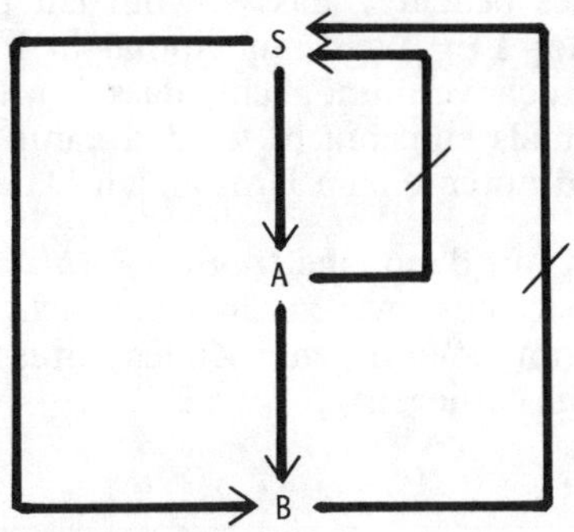

Abb. 4.4.9 Transitive Abhängigkeit: in der gezeigten Anordnung ist B von S transitiv abhängig.

Eine Relation, in welcher sowohl S als auch A Schlüsselkandidaten sind, weist keine Datenredundanz auf und führt auch nicht zu Anomalien in Speicheroperationen. Ein Beispiel möge diese Aussage belegen.

Mit der in Abb. 4.4.10 gezeigten Relation ABTEILUNG sollen folgende Funktionen festgehalten werden:

- A# $\longrightarrow$ V.PE#

  (Bedeutung: jede Abteilung hat einen Vorgesetzten)

- V.PE# $\longrightarrow$ A#

(Bedeutung: jeder Vorgesetzte leitet eine Abteilung)

- V.PE# ⟶ NAME

(Bedeutung: jeder Vorgesetzte hat einen Namen)

ABTEILUNG (A#,	+ V.PE#,	NAME)
A1	101	Hans
A2	102	Rolf
A3	103	Urs
A4	104	Urs

Abb. 4.4.10 Die gezeigte Relation weist keine transitive Abhängigkeit auf.

Die Relation ABTEILUNG weist zwei Schlüsselkandidaten auf, nämlich A# und PE#. Dies bedeutet, dass sowohl ein bestimmter A#-Wert als auch ein bestimmter PE#-Wert nur einmal in Erscheinung treten kann. Damit wird aber auch verunmöglicht, dass der Name eines bestimmten Vorgesetzten mehrmals eingebracht werden kann; das heisst, die Relation ABTEILUNG wird unter keinen Umständen Datenredundanz aufweisen.

- Eine Relation weist nur dann eine ***transitive Abhängigkeit*** auf, wenn neben dem Schlüssel mindestens zwei zusätzliche, nicht als Schlüsselkandidaten qualifizierende Attribute vorliegen. Zudem muss zwischen diesen Attributen eine Funktion vorliegen.

Wir rekapitulieren:

Durch die Überführung der Relation PERSON-1NF in eine Kollektion von 2NF-Relationen konnte die durch die Attribute NAME, WOHNORT, A# sowie PR-NAME verursachte Datenredundanz beseitigt werden. In der Relation PERSON-2NF bewirkt hingegen das vom Schlüssel *PE#* transitiv abhängige Attribut A-NAME nach wie vor Datenredundanz und damit unerwünschte Anomalien in Speicheroperationen. Im folgenden wird gezeigt, dass sich die damit einhergehenden Probleme mit der 3. Normalform beseitigen lassen.

4.5 Die 3. Normalform

Wie ist eine in 3. Normalform befindliche Relation charakterisiert?

> **Eine in 3. Normalform befindliche Relation (abgekürzt: eine 3NF-Relation) ist dadurch gekennzeichnet, dass jedes nicht dem Schlüssel angehörende Attribut funktional abhängig ist vom Gesamtschlüssel (1NF-Kriterium), nicht aber von einzelnen Schlüsselteilen (2NF-Kriterium). Ferner sind <u>keine</u> funktionalen Abhängigkeiten zwischen Attributen erlaubt, die nicht als Schlüsselkandidaten qualifizieren.**
>
> **Mit andern Worten:**
>
> **Eine Relation ist in 3NF, falls sie in 2NF ist und keine transitiven Abhängigkeiten aufweist.**

Zu beachten ist, dass die 3. Normalform nur dann verletzt werden kann, wenn eine Relation neben dem Schlüssel (einfach oder zusammengesetzt) mindestens ***zwei*** zusätzliche, nicht als Schlüsselkandidaten qualifizierende Attribute enthält.

Abb. 4.5.1 illustriert das vorstehend diskutierte 3NF-Kriterium in graphischer Weise.

Analysiert man die in Abb. 4.4.5 festgehaltene Relation PERSON-2NF hinsichtlich der Einhaltung der 3. Normalform (das Ergebnis der Analyse wird in Abb. 4.5.2 gezeigt), so stellt man fest, dass das Attribut A-NAME vom nicht als Schlüsselkandidaten qualifizierenden Attribut A# funktional abhängig ist. Die Relation PERSON-2NF weist somit eine ***transitive Abhängigkeit*** auf und verletzt damit die 3NF.

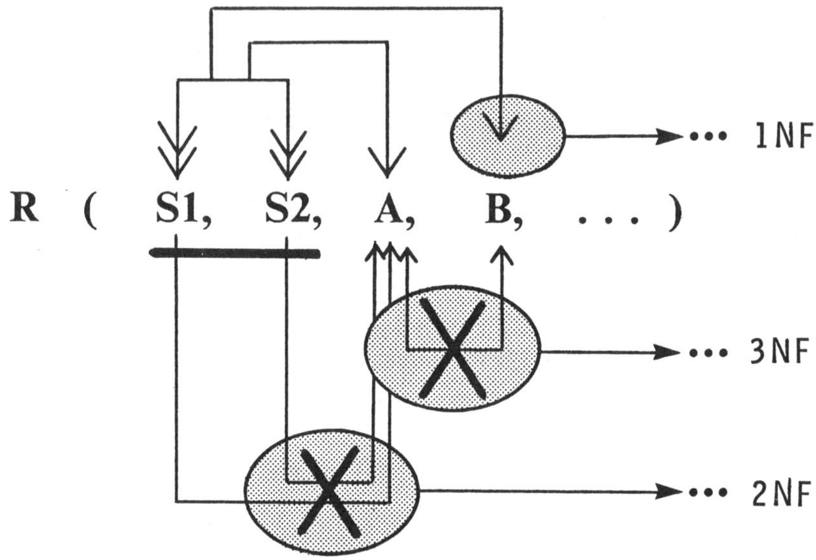

Abb. 4.5.1 3NF-Kriterium. In einer in 3. Normalform befindlichen Relation sind alle nicht dem Schlüssel angehörenden Attribute funktional abhängig vom Gesamtschlüssel, nicht aber von Schlüsselteilen. Ferner sind keine funktionalen Abhängigkeiten zwischen Attributen erlaubt, die nicht als Schlüsselkandidaten qualifizieren.

Verletzt eine Relation die 3NF, so ist das transitiv abhängige Attribut aus der Relation zu entfernen. Abb. 4.5.3 illustriert, wie die ein 3NF-Kriterium verletzende Relation PERSON-2NF in die 3NF-Relationen PERSON und ABTEILUNG aufzuspalten ist.

Man beachte, dass das Attribut A# in der Relation ABTEILUNG als ***Primärschlüssel***, in der Relation PERSON aber als ***Fremdschlüssel*** erscheint. Damit sind die Tupel der Relation PERSON und jene der Relation ABTEILUNG an einer (1:M)-Abbildung beteiligt. Die einfache Assoziation führt – entsprechend der Feststellung, derzufolge eine Person nur in einer Abteilung tätig ist – von der Relation PERSON zur Relation ABTEILUNG, während – entsprechend der Feststellung, derzufolge in einer Abteilung mehrere Personen tätig sein können – von der Relation ABTEILUNG zur Relation PERSON eine komplexe Assoziation vorliegt, formal:

ABTEILUNG ←→→ PERSON

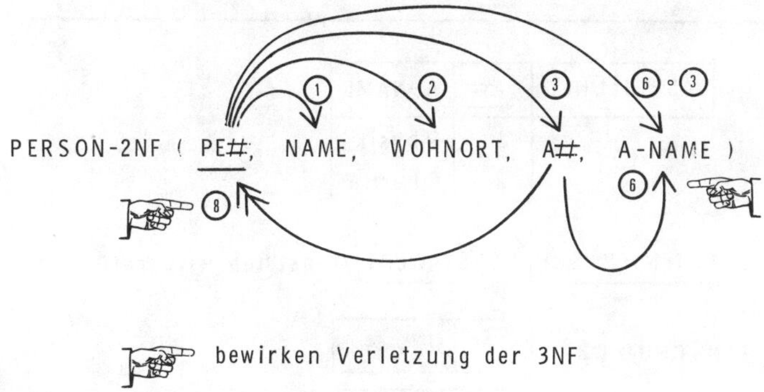

Abb. 4.5.2 In der Relation PERSON-2NF vorliegende Abhängigkeiten. Die eingekreisten Zahlen beziehen sich jeweils auf eine in Abb. 4.1.1 aufgeführte Feststellung, derzufolge die betreffende Abhängigkeit zustande kommt.

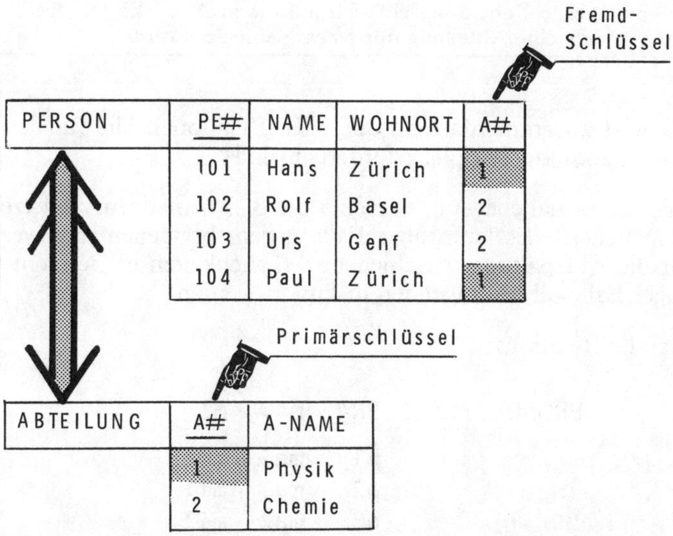

Abb. 4.5.3 Ergebnis der Aufspaltung der Relation PERSON-2NF. Bei den Relationen PERSON und ABTEILUNG handelt es sich um 3NF-Relationen.

Was die mit der Relation PERSON-2NF noch möglich gewesenen Speicheranomalien anbelangt, so illustriert Abb. 4.5.4, dass die 3NF-Relation ABTEI-

LUNG die Feststellung, derzufolge eine Abteilung immer nur ***einen*** Namen aufweist, nicht mehr zu verletzen erlaubt.

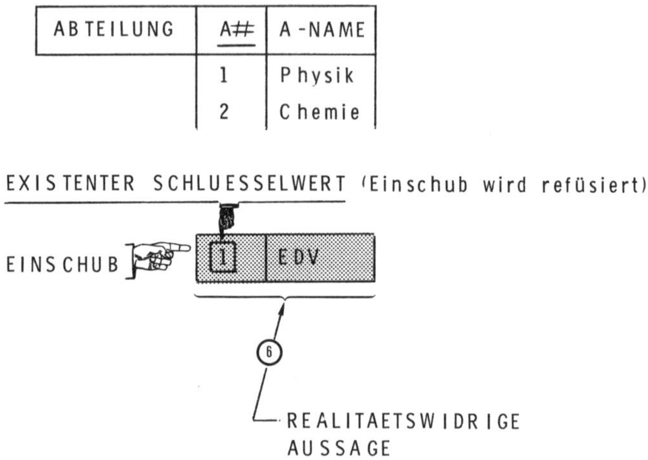

Abb. 4.5.4 Die 3NF-Relation ABTEILUNG weist keinerlei Speicheranomalien auf. Die eingekreiste Zahl 6 bezieht sich auf die in Abb. 4.1.1 aufgeführte Feststellung, derzufolge eine Abteilung nur ***einen*** Namen aufweist.

Abb. 4.5.5 zeigt zusammenfassend alle 3NF-Relationen, die für das Abteilungen-Personen-Produkte-Beispiel erforderlich sind.

In der Regel ist es naheliegend, wie eine die 3. Normalform verletzende Relation aufzuspalten ist. Es kann aber Fälle geben, bei denen man versucht sein könnte, für die Aufspaltung verschiedene Möglichkeiten in Betracht zu ziehen. Ein derartiger Fall soll im folgenden diskutiert werden.

Gegeben sei die Relation:

```
PRODUKTION ( PR#, MA#, MI# )
             p1   ma1  mi1
             p2   ma1  mi1
             p3   ma2  mi1
```

Das Tupel

< p1, ma1, mi1 >

besagt, dass das Produkt p1 auf der Maschine ma1 vom Mitarbeiter mi1 hergestellt wird. Bezüglich der Realität wird festgestellt:

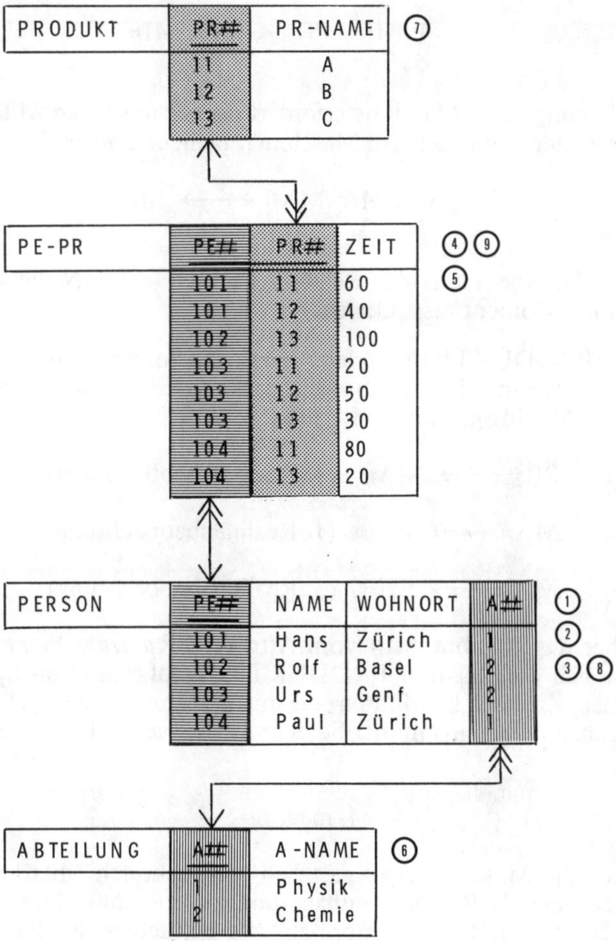

Abb. 4.5.5 Für das Abteilungen-Personen-Produkte-Beispiel erforderliche 3NF-Relationen. Die im Zusammenhang mit einer Relation genannten eingekreisten Zahlen deuten an, welche der in Abb. 4.1.1 aufgeführten Feststellungen mit der betreffenden Relation einwandfrei festgehalten werden.

1. Die Herstellung eines Produktes erfordert immer nur eine Maschine, aber mit einer Maschine können mehrere Produkte hergestellt werden, formal:

$$\text{P-MA:}\quad \text{PR\#} \twoheadleftarrow\!\!\longrightarrow \text{MA\#}$$

2. Die Herstellung eines Produktes erfordert immer nur einen Mitarbeiter, aber ein Mitarbeiter kann mehrere Produkte herstellen, formal:

$$\text{P-MI:}\quad \text{PR\#} \twoheadleftarrow\!\!\!\longrightarrow \text{MI\#}$$

3. Die Bedienung einer Maschine erfordert immer nur einen Mitarbeiter, aber ein Mitarbeiter kann mehrere Maschinen bedienen, formal:

$$\text{MA-MI:}\quad \text{MA\#} \twoheadleftarrow\!\!\!\longrightarrow \text{MI\#}$$

Man beachte, dass die Tupel der Relation PRODUKTION die vorerwähnten Abbildungen im Moment respektieren.

Die Relation PRODUKTION verletzt die 3. Normalform, bewirken doch die oben erwähnten Realitätsbeobachtungen, dass zwischen den Attributen der Relation folgende Abhängigkeiten vorliegen:

$$\text{PR\#} \longrightarrow \text{MA\#} \quad \text{(1. Realitätsbeobachtung)}$$

$$\text{MA\#} \not\longrightarrow \text{PR\#} \quad \text{(1. Realitätsbeobachtung)}$$

$$\text{MA\#} \longrightarrow \text{MI\#} \quad \text{(3. Realitätsbeobachtung)}$$

Damit ist aber das Attribut MI# vom Attribut PR# ***transitiv abhängig***. Tatsächlich lässt sich die Relation PRODUKTION aufgrund von Speicheroperationen in einen Zustand überführen, der nicht mehr mit den getätigten Realitätsbeobachtungen übereinstimmt. So würde beispielsweise ein Einschub des Tupels

< p4, ma2, mi2 >

bewirken, dass die Maschine ma2 plötzlich von mehreren Mitarbeitern bedient wird, was aber der 3. Realitätsbeobachtung zuwiderläuft. Der Einschub besagten Tupels ist vom Relationenprinzip aus betrachtet durchaus legal, weist doch das eingeschobene Tupel mit p4 einen noch nicht existierenden Schlüsselwert auf.

Für die Normalisierung der Relation PRODUKTION könnte man nun grundsätzlich versucht sein, folgende Möglichkeiten in Betracht zu ziehen:

1. Version

P-MA (PR#, MA#)

PR#	MA#
p1	ma1
p2	ma1
p3	ma2

MA-MI (MA#, MI#)

MA#	MI#
ma1	mi1
ma2	mi1

2. Version

P-MA (PR#, MA#)

PR#	MA#
p1	ma1
p2	ma1
p3	ma2

P-MI (PR#, MI#)

PR#	MI#
p1	mi1
p2	mi1
p3	mi1

3. Version

P-MI (PR#, MI#)

PR#	MI#
p1	mi1
p2	mi1
p3	mi1

MA-MI (MA#, MI#)

MA#	MI#
ma1	mi1
ma2	mi1

Offensichtlich sind die vorerwähnten Relationen allesamt in 3. Normalform. Trotzdem können mit der 2. und der 3. Version gewisse Realitätsbeobachtungen verletzt werden. So wäre es beispielsweise mit der 2. Version möglich, in die Relation P-MA das Tupel

< p4, ma2 >

und in die Relation P-MI das Tupel

< p4, mi2 >

einzuschieben. Diese Einschübe hätten aber zur Folge, dass die Maschine ma2 bei der Herstellung des Produktes p3 vom Mitarbeiter mi1 und bei der Herstellung des Produktes p4 vom Mitarbeiter mi2 bedient wird, was wiederum eine Verletzung der 3. Realitätsbeobachtung zur Folge hätte.

Die 3. Version ist insofern problematisch, als die beiden Relationen P-MI und MA-MI nicht den gleichen Informationsgehalt aufweisen wie die ursprüngliche Relation PRODUKTION. Würde man nämlich die genannten Relationen verschmelzen, so würden folgende Tupel zustande kommen:

```
     < p1, ma1, mi1 >
→    < p1, ma2, mi1 >
     < p2, ma1, mi1 >
→    < p2, ma2, mi1 >
→    < p3, ma1, mi1 >
     < p3, ma2, mi1 >
```

Nachdem die mit → gekennzeichneten Tupel in der ursprünglichen Relation nicht enthalten sind, weisen die der 3. Version angehörenden Tupel einen Informationsgehalt auf, der eben ***nicht*** jenem der Relation PRODUKTION entspricht.

Die für die 2. und 3. Version diskutierten Probleme treten bei der 1. Version nicht auf. So lässt sich leicht nachweisen, dass die der 1. Version angehörenden Relationen den gleichen Informationsgehalt aufweisen, wie die ursprüngliche Relation PRODUKTION. Ebenso einfach lässt sich zeigen, dass keine Speicheroperationen denkbar sind, mit denen bewirkt würde, dass eine Maschine plötzlich von mehreren Mitarbeitern bedient wird.

Anmerkung für mathematisch interessierte Leser: In der 1. Version werden mit den Relationen P-MA und MA-MI die Funktionen

F1: PR# ⟶ MA#

F2: MA# ⟶ MI#

festgehalten. Daraus lässt sich aber die der 3. Realitätsbeobachtung zugrunde liegende Funktion

F3: PR# ⟶ MI#

*ableiten, stellt letztere doch die **Produktfunktion** von F1 und F2 dar.*

Worin unterscheiden sich nun aber die zu Problemen Anlass gebenden Versionen von der korrekten Version? Die Antwort lautet, dass die problembehafteten Versionen die Relation

P-MI (<u>PR#</u>, MI#)

enthalten, also eine Relation mit Attributen, die in der ursprünglichen Relation transitiv voneinander abhängig sind. (Zur Erinnerung: in der Relation PRODUKTION ist das Attribut MI# vom Attribut PR# transitiv abhängig.)

Man beachte daher:

Bei der Normalisierung einer die 3. Normalform verletzenden Relation ist darauf zu achten, dass bei der Aufspaltung keine Relationen mit Attributen entstehen, die in der ursprünglichen Relation transitiv voneinander abhängig sind (siehe Abb. 4.5.6).

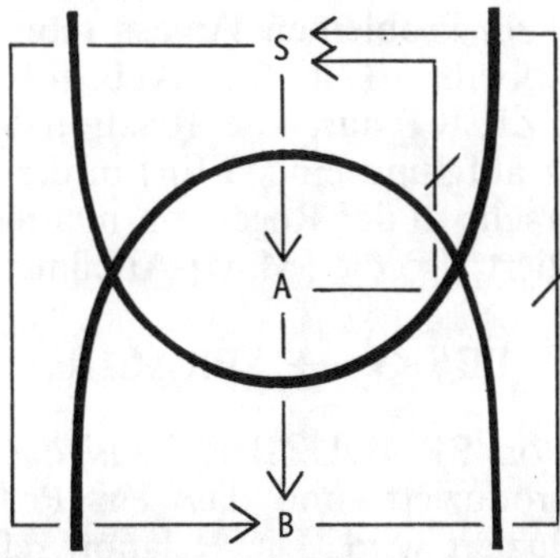

Abb. 4.5.6 Aufspaltung der transitiven Abhängigkeit.

Normalerweise geht man davon aus, dass eine 3NF-Relation keine Datenredundanz aufweist und damit auch keine Anomalien in Speicheroperationen zulässt. Diese Annahme trifft für die Praxis weitgehend zu, obschon es grundsätzlich möglich ist, Relationen zu definieren, welche die 3. Normalform respektieren und trotzdem Anomalien in Speicheroperationen zulassen. Aus diesem Grunde spricht man neuerdings von einer ***4.***, ja sogar ***5. Normalform*** [17], [1], [33].

Wir zeigen im folgenden anhand eines Beispiels, welche Annahmen zu treffen sind, damit eine Relation die 3. Normalform respektiert, aber trotzdem zu Schwierigkeiten Anlass gibt. Wir werden dabei erkennen, dass die 4. und 5. Normalform zwar theoretisch interessant, aber für die Praxis kaum von Bedeutung sind. Dies gilt insbesondere dann, wenn man sich an die Richtlinien hält, die in den anschliessenden Hauptkapiteln zur Sprache kommen werden.

4.6 Die 4. Normalform

Wir wollen im folgenden eine Relation kreieren, welche die 3. Normalform respektiert, aber trotzdem zu Problemen Anlass gibt. Wir gehen zu diesem Zwecke von den im oberen Teil der Abb. 4.6.1 gezeigten Relationen SPRICHT und PRODUZIERT aus. Die Relation SPRICHT sagt aus, dass eine Person (repräsentiert aufgrund einer PE#) in der Regel mehrere Sprachen spricht, und dass eine Sprache in der Regel von mehreren Personen gesprochen wird. Die Relation reflektiert also die (M:M)-Abbildung

PE# ↞↠ SPRACHE

Anderseits sagt die Relation PRODUZIERT aus, dass eine Person in der Regel mehrere Produkte produziert, und dass ein Produkt in der Regel von mehreren Personen produziert wird. Die Relation reflektiert also die (M:M)-Abbildung

PE# ↞↠ PR#

Wesentlich ist, dass PE# in beiden Relationen ***komplex*** mit einem anderweitigen Begriff assoziert ist, und dass beide Assoziationen völlig *unabhängig sind.*

Im unteren Teil der Abb. 4.6.1 wird eine Relation PERSON gezeigt, die aus einer Verschmelzung der Relationen SPRICHT und PRODUZIERT hervorgegangen ist. Man erkennt, dass jedes Tupel der Relation PERSON durch eine Kombination eines Tupels in SPRICHT und eines die gleiche PE# aufweisenden Tupels in PRODUZIERT erhalten wurde. Man spricht in diesem Zusammenhang übrigens von einer ***natürlichen Verbundoperation*** oder englisch von einem ***Natural Join*** (siehe Anhang A.3). Die Relation PERSON reflektiert damit den gleichen Informationsgehalt wie die beiden Relationen SPRICHT und PRODUZIERT.

Man beachte, dass die Tupel der Relation PERSON nur dann eindeutig identifiziert werden können, wenn mit einem Schlüssel gearbeitet wird, der sich aus allen Attributen der Relation zusammensetzt. Damit kann aber die Relation PERSON die 3. Normalform unter keinen Umständen verletzen.

Ferner ist zu beachten, dass für jede von einer bestimmten Person (z.B. 101) gesprochenen Sprache eine identische Menge von PR#-Werten (im Falle der Person 101 nämlich die Produkte mit PR# = 11 und 12) erscheint. Trifft diese Bedingung jederzeit für alle Personen zu, so sagt man, dass das Attribut PR# ***mehrwertig abhängig*** ist vom Attribut PE# (englisch: PR# is ***multi valued dependent*** on PE# oder: PE# ***multi determines*** PR#). Formal wird die besprochene mehrwertige Abhängigkeit wie folgt festgehalten:

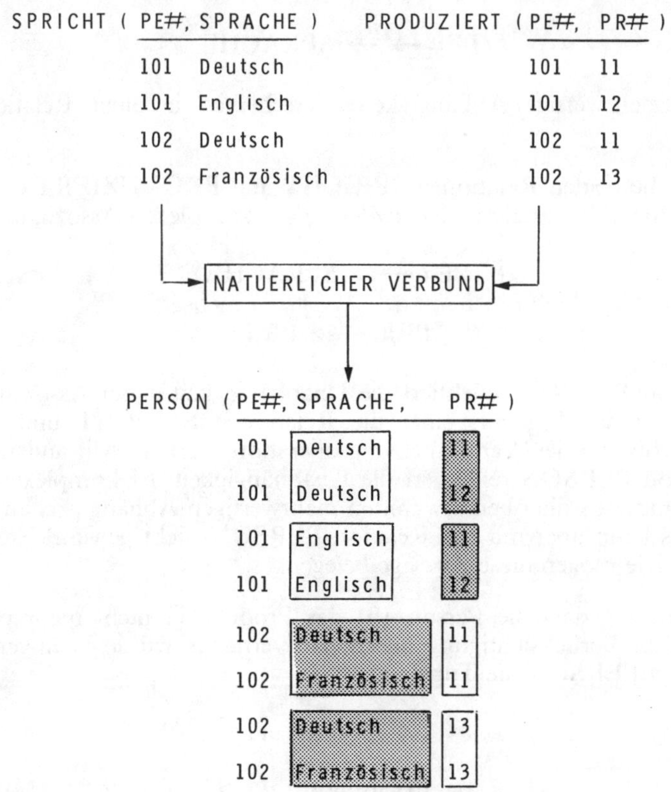

Abb. 4.6.1 Relation zur Illustration der 4. Normalform.

$$PE\# \rightarrow \rightarrow PR\#$$

Allgemein formuliert gilt:

> **In einer Relation**
>
> **R (A, B, C)**
>
> **ist das Attribut C <u>mehrwertig abhängig</u> vom Attribut A, falls zu einem A-Wert, für jede Kombination dieses A-Wertes mit einem B-Wert, eine identische Menge von C-Werten erscheint.**

Man beachte, dass die Relation PERSON eine zweite mehrwertige Abhängigkeit aufweist, weil für jedes von einer bestimmten Person (z.B. 102) produzierte Produkt eine identische Menge von Sprachen (im Falle der Person 102 nämlich die Sprachen Deutsch und Französisch) erscheint. Demzufolge gilt:

PE# → → SPRACHE.

Übrigens: mehrwertige Abhängigkeiten erscheinen in einer Relation immer paarweise.

Fest steht: die beiden Relationen SPRICHT und PRODUZIERT ermöglichen eine individuelle Behandlung der ***unabhängigen*** komplexen Assoziationen

PE# →→ SPRACHE

PE# →→ PR#

Die Relation PERSON reflektiert die Unabhängigkeit dieser Assoziationen solange, als sie das Ergebnis einer die Relationen SPRICHT und PRODUZIERT involvierenden Verschmelzungsoperation darstellt. Mit andern Worten: Die Relation PERSON reflektiert die Unabhängigkeit der komplexen Assoziationen solange, als die oben erwähnten mehrwertigen Abhängigkeiten zutreffen. Gerade das kann aber mit der Relation PERSON nicht gewährleistet werden. Zwei Beispiele mögen diese Aussage belegen:

Man nehme an, dass die Person 101 das Produkt 11 nicht mehr produziert. Eine korrekte Berücksichtigung dieses Sachverhaltes würde bedingen, dass in der Relation PERSON die Tupel

< 101, Deutsch, 11 >

< 101, Engl., 11 >

gelöscht würden. Jede partielle (aber durchaus mögliche) Löschung der obgenannten Tupel hätte zur Folge, dass die mehrwertigen Abhängigkeiten nicht mehr zutreffen.

Ein zweites Beispiel: Man nehme an, die Person 102 habe sich englische Sprachkenntnisse angeeignet. Eine korrekte Berücksichtigung dieses Sachverhaltes würde bedingen, dass die Tupel

< 102, Engl., 11 >

< 102, Engl., 13 >

in die Relation PERSON eingebracht würden. Jede partielle (aber durchaus mögliche) Einbringung der obgenannten Tupel hätte zur Folge, dass die mehrwertigen Abhängigkeiten in PERSON nicht mehr zutreffen.

Offensichtlich ist es also mit der Relation PERSON nicht möglich, die beiden unabhängigen, den gleichen Entitätstyp betreffenden komplexen Assoziationen

$$PE\# \twoheadrightarrow SPRACHE$$

$$PE\# \twoheadrightarrow PR\#$$

problemlos zu behandeln.

Damit lässt sich die 4. Normalform wie folgt definieren:

Eine Relation ist in 4NF, falls sie in 3NF ist und für einen Entitätstyp nicht zwei (oder mehr) unabhängige komplexe Assoziationen festhält.

Mit andern Worten:

Eine Relation ist in 4NF, falls sie in 3NF ist und keine paarweise auftretende mehrwertige Abhängigkeiten aufweist.

Zu beachten ist, dass die 4. Normalform nur dann verletzt wird, wenn eine Relation mindestens zwei unabhängige, den gleichen Entitätstyp betreffende komplexe Assoziationen festhält.

Verletzt eine Relation die 4. Normalform, so sind die paarweise auftretenden mehrwertigen Abhängigkeiten aufzutrennen. Die Relation

```
PERSON ( PE#, SPRACHE, PR# )
```

müsste demzufolge durch die beiden Relationen

```
SPRICHT ( PE#, SPRACHE )

PRODUZIERT ( PE#, PR# )
```

ersetzt werden.

Es muss hier mit Nachdruck darauf hingewiesen werden, dass die Relation PERSON nur dann zu Problemen Anlass gibt, wenn die oben erwähnten ***unabhängigen***, den gleichen Entitätstyp betreffenden komplexen Assoziationen festzuhalten sind. Unterstellen wir beispielsweise, dass eine Person für die Herstellung eines Produktes einer bestimmten Sprache bedarf (würde es sich also bei den vorerwähnten komplexen Assoziationen ***nicht*** um unabhängige Assoziationen handeln), so könnte dieser Sachverhalt im Normalfall nur mit einer Relation festgehalten werden, die der in Abb. 4.6.1 gezeigten Relation PERSON entspricht – es sei denn, es handle sich zufälligerweise um eine Relation, welche die 5. Normalform verletzt.

4.7 Die 5. Normalform

Anmerkung: es empfiehlt sich, die Ausführungen dieses Kapitels erst dann zur Kenntnis zu nehmen, nachdem man sich mit der übrigen Materie etwas vertraut gemacht hat.

Abb. 4.7.1 zeigt eine Relation PERSON-MOD, die sich von der in Abb. 4.6.1 aufgeführten Relation PERSON nur insofern unterscheidet, als das Tupel

< 102, Französisch, 13 >

fehlt. Wir unterstellen, dass die Relation PERSON-MOD in Ordnung ist; d.h. es geht – anders als bei der in Abb. 4.6.1 gezeigten Relation PERSON – ***nicht*** darum, zwei unabhängige, den gleichen Entitätstyp betreffende komplexe Assoziationen festzuhalten. Damit respektiert die Relation PERSON-MOD aber die 4NF.

PERSON-MOD (<u>PE#, SPRACHE, PR#</u>)

PE#	SPRACHE	PR#
101	Deutsch	11
101	Deutsch	12
101	Englisch	11
101	Englisch	12
102	Deutsch	11
102	Französisch	11
102	Deutsch	13

Abb. 4.7.1 Relation zur Illustration der 5. Normalform.

Abb. 4.7.2 verdeutlicht, dass mit einer Zerlegung der Relation PERSON-MOD in die *zwei* Relationen

SPRICHT (<u>PE#, SPRACHE</u>) und

PRODUZIERT (<u>PE#, PR#</u>)

die ursprüngliche Relation PERSON-MOD nicht mehr rekonstruiert werden kann. Dies darum, weil die Verschmelzung (also der ***natürliche Verbund***) der

Relationen SPRICHT und PRODUZIERT zu einem Tupel führt, das in der ursprünglichen Relation PERSON-MOD nicht enthalten ist.

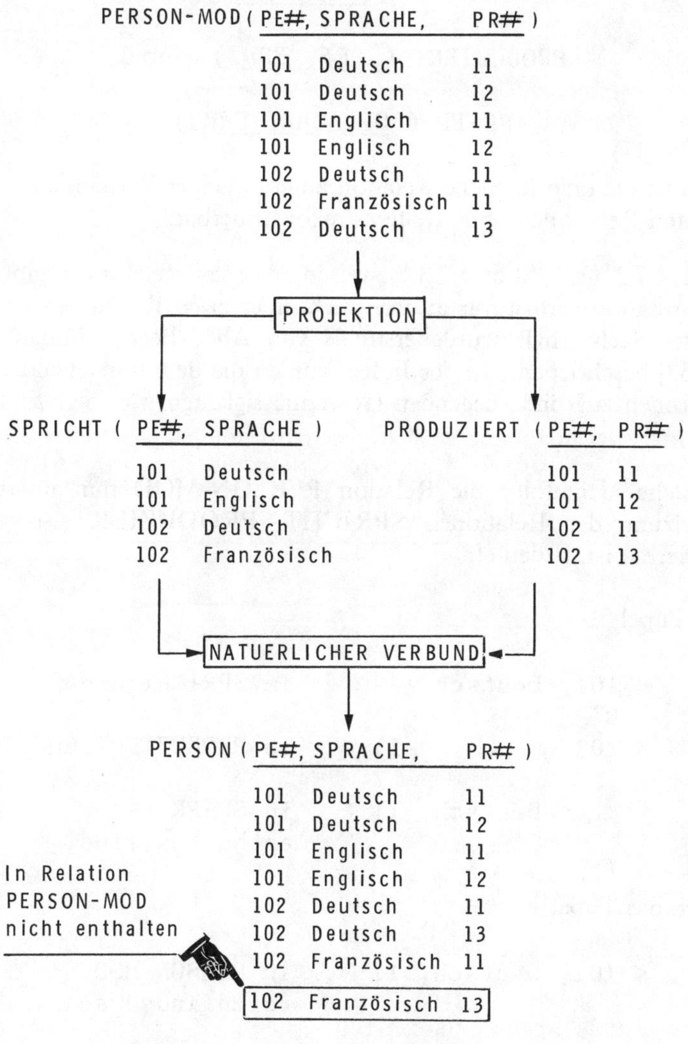

Abb. 4.7.2 Relation zur Illustration der 5. Normalform. Die Abbildung illustriert, dass bei einer Zerlegung der Relation PERSON-MOD in die *zwei* Relationen SPRICHT und PRODUZIERT die ursprüngliche Relation nicht mehr rekonstruiert werden kann.

Wird hingegen – wie in Abb. 4.7.3 gezeigt – die Relation PERSON-MOD in die ***drei*** Relationen

SPRICHT (PE#, SPRACHE) und

PRODUZIERT (PE#, PR#) und

SP-PR (SPRACHE, PR#)

zerlegt, so ist die ursprüngliche Relation aufgrund einer Verschmelzung der drei obgenannten Relationen ohne weiteres rekonstruierbar.

Die Abb. 4.7.2 und Abb. 4.7.3 beweisen, dass es Relationen gibt, die sich ohne Informationsverlust nur in ***drei*** (nicht aber ***zwei***) Relationen zerlegen lassen. Dieser Sachverhalt wurde erstmals von Aho, Beeri, Ullman [1] sowie Nicolas [33] beschrieben. In der Folge wurden die dem vorstehend geschilderten Phänomen zugrunde liegenden Gesetzmässigkeiten wie folgt zu Papier gebracht:

Die Tatsache, derzufolge die Relation PERSON-MOD nur aufgrund einer Verschmelzung der Relationen SPRICHT, PRODUZIERT sowie SP-PR rekonstruierbar ist, bedeutet:

Falls die Tupel

< 101, Deutsch > in SPRICHT und

< 101, 11 > in PRODUZIERT und

< Deutsch, 11 > in SP-PR enthalten sind,

dann ***muss*** das Tupel

< 101, Deutsch, 11 > in PERSON-MOD vorzufinden sein.

Die geschilderte Gesetzmässigkeit lässt sich wie folgt auf die Relation PERSON-MOD umsetzen (das nachstehend verwendete Zeichen * bedeutet: hier kann ein beliebiger Wert stehen):

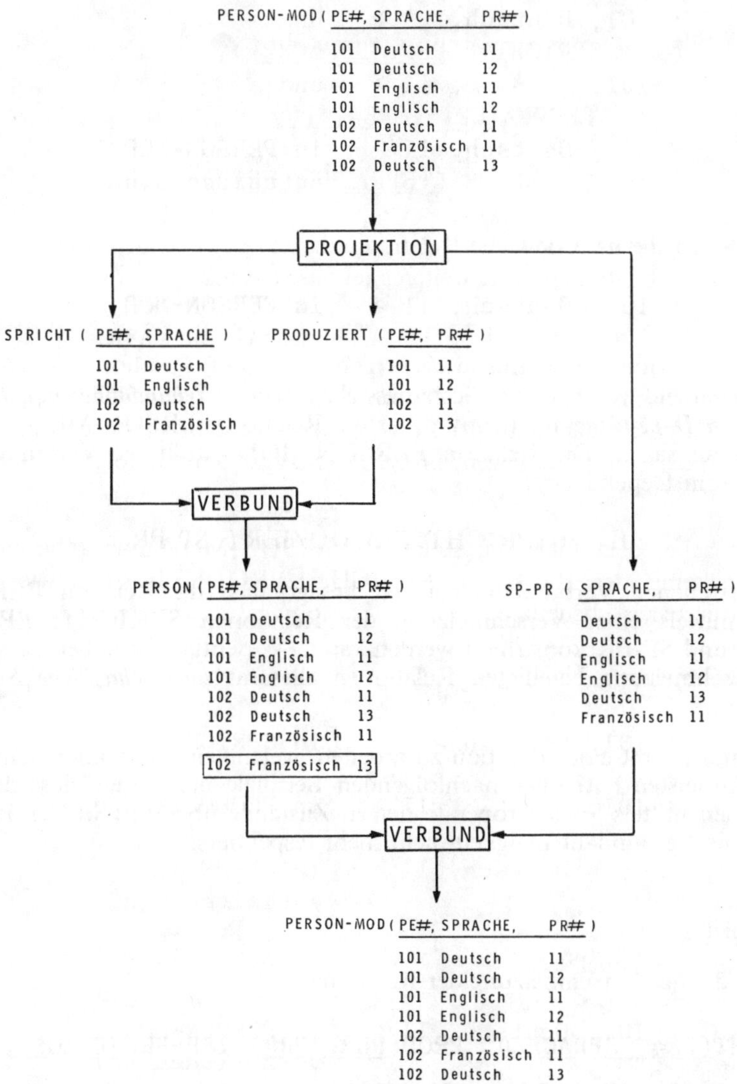

Abb. 4.7.3 Relation zur Illustration der 5. Normalform. Die Abbildung illustriert, dass bei einer Zerlegung der Relation PERSON-MOD in die ***drei*** Relationen SPRICHT, PRODUZIERT und SP-PR die ursprüngliche Relation rekonstruiert werden kann.

Falls die Tupel

```
< 101, Deutsch,  * >   und

< 101,    *    , 11 >  und

<  *  , Deutsch, 11 >  in PERSON-MOD
                       enthalten sind,
```

dann ***muss*** auch das Tupel

```
< 101, Deutsch, 11 >   in PERSON-MOD
                       enthalten sein.
```

Die vorstehend geschilderte Gestzmässigkeit wird ***Verbundabhängigkeit*** (englisch: ***Join Dependency***) genannt. Auf die Relation PERSON-MOD bezogen würde man sagen: Die Relation PERSON-MOD erfüllt die Verbundabhängigkeit (Join Dependency)

JD * (SPRICHT, PRODUZIERT, SP-PR)

Die vorstehende Verbundabhängigkeit besagt, dass die Relation PERSON-MOD mittels einer Verschmelzung der Relationen SPRICHT, PRODUZIERT und SP-PR konstruiert werden kann. Wesentlich ist dabei, dass die an der Verschmelzung beteiligten Relationen allesamt ***unterschiedliche Schlüssel*** aufweisen.

Ist es ratsam, mit einer Relation zu arbeiten, welche eine Verbundabhängigkeit zu gewährleisten hat? Die nachfolgenden Beispiele illustrieren, dass derartige Relationen mittels Speicheroperationen in Zustände überführt werden können, welche die Verbundabhängigkeit nicht mehr respektieren.

1. Beispiel

Aufgrund einer Verschmelzung der Relationen

```
SPRICHT(PE#, SPRACHE)   PROD(PE#, PR#)   SP-PR(SPRACHE, PR#)

        101  Deutsch         101  11           Deutsch  12
        101  Engl.           101  12           Engl.    11
```

erhalten wir folgende, die Verbundabhängigkeit respektierende Relation:

```
PERSON-MOD ( PE#, SPRACHE, PR# )

             101  Deutsch  12
             101  Engl.    11
```

Nun werde das Tupel

< 102, **Deutsch, 11** >

eingebracht. Soll die Verbundabhängigkeit erhalten bleiben, so bedingt die geschilderte Operation auch den Einschub des Tupels

< **101, Deutsch, 11** >

2. Beispiel

Aufgrund einer Verschmelzung der Relationen

SPRICHT(PE#, SPRACHE)

101	Deutsch
101	Engl.
102	Deutsch

PROD(PE#, PR#)

101	11
101	12
102	11

SP-PR(SPRACHE, PR#)

Deutsch	11
Deutsch	12
Engl.	11

erhalten wir folgende, die Verbundabhängigkeit respektierende Relation:

PERSON-MOD (PE#, SPRACHE, PR#)

101	**Deutsch**	12
101	Engl.	11
102	**Deutsch**	11
101	**Deutsch**	**11**

Nun werde das Tupel

< **101, Deutsch, 11** >

gelöscht. Soll die Verbundabhängigkeit erhalten bleiben, so bedingt der geschilderte Vorgang auch die Löschung des Tupels

< 101, **Deutsch,** 12 > oder

< 101, Engl., 11 > oder

< 102, **Deutsch,** 11 >

Die in 4. Normalform befindliche Relation PERSON-MOD kann also aufgrund von Speicheroperationen in einen Zustand überführt werden, der die Verbundabhängigkeit

JD * (SPRICHT, PRODUZIERT, SP-PR)

verletzt. Ist die Erhaltung der vorstehenden Verbundabhängigkeit erwünscht, so sollte die Relation PERSON-MOD in die den gleichen Informationsgehalt aufweisenden Relationen

SPRICHT (PE#, SPRACHE) und

PRODUZIERT (PE#, PR#) und

SP-PR (SPRACHE, PR#)

zerlegt werden. Damit ergibt sich aber auch die Berechtigung für die 5. Normalform, die man – etwas populär-wissenschaftlich – wie folgt definieren könnte:

Eine Relation ist in 5NF, wenn sie unter keinen Umständen aufgrund einer Verschmelzung einfacherer (d.h. weniger Attribute aufweisender) Relationen mit unterschiedlichen Schlüsseln konstruiert werden kann.

Wir wollen im folgenden einige der Relationen, denen wir im Verlaufe unserer Normalisierungsüberlegungen begegnet sind, hinsichtlich der Einhaltung der 5. Normalform analysieren.

- Die in diesem Kapitel diskutierte Relation

  PERSON-MOD (PE#, SPRACHE, PR#)

  kann aufgrund einer Verschmelzung der einfacheren Relationen

  SPRICHT (PE#, SPRACHE)

  PRODUZIERT (PE#, PR#)

  SP-PR (SPRACHE, PR#)

  konstruiert werden. Nachdem diese einfacheren Relationen ***unterschiedliche*** Schlüssel aufweisen, verletzt die Relation PERSON-MOD die 5. Normalform.

- Die in Kapitel 4.4. diskutierte Relation

  PERSON-2NF (PE#, NAME, WOHNORT, A#, A-NAME)

  (siehe auch Abb. 4.4.5) kann aufgrund einer Verschmelzung der einfacheren Relationen

R1 (PE#, NAME)

R2 (PE#, WOHNORT)

R3 (PE#, A#)

R4 (A#, A-NAME)

konstruiert werden. Nachdem diese einfacheren Relationen mindestens z.T. ***unterschiedliche*** Schlüssel aufweisen, verletzt die Relation PERSON-2NF die 5. Normalform.

Nun aber zu den in Kapitel 4.5 erhaltenen 3NF-Relationen (siehe auch Abb. 4.5.5).

- Die Relationen

  PRODUKT (PR#, PR-NAME)

  PE-PR (PE#, PR#, ZEIT)

  ABTEILUNG (A#, A-NAME)

  lassen sich ***nicht*** aufgrund einer Verschmelzung einfacherer Relationen konstruieren. Demzufolge sind die genannten Relationen in 5. Normalform.

- Die Relation

  PERSON (PE#, NAME, WOHNORT, A#)

  kann aufgrund einer Verschmelzung der einfacheren Relationen

  R1 (PE#, NAME)

  R2 (PE#, WOHNORT)

  R3 (PE#, A#)

  konstruiert werden. Nachdem diese Relationen ***identische*** Schlüssel aufweisen, ist die Relation PERSON in 5NF.

Damit steht fest, dass die in Abb. 4.5.5 gezeigten Relationen allesamt nicht nur die 3. sondern auch die 5. Normalform respektieren.

Allerdings: wie in der Praxis herausgefunden werden soll, ob eine Relation die 5NF verletzt, ist selbst den Erfindern besagter Normalform unklar. Der Grund dafür ist im Umstand zu suchen, dass es schwer fällt, den der 5. Normalform zugrunde liegenden Gesetzmässigkeiten eine ***realitätsbezogene Interpretation*** zu geben. Date [15] formuliert es so: "... discovering all join dependencies is a nontrivial operation. That is, whereas it is relatively easy to find functional dependencies and multi valued dependencies (because they have a fairly straightforward real-world interpretation), the same cannot be said for a join dependency (because the intuitive meaning of such a join dependency is far from straightforward). Hence the process of determining when a given relation is 4NF but not 5NF (and so could probably be decomposed to advantage) is still unclear. It is tempting to suggest that such relations are pathological cases and likely to be rare in practice."

4.8 Volle oder partielle Normalisierung?

Es wird in der Praxis immer wieder der Einwand vorgebracht, dass eine voll normalisierte Datenstruktur gegenüber einer nur partiell normalisierten

- mehr Speicherplatz erfordert,
- umständlicher zu handhaben ist,
- erhöhte Maschinenbelastung zur Folge hat.

Was den Speicherplatz anbelangt, so zeigt eine Probe aufs Exempel, dass derartige Befürchtungen in der Regel nicht angebracht sind. Unterstellen wir nämlich für die in unserer Problemstellung verwendeten Entitätsschlüssel PE#, PR# und A# wie auch für das Attribut ZEIT einen Platzbedarf von jeweils 5 Bytes, für alle übrigen Attribute (also NAME, WOHNORT, PR-NAME und A-NAME) aber einen solchen von 20 Bytes, so errechnen wir für die in Abb. 4.3.2 gezeigte 1NF-Relation einen Platzbedarf von insgesamt 800 Bytes. Arbeitet man demgegenüber mit den in Abb. 4.5.5 gezeigten voll normalisierten Relationen, so sind für die gleiche Problemstellung nurmehr 445 Bytes erforderlich. Natürlich ist unsere Berechnung mit Vorsicht zu geniessen, haben wir doch insbesondere vernachlässigt, dass neben den eigentlichen Datenstrukturen auch eine Hilfsorganisation (Indices, Eintragungen im Katalog, etc.) aufgebaut werden muss.

Auch der Einwand, voll normalisierte Relationen seien – der grösseren Anzahl wegen – für die Benützer der Datenbank umständlicher zu handhaben, ist nicht berechtigt. Dies deshalb, weil echte relationale Datenbankmanagementsysteme die Möglichkeit bieten, für einen Benützer der Datenbank mehrere Relationen zusammenzufassen und in Form einer sogenannten ***View*** zur Verfügung zu stellen (siehe auch Anhang A.3). Auf unser Beispiel bezogen wäre es also durchaus denkbar, dass ein Benützer der Datenbank mit der in Abb. 4.3.2 gezeigten 1NF-Relation arbeitet, während dem System im Hintergrund die in Abb. 4.5.5 gezeigten, die Datenintegrität gewährleistenden Relationen zur Verfügung stehen.

Zugegeben: die – idealerweise **dynamisch** erfolgende – Ermittlung einer View braucht Zeit. Das einzige stichhaltige Argument, das gegen eine Vollnormalisierung spricht, betrifft denn auch ausschliesslich diesen Aspekt. Nun sind wir aber der Meinung, dass man – zumindest bei langfristiger Disponierung – einer erhöhten Maschinenbelastung wegen nicht auf die Vorteile einer voll normalisierten Datenstruktur (wir haben zu Beginn des 4. Kapitels darauf hingewiesen) verzichten sollte. Dies, weil man mit Sicherheit davon ausgehen darf, dass sich das Preis-Leistungsverhältnis informationstechnologischer Produkte noch einige Zeit im gewohnten Ausmass verbessern wird.

Kann der vorstehenden Argumentation nicht zugestimmt werden, sollte man in der Entwurfsphase trotzdem eine voll normalisierte Datenstruktur anstreben. Entschliesst man sich bei der Implementierung – aus was für Gründen auch immer – Kompromisse einzugehen, so weiss man wenigstens, wo man im Betrieb mit Schwierigkeiten wird rechnen müssen.

Damit wollen wir die Diskussion bezüglich der Normalisierungskriterien abschliessen, nicht ohne allerdings darauf hinzuweisen, dass Verletzungen der 4. Normalform mit dem in den folgenden Kapiteln beschriebenen Vorgehensprozedere nicht möglich sind. Dies darum, weil das zur Diskussion stehende Verfahren niemals dazu verleitet, Relationen zu definieren, die für einen Entitätstyp zwei (oder mehr) ***unabhängige*** komplexe Assoziationen festzuhalten haben. Was die 5. Normalform anbelangt, so meinen wir, dass die diesbezüglichen Überlegungen theoretisch zwar interessant, für die Praxis aber mangels geeigneter Interpretationsmöglichkeiten kaum von Bedeutung sind. Das in Abb. 4.5.1 gezeigte Schema (gelegentlich wird in diesem Zusammenhang von einem "**Kochrezept**" gesprochen) genügt also vollauf, um in der Praxis zu problemlosen Relationen zu kommen. Wenn hinfort von ***voll normalisierten Relationen*** die Rede ist, dann sind Relationen gemeint, welche aufgrund der in Abb. 4.5.1 festgehaltenen Kriterien erhalten wurden. In den allermeisten Fällen werden diese Relationen aber auch die Kriterien der 4. und der 5. Normalform respektieren.

4.9 Die Beziehungsintegrität

Obschon die in Abb. 4.5.5 gezeigten Relationen alle Normalisierungskriterien respektieren, können immer noch gravierende Probleme auftreten. Allerdings lassen sich diese Probleme nicht mit weiteren Normalisierungsregeln beheben. Insofern gehören die vorliegenden Überlegungen eigentlich nicht dem Kapitel "Normalisierung von Relationen" an. Nachdem aber die nachfolgenden Ausführungen – wie die Normalisierungsregeln auch – die Integrität (d.h. Richtigkeit) der Datenbank betreffen, ist es zumindest nicht abwegig, das Kapitel "Beziehungsintegrität" an dieser Stelle folgen zu lassen.

Nun aber zu einigen Problemen, die mit den in Abb. 4.5.5 gezeigten voll normalisierten Relationen immer noch auftreten können.

Offensichtlich ist es möglich, in die Relation PERSON für das Attribut A# Werte einzubringen, die auf nicht existierende Abteilungen verweisen (die Existenz einer Abteilung wird aufgrund eines Tupels in der Relation ABTEILUNG reflektiert). In analoger Weise ist es möglich, in die Relation PE-PR für das Attribut PE# bzw. PR# Werte für nicht existierende Mitarbeiter bzw. nicht existierende Produkte einzubringen.

Zu Problemen Anlass geben die ***Fremdschlüssel***, also das Attribut A# in der Relation PERSON bzw. die Attribute PE# und PR# in der Relation PE-PR. Offenbar muss sichergestellt werden, dass besagte Fremdschlüssel nur Werte annehmen, die auch als Primärschlüsselwerte in Erscheinung treten. Diese Forderung lässt sich mit sogenannten ***Beziehungsintegritätsspezifikationen*** (englisch: ***Referential Integrity Constraints***) festhalten. Demzufolge:

> **Eine Beziehungsintegritätsspezifikation (englisch: eine Referential Integrity Constraint) kann – unter anderem – bewirken, dass ein Fremdschlüsselwert immer einem Primärschlüsselwert entspricht.**

Damit die Integrität einer Datenbank gewährleistet werden kann, muss entweder das Datenbankmanagementsystem geeignete ***Beziehungsintegritätsspezifikationen*** akzeptieren, oder es müssen Prozeduren erstellt werden, welche die Funktion besagter Spezifikationen übernehmen.

Ohne auf Einzelheiten eingehen zu wollen, liesse sich eine Beziehungsintegritätsspezifikation, mit der verhindert werden kann, dass die Relation PERSON nicht existierende A#-Werte akzeptiert, mittels SEQUEL [7] wie folgt spezifizieren:

```
ASSERT KORREKTE-A#:
( SELECT A#
  FROM PERSON ) IS IN
( SELECT A#
  FROM ABTEILUNG )
```

Die vorstehende Spezifikation stellt eine einmalig bekanntzugebende Anweisung an ein Datenbankmanagementsystem dar und bedeutet sinngemäss:

"Gewährleiste (englisch: ***ASSERT***), dass die Menge der A#-Werte in der Relation PERSON jederzeit eine Untermenge der A#-Werte in der Relation ABTEILUNG repräsentiert."

Anmerkung für mathematisch interessierte Leser: Die vorstehende Beziehungsintegritätsspezifikation bedeutet mathematisch:

$$\{ \text{PERSON.A\#} \} \subseteq \{ \text{ABTEILUNG.A\#} \}$$

Ein anderes Vorgehen, an das wir uns auch im folgenden halten wollen, wird in [16] vorgeschlagen. Danach muss ein Fremdschlüsselwert grundsätzlich einem Primärschlüsselwert entsprechen – es sei denn, man lasse als Fremdschlüsselwerte auch Nullwerte zu (zur Erinnerung: ein Nullwert bedeutet grundsätzlich ***"nicht existent"*** und darf nicht mit einem numerischen Nullwert verwechselt werden). Neben dieser Regelung ist sodann zu entscheiden:

1. Ob für den untersuchten Fremdschlüssel Nullwerte zulässig sind.

2. Was mit einem Fremdschlüsselwert zu geschehen hat, wenn der entsprechende Primärschlüsselwert gelöscht wird.

3. Was mit einem Fremdschlüsselwert zu geschehen hat, wenn der entsprechende Primärschlüsselwert modifiziert wird (unseres Erachtens eine nicht empfehlenswerte Operation).

Im folgenden wollen wir uns mit diesen Punkten etwas eingehender befassen.

1. Wenn für einen Fremdschlüssel Nullwerte zugelassen werden, dann können in der Relation mit dem Fremdschlüssel Tupel auftreten, die solange gewissermassen in der Luft hängen, als der Fremdschlüsselwert einem Nullwert entspricht. Das kann in gewissen Fällen sinnvoll sein, sollte aber in andern Fällen verhindert werden können. Falls wir beispielsweise zulassen, dass ein Mitarbeiter – wenn auch nur zeitweise – keiner Abteilung angehört, dann sollte der Fremdschlüssel A# in der Relation PERSON Nullwerte akzeptieren. Anderseits ist es vermutlich nicht sehr sinn-

voll, für die Fremdschlüssel PE# und PR# in der Relation PE-PR Nullwerte zuzulassen, weil damit unsinnige Personen-Produkte-Beziehungen zustandekämen.

2. Wenn ein Primärschlüsselwert ***gelöscht*** wird, so kann mit entsprechenden Fremdschlüsselwerten folgendes geschehen:

CASCADES: WEITERGABE der LÖSCHUNG (abgekürzt: **wl**)

Alle Tupel, deren Fremdschlüsselwerte dem gelöschten Primärschlüsselwert entsprechen, werden ebenfalls gelöscht.

RESTRICTED: BEDINGTE LÖSCHUNG (abgekürzt: **bl**)

Solange Fremdschlüsselwerte existieren, die dem zu löschenden Primärschlüsselwert entsprechen, wird die Löschoperation nicht akzeptiert.

NULLIFIES: NULLSETZUNG bei LÖSCHUNG (abgekürzt: **nl**)

Alle Fremdschlüsselwerte, die dem gelöschten Primärschlüsselwert entsprechen, werden auf Null gesetzt. Dies bedingt allerdings, dass für den Fremdschlüssel Nullwerte zugelassen sind.

3. Wenn ein Primärschlüsselwert ***modifiziert*** wird, so kann mit entsprechenden Fremdschlüsselwerten folgendes geschehen:

CASCADES: WEITERGABE der MODIFIKATION (abgekürzt: **wm**)

Alle Fremdschlüsselwerte, die dem modifizierten Primärschlüsselwert entsprechen, werden ebenfalls modifiziert.

RESTRICTED: BEDINGTE MODIFIKATION (abgekürzt: **bm**)

Solange Fremdschlüsselwerte existieren, die dem zu modifizierenden Primärschlüsselwert entsprechen, wird die Modifikationsoperation nicht akzeptiert.

NULLIFIES: NULLSETZUNG bei MODIFIKATION (abgekürzt: **nm**)

Alle Fremdschlüsselwerte, die dem modifizierten Primärschlüsselwert entsprechen, werden auf Null gesetzt. Dies bedingt wiederum, dass für den Fremdschlüssel Nullwerte zugelassen sind.

Man sollte sich bewusst sein, dass mit Referential Integrity Constraints auch Bedingungen spezifiziert werden können, die weit über den vorstehend diskutierten Sachverhalt hinausgehen, demzufolge ein Fremdschlüsselwert jederzeit einem Primärschlüsselwert zu entsprechen hat. So könnte eine Bankunternehmung beispielsweise daran interessiert sein, dass der Saldo eines Kunden jederzeit der Differenz der aufsummierten Gutschriften und der aufsummierten Belastungen entspricht. Falls die Kundensaldi mit der Relation

```
KUNDE ( KONTO, SALDO, ... )
```

und der Geldverkehr (also sämtliche Überweisungen von Schuldner-Konti auf Gläubiger-Konti) mit der Relation

```
BUCHUNG ( SOLL.KONTO, HABEN.KONTO, BETRAG, ... )
```

festgehalten werden (Einzelheiten bezüglich der Relation BUCHUNG werden in einem späteren Kapitel diskutiert), so könnte das vorstehend geschilderte Referential-Integrity-Problem mittels SEQUEL [7] wie folgt gelöst werden:

```
ASSERT KORREKTER-SALDO

ON INSERTION OF BUCHUNG:

   ( UPDATE KUNDE

     SET SALDO = SALDO - BETRAG

     WHERE KONTO = NEW SOLL.KONTO

     UPDATE KUNDE

     SET SALDO = SALDO + BETRAG

     WHERE KONTO = NEW HABEN.KONTO )
```

Die vorstehende Spezifikation stellt wiederum eine einmalig an ein Datenbankmanagementsystem bekanntzugebende Anweisung dar und bedeutet sinngemäss:

"Gewährleiste, dass der von einem SOLL.KONTO auf ein HABEN.KONTO transferierte Betrag dem Saldo des Schuldners belastet und dem Saldo des Gläubigers gutgeschrieben wird."

Was sollten wir im Kapitel 4 alles erkannt haben?

Zunächst sollte ersichtlich geworden sein, dass dem Normalisierungsprozess folgende Zielsetzungen zugrunde liegen:

- Die Elimination von Redundanz (wobei wir unter Redundanz das mehrmalige Festhalten ein und desselben ***Faktums*** verstehen wollen).

- Die Elimination von Schwierigkeiten (man sagt auch ***Anomalien***), die im Zusammenhang mit Speicheroperationen wie Einschüben, Löschungen und Modifikationen auftreten können.

- Das eindeutige Festhalten realitätskonformer Sachverhalte. Mit andern Worten: Das Ermitteln von Datenstrukturen, die keine Möglichkeit bieten, einmal getroffene Annahmen bezüglich der Realität verletzen zu können. Damit kann eine fundamentale Bedingung zur Erhaltung der ***Integrität*** (d.h. Richtigkeit) einer Datenbank gewährleistet werden.

Besonders wichtig scheint uns aber folgender Sachverhalt:

- Voll normalisierte Relationen weisen einen ausserordentlich hohen Aussagegehalt auf. Sie können gelesen werden wie ein Buch und ermöglichen insbesondere das Erkennen von Annahmen, die der Modellentwerfer bezüglich der Realität getroffen hat.

Ebenfalls ersichtlich wurde, dass es sich bei der Normalisierung um einen ***Zerlegungsprozess*** handelt. Man geht also – wie in Abb. 4.9.1 dargestellt – von einer umfangreichen Relation aus, die man sukzessive aufspaltet, sofern man Verletzungen der Normalisierungskriterien feststellt. Bei der Aufspaltung muss mit dem ***Primärschlüssel-Fremdschlüssel-Prinzip*** dafür gesorgt werden, dass die aufgespaltene Relation jederzeit rekonstruiert werden kann. Ist die Rekonstruktionsmöglichkeit nicht mehr gegeben, so hat die Aufspaltung zu einem Informationsverlust geführt.

Für die Praxis ist der vorstehend beschriebene Zerlegungsprozess weniger bedeutsam als ein noch zu beschreibender ***Syntheseprozess***. Dabei wird versucht, realitätskonforme Feststellungen der in Abb. 4.1.1 festgehaltenen Art mittels sogenannter ***Elementarrelationen*** zu definieren und letztere aufgrund wohldefinierter Gesetzmässigkeiten sukzessive zu kombinieren. Selbstverständlich ist bei der Synthese dafür zu sorgen, dass das Resultat der Kombination keine Normalisierungskriterien verletzt. Die Normalisierungsüberlegungen als solche – zumindest bis hin zur 3NF (die 4. Normalform wird bei der Synthese nicht verletzt, und die 5. Normalform vernachlässigen wir mangels geeigneter Interpretationsmöglichkeiten) – bleiben also auch beim Syntheseprozess von Bedeutung.

Abb. 4.9.2 illustriert, wie man sich den im übernächsten Kapitel dargelegten ***Syntheseprozess*** (wir behandeln zunächst das Prinzip von ***Elementarrelationen***) vorzustellen hat.

Schliesslich sollte erkannt worden sein: Die Normalisierungskriterien betreffen lediglich die Integrität ***innerhalb*** einer Relation. Um eine ***globale*** (d.h. über mehrere Relationen sich erstreckende) Integrität gewährleisten zu können, muss zusätzlich zum Normalisierungsprinzip auch das Prinzip der ***Beziehungsintegrität*** beachtet werden.

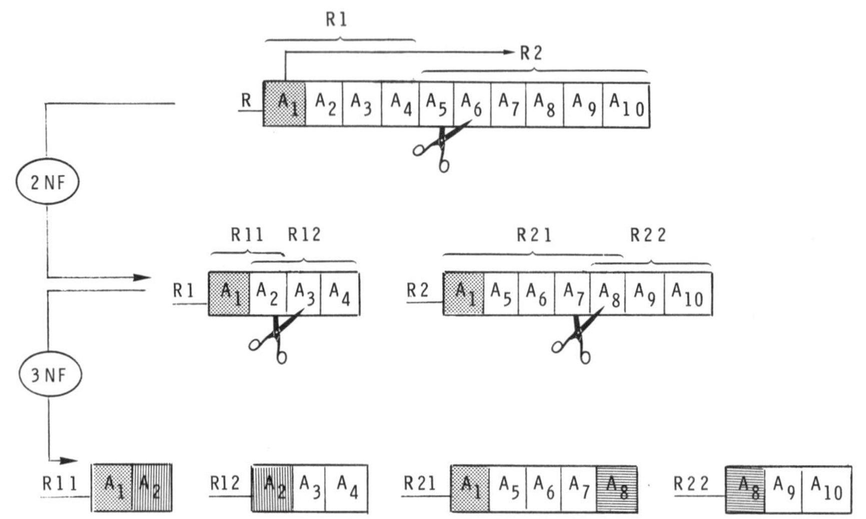

Abb. 4.9.1 Die Normalisierung als Zerlegungsprozess.

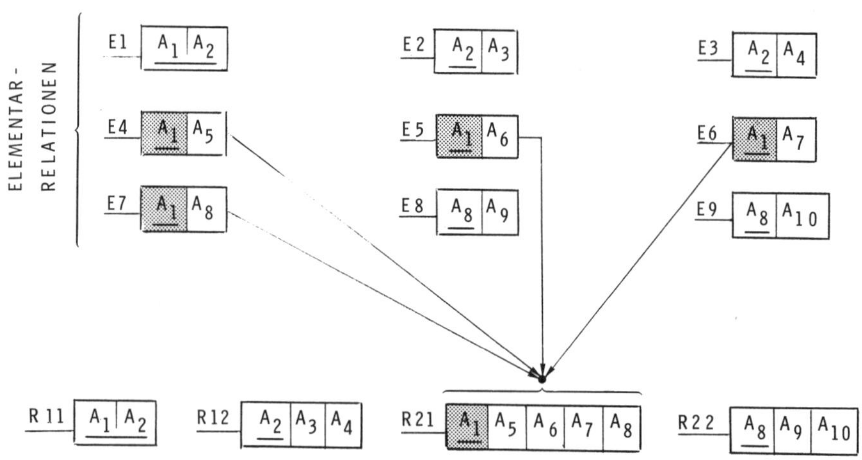

Abb. 4.9.2 Synthese von umfangreicheren Relationen, ausgehend von Elementarrelationen. Mit Elementarrelationen werden einzelne, realitätskonforme Sachverhalte festgehalten.

4.10 Übungen Kapitel 4

4.1 Man definiere mit Hilfe der Relation

`R ( A, B )`

folgende Abbildungstypen:

A ←→ B

A ←—) B

A ↞→ B

A ↞—) B

A ↞↠ B

4.2 Gegeben sei die Relation

`LIEFERUNG ( L#, NAME, P#, BEZEICHNUNG, MENGE )`

Falls das Tupel

< L1, Peter, P1, Nagel, 15 >

in der Relation LIEFERUNG enthalten ist, so wird damit zum Ausdruck gebracht, dass der Lieferant mit der Lieferantennummer (L#) L1 und dem Namen "Peter" das Produkt mit der Produktnummer (P#) P1 und der Bezeichnung "Nagel" in einer Menge von 15 Einheiten liefert.

Realitätsbeobachtungen ergeben:

L# ↞→ NAME

P# ↞→ BEZEICHNUNG

L# ↞↠ P#

L#, P# ↞→ MENGE

Die Abbildung

L#, P# ↞→ MENGE

besagt, dass ein Lieferant ein Produkt nur in einer Menge liefert, und dass eine bestimmte Menge für verschiedene Lieferanten-Produkt-Kombinationen in Frage kommt.

Man bestimme den Primärschlüssel der Relation LIEFERUNG, weise allfällige Schwierigkeiten nach und normalisiere die Relation.

4.3 Gegeben sei die Relation

```
STUDENT ( S#, S.NAME, GEBURT.DATUM, K#, BZNG, NOTE,
          P#, P.NAME )
```

Falls das Tupel

< S1, Peter, 700206, K1, Informatik, gut, P1, Fritz >

in der Relation STUDENT enthalten ist, so wird damit zum Ausdruck gebracht, dass der Student mit der Studentennummer (S#) S1 und dem Namen "Peter" am 6. Februar 1970 geboren wurde. Besagter Student besucht den Kurs mit der Kursnummer (K#) K1 und der Bezeichnung (BZNG) "Informatik". Nach Abschluss des Kurses erhält der Student eine gute Note. Studienleiter des Studenten S1 ist der Professor mit der Professornummer P1 und dem Namen "Fritz".

Realitätsbeobachtungen ergeben:

```
S#        ↞⟶  S.NAME
S#        ↞⟶  GEBURT.DATUM
S#        ↞↠  K#
K#        ↞⟶  BZNG
S#, K#    ↞⟶  NOTE
S#        ↞⟶  P#
P#        ↞⟶  P.NAME
```

Die Abbildung

```
S#, K#    ↞⟶  NOTE
```

besagt, dass ein Student für einen Kurs jeweils nur eine Note erhält, dass aber eine bestimmte Note für verschiedene Studenten-Kurs-Kombinationen möglich ist.

Man bestimme den Primärschlüssel der Relation, weise allfällige Schwierigkeiten nach und normalisiere die Relation.

4.4 Gegeben sei die Relation

```
ORGANISATION ( M#, A#, V.M#, P# )
```

Falls das Tupel

< M1, A1, M5, P1 >

in der Relation ORGANISATION enthalten ist, so wird damit zum Ausdruck gebracht, dass der Mitarbeiter mit der Mitarbeiternummer (M#) M1 in der Abteilung mit der Abteilungsnummer (A#) A1 tätig ist. Besagte Abteilung wird von einem Vorgesetzten mit der Mitarbeiternummer (V.M#) M5 geleitet. Schliesslich besagt das Tupel, dass ein Projekt mit der Projektnummer (P#) P1 bearbeitet wird.

Realitätsbeobachtungen ergeben:

M# ↞⟶ A#

A# ⟷ V.M#

A# ↞⟶ P#

Man bestimme den Primärschlüssel der Relation, weise allfällige Schwierigkeiten nach und normalisiere die Relation.

Hinweis: Man beachte, dass sich aus den obigen Realitätsbeobachtungen aufgrund der ***Produktfunktionsregel*** zusätzliche Funktionen ableiten lassen. So ergeben die Funktionen

M# ⟶ A#

A# ⟶ V.M#

die Funktion

M# ⟶ V.M#.

Die Funktionen

M# ⟶ A#

A# ⟶ P#

ergeben die Funktion

M# ⟶ P#

und die Funktionen

V.M# ⟶ A#

A# ⟶ P#

ergeben die Funktion

V.M# ⟶ P#.

Mit den vorgegebenen und den aufgrund der Produktfunktionsregel gefundenen Funktionen lassen sich für die Relation ORGANISATION vier verschiedene transitive Abhängigkeiten bestimmen. Je nachdem, in welcher Reihenfolge besagte transitive Abhängigkeiten aus der Relation ORGANISATION eliminiert werden, ergeben sich verschiedene Lösungen. Das Beispiel illustriert damit, dass der Normalisierungsprozess unter Umständen zu mehreren, logisch gleichwertigen Lösungen führen kann.

4.5 Gegeben sei die Relation

STUECKLISTE (MASTER.P#, BEZEICHNUNG, KOMPONENTE.P#, MENGE)

Falls das Tupel

< P1, Auto, P3, 4 >

der Relation STUECKLISTE angehört, so wird damit zum Ausdruck gebracht, dass für die Herstellung einer Einheitsmenge des Produktes mit der Produktnummer (MASTER.P#) P1 und der Bezeichnung "Auto" das Produkt mit der Produktnummer (KOMPONENTE.P#) P3 in einer Menge von 4 Einheiten erforderlich ist.

Realitätsbeobachtungen ergeben:

MASTER.P# $\twoheadleftarrow\!\!\longrightarrow$ **BEZEICHNUNG**

MASTER.P# $\twoheadleftarrow\!\!\twoheadrightarrow$ **KOMPONENTE.P#**

MASTER.P#, KOMPONENTE.P# $\twoheadleftarrow\!\!\longrightarrow$ **MENGE**

Die Abbildung

MASTER.P#, KOMPONENTE.P# $\twoheadleftarrow\!\!\longrightarrow$ **MENGE**

besagt, dass für die Herstellung eines Produktes ein Komponentenprodukt in ***einer*** Menge erforderlich ist.

Man bestimme den Primärschlüssel der Relation, weise allfällige Schwierigkeiten nach und normalisiere die Relation.

4.6 Gegeben sei die Relation

ABTEILUNG (A#, ..., + V.M#, NAME)

Falls das Tupel

< A1, ..., M1, Peter >

der Relation ABTEILUNG angehört, so wird damit zum Ausdruck gebracht, dass die Abteilung mit der Abteilungsnummer (A#) A1 von einem Vorgesetzten mit der Mitarbeiternummer (M#) M1 und dem Namen "Peter" geleitet wird.

Realitätsbeobachtungen ergeben:

A# ⟷ V.M#

V.M# ↞⟶ NAME

Man überlege sich, ob die Relation ABTEILUNG ein Normalisierungskriterium verletzt.

4.7 Gegeben sei die Relation

MITARBEITER (<u>M#</u>, ..., PLZ, ORT)

Falls das Tupel

< M1, ..., 8000, Zürich >

der Relation MITARBEITER angehört, so wird damit zum Ausdruck gebracht, dass der Mitarbeiter mit der Mitarbeiternummer (M#) M1 in Zürich wohnt. Postleitzahl (PLZ) von Zürich ist 8000.

Realitätsbeobachtungen ergeben:

M# ↞⟶ PLZ

PLZ ↞⟶ ORT

Man überlege sich, ob die Relation MITARBEITER ein Normalisierungskriterium verletzt. Trifft dies zu, so überlege man sich, welche Gründe für eine Normalisierung der Relation sprechen, bzw. warum man allenfalls eine Verletzung der Normalisierungskriterien in Kauf nehmen sollte.

4.8 Gegeben sei die Relation

R (<u>A</u>, B, C)

mit

A ↞⟶ B

A ↞⟶ C

B ↞⟶ C

Man beachte, dass die Relation R die 3NF verletzt, ist doch das Attribut C vom Schlüsselattribut A transitiv abhängig. Ein Analysator normalisiert die Relation R und erhält die nachstehend aufgeführten "Lösungen" a), b) und c):

```
a)  R1 ( A, B )      b)  R1 ( A, B )      c)  R2 ( A, C )

    R2 ( A, C )          R3 ( B, C )          R3 ( B, C )
```

Die obgenannten Relationen sind offensichtlich allesamt in 3NF. Trotzdem ist nur eine Version korrekt – welche?

4.9 Gegeben sei die Relation

```
LIEFERUNG ( L#, P#, FARBE )
```

Falls das Tupel

< L1, P1, rot >

der Relation LIEFERUNG angehört, so wird damit zum Ausdruck gebracht, dass der Lieferant mit der Lieferantennummer (L#) L1 das Produkt mit der Produktnummer (P#) P1 in roter Farbe liefert.

Realitätsbeobachtungen ergeben:

P# $\twoheadleftarrow\!\!\twoheadrightarrow$ L#

P# $\twoheadleftarrow\!\!\twoheadrightarrow$ FARBE

Man unterstelle, dass die den gleichen Entitätstyp betreffenden komplexen Assoziationen

P# $\twoheadrightarrow$ L#

P# $\twoheadrightarrow$ FARBE

unabhängig sind.

Man weise allfällige Schwierigkeiten nach und normalisiere die Relation.

4.10 Man unterstelle, dass die Entitätsmengen MITARBEITER (Entitätsschlüssel MI#), MASCHINE (MA#) sowie PRODUKT (P#) an der Beziehungsmenge PRODUKTION beteiligt sind. Für die Beziehungsmenge PRODUKTION sei folgende Relation definiert worden:

```
PRODUKTION ( MI#, MA#, P# )
```

Realitätsbeobachtungen ergeben:

Übung a) MI# $\twoheadleftarrow\!\!\rightarrow$ MA#

MI# ↞—→ P#

MA# ↞—→ P#

Übung b) MI# ↞—→ MA#

MI# ↞—→ P#

MA# ⟷ P#

Übung c) MI# ↞—↠ MA#

MI# ↞—↠ P#

MA# ↞—↠ P#

Übung d) MI# ↞—↠ P#

MA# ←—↠ MI#, P#

Die Abbildung

MI#, P# ↞—→ MA#

besagt, dass ein Mitarbeiter für die Herstellung eines Produktes ***einer*** Maschine bedarf, während eine Maschine für verschiedene Mitarbeiter-Produkt-Kombinationen in Frage kommt.

Man bestimme für jede Übung den Primärschlüssel der Relation, weise allfällige Schwierigkeiten nach und normalisiere (falls erforderlich) die Relation.

Anmerkung: Das Beispiel illustriert, dass eine Beziehungsmenge aus Normalisierungsgründen unter Umständen mehrere Relationen erfordert.

4.11 Man unterstelle, dass die Relation

`SPRACHKENNTNIS ( PERSON, SPRACHE, KENNTNISGRAD )`

voll normalisiert ist. Man nenne die mit der Relation SPRACHKENNTNIS festgehaltenen fünf Realitätsbeobachtungen.

5 Relationssynthese

In Kapitel 2.2 wurde gezeigt, dass eine konzeptionelle Realitätsmodellierung mit Hilfe der nachstehend aufgeführten ***Konstruktionselemente*** möglich ist:

- ***Entitätsmenge***,
- ***Entitätsattribut***,
- ***Beziehungsmenge***,
- ***Beziehungsattribut***.

In Kapitel 5.1 soll nun anhand des in Kapitel 4 eingeführten Abteilungen-Personen-Produkte-Beispiels gezeigt werden, wie diese Konstruktionselemente mit Hilfe von sogenannten ***Elementarrelationen*** datenmässig festgehalten werden können. Eine Elementarrelation ist grundsätzlich wie folgt charakterisiert:

- Sie respektiert alle Normalisierungskriterien,
- Sie betrifft immer ein einzelnes Konstruktionselement.

Das Festhalten von Konstruktionselementen mit Hilfe von voll normalisierten Elementarrelationen hat folgende Vorteile:

- Beobachtungen bezüglich der Realität können sehr präzis definiert werden.
- Jedermann ist gezwungen, die Realität in der gleichen systematischen Art und Weise zu hinterfragen.
- Es sind nur kleine, einfache Relationen zu normalisieren, was die diesbezüglichen Überlegungen stark vereinfacht.
- Weil mit einer Elementarrelation niemals zwei (oder mehr) ***unabhängige*** komplexe Assoziationen festgehalten werden, kann die 4. Normalform nicht verletzt werden (zur Erinnerung: eine Relation ist in 4NF falls sie in 3NF ist und für einen Entitätstyp nicht zwei (oder mehr) ***unabhängige*** komplexe Assoziationen festhält).

- Weil bei der Relationssysnthese immer nur Elementarrelationen mit identischen Schlüsseln kombiniert werden, kann die 5. Normalform nicht verletzt werden (zur Erinnerung: eine Relation ist in 5NF wenn sie unter keinen Umständen aufgrund einer Verschmelzung einfacherer Relationen mit ***unterschiedlichen*** Schlüsseln konstruiert werden kann).

Elementarrelationen sind aus den vorgenannten Gründen denkbar gut geeignet, ***einzelne Realitätsbeobachtungen*** präzise festzuhalten. Ihr Einsatz wird aber dann problematisch, wenn es darum geht, Daten auf einem externen Speichermedium festzuhalten. Dies darum, weil eine auf Elementarrelationen basierende Implementierung – der vielen Eingabe- und Ausgabeoperationen wegen – einen ausserordentlich schlechten Wirkungsgrad aufweisen würde. Aus diesem Grunde soll in Kapitel 5.2 gezeigt werden, wie sich im Interesse einer effizienten Implementierung Elementarrelationen zu umfangreichen, voll normalisierten Relationen zusammenfassen lassen.

Sollten bei der Lektüre des vorliegenden Kapitels Bedenken bezüglich des Aufwandes aufkommen, so sei bereits jetzt darauf hingewiesen, dass in anschliessenden Kapiteln gezeigt wird, wie sich dieser Aufwand in der Praxis drastisch reduzieren, ja sogar: wie sich das ganze Prozedere automatisieren lässt.

5.1 Konstruktionselemente und Elementarrelationen

Wie wird eine Entitätsmenge relationsmässig definiert ?

In Kapitel 2.2 wurde bezüglich einer Entität unter anderem festgestellt:

> **Eine Entität (gemeint sind sowohl *Kernentitäten* wie auch *abhängige Entitäten*) ist immer eine identifizierbare Einheit, deren Existenz auf einem geeigneten Speichermedium aufgrund eines Identifikationsmerkmals (also eines eindeutigen Schlüsselwertes) festgehalten werden soll.**

Diese Definition erfordert, dass für eine Entitätsmenge eine Relation zur Verfügung steht, deren Primärschlüssel dem Entitätsschlüssel entspricht. Damit lässt sich mit jedem Tupel besagter Relation die Existenz einer Entität darstellen.

Abb. 5.1.1 illustriert beispielsweise anhand des in Kapitel 4.1 eingeführten Abteilungen-Personen-Produkte-Beispiels die relationsmässige Darstellung der Entitätsmenge PERSON. Man erkennt, dass der Name der Relation dem Namen der Entitätsmenge entspricht, und dass die Relation ein einziges, der Entitätsschlüsseldomäne PE# entsprechendes Attribut enthält. Es versteht sich, dass dieses Attribut zugleich auch den ***Primärschlüssel*** der Relation repräsentiert. Mit der in Abb. 5.1.1 gezeigten Relation

PERSON (PE#)

kann – wie in der Entitätsdefinition gefordert – die Existenz einer Person festgehalten werden, sobald deren Schlüsselwert PE# bekannt ist.

Im folgenden soll gezeigt werden, wie die ***Überlagerung*** von Entitätsmengen relationsmässig definiert werden kann.

Relationsmässige Definition einer einstufigen Überlagerung von Entitätsmengen

In Kapitel 2.2 wurde darauf hingewiesen, dass es im Falle von überlappenden Entitätsmengen sinnvoll, ja sogar ratsam ist, eine Entitätsmenge zu definieren, welche die überlappenden Entitätsmengen umfasst.

Wir wollen uns im folgenden mit der in Abb. 5.1.2 festgehaltenen Sachlage beschäftigen, derzufolge eine Person sowohl Arzt als auch Patient sein kann. Wir erinnern uns, dass die Existenz eines Arztes bzw. eines Patienten nur gewährleistet ist, wenn der betreffende Arzt bzw. Patient als Person existiert. Entsprechend stellen die Ärzte und Patienten ***abhängige Entitäten*** dar.

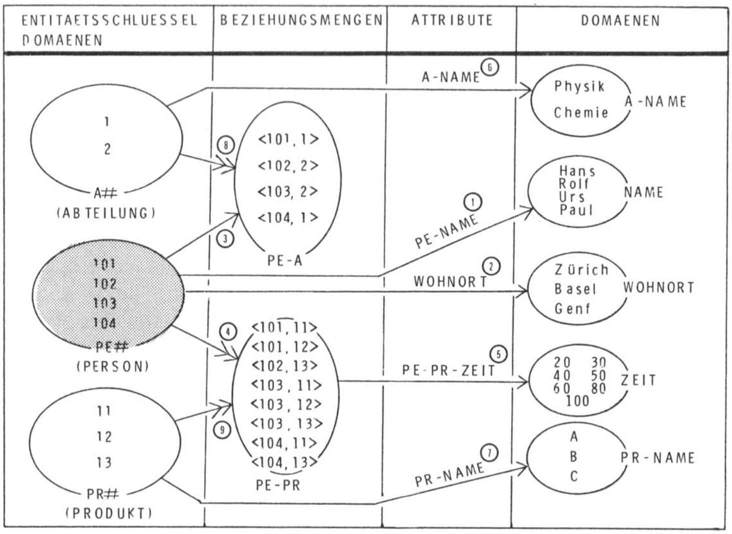

PERSON	<u>PE#</u>
	101
	102
	103
	104

Abb. 5.1.1 Relationsmässige Darstellung einer Entitätsmenge.

Wie lässt sich die vorstehend geschilderte Sachlage relationsmässig definieren?

Wie aus Abb. 5.1.2 hervorgeht, wird zunächst für jede Menge ein geeigneter Schlüssel definiert, d. h. PE# für die Menge PERSON, A# für die Menge ARZT sowie PA# für die Menge PATIENT. Sodann werden folgende Relationen definiert (zur Erinnerung: ein unterstrichenes Attribut repräsentiert den ***Primärschlüssel*** der Relation, ein + Zeichen kennzeichnet einen ***Schlüsselkandidaten*** und die vor einem Attribut stehende Abkürzung ***wl*** besagt, dass eine Löschung in der Relation mit dem Primärschlüssel an die Relation mit dem entsprechenden Fremdschlüssel weiterzugeben ist):

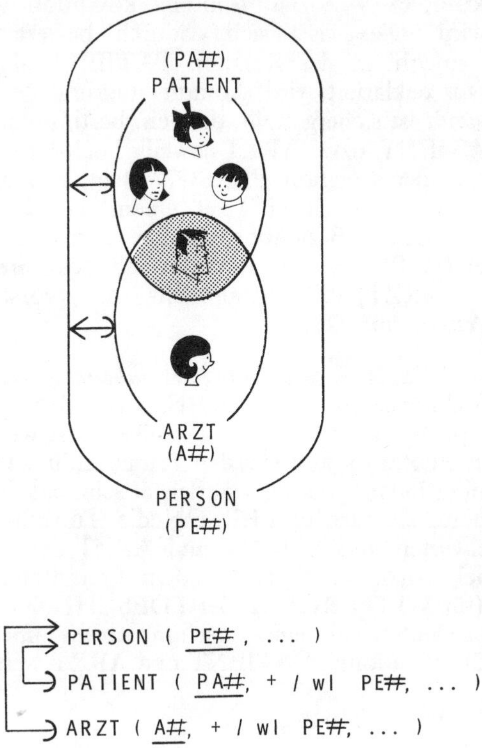

Abb. 5.1.2 Relationsmässige Darstellung von überlappenden Entitätsmengen. Die Abbildung bezieht sich auf die in Kapitel 2.2 diskutierte Sachlage, derzufolge eine Person sowohl Arzt wie auch Patient sein kann.

```
PERSON ( PE#, ... )

PATIENT ( PA#,  +/wl  PE#, ... )

ARZT ( A#,  +/wl  PE#, ... )
```

Zu den vorgenannten Relationen folgende Erklärungen:

1. Das Attribut PE# erscheint in der Relation PERSON als ***Primärschlüssel***, in den Relationen ARZT und PATIENT hingegen als ***Fremdschlüssel.*** Damit kommt grundsätzlich eine komplexe Assoziation von der Relation PERSON zur Relation ARZT bzw. PATIENT zustande, was – auf die Realität übertragen – bedeuten würde, dass ein und dieselbe Person mehrmals als Arzt und mehrmals als Patient in Erscheinung treten kann.

Nachdem eine bestimmte Person aber höchstens ***ein*** Arzt und höchstens ***ein*** Patient sein kann, muss mit geeigneten Massnahmen sichergestellt werden, dass die komplexe Assoziation in eine konditionelle Assoziation umfunktioniert wird. Dies lässt sich dadurch bewerkstelligen, dass das Attribut PE# sowohl in der Relation PATIENT als auch ARZT als ***Schlüsselkandidat*** deklariert wird (kommt aufgrund des + Zeichens zum Ausdruck). Damit ist sichergestellt, dass ein bestimmter PE#-Wert in den Relationen PATIENT bzw. ARZT jeweils höchstens einmal erscheinen kann. Ein Tupel der Relation PERSON steht also aufgrund eines bestimmten PE#-Wertes höchstens mit einem Tupel der Relation PATIENT (bzw. ARZT) in Beziehung; das heisst, von der Relation mit dem Primärschlüssel (PERSON) zur Relation mit dem Fremdschlüssel (PATIENT bzw. ARZT) liegt nunmehr die vorstehend geforderte konditionelle Assoziation vor.

2. Nachdem sowohl Patienten als auch Ärzte ***abhängige Entitäten*** darstellen, muss sichergestellt werden, dass die Relationen PATIENT und ARZT nur Tupel akzeptieren können, deren Fremdschlüsselwerte PE# mit einem in der Relation PERSON auftretenden Primärschlüsselwert PE# übereinstimmen. Darüber hinaus muss gewährleistet sein, dass bei einer Löschung eines Primärschlüsselwertes in PERSON die Tupel mit entsprechenden Fremdschlüsselwerten in PATIENT und ARZT ebenfalls verschwinden. Auf diesen Sachverhalt weist der vor dem Fremdschlüsselwert stehende Parameter ***wl*** (für WEITERGABE der LOESCHUNG stehend) hin, wird doch damit angedeutet, dass eine Löschung eines Tupels in der Relation PERSON an die Relationen PATIENT und ARZT weiterzugeben ist.

Das vorliegende Beispiel hat gezeigt:

Eine Relation RK, die eine *Kernentitätsmenge* repräsentiert, wird mit einer Relation RA, die eine Entitätsmenge mit *abhängigen Entitäten* repräsentiert dadurch wechselseitig in Beziehung gesetzt, dass der Primärschlüssel der Relation RK als Fremdschlüssel in der Relation RA aufgeführt wird.

Es wird immer wieder der Einwand vorgebracht, dass das vorstehende Beispiel auch folgendermassen hätte gelöst werden können:

```
PERSON ( PE#, ... )

PATIENT ( wl PE#, ... )

ARZT ( wl PE#, ... )
```

Das in allen Relationen als Primärschlüssel erscheinende Attribut PE# stellt – so wird argumentiert – sicher, dass eine Person höchstens ***ein*** Patient und/oder ***ein*** Arzt sein kann. Solange es sich um einfache Sachlagen handelt, mag das vorstehende Vorgehen noch angehen. In komplizierteren Fällen – etwa wenn für eine Entitätsmenge mit abhängigen Entitäten eine weitere Entitätsmenge mit abhängigen Entitäten zu berücksichtigen ist – wird die Verwendung von identischen Primärschlüsseln in verschiedenen Relationen problematisch. Auf unsere Problemstellung bezogen könnte es ja sein, dass für die Entitätsmenge ARZT eine weitere Entitätsmenge mit abhängigen Entitäten – beispielsweise CHEFARZT – zu berücksichtigen ist. Arbeitet man mit identischen Primärschlüsseln, so wären für die neue Problemstellung folgende Relationen erforderlich:

```
PERSON ( PE#, ... )

PATIENT ( wl PE#, ... )

ARZT ( wl PE#, ... )

CHEFARZT ( wl PE#, ... )
```

Nun ist aber leicht einzusehen, dass aufgrund dieser Definition nicht ohne weiteres erkannt werden kann, dass die Menge der Chefärzte eine Untermenge der Menge der Ärzte und eben nicht der Patienten darstellt. Dieser Nachteil entfällt, sofern für die Problemstellung Relationen definiert werden, die aufgrund des ***Primärschlüssel-Fremdschlüssel-Prinzips*** miteinander in Beziehung stehen, konkret also:

```
PERSON ( PE#, ... )

PATIENT ( PA#, +/wl PE#, ... )

ARZT ( A#, +/wl PE#, ... )

CHEFARZT ( CA#, +/wl A#, ... )
```

Damit die in Kapitel 4 gemachte Aussage

Voll normalisierte Datenstrukturen weisen einen ausserordentlich hohen Aussagegehalt auf. Sie können gelesen werden wie ein Buch und ermöglichen insbesondere das Erkennen von Annahmen, die der Modellentwerfer bezüglich der Realität getroffen hat.

voll zum Tragen kommt, sollten Relationen konsequent aufgrund des ***Primärschlüssel-Fremdschlüssel-Prinzips*** miteinander in Beziehung gesetzt werden.

Ein weiteres Beispiel möge zeigen, dass die vorstehenden Überlegungen in der Praxis durchaus ihre Berechtigung haben.

Relationsmässige Definition einer mehrstufigen Überlagerung von Entitätsmengen

Abb. 5.1.3 zeigt, wie die in Kapitel 2.2 diskutierte Sachlage, derzufolge eine Turbine einer bestimmten Turbinenart angehört und verschiedene Lebensphasen durchläuft, relationsmässig definiert werden kann.

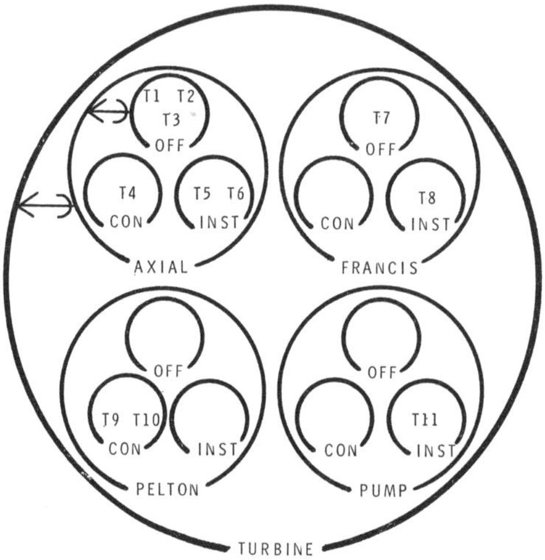


```
TURBINE ( T#, ... )
AXIAL ( AX#, + / wl T#, ... )
AXIALOFF ( AXO#, + / wl AX#, ... )
AXIALCON ( AXC#, + / wl AX#, ... )
AXIALINST ( AXI#, + / wl AX#, ... )
FRANCIS ( F#, + / wl T#, ... )
.
.
```

Abb. 5.1.3 Relationsmässige Darstellung einer mehrstufigen Überlagerung von Entitätsmengen.

Man erkennt:

1. Mit dem in den Relationen AXIAL, FRANCIS, PELTON sowie PUMP zum Schlüsselkandidaten deklarierten Fremdschlüssel T# wird bewirkt, dass besagte Relationen, zusammen mit der Relation TURBINE, je an

einer (C:1)-Abbildung beteiligt sind. Damit ist sichergestellt, dass eine Turbine nicht mehrmals einer bestimmten Turbinenart entsprechen kann.

2. Mit dem in den Relationen AXIALOFF, AXIALCON sowie AXIALINST zum Schlüsselkandidaten deklarierten Fremdschlüssel AX# wird bewirkt, dass besagte Relationen, zusammen mit der Relation AXIAL, je an einer (C:1)-Abbildung beteiligt sind. Damit ist sichergestellt, dass eine Axialturbine nicht mehrmals in ein und derselben Lebensphase auftreten kann. Einen sinngemässen Effekt bewirken die in den einschlägigen Relationen zum Schlüsselkandidaten deklarierten Fremdschlüssel FR#, PE# sowie PU#.

3. Nachdem alle überlagerten Entitätsmengen ***abhängige Entitäten*** beinhalten, sind für die Fremdschlüssel ***keine*** Nullwerte tolerierbar. Ausserdem muss sichergestellt werden, dass bei einer Elimination einer Entität durch Löschung des entsprechenden T#-Wertes sämtliche davon abhängigen Entitäten ebenfalls gelöscht werden (Weitergabe der Löschung). Formal könnte dies in den die AXIAL Turbinen betreffenden Relationen wie folgt zum Ausdruck gebracht werden.

   AXIAL (<u>AX#</u>, +/wl T#, ...)

   AXIALOFF (<u>AXO#</u>, +/wl AX#, ...)

   AXIALCON (<u>AXC#</u>, +/wl AX#, ...)

   AXIALINST (<u>AXI#</u>, +/wl AX#, ...)

4. Die Beziehungsintegritätsspezifikation, derzufolge ein Fremdschlüsselwert einem Primärschlüsselwert zu entsprechen hat, genügt im vorliegenden Falle nicht. Vielmehr muss darüberhinaus sichergestellt werden, dass ein bestimmter Primärschlüsselwert höchstens in einer Relation als Fremdschlüsselwert erscheint, kann doch eine bestimmte Turbine nur ***einer*** Turbinenart angehören und befindet sich eine Turbine jederzeit in nur ***einer*** Lebensphase. Der geschilderte Sachverhalt muss einem Datenbankmanagementsystem in Form einer ASSERTION (siehe Kapitel 4.9) bekanntgegeben werden, deren Logik Abb. 5.1.4 entnommen werden kann. Unterstützt das zur Verfügung stehende Datenbankmanagementsystem das ASSERTION-Prinzip nicht, so sollte mit einem geeigneten Applikationsprogramm für eine Einhaltung der genannten Bedingungen gesorgt werden.

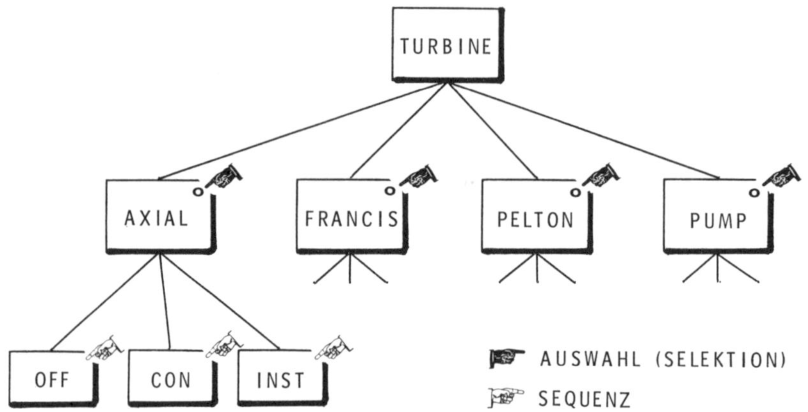

Abb. 5.1.4 Logik für ASSERTION. (Die Abbildung wurde bereits in Kapitel 2.2 für die Darstellung der Lebensphasen einer Entität verwendet).

Relationsmässige Definition einer Überlagerung von Entitätsmengen zwecks Komprimierung von Entitäten

Abb. 5.1.5 zeigt, wie die in Kapitel 2.2 diskutierte Sachlage, derzufolge in einer Schulklasse mehrere Schüler vorzufinden sind, relationsmässig definiert werden kann.

Man erkennt:

1. Das in der Relation KLASSE als Primärschlüssel und in der Relation STUDENT als Fremdschlüssel erscheinende Attribut K# bewirkt, dass besagte Relationen an einer (M:1)-Abbildung beteiligt sind. Dies entspricht dem tatsächlichen Sachverhalt, demzufolge ein Student nur einer Klasse angehört, eine Klasse aber mehrere Studenten aufweisen kann.

2. Falls die Studenten als ***Kernentitäten*** behandelt werden sollen, so sind für den Fremdschlüssel K# in der Relation STUDENT Nullwerte zuzulassen (andernfalls kann die Existenz eines Studenten nur dann festgehalten werden, wenn seine Klassenzugehörigkeit feststeht). Formal könnte dies wie folgt definiert werden:

   STUDENT (<u>S#</u>, nw/nl K#, ...)

   Dabei bedeuten die dem Fremdschlüssel vorgelagerten Zeichen:

   nw Nullwerte sind zugelassen

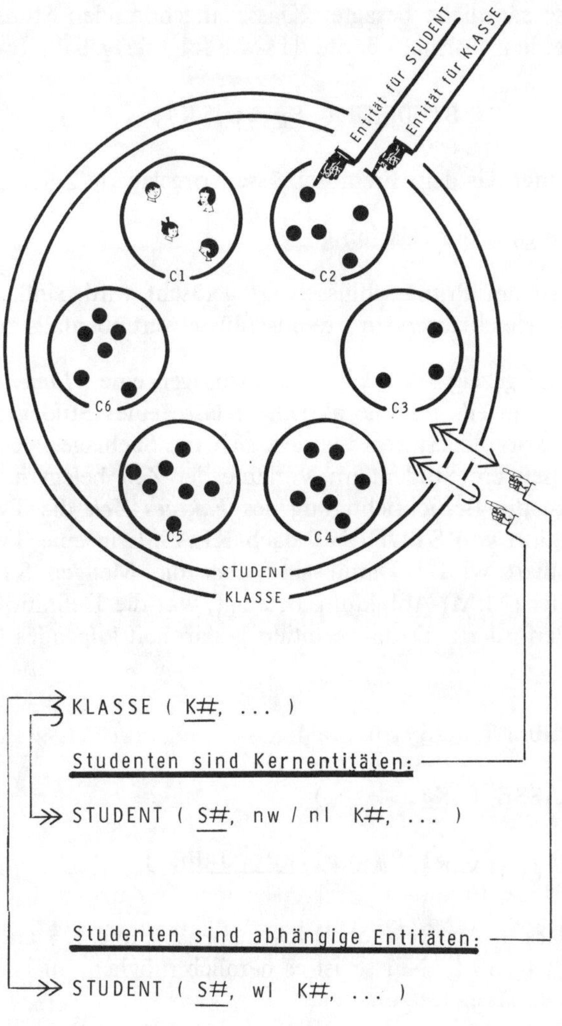

Abb. 5.1.5 Überlagerung von Entitätsmengen zwecks Komprimierung von Entitäten.

nl Nullsetzung bei Löschung

(sofern ein Primärschlüsselwert gelöscht wird, ist ein gleichlautender Fremdschlüsselwert auf Null zu setzen).

3. Falls die Studenten als ***abhängige Entitäten*** behandelt werden sollen (d. h. die Existenz eines Studenten bedingt die Existenz einer Klasse), so sind für

den Fremdschlüssel K# in der Relation STUDENT keine Nullwerte zuzulassen. Ausserdem muss sichergestellt werden, dass bei einer Löschung einer Klasse sämtliche besagter Klasse angehörenden Studenten ebenfalls gelöscht werden. Formal könnte dies wie folgt festgehalten werden:

```
STUDENT ( S#, wl K#, ... )
```

Dabei bedeutet das dem Fremdschlüssel vorgelagerte Zeichen:

wl Weitergabe der Löschung

(sofern ein Primärschlüsselwert gelöscht wird, sind alle Tupel mit einem gleichlautenden Fremdschlüsselwert ebenfalls zu löschen).

Das in Abb. 5.1.5 gezeigte Modell stellt sozusagen eine ***Momentaufnahme*** dar, kann doch damit jeweils nur die aktuelle Klasse eines Studenten festgehalten werden. Etwas komplizierter präsentiert sich die Sachlage, wenn festzuhalten ist, welche Klassen ein Student im Verlaufe der Zeit belegt hat. Abb. 5.1.6 zeigt, dass durch die Berücksichtigung des ***Faktors Zeit*** die Typ 1 (bzw. die Typ C) Assoziation von STUDENT nach KLASSE in eine Typ M Assoziation umfunktioniert wird. Damit sind aber die Mengen STUDENT und KLASSE an einer (M:M)-Abbildung beteiligt, was die Definition einer zusätzlichen Relation erfordert. Damit resultiert gesamthaft folgendes Relationenmodell:

STUDENT (<u>S#</u>, ...)

KLASSE (<u>K#</u>, ...)

$S\text{-}K_{(t)}$ (wl <u>S#</u>, wl <u>K#, JAHR</u>)

Man beachte, dass in der Relation $S\text{-}K_{(t)}$ neben S# und K# auch JAHR dem Primärschlüssel angehört. Nur so ist es nämlich möglich, auch die Repetenten einer Klasse datenmässig festzuhalten.

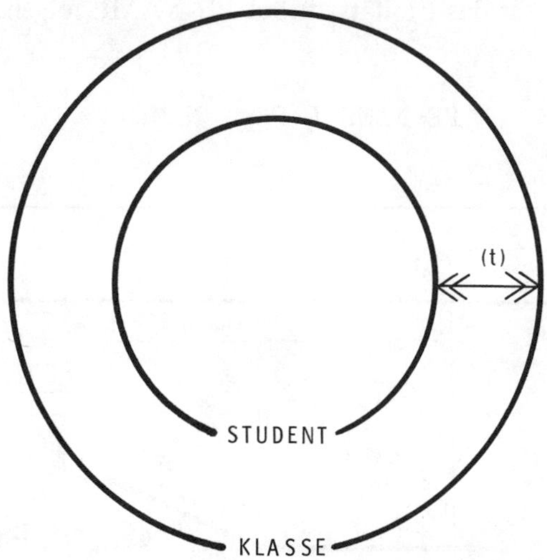

STUDENT (S#, ...)

KLASSE (K#, ...)

$S\text{-}K_{(t)}$ (wl S#, wl K#, JAHR)

Abb. 5.1.6 Berücksichtigung des Faktors Zeit.

Wie wird ein Entitätsattribut relationsmässig definiert ?

In Kapitel 2.2 wurde definiert:

> **Ein Entitätsattribut assoziert die Entitäten einer Entitätsmenge (bzw. die Entitätsschlüssel einer Entitätsschlüsseldomäne) mit Eigenschaftswerten, die einer (allenfalls mehreren) Domäne(n) angehören.**

Am Entitätsattribut PE-NAME sind gemäss Abb. 5.1.7 die Entitätsschlüsseldomäne PE# sowie die Domäne NAME beteiligt. Wird bezüglich der Realität festgestellt, dass eine Person immer nur einen Namen aufweist, ein Name aber mehreren Personen zugeordnet werden kann (läge mit andern Worten dem Entitätsattribut PE-NAME die (1:M)-Abbildung

PE# ↞⟶ NAME

zugrunde), so wäre für das Entitätsattribut PE-NAME folgende Relation erforderlich:

PE-NAME (<u>PE#</u>, NAME)

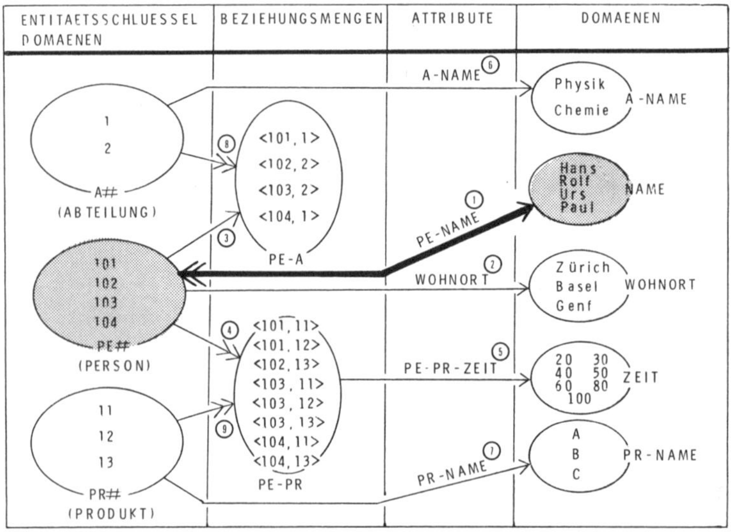

PE-NAME	<u>PE#</u>	NAME
	101	Hans
	102	Rolf
	103	Urs
	104	Paul

Abb. 5.1.7 Relationsmässige Darstellung eines Entitätsattributes (eine Domäne involvierend). Der Primärschlüssel ***PE#*** bewirkt, dass je Mitarbeiter nur gerade ***ein*** Name eingebracht werden kann.

Offensichtlich entspricht der Name der Relation dem Namen des Entitätsattributes und enthält die Relation zwei, der Entitätsschlüsseldomäne PE# und der

Domäne NAME entsprechende Attribute. Relationsschlüssel ist PE#, was zur Folge hat, dass je Mitarbeiter (d. h. je PE#-Wert) nur gerade ***ein*** Name eingebracht werden kann. Damit lässt sich aber die 1. Feststellung des Abteilungen-Personen-Produkte Beispiels (d. h. die Tatsache, derzufolge jeder Mitarbeiter nur ***einen*** Namen hat) einwandfrei respektieren.

Hätten wir bezüglich der Realität festgestellt, dass eine Person höchstens einen (möglicherweise auch keinen) Namen aufweist, und dass ein Name mehreren Personen zugeordnet werden kann (hätte mit andern Worten dem Entitätsattribut die (C:M)-Abbildung

PE# ↞—) NAME

zugrunde gelegen), so wäre folgende Relation erforderlich gewesen:

PE-NAME (PE#, nw NAME)

Die Relation

PE-NAME (PE#, NAME)

ermöglicht gemäss Abb. 5.1.8 die Berücksichtigung der (M:M)-Abbildung

PE# ↞↠ NAME

Diese Abbildung besagt aber, dass eine Person mehrere Namen aufweisen kann, und dass ein Name mehreren Personen zugeordnet werden kann.

Grundsätzlich sind für das Entitätsattribut PE-NAME auch folgende Relationen denkbar:

PE-NAME (PE#, NAME)

PE-NAME (PE#, + NAME)

Erstere hält die (M:1)-Abbildung

PE# ⟷↠ NAME

fest – die Tatsache also, derzufolge eine Person mehrere Namen aufweisen kann und ein Name nur gerade einer Person zugeordnet werden darf.

Die Relation, in welcher das Attribut NAME als Schlüsselkandidat erscheint, hält die (1:1)-Abbildung

PE# ⟷ NAME

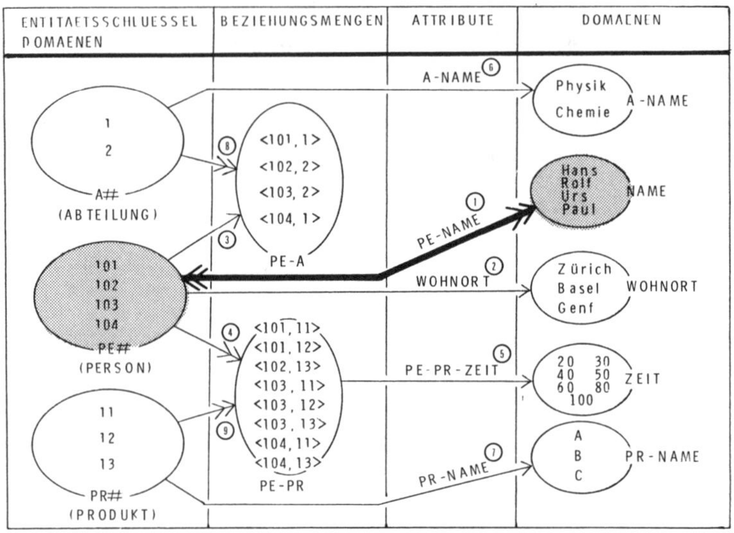

PE-NAME	PE#	NAME
	101	Hans
	102	Hans
	102	Rolf
	103	Rolf
	103	Urs
	103	Paul
	104	Paul

Abb. 5.1.8 Je nach Relationsschlüssel können unterschiedliche, realitätskonforme Sachverhalte festgehalten werden. Der Primärschlüssel ***PE#, NAME*** bewirkt, dass je Mitarbeiter (d. h. je PE#-Wert) mehrere Namen eingebracht werden können. Desgleichen kann ein bestimmter Name durchaus mehreren Mitarbeitern zugeordnet werden.

fest – die Tatsache also, derzufolge eine Person nur einen Namen aufweisen kann und ein Name nur einer Person zugeordnet werden darf.

Die vorstehenden Ausführungen zeigen, dass ***je nach Schlüsseldefinition völlig unterschiedliche, aufgrund von Realitätsbeobachtungen festgestellte Sachverhalte festgehalten werden können.*** Die vorstehenden Beispiele zeigen aber auch, dass ***bei der relationsmässigen Darstellung eines Entitätsattributes das der Entitäts-***

schlüsseldomäne entsprechende Attribut nicht zwangsläufig auch Primärschlüssel der Relation werden muss.

Ein Entitätsattribut kann bekanntlich auch mehrere Domänen involvieren. Ein entsprechendes, sich selbst erklärendes Beispiel kann Abb. 5.1.9 entnommen werden.

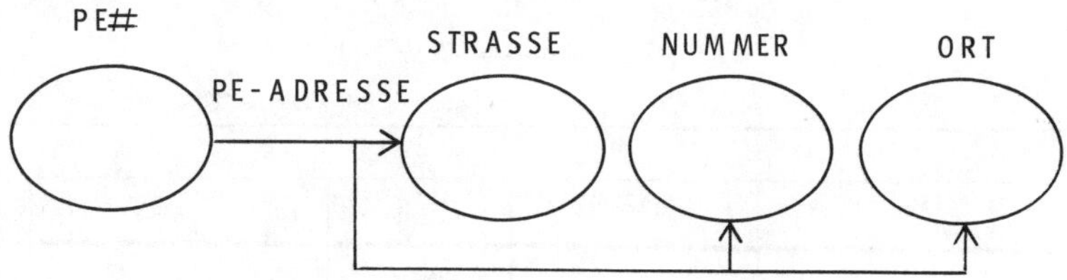

PE-ADRESSE	<u>PE#</u>	STRASSE	NUMMER	ORT
	101	Nordstr.	25	Zürich
	102	Südstr.	38	Basel
	103	Champel	20	Genf
	104	Nordstr.	105	Zürich

Abb. 5.1.9 Relationsmässige Darstellung eines Entitätsattributes (mehrere Domänen involvierend). Der Primärschlüssel *PE#* bewirkt, dass je Mitarbeiter nur *eine* Adresse, bestehend aus einer Strasse, einer Nummer sowie einem Ort, eingebracht werden kann.

Wie wird eine Beziehungsmenge relationsmässig definiert ?

In Kapitel 2.2 wurde definiert:

Unterschiedliche Beziehungselemente, die allesamt Entitäten der gleichen Entitätsmenge(n) involvieren, und denen allesamt die gleiche Bedeutung zukommt, sind vom gleichen Typ.

Eine <u>Beziehungsmenge</u> ist eine eindeutig benannte Kollektion von Beziehungselementen gleichen Typs.

Wir wollen im folgenden anhand von Beispielen einige unterschiedlich charakterisierte Beziehungsmengen relationsmässig definieren.

Relationsmässige Definition einer Beziehungsmenge, die zwei Entitätsmengen involviert (Normalfall)

An der Beziehungsmenge PE-A sind gemäss Abb. 5.1.10 die Entitätsschlüsseldomänen PE# und A# beteiligt. Nachdem bezüglich der Realität festgestellt wurde, dass eine Person in nur einer Abteilung tätig ist, eine Abteilung aber mehrere Personen beschäftigen kann, ist für die Festhaltung der (1:M)-Abbildung

$$PE\# \twoheadleftarrow\!\!\longrightarrow A\#$$

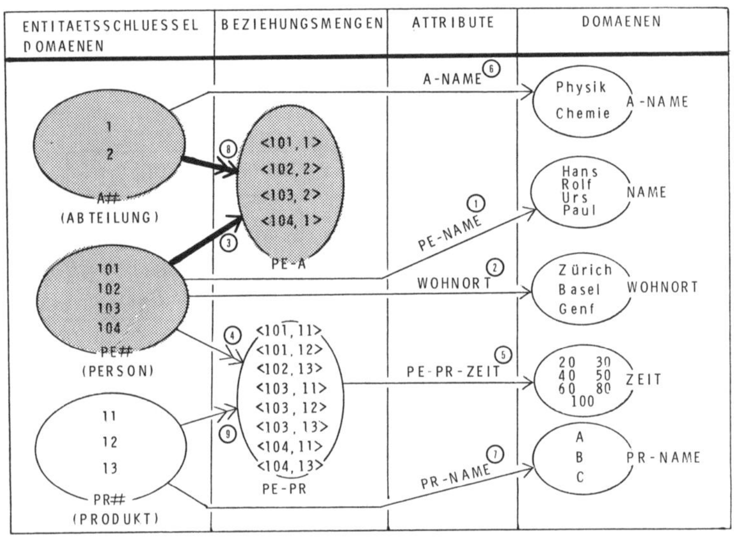

PE-A	PE#	A#
	101	1
	102	2
	103	2
	104	1

Abb. 5.1.10 Relationsmässige Darstellung einer Beziehungsmenge (zwei Entitätsmengen involvierend). Der Primärschlüssel ***PE#*** bewirkt, dass je Mitarbeiter (d. h. je PE#-Wert) nur gerade ein A#-Wert eingebracht werden kann. Anderseits lässt sich ein und derselbe A#-Wert – zusammen mit unterschiedlichen PE#-Werten – mehrmals aufführen.

die Relation

PE-A (PE#, A#)

zu definieren. Offensichtlich entspricht der Name der Relation dem Namen der Beziehungsmenge und enthält die Relation zwei, den Entitätsschlüsseldomänen PE# und A# entsprechende Attribute.

Relationsmässige Definition des Stücklistenprinzips (d.h. einer Beziehungsmenge, die nur eine Entitätsmenge involviert)

Abb. 5.1.11 zeigt, wie die in Kapitel 2.2 diskutierte, eine Stücklistenanordnung repräsentierende Beziehungsmenge EX-IM relationsmässig definiert wird. Nachdem die Menge EX-IM lauter Beziehungselemente enthält, an denen jeweils zwei Entitätsschlüssel aus der Domäne PR# beteiligt sind, erscheint in der Relation EX-IM entsprechend zweimal das Attribut PR#. Die Rollenbezeichnungen MASTER und KOMPONENTE umschreiben die Bedeutung der Attributswerte und bewirken eindeutige Attributsnamen. Schlüssel der Relation ist der zusammengesetzte Schlüssel ***MASTER.PR#, KOMPONENTE.PR#*** , womit zum Ausdruck kommt, dass sich ein Master Produkt in der Regel aus mehreren Komponenten zusammensetzt und eine Komponente in der Regel für die Produktion von mehreren Masterprodukten verwendet wird, formal:

MASTER.PR# ↞→↠ KOMPONENTE.PR#

Soll mit der in Abb. 5.1.11 gezeigten Relation eine Auflösungsoperation durchgeführt werden, so wird gemäss Abb. 5.1.12 mit dem PR#-Wert des aufzulösenden Produktes via das Attribut MASTER.PR# auf die Relation EX-IM zugegriffen. Dabei fallen die PR#-Werte der Komponenten an, die im aufzulösenden Produkt enthalten sind. Umgekehrt wird im Falle eines Verwendungsnachweises mit dem PR#-Wert einer Komponente via das Attribut KOMPONENTE.PR# auf die Relation EX-IM zugegriffen (siehe Abb. 5.1.12). Dabei fallen die PR#-Werte der Masterprodukte an, in denen die vorgegebene Komponente enthalten ist.

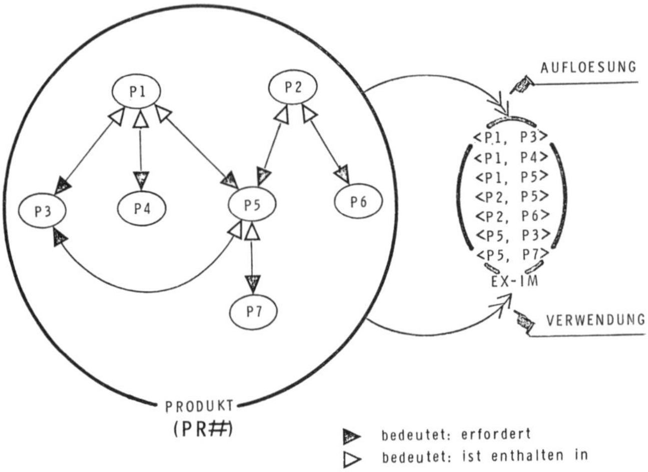

EX-IM

MASTER.PR#	KOMPONENTE.PR#
P1	P3
P1	P4
P1	P5
P2	P5
P2	P6
P5	P3
P5	P7

Abb. 5.1.11 Relationsmässige Darstellung einer Beziehungsmenge (eine Entitätsmenge involvierend). Die im Bilde gezeigte Beziehungsmenge hält eine Stücklistenanordnung fest.

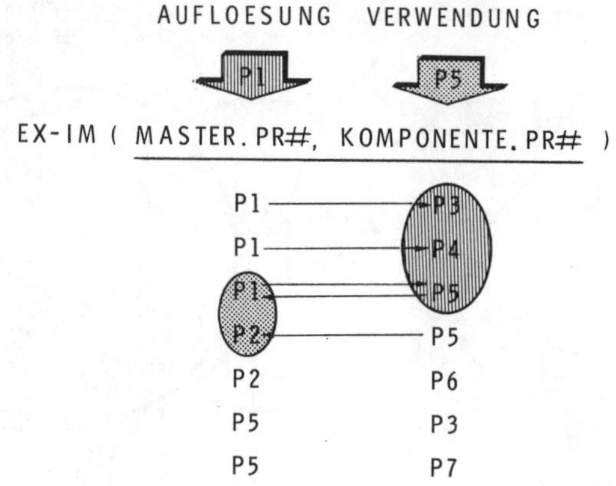

Abb. 5.1.12 Auflösung und Verwendungsnachweis. Die Abbildung illustriert, dass eine Auflösung des Produktes P1 die Komponenten P3, P4 sowie P5 ergibt. Anderseits führt ein Verwendungsnachweis für die Komponente P5 zu den Produkten P1 und P2.

Abb. 5.1.13 zeigt, wie das in Kapitel 2.2 diskutierte Stücklistenvariantenproblem relationsmässig definiert werden kann. Man beachte, dass das Attribut V#, mit dessen Hilfe die einer Variante angehörenden Master-Komponenten-Kombinationen zusammengefasst werden können, zweimal aufzuführen ist. Dies deshalb, weil ja nicht nur ein Masterprodukt in verschiedenen Varianten vorkommen kann, sondern auch ein für dessen Herstellung erforderliches Komponentenprodukt.

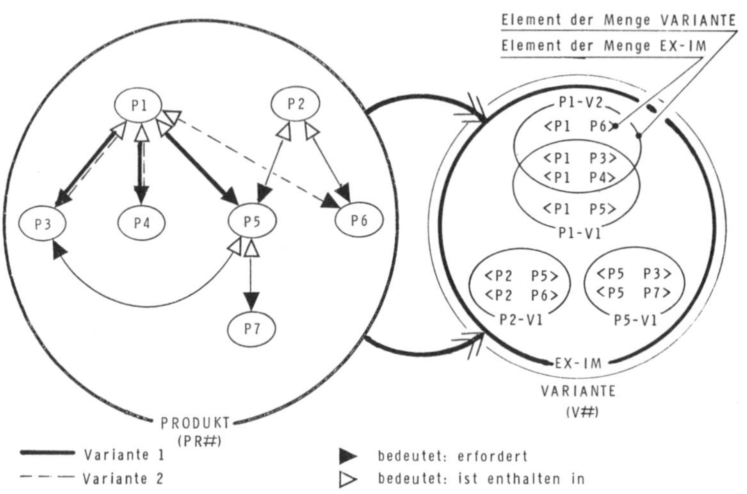

EX-IM (MASTER.V#, MASTER.PR#, KOMPONENTE.V#, KOMPONENTE.PR#)

MASTER.V#	MASTER.PR#	KOMPONENTE.V#	KOMPONENTE.PR#
V1	P1	V1	P3
V1	P1	V1	P4
V1	P1	V1	P5
V2	P1	V1	P3
V2	P1	V1	P4
V2	P1	V1	P6
V1	P2	V1	P5
V1	P2	V1	P6
V1	P5	V1	P3
V1	P5	V1	P7

Abb. 5.1.13 Relationsmässige Darstellung des Stücklistenvariantenproblems.

Relationsmässige Definition einer Unternehmungsstruktur (2. Beispiel einer nur eine Entitätsmenge involvierenden Beziehungsmenge)

Abb. 5.1.14 zeigt, wie die in Kapitel 2.2 diskutierte, eine Unternehmungsstruktur repräsentierende Beziehungsmenge UN-BE relationsmässig definiert wird. Nachdem die Menge UN-BE lauter Beziehungselemente enthält, an denen jeweils zwei Entitätsschlüssel aus der Domäne PE# beteiligt sind, erscheint in der Relation UN-BE entsprechend zweimal das Attribut PE#. Die Rollenbezeichnung MANAGER umschreibt die Bedeutung der Werte des einen Attributes und bewirkt zudem eindeutige Attributsnamen. Primärschlüssel ist die erste PE#, was zur Folge hat, dass je Mitarbeiter (d.h. je PE#-Wert) nur gerade ein MANAGER.PE#-Wert festgehalten werden kann. Anderseits lässt sich ein und derselbe MANAGER.PE#-Wert im Zusammenhang mit unterschiedlichen Primärschlüsselwerten durchaus mehrmals einbringen. Damit lässt sich aber der Sachverhalt, demzufolge ein Mitarbeiter höchstens an einen Vorgesetzten berichtet, ein Vorgesetzter aber mehreren Mitarbeitern vorsteht, einwandfrei respektieren.

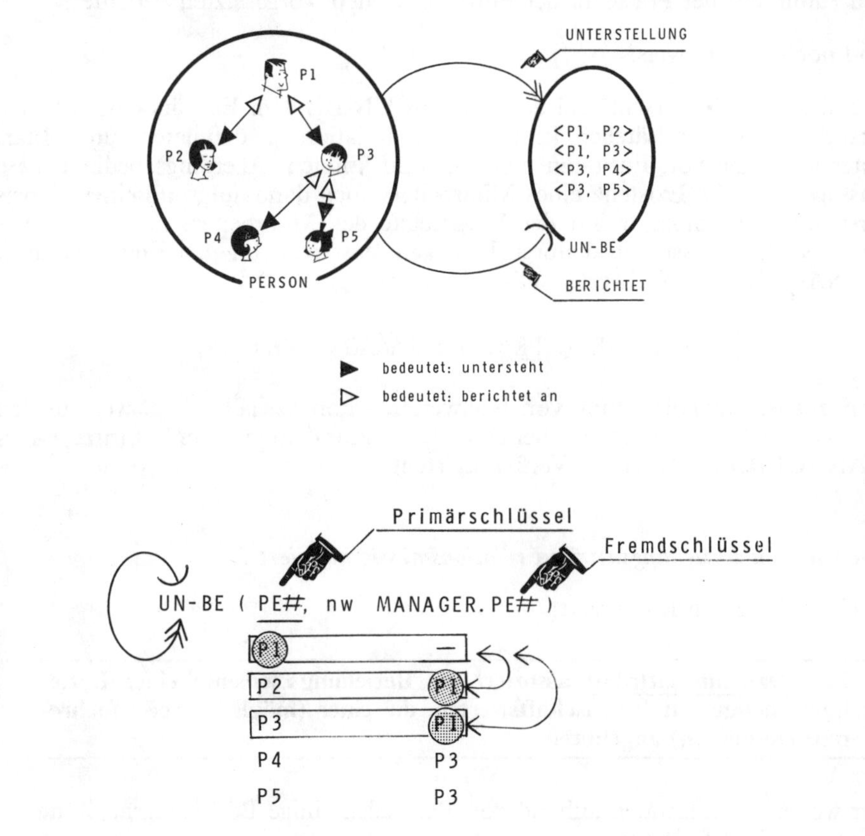

Abb. 5.1.14 Unternehmungsstruktur (Beziehungsmenge, eine Entitätsmenge involvierend). Man beachte, dass die Tupel der Relation PERSON an einer durch das Primärschlüssel-Fremdschlüssel-Prinzip verursachten (M:C)-Abbildung beteiligt sind. Dies entspricht dem tatsächlichen Sachverhalt, demzufolge ein Vorgesetzter mehreren Mitarbeitern vorsteht und ein Mitarbeiter höchstens an einen Vorgesetzten berichtet.

Man beachte übrigens, dass das Attribut PE# in der Relation PERSON sowohl als ***Primärschlüssel*** wie auch als ***Fremdschlüssel*** in Erscheinung tritt. Als Primärschlüssel repräsentiert ein individueller PE#-Wert einen bestimmten Mitarbeiter, als Fremdschlüssel hingegen den Vorgesetzten eines Mitarbeiters. Als Primärschlüssel kommt ein individueller PE#-Wert nur einmal vor, als

Fremdschlüssel hingegen möglicherweise mehrmals. Damit sind aber die Tupel der Relation PERSON wiederum an einer durch das ***Primärschlüssel-Fremdschlüssel-Prinzip*** verursachten (M:C)-Abbildung beteiligt, was dem bereits erwähnten Sachverhalt entspricht, demzufolge ein Vorgesetzter mehreren Mitarbeitern vorsteht, ein Mitarbeiter aber höchstens an einen Vorgesetzten berichtet. Übrigens liegt eine C-Assoziation in der (M:C)-Abbildung deshalb vor, weil zumindest der Präsident der Firma an keinen Vorgesetzten berichtet.

Und noch ein Hinweis:

Nachdem der Primärschlüssel der Relation UN-BE dem Entitätsschlüssel PE# entspricht, ist grundsätzlich keine weitere Relation zu definieren, um Mitarbeiter im Sinne von Entitäten behandeln zu können. Allerdings bedingt diese Aussage, dass die Existenz eines Mitarbeiters auch dann aufgrund eines Tupels darstellbar sein muss, wenn der Vorgesetzte des Mitarbeiters noch nicht bekannt ist. Dies lässt sich dadurch bewirken, dass man für den Fremdschlüssel MANAGER.PE# Nullwerte zulässt, formal:

UN-BE (<u>PE#</u>, nw MANAGER.PE#)

Übrigens ist die Tolerierung von Nullwerten schon deshalb nötig, weil für den an keinen Vorgesetzten berichtenden Präsidenten der Firma kein MANAGER.PE#-Wert zur Verfügung steht.

Wie wird ein Beziehungsattribut relationsmässig definiert ?

In Kapitel 2.2 wurde definiert:

Ein <u>Beziehungsattribut</u> assoziert die Beziehungselemente einer Beziehungsmenge mit Eigenschaftswerten, die einer (möglicherweise mehreren) Domäne(n) angehören.

Wir wollen im folgenden anhand von Beispielen einige Beziehungsattribute relationsmässig definieren:

Beziehungsattribut für Beziehungsmenge, an der zwei Entitätsmengen beteiligt sind (Normalfall)

Am Beziehungsattribut PE-PR-ZEIT sind gemäss Abb. 5.1.15 die Beziehungsmenge PE-PR und die Domäne ZEIT beteiligt. Die Darstellung der Beziehungsmenge PE-PR erfordert aber die Entitätsschlüsseldomänen PE# und PR#. Somit lässt sich das Beziehungsattribut PE-PR-ZEIT relationsmässig wie folgt darstellen:

PE-PR-ZEIT (<u>PE#, PR#</u>, ZEIT).

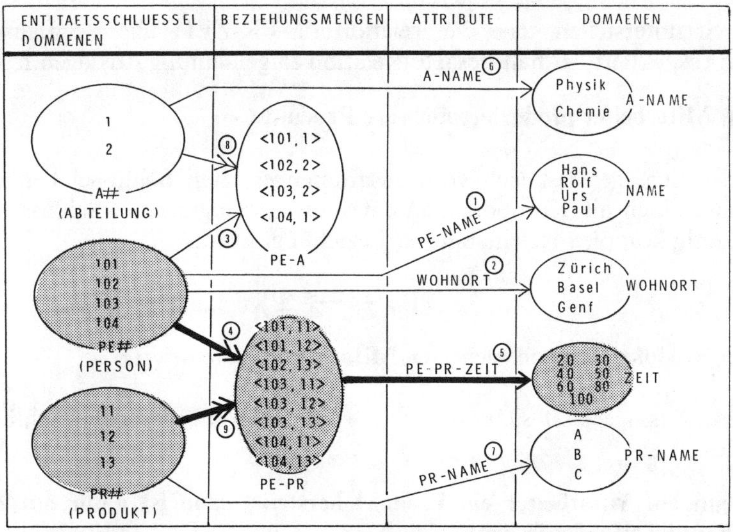

PE-PR-ZEIT	PE#	PR#	ZEIT
	101	11	60
	101	12	40
	102	13	100
	103	11	20
	103	12	50
	103	13	30
	104	11	80
	104	13	20

Abb. 5.1.15 Relationsmässige Darstellung eines Beziehungsattributes. Der Primärschlüssel ***PE#, PR#*** bewirkt, dass je Mitarbeiter (d. h. je PE#-Wert) mehrere PR#-Werte und je Produkt (d. h. je PR#-Wert) mehrere PE#-Werte eingebracht werden können.

Offensichtlich entspricht der Name der Relation dem Namen des Beziehungsattributes und enthält die Relation drei, den Entitätsschlüsseldomänen PE# und PR# sowie der Domäne ZEIT entsprechende Attribute. Relationsschlüssel ist die Attributskombination ***PE#, PR#***, was zur Folge hat, dass je Mitarbeiter (d. h. je PE#-Wert) mehrere PR#-Werte und je Produkt (d. h. je PR#-Wert) mehrere PE#-Werte eingebracht werden können. Damit lassen sich aber die Feststellungen 4 und 9 des Abteilungen-Personen-Produkte-Beispiels (d. h. ein

Mitarbeiter arbeitet an mehreren Produkten und ein Produkt wird von mehreren Mitarbeitern bearbeitet) einwandfrei respektieren.

Wenn wir unterstellen, dass die Relation PE-PR-ZEIT alle Normalisierungskriterien respektiert, so hält besagte Relation folgende fünf Aussagen fest:

1. **Ein Mitarbeiter produziert mehrere Produkte**

   diese Aussage lässt sich vom zusammengesetzten Schlüssel her ableiten, stehen doch die Komponenten eines zusammengesetzten Schlüssels wechselseitig komplex miteinander in Beziehung, formal:

$$\text{PE\#} \twoheadleftarrow\!\!\twoheadrightarrow \text{PR\#}$$

2. **Ein Produkt wird von mehreren Mitarbeitern produziert**

   diese Aussage lässt sich wiederum vom zusammengesetzten Schlüssel her ableiten.

3. **Wenn ein Mitarbeiter ein Produkt herstellt, dann ist dafür nur *eine* bestimmte Zeit erforderlich**

   diese Aussage lässt sich vom 1NF-Kriterium her ableiten, welches besagt, dass alle nicht dem Schlüssel angehörenden Attribute von diesem funktional abhängig sein müssen, formal:

$$\text{PE\#, PR\#} \longrightarrow \text{ZEIT}$$

4. **Ein Mitarbeiter produziert in der Regel mehrere Produkte und braucht dafür *unterschiedliche* Zeiten**

   diese Aussage lässt sich vom 2NF-Kriterium her ableiten, welches besagt, dass alle nicht dem Schlüssel angehörenden Attribute von Schlüsselteilen nicht funktional abhängig sein dürfen, formal:

$$\text{PE\#} \not\rightarrow \text{ZEIT}$$

   oder eben

$$\text{PE\#} \twoheadrightarrow \text{ZEIT}$$

5. **Ein Produkt wird von mehreren Mitarbeitern produziert, die dafür in der Regel *unterschiedliche* Zeiten benötigen.**

   diese Aussage lässt sich wiederum vom 2NF-Kriterium her ableiten, darf doch das Attribut ZEIT auch nicht vom zweiten Schlüsselteil funktional abhängig sein, formal:

PR# –/→→ ZEIT

oder eben

PR# →→ ZEIT

Das vorstehende Beispiel illustriert sehr schön eine in Kapitel 4 gemachte Aussage, derzufolge

voll normalisierte Datenstrukturen einen ausserordentlich hohen Aussagegehalt aufweisen. Sie können gelesen werden wie ein Buch und ermöglichen insbesondere das Erkennen von Annahmen, die der Modellentwerfer bezüglich der Realität getroffen hat.

Stückliste: Beziehungsattribut für Beziehungsmenge, an der nur eine Entitätsmenge beteiligt ist

Abb. 5.1.16 zeigt, wie das in Kapitel 2.2 diskutierte, das Stücklistenproblem betreffende Beziehungsattribut SL relationsmässig definiert wird.

Wenn wir unterstellen, dass die in Abb. 5.1.16 gezeigte Relation

SL (<u>MASTER.PR#, KOMPONENTE.PR#</u>, MENGE)

alle Normalisierungskriterien respektiert, so hält besagte Relation folgende fünf Aussagen fest:

1. **Für die Produktion eines Produktes sind in der Regel mehrere Komponenten erforderlich**

   (diese Aussage lässt sich vom zusammengesetzten Schlüssel her ableiten).

2. **Eine Komponente wird in der Regel für die Produktion von mehreren Produkten verwendet**

   (diese Aussage lässt sich wiederum vom zusammengesetzten Schlüssel her ableiten).

3. **Für die Herstellung eines Produktes ist eine Komponente in einer ganz bestimmten Menge erforderlich**

   (diese Aussage lässt sich vom 1NF-Kriterium her ableiten).

4. **Die Herstellung eines Produktes erfordert in der Regel verschiedene Komponenten in unterschiedlichen Mengen**

   (diese Aussage lässt sich vom 2NF-Kriterium her ableiten).

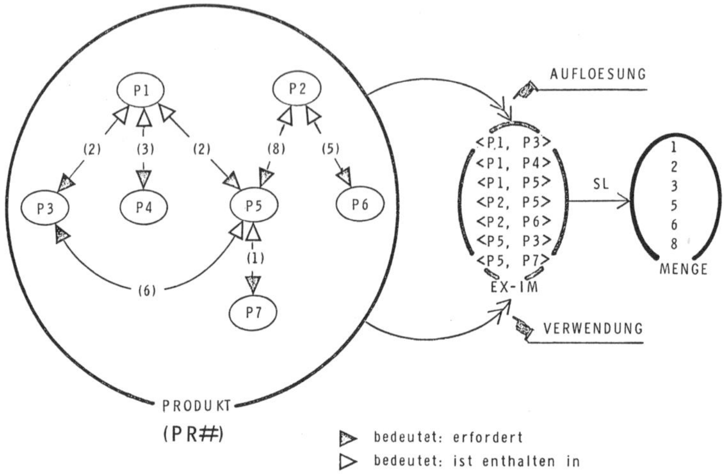

SL (MASTER.PR#, KOMPONENTE.PR#, MENGE)

P1	P3	2
P1	P4	3
P1	P5	2
P2	P5	8
P2	P6	5
P5	P3	6
P5	P7	1

Abb. 5.1.16 Stückliste: Beziehungsattribut für Beziehungsmenge, die eine Entitätsmenge involviert.

5. **Eine Komponente wird in der Regel in unterschiedlichen Mengen für die Herstellung verschiedener Produkte benötigt**

(diese Aussage lässt sich wiederum vom 2NF-Kriterium her ableiten).

Um Produkte im Sinne von Entitäten behandeln zu können, ist selbstverständlich neben der in Abb. 5.1.16 gezeigten Relation

SL (MASTER.PR#, KOMPONENTE.PR#, MENGE)

eine weitere Relation erforderlich, in welcher der Entitätsschlüssel PR# als Primärschlüssel erscheinen muss; konkret also:

PRODUKT (PR#, P-NAME, ...).

Jetzt wird aber auch ersichtlich, dass das Attribut PR# in der Relation SL zweimal als Fremdschlüssel erscheint. Dies bewirkt, dass die Relationen PRODUKT und SL zweimal an einer (M:1)-Abbildung beteiligt sind. Abb. 5.1.17 verdeutlicht die vorstehenden Aussagen.

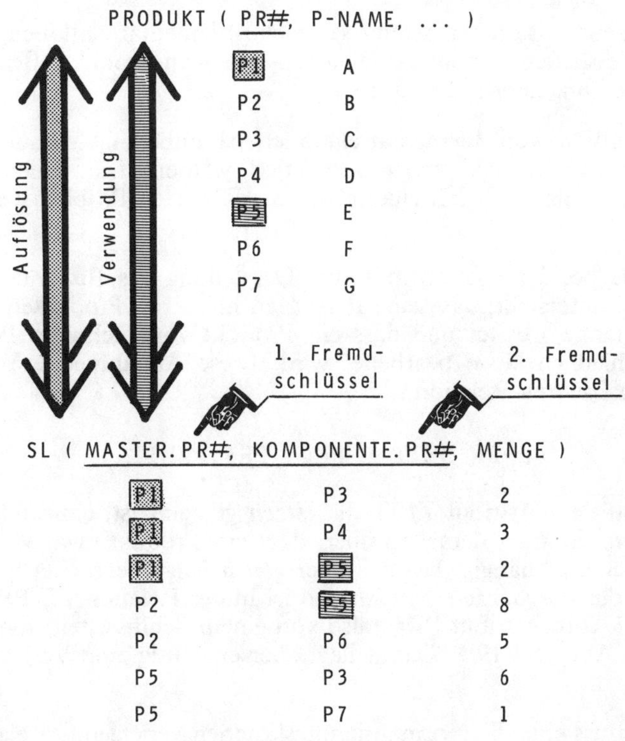

Abb. 5.1.17 Das Stücklistenproblem erfordert gesamthaft zwei Relationen. Letztere stehen aufgrund von zwei (M:1)-Abbildungen miteinander in Beziehung.

Übrigens: Im Zusammenhang mit Stücklisten ist ein überaus interessantes Integritätsproblem zu lösen, muss doch mittels geeigneter Massnahmen verhindert werden, dass ***Schleifen*** (auch ***Zyklen*** genannt) in die Relation SL eingebracht werden können. So dürfte beispielsweise die in Abb. 5.1.16 gezeigte Relation SL nicht mit dem Tupel

< P3, P1, ... >

erweitert werden, käme doch damit, zusammen mit dem bereits vorhandenen Tupel

< P1, P3, 2 >

zum Ausdruck, dass für die Herstellung des Produktes P1 das Komponentenprodukt P3 erforderlich ist, während für die Herstellung des letzteren das zu produzierende Produkt P1 bereitgestellt werden muss. Wir wollen aber im Rahmen dieses Buches nicht weiter auf die angeschnittene Problematik eingehen und verweisen interessierte Leser stattdessen auf eine in [35] vorgestellte Lösung.

Abb. 5.1.18 zeigt zusammenfassend sämtliche Elementarrelationen, die für ein eindeutiges Festhalten der im Abteilungen-Personen-Produkte-Beispiel aufgeführten Feststellungen erforderlich sind.

Bei der Definition von Elementarrelationen ist unbedingt darauf zu achten, dass ***alle*** Normalisierungskriterien respektiert werden. Die Bedeutung dieser Aussage soll im folgenden mit einer etwas modifizierten Problemstellung erläutert werden.

Bislang wurde bei der relationsmässigen Darstellung des Beziehungsattributes PE-PR-ZEIT unterstellt, dass eine Person an mehreren Produkten jeweils unterschiedlich lange arbeitet und dass ein Produkt von mehreren Personen jeweils unterschiedlich lange bearbeitet wird. Diese Annahmen lassen sich mit der voll normalisierten Relation

`PE-PR-ZEIT ( PE#, PR#, ZEIT )`

in welcher mit dem Attribut ZEIT die ***Istzeit*** gemeint ist, einwandfrei respektieren. Unterstellt man demgegenüber, dass ein Produkt zwar von mehreren Personen, aber unabhängig davon immer ***gleich lange*** bearbeitet wird (ist mit der Zeit also die ***Vorgabezeit*** gemeint), so ist in der Relation PE-PR-ZEIT das Attribut ZEIT vom Attribut PR# (also von einem Schlüsselteil) funktional abhängig (siehe Abb. 5.1.19). Damit liegt aber eindeutig eine Verletzung der 2. Normalform vor.

Bekanntlich muss eine die Normalisierungskriterien verletzende Relation aufgespalten werden. Für die Relation PE-PR-ZEIT ergeben sich dabei folgende Relationen:

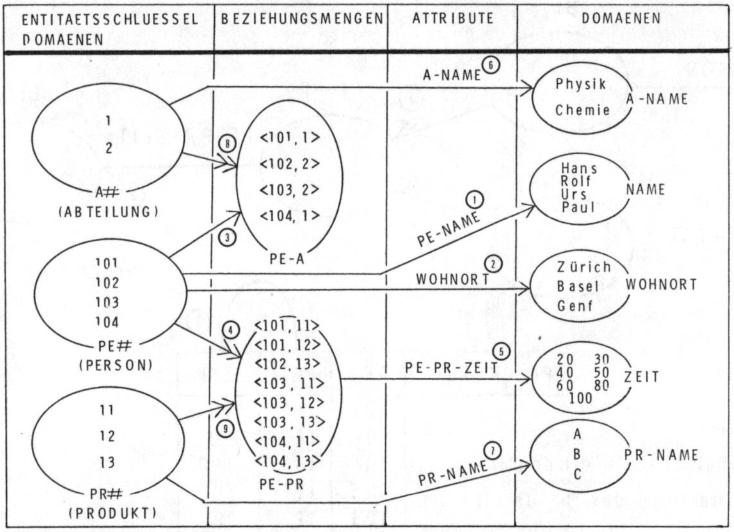

Relation definiert aufgrund von:	
PERSON ist Entitätstyp:	PERSON (PE#)
ABTEILUNG ist Entitätstyp:	ABTEILUNG (A#)
PRODUKT ist Entitätstyp:	PRODUKT (PR#)
1. Feststellung:	PE-NAME (PE#, NAME)
2. Feststellung:	WOHNORT (PE#, WOHNORT)
3. und 8. Feststellung:	PE-A (PE#, A#)
4. und 9. Feststellung:	PE-PR (PE#, PR#)
5. Feststellung:	PE-PR-ZEIT (PE#, PR#, ZEIT)
6. Feststellung:	A-NAME (A#, A-NAME)
7. Feststellung:	PR-NAME (PR#, PR-NAME)

Abb. 5.1.18 Elementarrelationen. Die Abbildung zeigt sämtliche Elementarrelationen, die zur eindeutigen Festhaltung der im Abteilungen-Personen-Produkte-Beispiel aufgeführten Feststellungen erforderlich sind.

PE-PR (PE#, PR#)

sowie

PR-ZEIT (PR#, ZEIT).

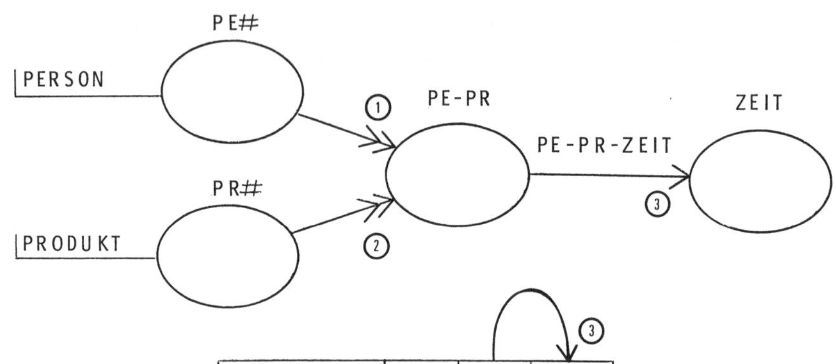

PE-PR-ZEIT	PE#	PR#	ZEIT
	101	11	60
	101	12	20
	102	13	100
	103	11	60
	103	12	20
	103	13	100
	104	11	60
	104	13	100

Ermöglicht die eindeutige Festhaltung der 1. und 2. Feststellung nicht aber der 3. Feststellung.

Abb. 5.1.19 Funktionale Abhängigkeit in PE-PR-ZEIT. Das Attribut ZEIT ist – sofern damit die ***Vorgabezeit*** gemeint ist – funktional abhängig vom Attribut PR# (also von einem Schlüsselteil) und verletzt damit die 2. Normalform.

Man beachte, dass Abb. 5.1.19 die modifizierte Problemstellung nicht richtig wiedergibt. Ist nämlich die ***Vorgabezeit*** (und eben nicht die ***Istzeit***) zu berücksichtigen, so handelt es sich bei der Zeit – wie in Abb. 5.1.20 richtig dargestellt – um ein ***Entitätsattribut*** (und eben nicht – wie in Abb. 5.1.19 falsch vermerkt – um ein ***Beziehungsattribut***).

Man erkennt aus Abb. 5.1.20, dass die Zeit mit der Personen-Produkte-Beziehung überhaupt nichts zu tun hat, sondern lediglich im Zusammenhang mit der Charakterisierung von Produkten von Bedeutung ist. Entsprechend partizipiert die Domäne ZEIT nicht an einem die Beziehungsmenge PE-PR involvierenden Beziehungsattribut (wie in Abb. 5.1.19 fälschlicherweise dargestellt), sondern an einem die Entitätsschlüsseldomäne PR# involvierenden Entitätsattribut (wie in Abb. 5.1.20 korrekt dargestellt).

Das vorstehend diskutierte Beispiel illustriert sehr schön, dass selbst bei einer falschen Anwendung der Konstruktionselemente dank des Normalisierungsprozesses (der zu einer systematischen ***Hinterfragung*** der Realität zwingt) korrekte Lösungen erhalten werden.

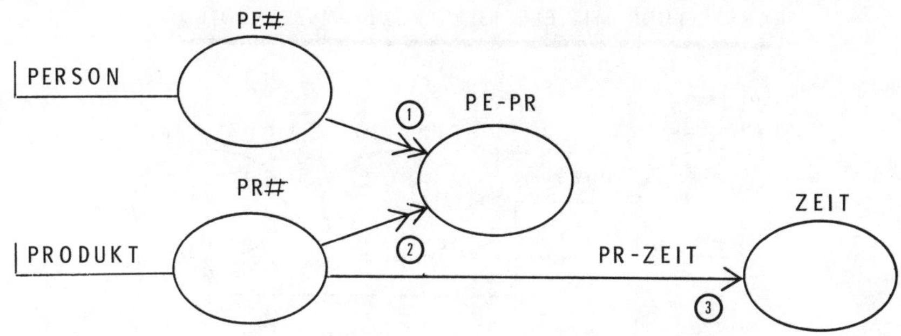

PE-PR (PE#, PR#)

PE#	PR#
101	11
101	12
102	13
103	11
103	12
103	13
104	11
104	13

PR-ZEIT (PR#, ZEIT)

PR#	ZEIT
11	60
12	20
13	100

Abb. 5.1.20 Bildliche und relationsmässige Darstellung der modifizierten Problemstellung.

Und noch ein Hinweis:

Bei der relationsmässigen Festhaltung der Konstruktionselemente (Entitätsmengen, Entitätsattribute, Beziehungsmengen, Beziehungsattribute) ist insofern eine gewisse Schwierigkeit festzustellen, als sehr oft nicht einwandfrei feststeht, ob eine realitätsbezogene Beobachtung in Form einer Entitätsmenge oder aber als Entitätsattribut berücksichtigt werden soll. So überraschend die Aussage auch klingen mag: es ist zunächst gar nicht so wichtig, welcher Alternative der Vorzug gegeben wird. Der Grund dafür ist darin zu suchen, dass sich ein einmal getroffener Entscheid problemlos rückgängig machen lässt. Diese Aussage soll anhand des nachfolgenden Beispiels illustriert werden.

Das Problem bestehe darin, relationsmässig festzuhalten, welche Personen welche Sprachen wie gut sprechen (bzw. welche Sprachen von welchen Personen wie gut gesprochen werden). Abb. 5.1.21 zeigt eine bildliche und eine relationsmässige Darstellung der genannten Problemstellung, wobei zunächst einmal unterstellt wurde, dass SPRACHE als Domäne an einem Entitätsattribut partizipiert.

DARSTELLUNG MITTELS KONSTRUKTIONSELEMENTEN

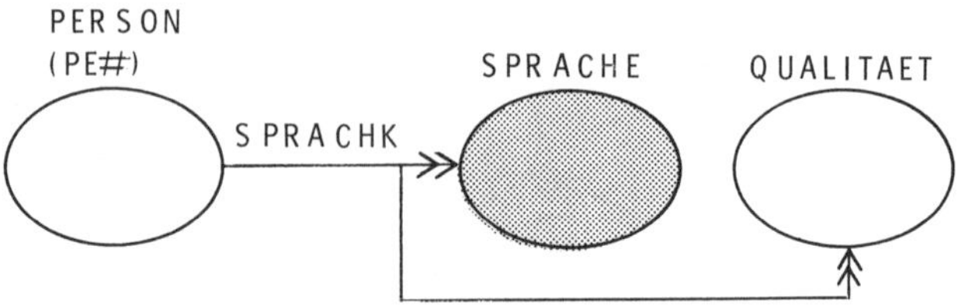

RELATIONALARTIGE DARSTELLUNG:

PERSON (PE#, . . .)

SPRACHK (PE#, SPRACHE, QUALITAET)

PE#	SPRACHE	QUALITAET
P1	Franz.	gut
P1	Deutsch	gut
P1	Englisch	mittel
P2	Deutsch	schlecht
P2	Italienisch	gut

Abb. 5.1.21 Entitätsmenge oder Domäne. 1. Fall: SPRACHE partizipiert als Domäne an einem Entitätsattribut.

Abb. 5.1.22 zeigt eine bildliche und eine relationsmässige Darstellung der gleichen Problemstellung, wobei diesmal allerdings unterstellt wurde, dass SPRACHE als Entitätsmenge an einer Beziehungsmenge partizipiert, die ihrerseits an einem Beziehungsattribut beteiligt ist.

Man sieht, dass der einzige Unterschied in den beiden Darstellungsformen darin besteht, dass mit SPRACHE als Entitätsmenge eine zusätzliche Relation zu definieren ist. Entschliesst man sich also, die Sprachen zunächst im Sinne eines Entitätsattributes aufzufassen, so werden die in Abb. 5.1.21 gezeigten Relationen PERSON und SPRACHK (für Sprachkenntnisse stehend) definiert. Diese Konstellation erfordert allerdings, dass eine bestimmte Sprache immer im Zusammenhang mit einer die Sprache sprechenden Person in die Relation SPRACHK eingebracht werden muss; das heisst, Sprachen können nicht unabhängig (also im Sinne von Kernentitäten) behandelt werden. Stellt sich später heraus, dass es wünschbar wäre, auch die Sprachen im Sinne von Kernentitäten behandeln zu können, so ist – wie aus Abb. 5.1.22 hervorgeht

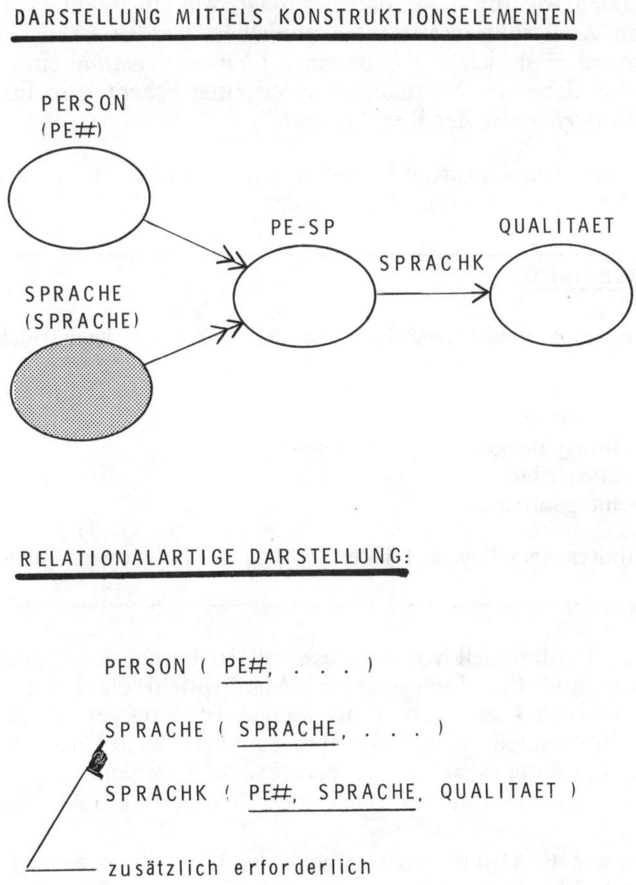

Abb. 5.1.22 Entitätsmenge oder Domäne. 2. Fall: SPRACHE partizipiert als Entitätsmenge an einer Beziehungsmenge, die ihrerseits an einem Beziehungsattribut beteiligt ist.

– zusätzlich eine Relation SPRACHE zu definieren. Man beachte, dass die Einführung der neuen Relation ***keine*** Überarbeitung der ursprünglichen Relationen erfordert. Dies bedeutet aber, dass man bei der Realitätsmodellierung nicht unbedingt alle Entitätstypen zum vornherein erkennen muss, lassen sich doch zusätzliche Entitätstypen nachträglich berücksichtigen, ohne dass deswegen eine aufwendige Neukonzipierung des ursprünglichen Modells nötig würde (man beachte in diesem Zusammenhang die bereits in Kapitel 3.2 diskutierte Erweiterbarkeit eines Relationenmodells).

Fassen wir zusammen:

Die vorstehenden Ausführungen haben gezeigt, wie ein Realitätsausschnitt auf der Basis von ***Konstruktionselementen*** modelliert werden kann. Jedes Konstruktionselement lässt sich mit Hilfe einer ***Elementarrelation*** einwandfrei festhalten. Werden dabei die Normalisierungskriterien beachtet, so findet eine systematische ***Hinterfragung*** der Realität statt.

Die vorstehenden Ausführungen betreffen den ersten Schritt auf dem Wege zu einer einwandfreien Datenbank. Demzufolge:

1. Syntheseschritt

Definition eines Realitätsmodells auf der Basis der Konstruktionselemente

- **Entitätsmenge,**
- **Beziehungsmenge,**
- **Entitätsattribut,**
- **Beziehungsattribut**

und Festhalten derselben mit Hilfe von voll normalisierten Elementarrelationen.

Sofern nur ein Grobmodell von Interesse ist, so berücksichtigt man lediglich Entitätsmengen und Beziehungsmengen. Man spricht dann von einer sogenannten ***Datenarchitektur***. Von ***Datenanalyse*** ist hingegen dann die Rede, wenn neben Entitätsmengen und Beziehungsmengen auch Entitätsattribute sowie Beziehungsattribute (also Details) berücksichtigt werden.

Damit wollen wir die Diskussion bezüglich der Darstellung eines Realitätsausschnittes mittels Elementarrelationen abschliessen, nicht ohne allerdings nochmals auf die in Kapitel 4.8 gemachte Aussage zurückzukommen, derzufolge die 4. Normalform mit dem hier zur Diskussion stehenden Vorgehensprozedere nicht zu berücksichtigen ist. Die 4. Normalform wird ja bekanntlich dann verletzt, wenn eine Relation für einen Entitätstyp zwei (oder mehr) ***unabhängige*** komplexe Assoziationen festhält. Nun ist aber ohne weiteres einzusehen, dass derartige Assoziationen mit dem vorstehend gezeigten Verfahren zum vornherein aufgrund von zwei Elementarrelationen (und eben nicht mit einer einzigen, die 4. Normalform verletzenden Relation) festgehalten würden. Besagte Elementarrelationen werden aller Wahrscheinlichkeit nach unterschiedliche Schlüssel aufweisen, was vor allem im Hinblick auf die nachfolgenden Syntheseschritte nicht ganz unbedeutend ist. Auch die 5. Normalform kann bei der vorgeschlagenen Arbeitsweise vernachlässigt werden, ist doch praktisch auszuschliessen, dass eine Elementarrelation aufgrund einer Verschmelzung einfacherer Relationen mit ***unterschiedlichen*** Schlüsseln zustande kommen könnte (zur Erinnerung: eine Relation ist in 5NF wenn sie unter keinen Umständen aufgrund einer Verschmelzung einfacherer Relationen mit unterschiedlichen Schlüsseln konstruiert werden kann).

Im nächsten Kapitel soll gezeigt werden, wie sich – ausgehend von Elementarrelationen – umfangreichere Relationen synthetisieren lassen.

5.2 Zusammenfassung und Globalnormalisierung

Im Interesse einer effizienten Verarbeitung der Daten werden Elementarrelationen möglichst zusammengefasst. Dabei entstehen umfangreichere Relationen, die insgesamt – vermöge ihrer geringeren Anzahl – leichter zu handhaben sind, als die Vielzahl von Elementarrelationen. Selbstverständlich sind bei der Kombination von Elementarrelationen präzise Gesetzmässigkeiten zu beachten, die im folgenden behandelt werden sollen.

In einer ***ersten Annäherung*** soll als Kriterium für die Zusammenfassung gelten:

> **Alle Elementarrelationen, die den gleichen Primärschlüssel aufweisen, lassen sich zu einer umfangreicheren Relation zusammenfassen.**

Appliziert man dieses Kriterium auf die in Abb. 5.1.18 gezeigten Elementarrelationen mit PE# als Schlüssel, so resultiert die in Abb. 5.2.1 gezeigte Relation PERSON.

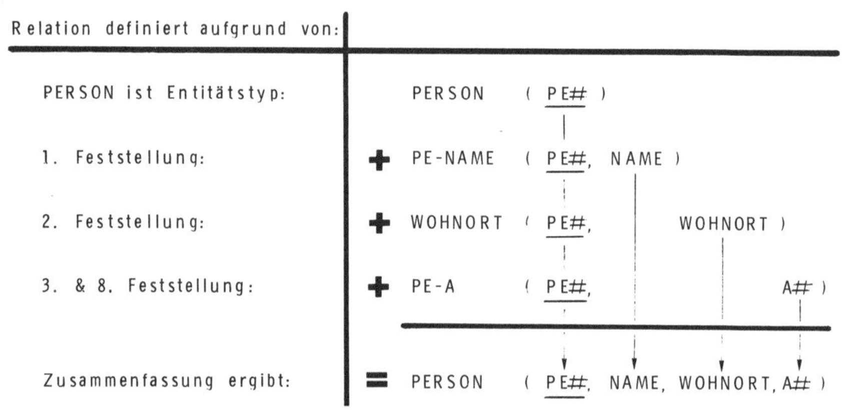

Abb. 5.2.1 Ergebnis der Zusammenfassung der Elementarrelationen mit PE# als Schlüssel. Man beachte, dass mit der zusammengefassten Relation PERSON die gleichen Feststellungen festgehalten werden, wie mit den in Abb. 5.1.18 gezeigten Elementarrelationen PERSON, PE-NAME, WOHNORT sowie PE-A.

Offensichtlich weist die zusammengefasste Relation PERSON den gleichen Informationsgehalt auf, wie die aus Abb. 5.1.18 stammenden Elementarrelationen PERSON, PE-NAME, WOHNORT sowie PE-A. Bemerkenswert ist ferner, dass die mit den genannten Elementarrelationen definierten funktionalen Abhängigkeiten auch nach erfolgter Zusammenfassung erhalten bleiben. Dies bedeutet, dass auch mit der zusammengefassten Relation PERSON pro Person (d. h. pro PE#-Wert) nur ein Name (entsprechend der Feststellung 1 im Abteilungen-Personen-Produkte-Beispiel), nur ein Wohnort (Feststellung 2) sowie nur eine Abteilungsnummer (Feststellung 3) ausgewiesen werden kann.

Abb. 5.2.2 illustriert das Ergebnis der Zusammenfassung aller Elementarrelationen, die zur eindeutigen Festhaltung der im Abteilungen-Personen-Produkte-Beispiel aufgeführten Feststellungen erforderlich sind. Interessant ist, dass die in Abb. 5.2.2 gezeigten, aufgrund eines ***Syntheseprozesses*** erhaltenen Relationen akkurat mit den in Kapitel 4 aufgrund des ***Normalisierungsprozesses*** (also einer Relationszerlegung) erhaltenen Relationen übereinstimmen.

PRODUKT (<u>PR#</u>, PR-NAME)

PE-PR (<u>PE#, PR#</u>, ZEIT)

PERSON (<u>PE#</u>, NAME, WOHNORT, A#)

ABTEILUNG (<u>A#</u>, A-NAME)

Abb. 5.2.2 Ergebnis der Zusammenfassung von Elementarrelationen mit identischen Schlüsseln. Mit den gezeigten Relationen wird der bereits in Abb. 5.1.18 aufgrund von Elementarrelationen definierte Realitätsausschnitt einwandfrei festgehalten.

Die vorstehenden Ausführungen betreffen den 2. Schritt auf dem Wege zu einer einwandfreien Datenbank. Demzufolge:

<u>2. Syntheseschritt</u>

Zusammenfassen von Elementarrelationen mit identischen Primärschlüsseln.

Wie bereits angedeutet, bleiben bei der Zusammenfassung die mit den Elementarrelationen festgehaltenen funktionalen Abhängigkeiten (und übrigens auch vollen funktionalen Abhängigkeiten) erhalten. Anders formuliert: Sofern die den gleichen zusammengesetzten Schlüssel aufweisenden, in Abb. 5.2.3 gezeigten Elementarrelationen

ER1 (<u>K1, K2</u>, A)

sowie

ER2 (<u>K1, K2</u>, B)

die Normalisierungskriterien respektieren, so wird die bei der Zusammenfassung resultierende Relation

R (<u>K1, K2</u>, A, B)

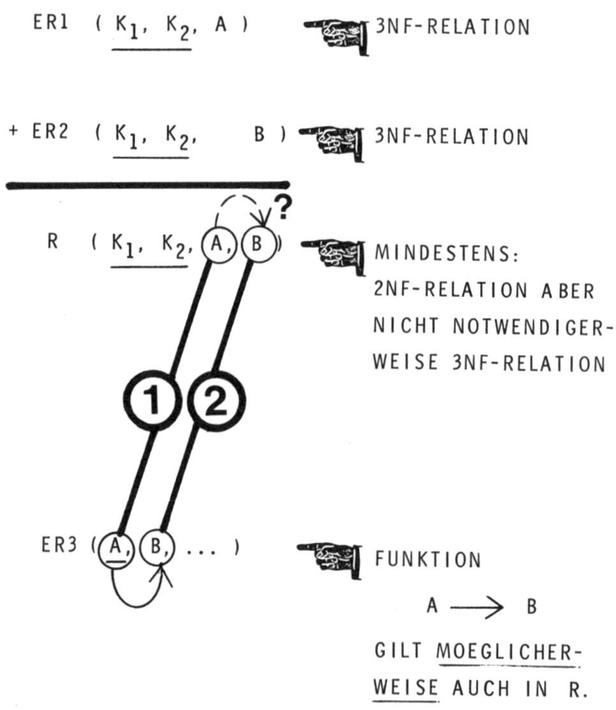

Abb. 5.2.3 Zusammenfassung von Elementarrelationen. Eine zusammengefasste Relation R verletzt möglicherweise die 3NF falls:

1. Die Relation R einen Fremdschlüssel A aufweist. Dies bedeutet, dass eine andere Relation ER3 vorliegt, in welcher das Attribut A als Primärschlüssel erscheint.

2. Die Relationen R und ER3 ein zusätzliches identisches Attribut B aufweisen.

mindestens die 2NF erfüllen. Dies darum, weil die in den Elementarrelationen ER1 und ER2 vorliegenden vollen funktionalen Abhängigkeiten

K1, K2 = > A

sowie

K1, K2 = > B

auch in der zusammengefassten Relation R erhalten bleiben. Weniger positiv sieht die Bilanz bezüglich der 3NF aus, kann doch die Zusammenfassung unter Umständen zu transitiven Abhängigkeiten (in der vorstehend genannten Relation R also zu einer Funktion von A nach B oder umgekehrt) führen.

Allerdings: sofern in der zusammengefassten Relation R beispielsweise die Funktion

$$A \longrightarrow B$$

vorliegt, so muss sie auch erkannt und mit einer geeigneten Elementarrelation definiert worden sein. In Abb. 5.2.3 wird die vorerwähnte Funktion aufgrund der Elementarrelation

ER3 (<u>A</u>, B)

definiert. Die gleiche Funktion kann *möglicherweise* (also nicht unbedingt) auch in der zusammengefassten Relation R auftreten, womit aber eine Verletzung der 3NF vorläge.

Man erkennt aus Abb. 5.2.3 sehr schön, welche Bedingungen nach erfolgter Zusammenfassung erfüllt sein müssen, damit eine zusammengefasste Relation *möglicherweise* die 3NF verletzt. Es sind dies:

1. <u>**Bedingung:**</u>

   Eine aufgrund einer Zusammenfassung von voll normalisierten Elementarrelationen zustande gekommene Relation R verletzt <u>möglicherweise</u> die 3NF, sofern die Relation R einen Fremdschlüssel – beispielsweise namens A – aufweist. Dies bedeutet, dass eine andere Relation ER3 vorliegt, in welcher das Attribut A den Primärschlüssel darstellt.

2. <u>**Bedingung:**</u>

   Die Relationen R und ER3 müssen beide ein zusätzliches identisches Attribut – beispielsweise namens B – aufweisen.

Wir wollen im folgenden die vorstehenden Ausführungen anhand eines konkreten, in Abb. 5.2.4 verbal festgehaltenen Beispiels illustrieren.

GESUCHT IST EIN REALITAETSMODELL, DAS DIE ENTITAETSMENGEN

- <u>PERSON</u> (D.H. MITARBEITER)
- <u>MASCHINE</u>
- <u>PRODUKT</u>

ZU BERUECKSICHTIGEN ERLAUBT.

EINE REALITAETSANALYSE ERGIBT FOLGENDE FESTSTELLUNGEN:

	EIN MITARBEITER BEDIENT
1. Feststellung:	<u>MEHRERE</u> MASCHINEN UND
	PRODUZIERT DABEI
2. Feststellung:	<u>MEHRERE</u> PRODUKTE.
	EINE MASCHINE WIRD IMMER
	NUR VON
3. Feststellung:	<u>EINER</u> PERSON BEDIENT, KANN
	ABER DURCHAUS
4. Feststellung:	<u>MEHRERE</u> PRODUKTE PRODUZIEREN.
	DIE HERSTELLUNG EINES PRODUKTES
	ERFORDERT IMMER NUR
5. Feststellung:	<u>EINE</u> MASCHINE SOWIE
6. Feststellung:	<u>EINE</u> PERSON.

Abb. 5.2.4 Problemstellung zur Illustration der bei der Relationssynthese unter Umständen auftretenden Probleme.

Offensichtlich betrifft die Problemstellung die Entitätsmengen PERSON, MASCHINE und PRODUKT. Die Feststellungen 1 und 3, resp. 2 und 6, resp. 4 und 5 führen zu Beziehungsmengen, die in Abb. 5.2.5 mit M-PE (da Maschinen und Personen involvierend), resp. PE-PR (Personen und Produkte involvierend), resp. M-PR (Maschinen und Produkte involvierend) bezeichnet worden sind.

Die Feststellungen der Problemstellung lassen sich mit den in Abb. 5.2.6 gezeigten Elementarrelationen einwandfrei darstellen.

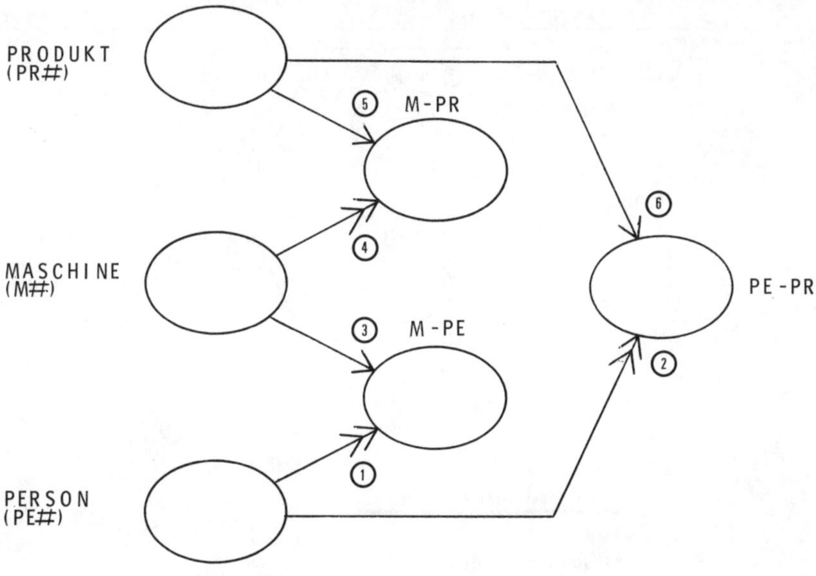

Abb. 5.2.5 Graphische Darstellung der Problemstellung zur Illustration der bei der Relationssynthese u.U. auftretenden Probleme. Die umkreisten Zahlen beziehen sich auf die in Abb. 5.2.4 aufgeführten Feststellungen.

Eine Zusammenfassung der in Abb. 5.2.6 aufgeführten Elementarrelationen ergibt die in Abb. 5.2.7 gezeigten Relationen

PRODUKT (<u>PR#</u>, M#, PE#)

sowie

MASCHINE (<u>M#</u>, PE#).

Nicht zusammengefasst werden kann die Relation

PERSON (<u>PE#</u>)

weil der Primärschlüssel PE# in keiner weiteren Relation als Primärschlüssel in Erscheinung tritt. Selbstverständlich ist die Relation PERSON dem nach erfolgter Zusammenfassung vorliegenden Ergebnis zuzuzählen.

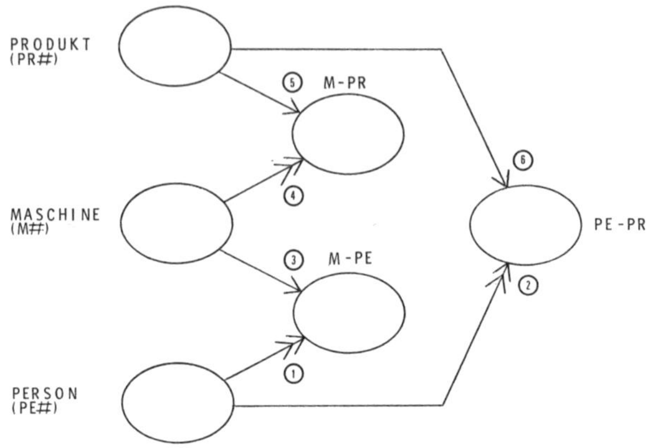

Relation definiert aufgrund von:

PERSON ist Entitätstyp:	PERSON	(PE#)
☞ MASCHINE ist Entitätstyp:	MASCHINE	(M#)
☞ PRODUKT ist Entitätstyp:	PRODUKT	(PR#)
☞ 1. und 3. Feststellung:	M-PE	(M#, PE#)
☞ 2. und 6. Feststellung:	PE-PR	(PR#, PE#)
☞ 4. und 5. Feststellung:	M-PR	(PR#, M#)

Abb. 5.2.6 Elementarrelationen zur Darstellung der in der Problemstellung aufgeführten Feststellungen.

Abb. 5.2.8 illustriert, dass die Relation PRODUKT die in Abb. 5.2.3 gezeigten Bedingungen erfüllt; konkret: die genannte Relation enthält mit M# einen Fremdschlüssel, der in der Relation MASCHINE als Primärschlüssel erscheint (1. Bedingung) und beide Relationen weisen ein identisches Attribut PE# auf (2. Bedingung). Damit kommt die Relation PRODUKT für eine Verletzung der 3NF in Frage.

Die Relation PRODUKT verletzt die 3NF tatsächlich, sofern mit dem Attribut PE# die Personen gemeint sind, welche die für die Herstellung der

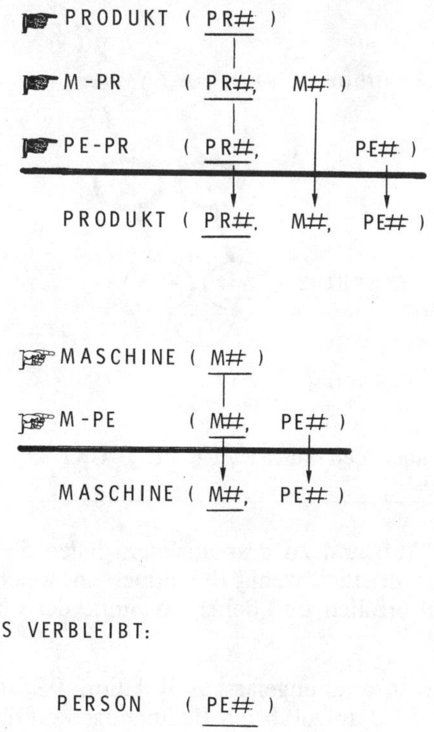

Abb. 5.2.7 Ergebnis der Zusammenfassung von Elementarrelationen mit identischen Schlüsseln.

Produkte erforderlichen Maschinen bedienen; mit andern Worten: sofern die durch die Relation MASCHINE festgehaltene funktionale Abhängigkeit

$$M\# \longrightarrow PE\#$$

(also die Tatsache, derzufolge eine Maschine nur von einer Person bedient wird) auch in der Relation PRODUKT zutrifft. Man beachte, dass dieser Sachverhalt nicht unbedingt zutreffen muss, könnten doch mit dem Attribut PE# in der Relation PRODUKT beispielsweise auch jene Mitarbeiter gemeint sein, welche die Produkte ***verkaufen*** – mithin überhaupt nicht für die Bedienung der Maschinen in Frage kommen.

Die vorstehenden Ausführungen zeigen, dass die in Abb. 5.2.3 genannten Bedingungen lediglich jene Relationen aufzuspüren erlauben, die für eine Verletzung der 3NF ***möglicherweise*** in Frage kommen. Ob eine die Bedingungen erfüllende Relation die 3NF tatsächlich verletzt, kann nur aufgrund einer Analyse der betroffenen Relation ausgesagt werden. Es wäre allerdings verfehlt, den

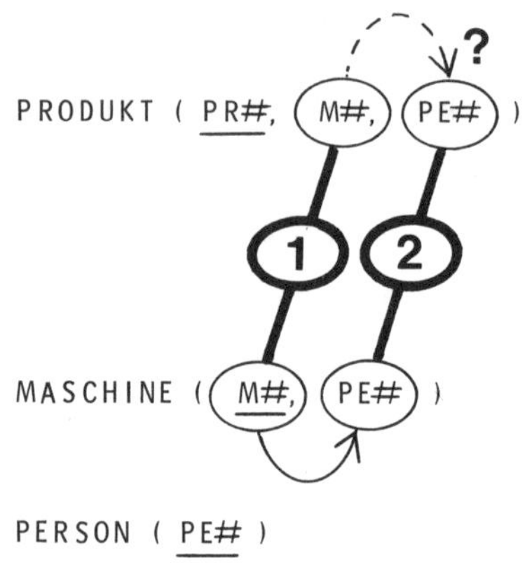

Abb. 5.2.8 Die zusammengefasste Relation PRODUKT kommt für eine Verletzung der 3NF in Frage.

hierfür erforderlichen Aufwand zu dramatisieren, fallen doch in der Praxis erfahrungsgemäss ausserordentlich wenig Relationen an, welche die in Abb. 5.2.3 gezeigten Bedingungen erfüllen und daher im Sinne der obigen Ausführungen zu prüfen sind.

Nun aber zurück zur zusammengefassten Relation PRODUKT, welche bekanntlich die in Abb. 5.2.3 aufgeführten Bedingungen erfüllt.

Stellt man fest, dass die mit der Relation MASCHINE definierte Funktion

M# ⟶ PE#

auch in der Relation

PRODUKT (PR#, M#, PE#)

zutrifft, so muss letztere normalisiert werden. Dabei resultieren folgende Relationen:

PRODUKT (PR#, M#)

sowie

M-PE (M#, PE#).

Dazu hat man sich noch die bereits gefundenen, keine Normalisierungskriterien verletzenden Relationen

MASCHINE (M#, PE#)

sowie

PERSON (PE#)

vorzustellen.

Man erkennt, dass nach erfolgter Zusammenfassung und anschliessender Normalisierung eine Relation M-PE anfällt, die den gleichen Sachverhalt festhält, wie die bereits definierte Relation MASCHINE. Dies bedeutet aber, dass sich die Relation M-PE erübrigt. Es genügt also in der die 3NF verletzenden Relation PRODUKT das transitiv abhängige Attribut PE# wegzustreichen. Somit lassen sich die Feststellungen der in Abb. 5.2.4 gezeigten Problemstellung mit den Relationen

PRODUKT (PR#, M#)

MASCHINE (M#, PE#)

PERSON (PE#)

einwandfrei festhalten.

Damit haben wir folgende wichtige Gesetzmässigkeit erkannt:

Erfüllt eine Relation nach erfolgter Zusammenfassung die in Abb. 5.2.3 gezeigten Bedingungen und stellt sich heraus, dass besagte Relation tatsächlich die 3NF verletzt, so genügt es, das transitiv abhängige Attribut wegzustreichen.

Es überrascht auf den ersten Blick, dass im Schlussergebnis die in Abb. 5.2.6 gezeigte Elementarrelation

PE-PR (PR#, PE#)

in keiner Weise in Erscheinung tritt. Nun lassen sich aber die mit der Relation PE-PR festgehaltenen Aussagen (d. h. die Herstellung eines Produktes erfordert immer nur eine Person und eine Person produziert in der Regel mehrere Produkte) durchaus mit Hilfe der Relationen

PRODUKT (PR#, M#)

sowie

MASCHINE (M#, PE#)

ermitteln, ermöglicht doch das den genannten Relationen gemeinsam angehörende Attribut M# von einem Produkt (dargestellt aufgrund einer PR#) auf die dafür zuständige Person (dargestellt aufgrund einer PE#) resp. von einer Person (PE#) auf verschiedene Produkte (PR#) zu schliessen.

Man kann die vorstehenden Überlegungen auch wie folgt formulieren:

Die mit der Relation PE-PR festgehaltene Funktion

PR# ⟶ PE#

stellt die ***Produktfunktion*** der mit den Relationen PRODUKT sowie MASCHINE festgehaltenen Funktionen

PR# ⟶ M#

sowie

M# ⟶ PE#

dar und lässt sich somit aus den zuletzt genannten Relationen herleiten (siehe auch Anhang A.3).

Übrigens: Würde man im vorstehenden Beispiel nach erfolgter Zusammenfassung feststellen, dass die Relation PRODUKT die in Abb. 5.2.3 gezeigten Bedingungen erfüllt, die mit der Relation MASCHINE definierte Funktion

M# ⟶ PE#

in der Relation PRODUKT aber nicht zutrifft (weil beispielsweise mit dem Attribut PE# die Verkäufer der Produkte gemeint sind), so wäre die Verwendung von Rollenbezeichnungen empfehlenswert; konkret also:

PRODUKT (<u>PR#</u>, M#, VERKAEUFER.PE#)

MASCHINE (<u>M#</u>, BEDIENER.PE#)

PERSON (<u>PE#</u>)

Damit liesse sich verhindern, dass bei einer späteren Überprüfung der Relationen hinsichtlich der in Abb. 5.2.3 gezeigten Bedingungen wiederum Überlegungen bezüglich der Bedeutung des Attributes PE# notwendig würden.

Nicht empfehlenswert wäre hingegen, in den Relationen PRODUKT und MASCHINE gänzlich auf den Begriff PE# zu verzichten, weil damit die Primärschlüssel-Fremdschlüssel-Beziehungen zwischen den Relationen PERSON und PRODUKT resp. PERSON und MASCHINE verloren gingen.

Die ***globale Normalisierung*** ist übrigens nicht nur im Zusammenhang mit der Zusammenfassung von Elementarrelationen von Bedeutung, sondern sollte generell für jede Datenstruktur – wie auch immer letztere zustande gekommen ist – zur Anwendung gelangen. Auf diese Weise können nämlich Integritätsprobleme ausfindig gemacht werden, die mit den herkömmlichen Normalisierungsüberlegungen nicht zu Tage treten würden. Wir wollen die vorstehende Aussage im folgenden anhand eines Beispiels begründen.

Gegeben sei die in Kapitel 4.4 diskutierte Relation

```
ABTEILUNG ( A#, + V.PE#, NAME )
            A1    PE1    Fritz
```

Mit der Relation ABTEILUNG werden offenbar folgende Funktionen festgehalten:

$$A\# \longrightarrow V.PE\#$$

Bedeutung: jede Abteilung hat einen Vorgesetzten,

$$V.PE\# \longrightarrow A\#$$

Bedeutung: jeder Vorgesetzte leitet eine Abteilung,

$$V.PE\# \longrightarrow NAME$$

Bedeutung: jeder Vorgesetzte hat einen Namen.

Wie in Kapitel 4.4 diskutiert, liegt in der Relation ABTEILUNG ***keine*** transitive Abhängigkeit und damit auch ***keine*** Verletzung der 3NF vor. Tatsächlich weist die Relation ABTEILUNG keine Redundanz auf, verhindert doch das als ***Schlüsselkandidat*** in Erscheinung tretende Attribut V.PE#, dass der Name einer Person mehrfach eingebracht werden kann.

Neben der Relation ABTEILUNG gehöre unserem Datenmodell auch die 3NF-Relation

```
PERSON ( PE#, NAME )
         PE1  Hans
```

an. Man sieht sofort, dass die vorerwähnten Relationen die Möglichkeit eröffnen, für eine Person zwei verschiedene Namen einzubringen. Eine ***global Normalisierung*** würde ergeben, dass der Primärschlüssel der Relation PERSON als Fremdschlüssel in der Relation ABTEILUNG erscheint (1. Bedingung), und dass beide Relationen ein zusätzliches identisches Attribut aufweisen (2. Bedingung). Darüber hinaus steht fest, dass die in der Relation PERSON vorliegende Funktion

$$PE\# \longrightarrow NAME$$

auch in der Relation ABTEILUNG zutrifft. Als Folge davon muss das Attribut NAME in der Relation ABTEILUNG gestrichen werden, wodurch aber auch das vorstehend beschriebene Integritätsproblem bereinigt ist.

Bevor wir das Kapitel über Relationssynthese abschliessen können, ist auf einen weiteren Umstand hinzuweisen, der bei einer gedankenlosen Zusammenfassung von Elementarrelationen leicht zu Interpretationsschwierigkeiten führen kann.

Wir wollen das Problem an einem Beispiel illustrieren und betrachten zu diesem Zwecke das in Abb. 5.2.9 gezeigte Realitätsmodell, bestehend aus der Entitätsmenge PERSON sowie den Entitätsattributen WOHNORT und GEBURTSORT. Wie der nämlichen Abbildung zu entnehmen ist, lassen sich die dem Realitätsmodell zugrunde liegenden Konstruktionselemente mit Hilfe der Elementarrelationen PERSON, WOHNORT sowie GEBURTSORT einwandfrei definieren.

Werden die in Abb. 5.2.9 gezeigten Elementarrelationen in bekannter Weise zusammengefasst, so resultiert die im oberen Teil der Abb. 5.2.10 gezeigte Relation

```
PERSON ( PE#, ORT, ORT ).
```

In der zusammengefassten Relation PERSON ist der Zweck des zweifach aufgeführten Attributes ORT in keiner Weise zu erkennen. Diese Interpretationsschwierigkeit lässt sich allerdings sehr einfach beseitigen, genügt es doch – wie im unteren Teil der Abb. 5.2.10 gezeigt – das mehrfach aufgeführte Attribut ORT mit geeigneten ***Rollenbezeichnungen*** zu ergänzen.

BEISPIEL: SYMBOLISCHE DARSTELLUNG

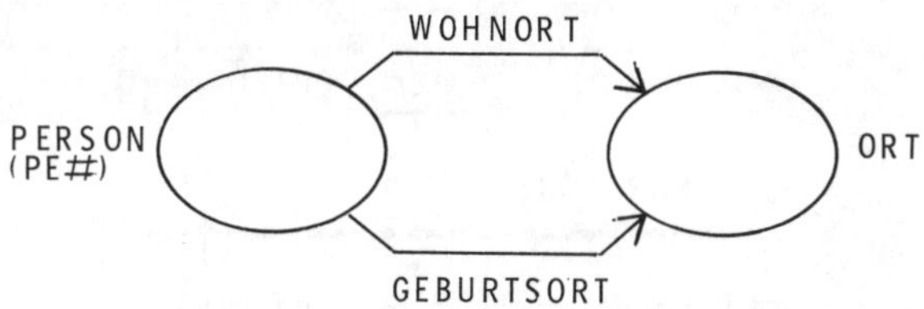

BEISPIEL: RELATIONALARTIGE DARSTELLUNG

PERSON (PE#)

WOHNORT (PE#, ORT)

GEBURTSORT (PE#, ORT)

Abb. 5.2.9 Beispiel zur Illustration der bei der Zusammenfassung u.U. auftretenden Interpretationsschwierigkeiten.

Vergegenwärtigen wir uns doch an dieser Stelle das bisher besprochene Vorgehen. Bis jetzt haben wir folgende Schritte kennengelernt:

1. Syntheseschritt

Definition eines Realitätsmodells auf der Basis der Konstruktionselemente

- *Entitätsmenge*,
- *Entitätsattribut*,
- *Beziehungsmenge*,
- *Beziehungsattribut*

und Festhalten derselben mit Hilfe von ***voll normalisierten Elementarrelationen***.

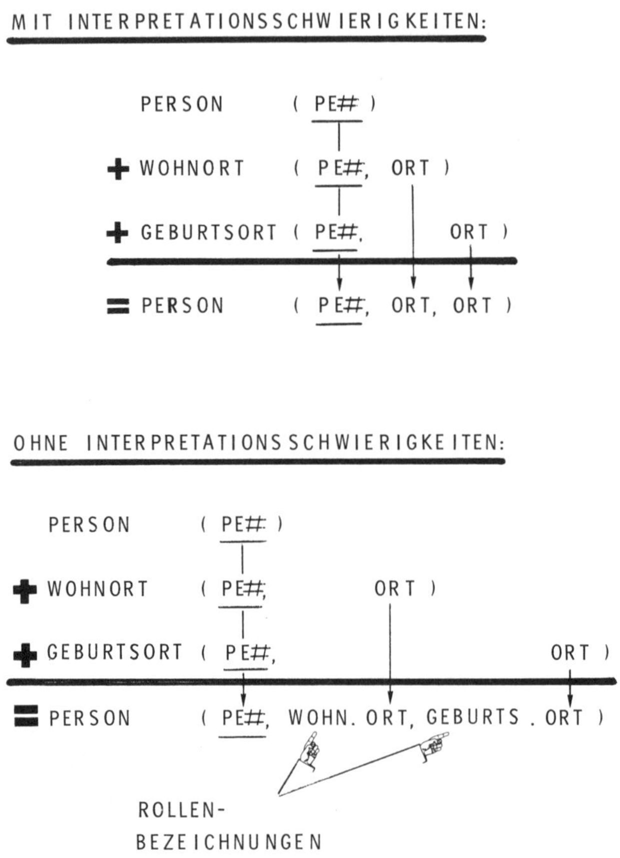

Abb. 5.2.10 Interpretationsschwierigkeiten lassen sich mit Hilfe von Rollenbezeichnungen eliminieren.

2. Syntheseschritt

Zusammenfassen von Elementarrelationen mit identischen Primärschlüsseln.

Weil bei der Zusammenfassung von Elementarrelationen unter Umständen Relationen anfallen, welche die 3NF verletzen, ergänzen wir das Prozedere mit einem dritten Schritt:

3. Syntheseschritt

Ermitteln der Relationen, welche die in Abb. 5.2.3 gezeigten Bedingungen erfüllen und demzufolge möglicherweise (also nicht unbedingt) die 3NF verletzen. Eliminieren der transitiv abhängigen Attribute in jenen Relationen, welche die 3NF tatsächlich verletzen.

Wir wollen den geschilderten Vorgang globale Normalisierung nennen, weil im Zusammenhang mit den eine bestimmte Relation betreffenden Normalisierungsüberlegungen auch anderweitige Relationen konsultiert werden.

Die Erfahrung hat gezeigt, dass mit dem geschilderten Vorgehensprozedere ein ***grobes*** Realitätsmodell ausserordentlich rasch entwickelt werden kann. Selbstverständlich muss das Grobmodell anschliessend mit entsprechendem Aufwand verfeinert werden. Damit ist aber auch schon angedeutet, dass ein bestimmter Syntheseschritt keinesfalls abschliessend behandelt werden muss, bevor der nächstfolgende Syntheseschritt in Angriff genommen werden kann. Das ganze Prozedere ist vielmehr im Sinne eines iterativen Prozesses aufzufassen; d. h. bereits erledigte Syntheseschritte können zwecks Erarbeitung von detaillierteren Erkenntnissen durchaus wiederholt in Angriff genommen werden.

Sind die vorerwähnten Syntheseschritte abgeschlossen, so liegt eine ***optimale, voll normalisierte relationale Datenstruktur*** vor. "Optimal" bedeutet, dass es unter keinen Umständen möglich ist, die Struktur aufgrund von zusätzlichen Operationen weiter zu vereinfachen.

Im Kapitel 2.2 wurde bereits angedeutet, dass Realitätsmodelle grundsätzlich vom "**Groben zum Detail**" (englisch: **Top-Down**) erarbeitet werden sollten. Zu diesem Zwecke ermittelt man als erstes eine ***Datenarchitektur***; d. h., man bestimmt die **Entitätsmengen** und **Beziehungsmengen**, die im Rahmen einer Applikation (allenfalls bereichsweit oder gar unternehmungsweit) von Bedeutung sind. Anschliessend werden im Rahmen einer ***Datenanalyse*** die **Entitätsattribute** und **Beziehungsattribute** (mit andern Worten: die Details) erarbeitet. Schliesslich werden die Datenarchitektur und das Ergebnis der Datenanalyse mit Hilfe einer ***optimalen, voll normalisierten Datenstruktur*** festgehalten. Diese Datenstruktur lässt sich – sofern ein relationales Datenbankmanagementsystem zur Verfügung steht – unmittelbar implementieren. Andernfalls bildet die erwähnte Datenstruktur die Ausgangsbasis für das in späteren Kapiteln zu beschreibende Ermitteln von ***logischen*** und ***physischen Datenstrukturen***, die von dem zur Verfügung stehenden Datenbankmanagementsystem unterstützt werden.

Abb. 5.2.11 illustriert die vorstehenden Ausführungen anhand der bereits in Kapitel 2.2 verwendeten pyramidenförmigen Anordnung.

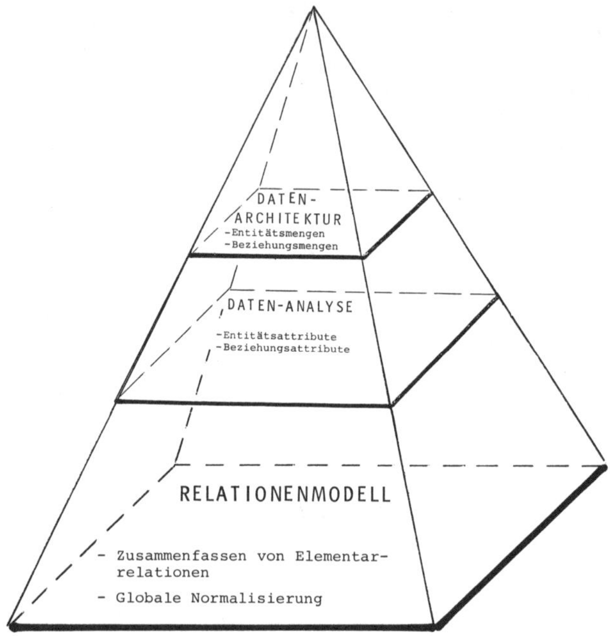

Abb. 5.2.11 "Vom Groben zum Detail" führendes Datenbankentwurfsprozedere (2. Teil).

Was sollten wir im Kapitel 5 alles erkannt haben?

Zunächst sollte ersichtlich geworden sein, wie ***Konstruktionselemente*** mit Hilfe von ***voll normalisierten Elementarrelationen*** definiert werden können. Ausserdem sollte erkannt worden sein, wie Elementarrelationen zu ***optimalen***, ***voll normalisierten Datenstrukturen*** zusammengefasst werden können.

5.3 Übungen Kapitel 5

5.1 Man definiere einige voll normalisierte Elementarrelationen für das in Übung 2.1 ermittelte Realitätsmodell.

5.2 Man kombiniere die in Übung 5.1 erhaltenen Elementarrelationen so weit als möglich und normalisiere anschliessend global.

5.3 Abb. 5.3.1 hält unter anderem fest, dass für einen Kunden in der Regel mehrere Fakturen existieren, und dass eine Faktur immer nur einen Kunden betrifft. Ferner ist ersichtlich, dass in einer Faktur in der Regel mehrere Artikel aufgeführt sind, und dass ein Artikel in mehreren Fakturen in Erscheinung treten kann.

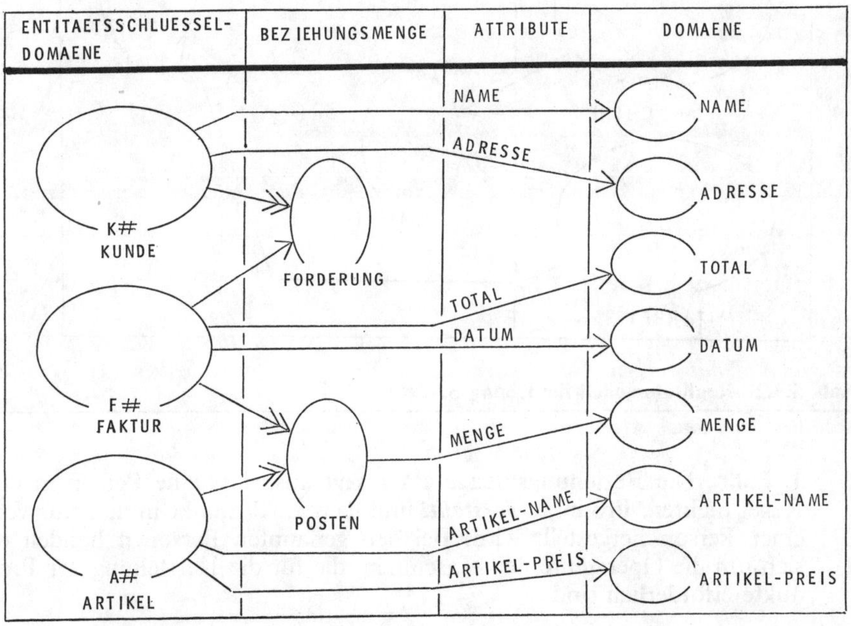

Abb. 5.3.1 Realitätsmodell für Übung 5.3.

Man definiere für den in Abb. 5.3.1 gezeigten Realitätsausschnitt ein optimales (d. h. möglichst wenig Relationen aufweisendes), voll normalisiertes Relationenmodell.

5.4 Man definiere für das in Abb. 5.3.2 gezeigte Realitätsmodell ein optimales, voll normalisiertes Relationenmodell, wobei folgende Fälle unterschieden werden sollen:

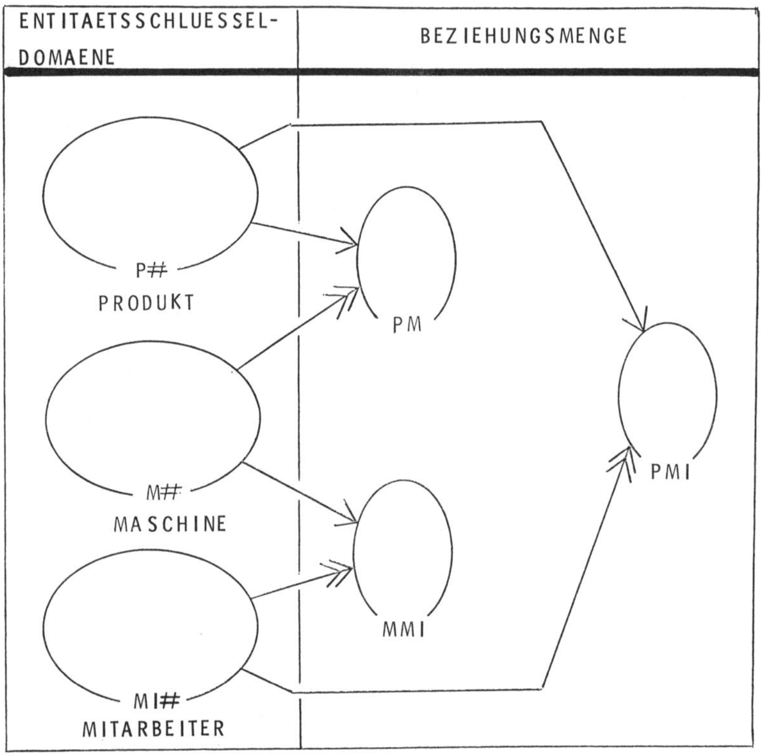

Abb. 5.3.2 Realitätsmodell für Übung 5.4.

1. Fall: Die Beziehungsmenge PMI sagt aus, dass eine Person in der Regel mehrere Produkte ***herstellt***, und dass ein Produkt immer nur von einer Person hergestellt wird. Bei den genannten Personen handelt es sich um die Operateure der Maschinen, die für die Herstellung der Produkte erforderlich sind.

2. Fall: Die Beziehungsmenge PMI sagt aus, dass eine Person in der Regel mehrere Produkte ***verkauft***, und dass ein Produkt immer nur von einer Person verkauft wird.

5.5 Man definiere ein Relationenmodell für das in Übung 2.3 ermittelte Realitätsmodell.

6 Applikationsorientierte und globale Datenmodellierung

In diesem Kapitel kommen verschiedene Vorgehensprozedere zur Sprache, die allesamt die Ermittlung von ***Konstruktionselementen*** und von ***optimalen, voll normalisierten Datenstrukturen*** zum Ziele haben. Es werden behandelt:

1. Die Ermittlung von Konstruktionselementen und von Datenstrukturen aufgrund von Realitätsbeobachtungen.

2. Die Ermittlung von Konstruktionselementen und von Datenstrukturen aufgrund von Analysen der im Rahmen einer Applikation zu produzierenden Formulare und Bildschirmausgaben.

3. Die Ermittlung von Konstruktionselementen und von Datenstrukturen aufgrund von Analysen existierender Datenbestände.

4. Die Ermittlung von Konstruktionselementen und von Datenstrukturen aufgrund von Interviews.

Die ersten drei Verfahren eignen sich für die Ermittlung von ***applikationsorientierten*** und ***globalen*** (d.h. applikationsüberspannenden) ***Datenstrukturen***. Beim vierten Verfahren wird eine Unternehmung gewissermassen von der Spitze her analysiert. Damit ist es möglich, in kurzer Zeit zu einem ***groben Gesamtmodell*** der für die Unternehmungsführung relevanten Daten zu kommen.

6.1 *Ableitung von Datenmodellen aus Realitätsbeobachtungen*

Im folgenden soll anhand von drei Beispielen diskutiert werden, wie aufgrund von Realitätsbeobachtungen ***applikationsorientierte*** und ***globale*** (also applikationsüberspannende) ***Datenstrukturen*** optimaler und voll normalisierter Art ermittelt werden können. Die Beispiele stammen aus dem **Fertigungs-**, dem **Banken-** sowie dem **Versicherungsbereich**. Es wird empfohlen, alle drei Beispiele zur Kenntnis zu nehmen, sollen doch im folgenden noch nicht besprochene Verhaltensmassregeln für die Praxis erarbeitet werden.

1. Globales Datenmodell für Fertigungsunternehmung

a) Das Problem

Für eine Fertigungsunternehmung soll ein vereinfachtes globales (d. h. applikationsüberspannendes) Datenmodell entwickelt werden.

b) Die Lösung

Als erstes werden die ***Kernentitätsmengen*** und deren Schlüssel festgelegt. Zu diesem Zwecke frägt man sich, für welche unternehmungsrelevanten Faktoren Daten festzuhalten sind. Für eine Fertigungsunternehmung dürften dabei in einer ersten Annäherung ***Personen*** (im Sinne von Mitarbeitern), ***Produkte***, ***Maschinen***, ***Lieferanten*** sowie ***Kunden*** in Frage kommen (siehe Abb. 6.1.1). Jede Entitätsmenge wird mit Hilfe einer Relation festgehalten, wobei zunächst einmal lediglich der dem Entitätsmengennamen entsprechende Relationsname sowie der dem Entitätsschlüssel entsprechende Primärschlüssel ausgewiesen werden; konkret also:

PERSON (<u>PE#</u>, ...)

PRODUKT (<u>PR#</u>, ...)

MASCHINE (<u>M#</u>, ...)

LIEFERANT (<u>LI#</u>, ...)

KUNDE (<u>KU#</u>, ...)

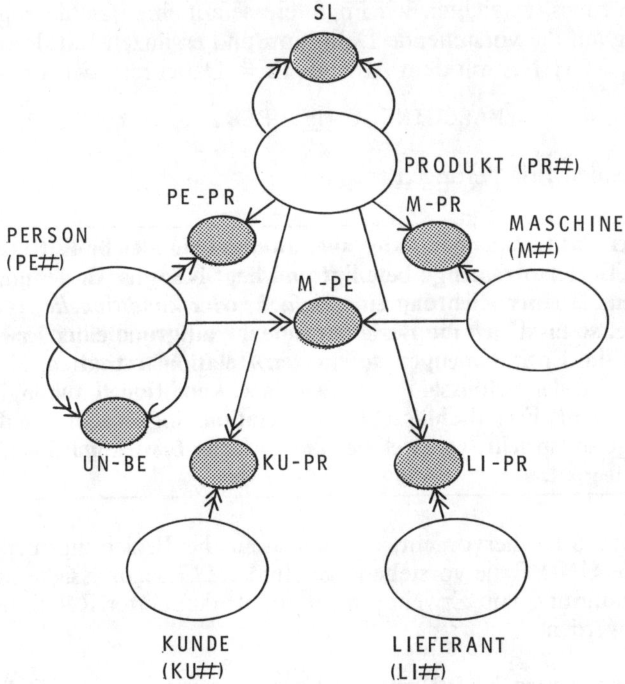

Abb. 6.1.1 Vereinfachtes Realitätsmodell für eine Fertigungsunternehmung. Berücksichtigt werden die Kernentitätsmengen PERSON (Entitätsschlüssel: PE#), PRODUKT (PR#), MASCHINE (M#), LIEFERANT (LI#) sowie KUNDE (KU#). Ausserdem interessieren die dunkel gezeichneten Beziehungsmengen M-PE (ein Mitarbeiter bedient welche Maschinen), PE-PR (ein Mitarbeiter ist für welche Produkte zuständig), M-PR (eine Maschine produziert welche Produkte), UN-BE (ein Manager ist für welche Mitarbeiter verantwortlich), KU-PR (ein Kunde bezieht welche Produkte), LI-PR (ein Lieferant liefert welche Produkte) sowie SL (für Stückliste stehend).

Sodann frägt man sich, wie die vorgängig definierten Entitätsmengen miteinander in Beziehung stehen. Dabei könnte sich beispielsweise herausstellen, dass ein Mitarbeiter mehrere Maschinen bedient, und dass eine Maschine immer nur von einem Mitarbeiter bedient wird. Diese Feststellungen führen zu einer Beziehungsmenge, die in Abb. 6.1.1 – weil Maschinen und Personen involvierend – M-PE genannt wurde.

Würde man sich nun konsequent an die in Kapitel 5.2 diskutierten Synthese-schritte halten, so müsste für die Beziehungsmenge M-PE die Relation

M-PE (<u>M#</u>, PE#)

definiert werden. Nachdem diese Relation im 2. Syntheseschritt aber ohnehin mit der den nämlichen Schlüssel aufweisenden Relation MASCHINE kombiniert werden muss, verzichten wir im Interesse auf eine beschleunigte Realitätsmodellierung auf die vorstehende Definition und ergänzen stattdessen direkt die Relation MASCHINE mit dem Attribut PE#. Dabei resultiert die Relation

MASCHINE (M#, PE#, ...)

Die vorstehenden Erläuterungen zeigen:

Sind zwei Entitätsmengen (oder aber zweimal die gleiche Entitätsmenge) an einer Beziehungsmenge beteiligt und liegt besagter Beziehungsmenge wenigstens in einer Richtung eine *einfache* oder *konditionelle Assoziation* zugrunde, so lässt sich die Beziehungsmenge aufgrund einer Erweiterung einer für die Entitätsmengen definierten Relation festhalten. Zu diesem Zwecke wird der Schlüssel der einfach bzw. konditionell abhängigen Entitätsmenge als Fremdschlüssel in die Relation eingebracht, die der Entitätsmenge entspricht, von welcher die einfache bzw. konditionelle Assoziation ausgeht.

Wie aus Abb. 6.1.1 hervorgeht, erfüllen auch die Beziehungsmengen M-PR, PE-PR sowie UN-BE die vorstehend geschilderte Gesetzmässigkeit und können demzufolge aufgrund von Erweiterungen bereits definierter Relationen wie folgt festgehalten werden:

Die Beziehungsmenge M-PR aufgrund einer Erweiterung der Relation PRODUKT:

PRODUKT (PR#, M#, ...)

Die Beziehungsmenge PE-PR aufgrund einer Erweiterung der soeben modifizierten Relation PRODUKT:

PRODUKT (PR#, M#, PE#, ...)

Die Beziehungsmenge UN-BE aufgrund einer Erweiterung der Relation PERSON:

PERSON (PE#, nw MANAGER.PE#, ...)

Die Relation PERSON stellt insofern einen Spezialfall dar, als das Attribut PE# sowohl als Primärschlüssel wie auch als Fremdschlüssel in derselben Relation in Erscheinung tritt. Als Primärschlüssel repräsentiert ein PE#-Wert einen bestimmten Mitarbeiter, als Fremdschlüssel hingegen den Vorgesetzten eines bestimmten Mitarbeiters. Der Begriff MANAGER stellt eine Rollenbezeichnung dar und verhindert Interpretationsprobleme, die sich aufgrund des wiederholten Auftretens von PE# ergeben könnten. Mit **nw** (für Nullwert stehend) kommt zum Ausdruck, dass eine Person höchstens an einen (möglicherweise – man denke an den Präsidenten – auch an keinen) Vorgesetzten berichtet.

Man beachte, dass die vorstehend diskutierten Relationserweiterungen weder die 1NF noch die 2NF verletzen. Die 1NF wird nicht verletzt, weil die zusätzlich eingebrachten Attribute vom Primärschlüssel der erweiterten Relation funktional abhängig sind. Die 2NF kann nicht verletzt werden, weil vorerst nur Relationen mit einem einfachen Schlüssel zur Debatte stehen. Hingegen ist nicht auszuschliessen, dass eine Relationserweiterung zu einer Verletzung der 3NF führen kann. Derartige Verletzungen werden vorerst ignoriert, lassen sie sich doch später im Rahmen einer ***Globalnormalisierung*** gesamthaft bereinigen.

Lag den bisher besprochenen Beziehungsmengen M-PE, M-PR, PE-PR sowie UN-BE wenigstens in einer Richtung eine Funktion zugrunde, so basieren die restlichen Beziehungsmengen KU-PR, LI-PR sowie SL in Abb. 6.1.1 in beiden Richtungen durchwegs auf komplexen Assoziationen. In derartigen Fällen lässt sich eine Beziehungsmenge nicht mehr aufgrund einer Erweiterung einer bereits definierten Relation festhalten, sondern ist – sollen die Normalisierungskriterien respektiert werden – mittels einer eigenständigen Relation zu definieren. Demzufolge:

Sind zwei Entitätsmengen (oder aber zweimal die gleiche Entitätsmenge) an einer Beziehungsmenge beteiligt und liegt besagter Beziehungsmenge eine (M:M)-Abbildung zugrunde, so ist für die Beziehungsmenge eine neue Relation zu definieren. Leztere enthält einen zusammengesetzten Primärschlüssel, dessen Komponenten je einem Entitätsschlüssel entsprechen.

Die in Abb. 6.1.1 aufgeführten Beziehungsmengen KU-PR, LI-PR sowie SL erfordern somit die nachstehend aufgeführten Relationen:

```
KU-PR ( KU#, PR#, ... )

LI-PR ( LI#, PR#, ... )

SL ( MASTER.PR#, KOMPONENTE.PR#, ... )
```

Zu beachten ist, dass der kombinierte Schlüssel in den vorstehend aufgeführten Relationen zum Ausdruck bringt, dass die den einzelnen Schlüsselkomponenten entsprechenden Entitätsmengen ***wechselseitig komplex*** miteinander in Beziehung stehen.

Fassen wir zusammen:

Bis jetzt wurden im Rahmen des Syntheseprozesses für unser Fertigungsbeispiel folgende Relationen ermittelt:

```
PERSON ( PE#, MANAGER.PE#, ... )
```

PRODUKT (PR#, M#, PE#, ...)

MASCHINE (M#, PE#, ...)

LIEFERANT (LI#, ...)

KUNDE (KU#, ...)

KU-PR (KU#, PR#, ...)

LI-PR (LI#, PR#, ...)

SL (MASTER.PR#, KOMPONENTE.PR#, ...)

Die vorstehenden, wenigstens in 2NF befindlichen Relationen definieren die ***Datenarchitektur*** (d.h. die Entitätsmengen und Beziehungsmengen) und stellen damit ein globales Grobmodell für unser Fertigungsbeispiel dar.

Wir wollen uns an dieser Stelle noch einmal vergegenwärtigen, wie dieses Grobmodell zustande gekommen ist.

Zunächst wird für jede ***Kernentitätsmenge*** eine Relation definiert, deren einfacher Schlüssel dem entsprechenden Entitätsschlüssel entspricht. Sodann werden die ***Beziehungsmengen*** wie folgt berücksichtigt: Sofern einer Beziehungsmenge wenigstens in einer Richtung eine einfache oder konditionelle Assoziation zugrunde liegt, kann besagte Beziehungsmenge aufgrund einer Erweiterung einer bereits definierten Relation festgehalten werden. Beziehungsmengen, die auf einer (M:M)-Abbildung basieren, erfordern hingegen die Definition einer separaten, einen zusammengesetzten Schlüssel aufweisenden Relation.

Das geschilderte Vorgehen führt zu Relationen, die einer der nachstehend aufgeführten Kategorien zugeordnet werden können:

1. Dieser Kategorie entsprechen jene Relationen, die lediglich einen einfachen oder zusammengesetzten Primärschlüssel aufweisen (Beispiel: LIEFERANT oder KU-PR).

2. Dieser Kategorie entsprechen jene Relationen, die neben dem einfachen Primärschlüssel noch ein einzelnes Attribut aufweisen (Beispiel: MASCHINE).

3. Dieser Kategorie entsprechen jene Relationen, die neben dem einfachen Schlüssel noch mehrere zusätzliche Attribute aufweisen (Beispiel: PRODUKT).

Die den beiden erstgenannten Kategorien entsprechenden Relationen verletzen die Normalisierungskriterien unter keinen Umständen, während die der dritten Kategorie entsprechenden Relationen für eine Verletzung der 3NF (nicht aber der 1NF und 2NF) in Frage kommen. Welche Relationen die 3NF tatsächlich verletzen, lässt sich mit Hilfe des in Kapitel 5.2 diskutierten ***Globalnormalisierungsprozederes*** ausfindig machen.

Eine ***voll normalisierte***, die ***Datenarchitektur*** reflektierende Datenstruktur lässt sich somit wie folgt ermitteln:

1. **Man definiere für jede *Kernentitätsmenge* eine Relation, deren einfacher Primärschlüssel dem Entitätsschlüssel entspricht.**
2. **Man berücksichtige *Beziehungsmengen*, denen wenigstens in einer Richtung eine einfache oder konditionelle Assoziation zugrunde liegt, indem die unter 1. definierten Relationen mit geeigneten Fremdschlüsseln erweitert werden.**
3. **Man berücksichtige *Beziehungsmengen*, denen eine (M:M)-Abbildung zugrunde liegt, indem separate Relationen mit zusammengesetzten Schlüsseln definiert werden.**
4. **Man normalisiere *global*, d. h. man ermittle jene Relationen, welche die in Kapitel 5.2 diskutierten Bedingungen erfüllen. Verletzt eine derart gefundene Relation tatsächlich die 3NF, so streiche man das transitiv abhängige Attribut.**

In unserem Beispiel kommt für eine Verletzung der 3NF nur gerade die Relation

PRODUKT (<u>PR#</u>, M#, PE#, ...)

in Frage, weist sie doch mit M# einen Fremdschlüssel auf, der in der Relation

MASCHINE (<u>M#</u>, PE#, ...)

als Primärschlüssel erscheint (1. Bedingung) und enthalten beide Relationen ein identisches Attribut PE# (2. Bedingung). Stellt man fest, dass die mit der Relation MASCHINE definierte Funktion

$$M\# \longrightarrow PE\#$$

auch in der Relation PRODUKT zutrifft, so braucht das Attribut PE# in der Relation PRODUKT lediglich weggestrichen zu werden. Eine Grobsynthese des in Abb. 6.1.1 bildlich festgehaltenen Realitätsausschnittes ergibt somit schliesslich die Relationen

PERSON (<u>PE#</u>, MANAGER.PE#, ...)

PRODUKT (<u>PR#</u>, M#, ...)

MASCHINE (M#, PE#, ...)

LIEFERANT (LI#, ...)

KUNDE (KU#, ...)

KU-PR (KU#, PR#, ...)

LI-PR (LI#, PR#, ...)

SL (MASTER.PR#, KOMPONENTE.PR#, ...)

Dieses voll normalisierte, die ***Datenarchitektur*** (also Entitätsmengen und Beziehungsmengen) reflektierende Relationenmodell lässt sich nun bis zu jedem nur wünschbaren Detaillierungsgrad verfeinern, indem im Rahmen einer ***Datenanalyse*** Entitätsattribute und Beziehungsattribute berücksichtigt werden. Sofern einem derartigen Attribut eine Funktion zugrunde liegt, so lässt sich das Attribut wiederum aufgrund einer Erweiterung einer bereits definierten Relation festhalten. Eine derartige Relationserweiterung wird – sofern die Datenarchitektur korrekt definiert ist – ***keine*** transitive Abhängigkeit und somit auch keine Verletzung der 3NF zur Folge haben. Dies darum, weil das zusätzlich eingebrachte Attribut eine Entitätsmenge oder Beziehungsmenge betrifft, deren Elemente mit dem Primärschlüssel der erweiterten Relation identifiziert werden. Mithin ist das zusätzlich eingebrachte Attribut vom Primärschlüssel und keinem anderweitigen Attribut abhängig. Nicht auszuschliessen ist hingegen, dass die Erweiterung einer Relation mit zusammengesetztem Primärschlüssel zu einer Verletzung der 2NF führen kann. Demzufolge:

Werden in einem die Datenarchitektur (also Entitätsmengen und Beziehungsmengen) reflektierenden, voll normalisierten Relationenmodell im Rahmen einer Datenanalyse auch Entitätsattribute und Beziehungsattribute berücksichtigt und soll dies aufgrund von Erweiterungen bereits definierter Relationen geschehen, so ist im Falle einer Relation mit zusammengesetztem Schlüssel zu prüfen, ob die Erweiterung zu einer Verletzung der 2NF führen würde.

Die vorstehenden Ausführungen sollen im folgenden anhand einiger Beispiele verdeutlicht werden.

Wenn wir unterstellen, dass eine Person immer nur ***einen*** Namen und ***ein*** Geburtsdatum aufweist, so lassen sich diese Tatsachen mit einer Erweiterung der Relation PERSON unmittelbar wie folgt festhalten:

PERSON (PE#, MANAGER.PE#, NAME, GEBURT.DATUM, ...)

Die zusätzlich eingebrachten Attribute NAME und GEBURT.DATUM (GEBURT stellt übrigens eine Rollenbezeichnung dar) betreffen mit Sicherheit den

Primärschlüssel *PE#*, nicht aber das bereits vorhandene Attribut MANAGER.PE#. Mithin hat die Erweiterung keine transitive Abhängigkeit und somit auch keine Verletzung der 3NF zur Folge.

Wird festgestellt, dass eine Person mehrere Sprachen spricht und eine Sprache von mehreren Personen gesprochen wird, so bedingen diese Feststellungen die Definition einer neuen Relation, beispielsweise

```
SPRICHT ( PE#, SPRACHE, ... )
```

Auch für die Beziehungsmengen werden sinnvolle Attribute ausfindig gemacht. Wünschbar könnte in diesem Zusammenhang beispielsweise sein, die Beziehung zwischen einer Maschine und dem bedienenden Mitarbeiter mit einer Rüstzeit zu charakterisieren. Nachdem die Beziehungen zwischen Maschinen und Mitarbeitern aufgrund einer Erweiterung der Relation MASCHINE zustande gekommen sind, ist es naheliegend, die Rüstzeit ebenfalls in der Relation MASCHINE aufzuführen. Dabei resultiert die Relation:

```
MASCHINE ( M#, PE#, RUEST.ZEIT, ... )
```

Was die Beziehungsmengen KU-PR und LI-PR betrifft, so dürften neben der Bestellmenge und der Liefermenge auch das Bestelldatum und das Lieferdatum von Interesse sein. Es versteht sich, dass die genannten Beziehungsattribute in der Relation aufgeführt werden, welche den erwähnten Beziehungsmengen entsprechen; konkret also:

```
KU-PR ( KU#, PR#, BESTELL.MENGE, BESTELL.DATUM, ... )
```

sowie

```
LI-PR ( LI#, PR#, LIEFER.MENGE, LIEFER.DATUM, ... )
```

Die beiden letztgenannten Relationen weisen einen zusammengesetzten Primärschlüssel auf. Entsprechend muss geprüft werden, ob eine beabsichtigte Relationserweiterung eine Verletzung der 2NF zur Folge haben könnte. Die vorstehend genannte Relation KU-PR ist beispielsweise nur dann richtig, wenn unterstellt wird, dass ein Kunde seine Produkte normalerweise in unterschiedlichen Mengen bezieht, und dass ein Produkt normalerweise in unterschiedlichen Mengen geliefert wird. Nur dann ist nämlich – der 2NF entsprechend – das nicht dem Schlüssel angehörende Attribut BESTELL.MENGE von keiner Schlüsselkomponente funktional abhängig.

Selbstverständlich wird auch geprüft, ob das Modell mit weiteren Entitätsmengen oder Beziehungsmengen zu ergänzen ist. Dabei könnte sich beispielsweise herausstellen, dass zwischen den Entitätsmengen MASCHINE und PERSON nicht nur die bisher angenommene Bedienungsbeziehung, sondern auch eine Wartungsbeziehung von Bedeutung ist. Unterstellt man, dass eine Maschine nur von einer Person gewartet wird, und dass eine Person mehrere Maschinen warten kann, so lässt sich die Wartungsbeziehung wiederum mittels einer Erweiterung der bereits definierten Relation MASCHINE wie folgt festhalten:

```
MASCHINE ( M#, PE#, PE#, ... )
```

Die Relation MASCHINE stellt in der gezeigten Form keine gute Lösung dar, ist doch der Zweck des zweifach aufgeführten Attributes PE# in keiner Weise zu erkennen. Die Interpretationsschwierigkeit lässt sich aber mit geeigneten Rollenbezeichnungen wie folgt sehr leicht beseitigen:

```
MASCHINE ( M#, BEDIENT.PE#, WARTET.PE#, ... )
```

Wir wollen unsere Übung hier abbrechen und verweisen zum Abschluss auf einige Aspekte, die das vorstehende Beispiel verdeutlicht haben dürfte.

1. Die für die Konstruktionselemente zu definierenden Elementarrelationen müssen nicht einzeln auf dem Papier festgehalten werden, sondern lassen sich unmittelbar zu umfangreicheren Relationen zusammenfassen.

2. Der Aufwand für die Erstellung eines Datenmodells lässt sich drastisch reduzieren, wenn Normalisierungsüberlegungen gezielt in den Entwurfsprozess eingestreut werden.

Abb. 6.1.2 verdeutlicht diese Aussagen, indem gezeigt wird, dass es ratsam ist, den 1. Syntheseschritt vorerst nur bis hin zur ***Datenarchitektur*** durchzuführen (A). Dabei werden die für die Entitätsmengen und Beziehungsmengen erforderlichen Elementarrelationen nicht explicite festgehalten, sondern unmittelbar zu umfangreicheren Relationen zusammengefasst (B). Im Anschluss daran wird global normalisiert (C), worauf im Rahmen einer ***Datenanalyse*** Entitätsattribute und Beziehungsattribute bestimmt werden (D). Die dafür erforderlichen Elementarrelationen werden nur dann explicite festgehalten, wenn besagten Attributen eine komplexe Assoziation zugrunde liegt. Andernfalls können die Attribute wiederum aufgrund von Erweiterungen bereits definierter Relationen festgehalten werden (E).

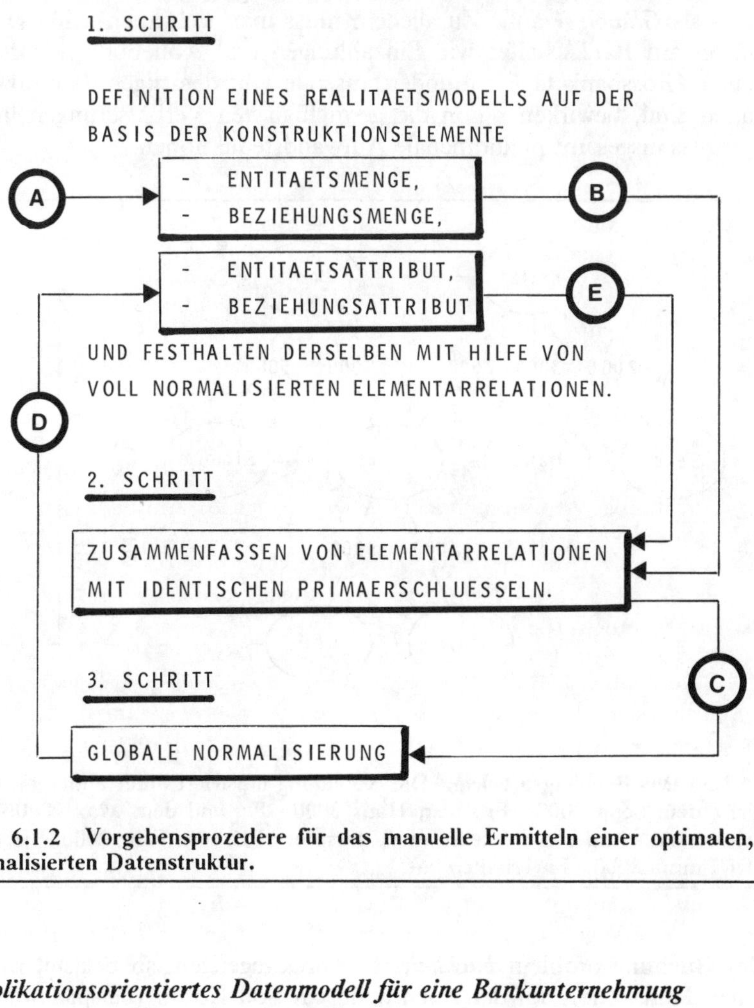

Abb. 6.1.2 Vorgehensprozedere für das manuelle Ermitteln einer optimalen, voll normalisierten Datenstruktur.

2. Applikationsorientiertes Datenmodell für eine Bankunternehmung

(Wir verdanken dieses Beispiel dem Schweiz. Bankverein in Basel)

a) Das Problem: Buchung des gesamten Geldverkehrs

Beim Buchungsproblem geht es darum, die in einer Bank im Zusammenhang mit dem Geldverkehr getätigten ***Transaktionen*** (d.h. Überweisungen, Einzahlungen, Abhebungen, etc.) in geeigneter Form festzuhalten. Abb. 6.1.3 zeigt einige entsprechende Beispiele. Man erkennt unter anderem, dass vom Konto Fritz auf das Konto Sepp 2000.- Fr., das Konto Hans 3000.- Fr. und das Konto Max 2000.- Fr. überwiesen werden. Der Fritz tritt demzufolge gegenüber dem Sepp, Hans und Max als ***Schuldner*** auf. Anderseits ist ersichtlich, dass dem Konto Max vom Konto Fritz 2000.- Fr. und vom Konto Emma 8000.- Fr. gutgeschrieben werden. Der Max tritt demzufolge gegenüber dem Fritz und der Emma als ***Gläubiger*** auf. Zu alledem muss man sich auch zahllose Geldbewegungen am Bankschalter wie Einzahlungen und Abhebungen vorstellen. Da in einer Grossbank täglich hunderttausende von derartigen Transaktionen festzuhalten sind, bewirken schon die geringfügigsten Verbesserungen im Buchungsprozess insgesamt phänomenale Aufwandsreduktionen.

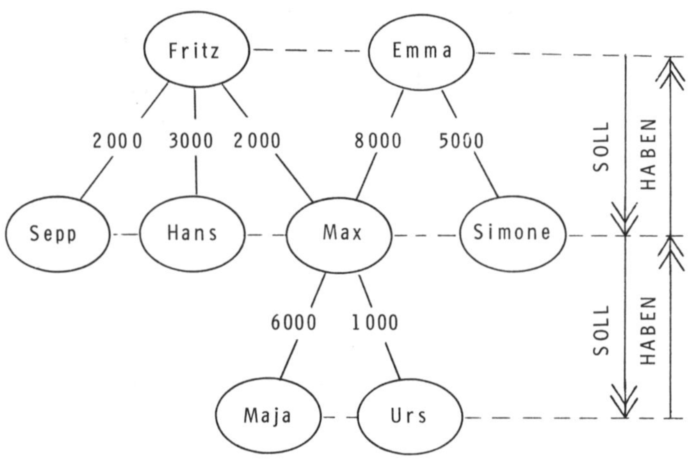

Abb. 6.1.3 Das Buchungsproblem. Die Abbildung illustriert unter anderem, dass der Fritz dem Sepp 2000.- Fr., dem Hans 3000.- Fr. und dem Max 2000.- Fr. überwiesen hat. Anderseits erkennt man, dass der Max vom Fritz 2000.- Fr. und von der Emma 8000.- Fr. erhalten hat.

Wird das Buchungsproblem ***buchhalterisch*** angegegangen, so belastet man im Falle einer Transaktion auf der einen Seite ein Soll-Konto (beispielsweise das Konto Fritz) mit dem zu transferierenden Betrag (beispielsweise 2000.- Fr.) und schreibt besagten Betrag auf der andern Seite einem Haben-Konto (beispielsweise dem Konto Sepp) gut (in Wirklichkeit ist der ganze Vorgang etwas komplizierter, weil die Bank für ihre Dienstleistung einen Bruchteil des transferierten Betrages beansprucht. Im folgenden soll aber auf diese Verkomplizierung nicht weiter eingegangen werden).

Abb. 6.1.4 zeigt eine auf dem vorstehend geschilderten Prinzip basierende relationale Darstellung der in Abb. 6.1.3 festgehaltenen Transaktionen. Man beachte, dass die Summe der belasteten bzw. gutgeschriebenen Beträge (die Bilanz also) jederzeit null ergeben muss.

BUCHUNG (KONTO,	BETRAG,	DATUM, ...)
Fritz	- 2000	X
Sepp	+ 2000	X
Fritz	- 3000	Y
Hans	+ 3000	Y
Fritz	- 2000	Y
Max	+ 2000	Y
Emma	- 8000	Z
Max	+ 8000	Z
Emma	- 5000	Z
Simone	+ 5000	Z
Max	- 6000	Q
Maja	+ 6000	Q
Max	- 1000	R
Urs	+ 1000	R

$\sum$ 0.

Abb. 6.1.4 Konventionelle Lösung des Buchungsproblems. Einem Soll-Konto (beispielsweise dem Konto Fritz) wird der zu transferierende Betrag (beispielsweise 2000.- Fr.) belastet und einem Haben-Konto (beispielsweise dem Konto Sepp) gutgeschrieben. Die Summe aller belasteten bzw. gutgeschriebenen Beträge (die Bilanz also) muss jederzeit null ergeben.

b) Die Lösung (mittels mengenorientierter Überlegungen entwickelt)

Wird das Buchungsproblem nicht buchhalterisch, sondern mit ***Konstruktionselementen*** (d.h. Entitätsmengen, Beziehungsmengen, Entitätsattributen sowie Beziehungsattributen) gelöst, so wird zunächst gemäss Abb. 6.1.5 die Gesamtheit aller Konti als ***Entitätsmenge*** namens KONTO aufgefasst. Mittels der ***Beziehungsmenge*** HA-SO (für Haben-Soll stehend) wird sodann festgehalten, dass ein Konto aufgrund einer Sollbeziehung in der Regel mit mehreren anderweitigen Konti in Beziehung steht (komplexe Assoziation). Umgekehrt steht ein Konto aufgrund einer Habenbeziehung in der Regel wiederum mit mehreren anderweitigen Konti in Beziehung (komplexe Assoziation). Schliesslich lassen sich die von den Sollkonti auf die Habenkonti transferierten Beträge mittels eines ***Beziehungsattributes*** namens BUCHUNG festhalten.

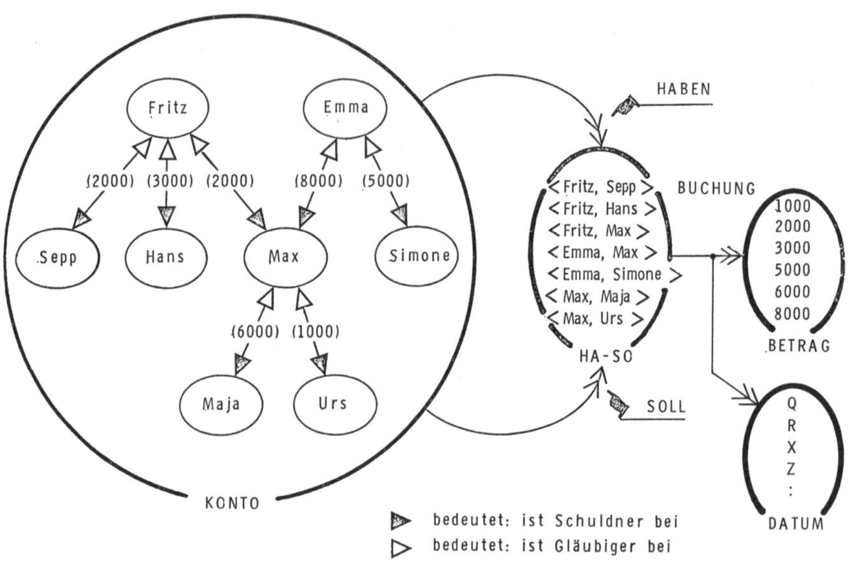

Abb. 6.1.5 Buchungsproblem dargestellt mittels Konstruktionselementen.

Am Beziehungsattribut BUCHUNG sind die Domänen BETRAG und DATUM sowie die Beziehungsmenge HA-SO beteiligt, die ihrerseits zweimal (einmal für die Habenbeziehung und einmal für die Sollbeziehung) die Entitätsmenge KONTO involviert. Demzufolge ist für das Beziehungsattribut BUCHUNG folgende Relation zu definieren:

BUCHUNG (<u>SOLL.KONTO, HABEN.KONTO</u>, BETRAG, DATUM)

Abb. 6.1.6 zeigt die Relation BUCHUNG, zusammen mit den Tupeln, die für das Festhalten der in Abb. 6.1.3 aufgeführten Transaktionen erforderlich sind. Zu beachten ist allerdings, dass mit der vorstehenden Relation pro Schuldner-Gläubiger-Beziehung nur gerade ***ein*** Betrag festgehalten werden kann, was der Realität selbstverständlich nicht genau entspricht. Wie diese Einschränkung eliminiert werden kann, soll später gezeigt werden.

Wird die buchhalterisch entwickelte Lösung aus Abb. 6.1.4 mit der aufgrund von mengentheoretischen Überlegungen ermittelten Lösung aus Abb. 6.1.6 verglichen, so ergeben sich folgende spektakuläre Unterschiede:

1. Bei der konventionellen Lösung sind pro Transaktion 2 Einschuboperationen erforderlich, während sich bei der neuen Lösung mit einer einzigen Einschuboperation der gleiche Effekt erzielen lässt.

BUCHUNG (SOLL.KONTO, HABEN.KONTO, BETRAG, DATUM)

SOLL.KONTO	HABEN.KONTO	BETRAG	DATUM
Fritz	Sepp	2000.-	X
Fritz	Hans	3000.-	Y
Fritz	Max	2000.-	Y
Emma	Max	8000.-	Z
Emma	Simone	5000.-	Z
Max	Maja	6000.-	Q
Max	Urs	1000.-	R

Abb. 6.1.6 Mit mengenorientierten Überlegungen entwickelte Lösung des Buchungsproblems. Die Abbildung bezieht sich auf die in Abb. 6.1.3 gezeigte Anordnung.

Demzufolge: Die für das Festhalten der Transaktionen insgesamt erforderlichen ***Einschuboperationen*** lassen sich ***halbieren.***

2. Bei der konventionellen Lösung sind pro Transaktion ungefähr 6 Datenwerte zu berücksichtigen, während man bei der neuen Lösung mit nur 4 Datenwerten auskommt.

   Demzufolge: Der für das Festhalten der Transaktionen insgesamt erforderliche ***Datenbestand*** lässt sich ungefähr um einen drittel ***reduzieren.***

3. Bei der konventionellen Lösung ist die Bilanz der Bank vor und nach den Einschuboperationen, die für eine Belastung und eine Gutschrift erforderlich sind, in Ordnung (Summe = 0). Zwischen den genannten Operationen ist die Bilanz der Bank aber falsch (Summe ungleich null). Dies bedeutet, dass die Datenbank temporär inkosistente Zustände aufweist. Diese mangelhafte Konsistenz führte in der Vergangenheit immer wieder zu gravierenden Problemen, die sich nur mit unverhältnismässig hohem Aufwand bereinigen liessen.

   Bei der neuen Lösung erfolgt demgegenüber sowohl die Belastung als auch die Gutschrift mit einer einzigen Einschuboperation; das heisst, die Datenbank weist nie einen inkonsistenten Zustand auf.

   Demzufolge: Die ***Konsistenz*** der Datenbank lässt sich ***verbessern.***

4. Bei der konventionellen Lösung ist die Schuldner-Gläubiger-Beziehung nach erfolgter Buchung nicht mehr ersichtlich, während besagte Beziehung bei der neuen Lösung jederzeit erhalten bleibt. Sollen beispielsweise zu irgend einem Zeitpunkt die Gläubiger eines bestimmten Schuldners ermittelt werden, so wird – wie aus Abb. 6.1.7 hervorgeht – mit der KONTO-Nummer des Schuldners via das Attribut SOLL.KONTO auf die Relation

BUCHUNG zugegriffen. Dabei fallen die KONTO-Nummern der Gläubiger sowie deren Guthaben an. Sollen umgekehrt die Schuldner eines bestimmten Gläubigers ermittelt werden, so wird mit der KONTO-Nummer eines bestimmten Gläubigers via das Attribut HABEN.KONTO auf die Relation BUCHUNG zugegriffen. Dabei fallen die KONTO-Nummern der Schuldner inklusive der geschuldeten Beträge an.

Demzufolge: Der ***Informationsgehalt*** der Datenbank lässt sich wesentlich ***verbessern***.

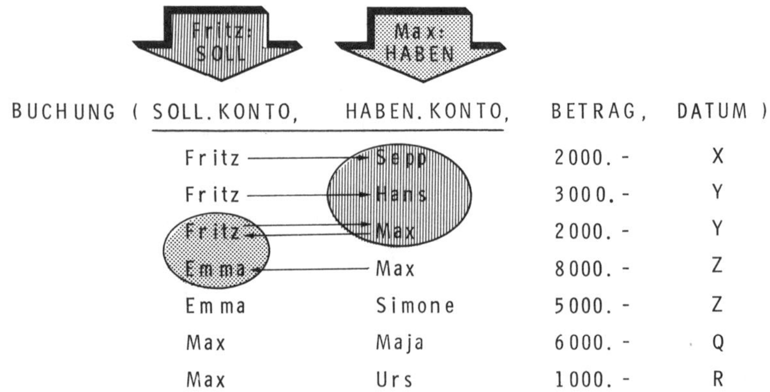

Abb. 6.1.7 Ermittlung von Soll- und Habenbeziehungen. Die Abbildung illustriert, dass ein Zugriff mit dem SOLL.KONTO-Wert "Fritz" die Gläubiger "Sepp", "Hans" sowie "Max" zu ermitteln erlaubt. Anderseits liefert ein Zugriff mit dem HABEN.KONTO-Wert "Max" die Schuldner "Fritz" und "Emma".

Wir wollen uns im folgenden überlegen, wie der vorstehend geschilderte Lösungsansatz mit Hilfe der in Kapitel 2.2 diskutierten Überlagerungstechnik erweitert werden kann, sodass auch die Bearbeitung von sogenannten ***Sammelbuchungen*** möglich wird. Von Sammelbuchungen wird dann gesprochen, wenn aufgrund eines Auftrages mehrere Transaktionen ausgelöst werden sollen.

Abb. 6.1.8 zeigt, wie der Beziehungsmenge HA-SO eine Menge AUFTRAG überlagert werden kann, deren Elemente jeweils die im Rahmen eines Sammelauftrages zu bearbeitenden Transaktionen enthalten. Werden die Elemente der Menge AUFTRAG aufgrund einer Auftragsnummer A# identifiziert, so lässt sich die in Abb. 6.1.8 gezeigte Sachlage relational wie folgt festhalten:

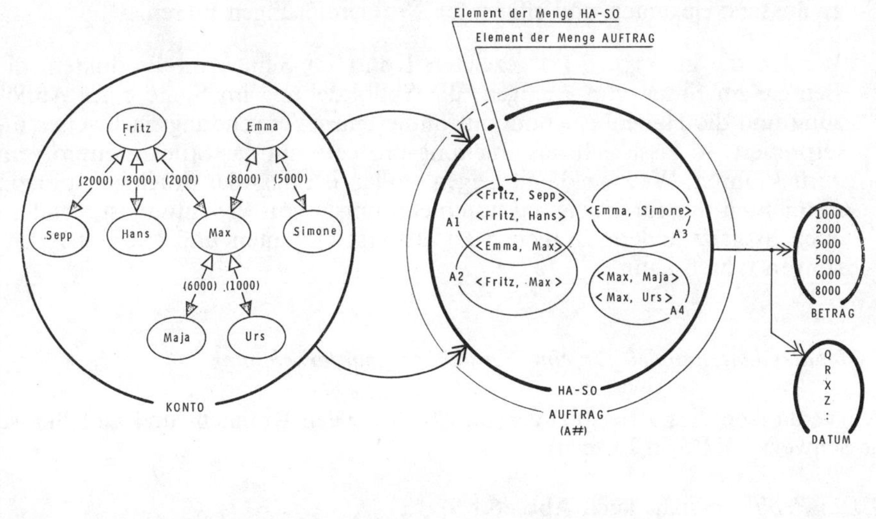

Abb. 6.1.8 Die Elemente der Menge AUFTRAG fassen jene Transaktionen zusammen, die in einem Auftrag zu bearbeiten sind.

S-BUCHUNG (SOLL.KONTO, HABEN.KONTO, A#, BETRAG, DATUM)

Fritz	Sepp	A1	2000	X
Fritz	Hans	A1	3000	Y
Emma	Max	A1	8000	Z
Emma	Max	A2	5000	Q
Fritz	Max	A2	2000	Y
Emma	Simone	A3	5000	Z
Max	Maja	A4	6000	Q
Max	Urs	A4	1000	R

Falls erforderlich könnte eine weitere Relation mit auftragsspezifischen Daten wie folgt definiert werden:

AUFTRAG (A#, AUFTRAGGEBER, AUFTRAG.DATUM, ...)

Damit ist aber auch das vorstehend geschilderte Problem, demzufolge mit der Relation BUCHUNG pro Schuldner-Gläubiger-Beziehung nur gerade *ein* Betrag festgehalten werden kann, bereinigt. Dies deshalb, weil die im Primärschlüssel der Relation S-BUCHUNG erscheinende Auftragsnummer A# die Möglichkeit eröffnet, pro Schuldner-Gläubiger-Beziehung beliebig viele Beträge festzuhalten.

Das vorstehende Beispiel hat folgendes verdeutlicht:

1. Mengenorientierte (also auf Entitätsmengen, Beziehungsmengen, Entitätsattributen sowie Beziehungsattributen basierende) Überlegungen können zu äusserst eleganten und effizienten Problemlösungen führen.

2. Werden die in Abb. 6.1.3 gezeigten Konti im Sinne von Produkten, die Beträge im Sinne von Mengen, die Sollbeziehung im Sinne einer Auflösung und die Habenbeziehung im Sinne eines Verwendungsnachweises interpretiert, so lässt sich das Buchungsproblem auf das Stücklistenproblem zurückführen. Was wir damit zeigen wollen ist, dass das Stücklistenprinzip mitnichten nur für Fertigungsunternehmungen von Bedeutung ist, sondern auch in ganz andern Branchen zu äusserst eleganten und effizienten Lösungen führen kann.

3. Globales Datenmodell für eine Versicherungsunternehmung

(Wir verdanken dieses Beispiel der Christlichsozialen Kranken- und Unfallkasse der Schweiz CKUS in Luzern)

a) Das Problem (siehe auch Abb. 6.1.9)

Aufgrund von ***Realitätsbeobachtungen*** wird festgestellt:

1. Eine Versicherungsgesellschaft bietet verschiedene ***Versicherungsleistungen*** wie Krankenversicherung, Unfallversicherung, Spitalversicherung, Taggeld, Lohnausfall, etc. an.

2. Die Gesellschaft ist in regionale ***Geschäftsstellen*** gegliedert, die unterschiedliche Tarife für die verschiedenen Versicherungsleistungen aufweisen.

3. Die Versicherungsgesellschaft offeriert Unternehmungen die Möglichkeit, ***Kollektivversicherungen*** für ihre Mitarbeiter abzuschliessen. Dabei werden für die verschiedenen Versicherungsleistungen Tarife gemäss Versichertenstruktur und Leistungsbedarf vereinbart.

4. Ein Versicherungsnehmer (d.h. ein ***Mitglied***) kann sich für die verschiedenen Versicherungsleistungen als ***Einzelmitglied*** direkt bei der Versicherungsgesellschaft oder aber als ***Kollektivmitglied*** beim Arbeitgeber versichern lassen. Letzteres bedingt allerdings, dass besagter Arbeitgeber einen entsprechenden Kollektivvertrag abgeschlossen hat.

5. Der ***Tarif*** für eine Versicherungsleistung kann von folgenden Faktoren abhängen:

   - Von der Versichertenstruktur und dem Leistungsbedarf in der Wohnregion,

   - Vom Umstand, ob ein Versicherungsnehmer eine Versicherungsleistung als Einzelmitglied oder aber als Kollektivmitglied in Anspruch nimmt.

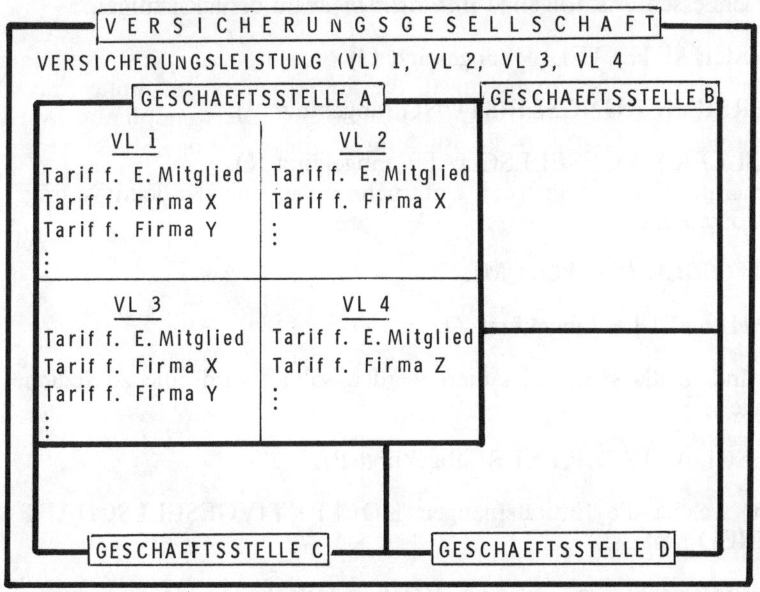

Abb. 6.1.9 Versicherungsleistungen und Tarifregelung einer Versicherungsgesellschaft.

6. Die ***Prämien*** werden bei den Einzelmitgliedern (resp. bei deren Familienvorstand) direkt erhoben. Für die Kollektivversicherten werden die Prämien wahlweise gemäss Kollektivvertrag bei den entsprechenden Arbeitgebern oder bei den Kollektivmitgliedern (resp. bei deren Familienvorstand) eingezogen.

7. Die versicherten Schadenfälle werden erfasst und mit einer sogenannten ***Zahlstelle*** (Arzt, Spital, Apotheke) in Beziehung gesetzt.

8. Die bei einem Schadenfall von der Versicherungsgesellschaft zu erbringenden Zahlungen werden den ***Leistungsempfängern*** wie folgt überwiesen:

   - Gänzlich oder partiell an die Zahlstelle (Arzt, Spital, Apotheke),

   - Gänzlich oder partiell an das Einzelmitglied (bzw. an dessen Familienvorstand),

   - Gänzlich oder partiell an die Unternehmung, dessen Mitarbeiter den Schadenfall erlitten hat.

Die vorstehend geschilderte Sachlage ist mit einem geeigneten Datenmodell festzuhalten.

b) Die Lösung (siehe auch Abb. 6.1.10)

Wir entschliessen uns, folgende ***Entitätsmengen*** zu berücksichtigen:

- GESCHÄFTSSTELLE (abgekürzt G),
- VERSICHERUNGSLEISTUNG (abgekürzt V),
- KOLLEKTIVGESELLSCHAFT (abgekürzt K), gemeint ist die Menge der Unternehmungen, die Kollektivverträge abgeschlossen haben,
- MITGLIED (abgekürzt M),
- ZAHLSTELLE (abgekürzt Z).

Aus Gründen, die später diskutiert werden sollen, wird eine zusätzliche Entitätsmenge

- GESCHÄFTSPARTNER (abgekürzt P)

definiert, welche die Entitätsmengen KOLLEKTIVGESELLSCHAFT sowie MITGLIED umfasst.

Jede ***Entitätsmenge*** wird mit einer Relation festgehalten, deren Primärschlüssel dem Entitätsschlüssel entspricht; konkret:

```
P ( P#, ... )

K ( K#, + P#, ... )

M ( M#, + P#, ... )

G ( G#, ... )

V ( V#, ... )

Z ( Z#, ... )
```

Man beachte, dass das Attribut P# in der Relation P als ***Primärschlüssel*** und in der Relation K (bzw. M) als ***Fremdschlüssel*** und zugleich als ***Schlüsselkandidat*** erscheint. Dadurch kommen folgende (C:1)-Abbildungen zustande:

$$P \longleftrightarrow K$$

$$P \longleftrightarrow M$$

Dies bedeutet auf die Realität bezogen, dass ein Geschäftspartner höchstens eine Kollektivgesellschaft (bzw. höchstens ein Mitglied) sein kann.

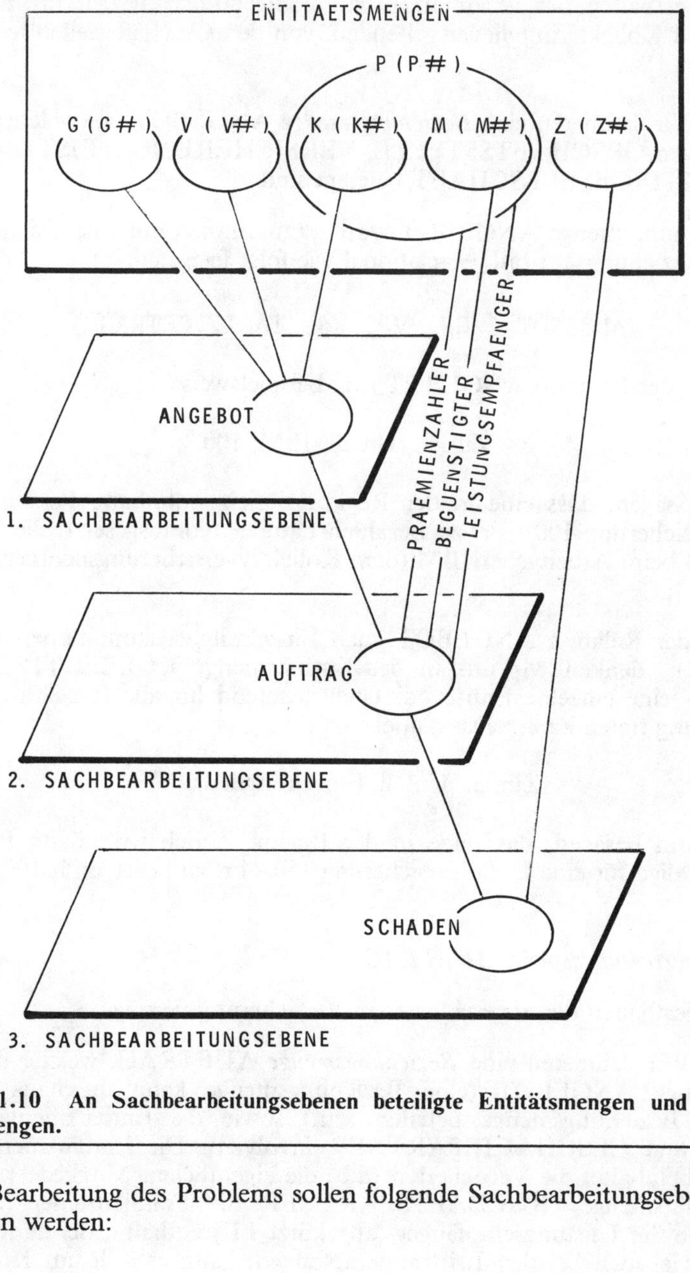

Abb. 6.1.10 An Sachbearbeitungsebenen beteiligte Entitätsmengen und Beziehungsmengen.

Für die Bearbeitung des Problems sollen folgende Sachbearbeitungsebenen unterschieden werden:

1. Sachbearbeitungsebene: ANGEBOT

Zweck: Festhalten des gesamten Leistungsangebotes mit den für Einzelmitglieder und Kollektivmitglieder geltenden, von den Geschäftsstellen festgelegten Tarifen.

Lösung: Wir definieren eine ***Beziehungsmenge*** ANGEBOT, an welcher die Entitätsmengen GESCHÄFTSSTELLE, VERSICHERUNGSLEISTUNG sowie KOLLEKTIVGESELLSCHAFT beteiligt sind.

Die Beziehungsmenge ANGEBOT wird – zusammen mit einem den Tarif regelnden Beziehungsattribut – relational wie folgt festgehalten:

ANGEBOT (G#, V#, K#, TARIF.BETRAG)

Ein Tupel der Relation ANGEBOT, wie beispielsweise

< Zürich, Unfall, IBM, 100 >

würde aussagen, dass eine in der Region Zürich wohnhafte Person für eine Unfallversicherung 100.- Fr. zu bezahlen hätte – vorausgesetzt, die Versicherung wird beim Arbeitgeber IBM (dem Kollektivversicherungsnehmer also) abgeschlossen.

Um mit der Relation ANGEBOT auch Einzelmitgliedskonditionen festhalten zu können, denken wir uns in der Entitätsmenge KOLLEKTIVGESELLSCHAFT eine einzelne Entität, die stellvertretend für alle Einzelmitglieder in Erscheinung treten kann. Das Tupel

< Zürich, Unfall, Einzelmitglied, 150 >

würde dann besagen, dass eine in der Region Zürich wohnhafte Person als Einzelmitglied für eine Unfallversicherung 150.- Fr. zu bezahlen hätte.

2. Sachbearbeitungsebene: AUFTRAG

Zweck: Festhalten der abgeschlossenen Versicherungsverträge.

Lösung: Wir definieren eine ***Beziehungsmenge*** AUFTRAG, welche die Beziehungsmenge ANGEBOT (eine Beziehungsmenge kann durchaus an einer weiteren Beziehungsmenge beteiligt sein) sowie die Entitätsmengen MITGLIED und GESCHÄFTSPARTNER involviert. Die Entitätsmenge MITGLIED beinhaltet die Versicherten (d.h. die eigentlichen Mitglieder), während die Entitätsmenge GESCHÄFTSPARTNER die Prämienzahler (abgekürzt PZ) sowie die Leistungsempfänger (abgekürzt LE) enthält. Bei den Prämienzahlern wie auch bei den Leistungsempfängern kann es sich um Kollektivgesellschaften oder um Einzelmitglieder (bzw. deren Familienvorstand) handeln. Diese verschiedenen Möglichkeiten können dank der umfassenden Entitätsmenge GESCHÄFTSPARTNER auf einen einzigen Nenner gebracht werden, wodurch sich das Datenmodell vereinfachen lässt.

Die Beziehungsmenge AUFTRAG könnte prinzipiell wie folgt definiert werden:

AUFTRAG (G#, V#, K#, M#, PZ.P#, LE.P#)

Die Attributskombination G#, V#, K# stellt in der Relation AUFTRAG einen Fremdschlüssel dar, erscheint doch die gleiche Kombination in der Relation ANGEBOT auch als Primärschlüssel. Dies stellt allerdings keine gute Lösung dar, weil:

1. Die Primärschlüssel-Fremdschlüssel-Beziehung zwischen den Relationen ANGEBOT und AUFTRAG nicht ohne weiteres erkennbar ist,

2. Abfrageprozeduren, an welchen die Relationen ANGEBOT und AUFTRAG beteiligt sind, umständlich formuliert werden müssen.

Was die letztgenannte Aussage anbelangt, so wären bei Verwendung einer SEQUEL ähnlichen Abfragesprache [7] zu wiederholten Malen umständliche Formulierungen der Art

```
SELECT ...
    WHERE  ANGEBOT.G# = AUFTRAG.G#
    AND    ANGEBOT.V# = AUFTRAG.V#
    AND    ANGEBOT.K# = AUFTRAG.K#
```

erforderlich.

Den vorstehend genannten Nachteilen kann mit folgendem Vorgehen begegnet werden:

Fällt im Verlaufe des Entwurfsprozesses eine Relation mit zusammengesetztem Primärschlüssel an und muss diese Relation aufgrund des Primärschlüssel-Fremdschlüssel-Prinzips möglicherweise mit einer andern Relation in Beziehung gesetzt werden, so sollte in Erwägung gezogen werden, die Relation mit einem zusätzlichen Attribut zu erweitern. Letzteres sollte in der Lage sein, die Funktion besagten Primärschlüssels zu übernehmen. Selbstverständlich verbleibt die den ursprünglichen Primärschlüssel darstellende Attributskombination als Schlüsselkandidat in der Relation.

Der vorstehenden Empfehlung folgend, erweitern wir die Relation ANGEBOT mit dem Attribut GVK#, welches die Funktion des ursprünglichen Primärschlüssels ***G#, V#, K#*** übernimmt. Die Attributskombination G#, V#, K# verbleibt als Schlüsselkandidat in der Relation. Damit ergibt sich folgende Relation:

ANGEBOT (<u>GVK#</u>, + G#, + V#, + K#, TARIF.BETRAG)

Anmerkung: Durch das den Attributen G#, V# sowie K# vorgelagerte + Zeichen werden die genannten Attribute ***insgesamt*** *zum Schlüsselkandidaten deklariert. Würde die Relation ANGEBOT einen weiteren Schlüsselkandidaten aufweisen, so müssten die entsprechenden Attribute mit einem anderweitigen Zeichen (beispielsweise *) kenntlich gemacht werden.*

Die nachstehende Schreibweise ermöglicht eine Verdeutlichung der Tatsache, derzufolge die Attribute G#, V# sowie K# ***gesamthaft*** *einen Schlüsselkandidaten darstellen.*

ANGEBOT (<u>GVK#</u>, + [G#, V#, K#], TARIF.BETRAG)

Wird der Primärschlüssel ***GVK#*** der Relation ANGEBOT als Fremdschlüssel in die Relation AUFTRAG übernommen, so ergibt sich:

AUFTRAG (<u>GVK#, M#</u>, PZ.P#, LE.P#)

Nachdem die Beziehungsmenge AUFTRAG auf der dritten Sachbearbeitungsebene an einer weiteren Beziehungsmenge beteiligt sein wird, empfiehlt es sich, in der Relation AUFTRAG an Stelle des zusammengesetzten Primärschlüssels ***GVK#, M#*** wiederum mit einem neuen Primärschlüssel ***GVKM#*** zu arbeiten. Damit ergibt sich folgende Relation:

AUFTRAG (<u>GVKM#</u>, + [GVK#, M#], PZ.P#, LE.P#)

3. Sachbearbeitungsebene: SCHADEN

Zweck: Festhalten der eingetroffenen Schadenfälle unter Berücksichtigung der betroffenen Zahlstellen und der zu erbringenden Leistungen.

Lösung: Wir definieren eine ***Beziehungsmenge*** SCHADEN, an der die Beziehungsmenge AUFTRAG sowie die Entitätsmenge ZAHLSTELLE beteiligt sind. Die Beziehungsmenge SCHADEN wird relational wie folgt festgehalten:

SCHADEN (<u>GVKM#, Z#</u>, SCHADEN.BETRAG)

Wir fassen zusammen:

Für das Festhalten der ***Datenarchitektur*** sind insgesamt folgende Relationen erforderlich:

```
                P ( P#, ... )

           K ( K#, + P#, ... )

           M ( M#, + P#, ... )

                G ( G#, ... )

                V ( V#, ... )

                Z (Z#, ... )

ANGEBOT ( GVK#, + [ G#, V#, K# ], TARIF.BETRAG )

AUFTRAG ( GVKM#, + [ GVK#, M# ], PZ.P#, LE.P# )

     SCHADEN ( GVKM#, Z#, SCHADEN.BETRAG )
```

Das vorstehende Beispiel hat folgendes verdeutlicht:

1. An einer Beziehungsmenge können nicht nur Entitätsmengen, sondern auch anderweitige Beziehungsmengen beteiligt sein,

2. Sofern ein zusammengesetzter Primärschlüssel als Fremdschlüssel in Erscheinung tritt, sollte in Erwägung gezogen werden, ein zusätzliches Attribut zu definieren, welches die Funktion besagten Primärschlüssels übernehmen kann.

6.2 Ableitung von Datenmodellen mittels Formularanalysen

Das im vorangegangenen Kapitel diskutierte Vorgehen eignet sich für die Ermittlung eines ***applikationsorientierten*** oder eines ***globalen*** (also applikationsüberspannenden) ***Relationenmodells***. Letzteres reflektiert die Datenarchitektur (d.h. Entitätsmengen und Beziehungsmengen) sowie einige wichtige Entitätsattribute und Beziehungsattribute. Um das Modell zu verfeinern, bietet sich die Möglichkeit an, die im Rahmen einer Applikation zu produzierenden Formulare sowie Bildschirmausgaben zu analysieren. Die entsprechenden Arbeitsschritte sollen im folgenden anhand des in Abb. 6.2.1 gezeigten Formulars erläutert werden.

KURSBESCHREIBUNG

KURS (K#):	K1	DOZENT (D#):	D4
KURSNAME:	Informatik	DOZENTENNAME:	Meier
LOKAL (L#):	L7		
LOKALGROESSE:	55		

EINGESCHRIEBENE STUDENTEN:

S#	STUDENTEN-NAME	GEBURTS-DATUM	STUDIEN-LEITER (D#)	DOZENTENNAME	SPRACHE (SP)	KENNTNIS	BELEGTE KURSE (K#)	KURSNAME	EVALUATION
S1	Müller	6.2.62	D8	Schmid	Engl.	gut	K1	Inform.	gut
					Franz.	gut	K2	Phys.	gut
					Deutsch	mittel	K3	Chem.	schlecht
							K4	Alg.	mittel
S2	Gautschi	26.1.64	D3	Berger	Ital.	gut	K1	Inform.	schlecht
					Deutsch	schlecht	K3	Chem.	gut
							K5	Geom.	gut

Abb. 6.2.1 Beispiel eines Formulars zur Illustration der im Rahmen einer Formularanalyse erforderlichen Arbeitsschritte.

Selbstverständlich beginnt die Arbeit auch hier mit der Bestimmung der ***Entitätsmengen***. Letztere werden gefunden, indem man sich die in Kapitel 2 diskutierten Entitätsmerkmale vergegenwärtigt und sich insbesondere frägt:

1. Wofür werden auf einem Formular oder einer Bildschirmausgabe Informationen ausgewiesen?

   Die Beantwortung dieser Frage kann sowohl zu ***Kernentitätsmengen*** wie auch zu ***abhängigen Entitätsmengen*** führen.

2. Was soll in einer Datenbank eigenständig (also unabhängig von der Existenz anderweitiger Entitäten) berücksichtigt werden können?

   Die Beantwortung dieser Frage führt zu ***Kernentitätsmengen.***

Abb. 6.2.2 zeigt, dass das erste Kriterium für ***Kurse*** (aufgrund des Kursnamens), ***Lokale*** (aufgrund der Lokalgrösse), ***Dozenten*** (aufgrund des Dozentennamens) sowie ***Studenten*** (aufgrund des Studentennamens, des Geburtsdatums, etc.) zutrifft. Entsprechend arbeiten wir mit den Entitätsmengen KURS, LOKAL, DOZENT sowie STUDENT und definieren dafür folgende Relationen:

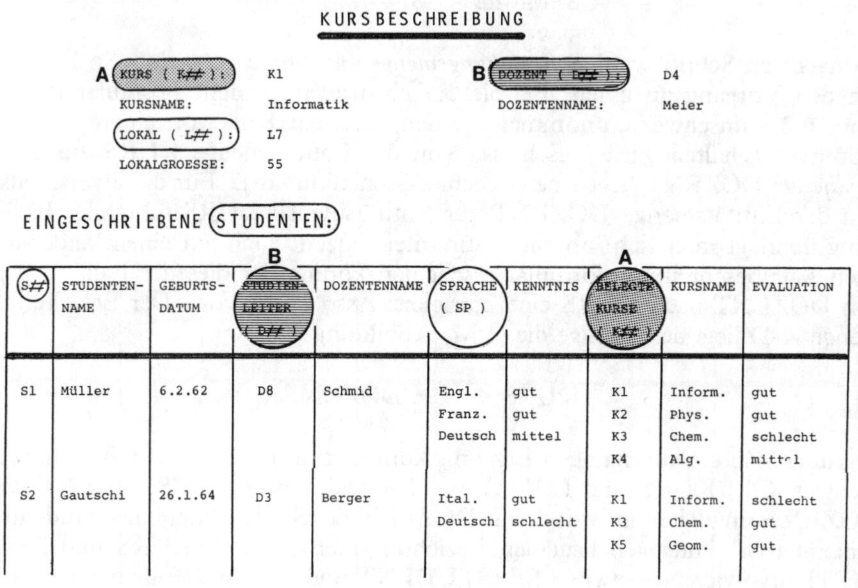

KURSBESCHREIBUNG

A KURS (K#): K1   B DOZENT (D#): D4

KURSNAME: Informatik   DOZENTENNAME: Meier

LOKAL (L#): L7

LOKALGROESSE: 55

EINGESCHRIEBENE STUDENTEN:

S#	STUDENTEN-NAME	GEBURTS-DATUM	B: STUDIEN-LEITER (D#)	DOZENTENNAME	SPRACHE (SP)	KENNTNIS	A: BELEGTE KURSE (K#)	KURSNAME	EVALUATION
S1	Müller	6.2.62	D8	Schmid	Engl.	gut	K1	Inform.	gut
					Franz.	gut	K2	Phys.	gut
					Deutsch	mittel	K3	Chem.	schlecht
							K4	Alg.	mittel
S2	Gautschi	26.1.64	D3	Berger	Ital.	gut	K1	Inform.	schlecht
					Deutsch	schlecht	K3	Chem.	gut
							K5	Geom.	gut

Abb. 6.2.2 Bestimmung von Entitätsmengen. Man beachte, dass die mit **A** bzw. **B** markierten Entitätsmengen identisch sind.

```
KURS ( K#, ... )

LOKAL ( L#, ... )

DOZENT ( D#, ... )

STUDENT ( S#, ... )
```

Zudem entschliessen wir uns, auch die ***Sprachen*** im Sinne von Entitäten zu behandeln. Nicht etwa, weil für Sprachen Informationen festzuhalten wären, sondern weil die Sprachen – entsprechend des 2. Kriteriums – ***eigenständig*** behandelt werden sollen; d. h. die Existenz einer bestimmten Sprache soll auch dann festgehalten werden können, wenn die Sprache von keiner Person gesprochen wird.

Für die Entitätsmenge SPRACHE definieren wir folgende Relation:

```
SPRACHE ( SP, ... )
```

Im nächsten Schritt werden ***Beziehungsmengen*** ausfindig gemacht. So kann – um den Vorgang an einem Beispiel zu illustrieren – dem Formular gemäss Abb. 6.2.3 unschwer entnommen werden, dass ein Kurs von einem einzigen Dozenten gehalten wird (das heisst, von der Entitätsmenge KURS zur Entitätsmenge DOZENT liegt eine einfache Assoziation vor). Für die inverse (also von der Entitätsmenge DOZENT zur Entitätsmenge KURS führende) Beziehung überlegt man sich, ob ein bestimmter Dozent auch auf einem anderweitigen Kursbeschreibungsformular erscheinen könnte. Ist dies der Fall, so liegt von DOZENT nach KURS eine komplexe Assoziation vor. Der Beziehungsmenge K-D liegt demzufolge die (1:M)-Abbildung

$$\text{KURS} \twoheadleftarrow\!\!\longrightarrow \text{DOZENT}$$

zugrunde. Zu einem analogen Ergebnis kommt man bezüglich der Beziehungsmengen K-L (KURS und LOKAL involvierend) sowie S-D (STUDENT und DOZENT involvierend, wobei mit DOZENT der Studienleiter eines Studenten gemeint ist). Hingegen liegt den Beziehungsmengen K-S (KURS und STUDENT involvierend) sowie S-SP (STUDENT und SPRACHE invovlierend) je eine (M:M)-Abbildung zugrunde.

Die auf (1:M)-Abbildungen basierenden Beziehungsmengen K-L, K-D sowie S-D lassen sich aus den in Kapitel 6.1 dargelegten Gründen aufgrund von Erweiterungen bereits definierter Relationen wie folgt festhalten:

Die Beziehungsmenge K-L aufgrund einer Erweiterung der Relation KURS:

```
KURS ( K#, L#, ... )
```

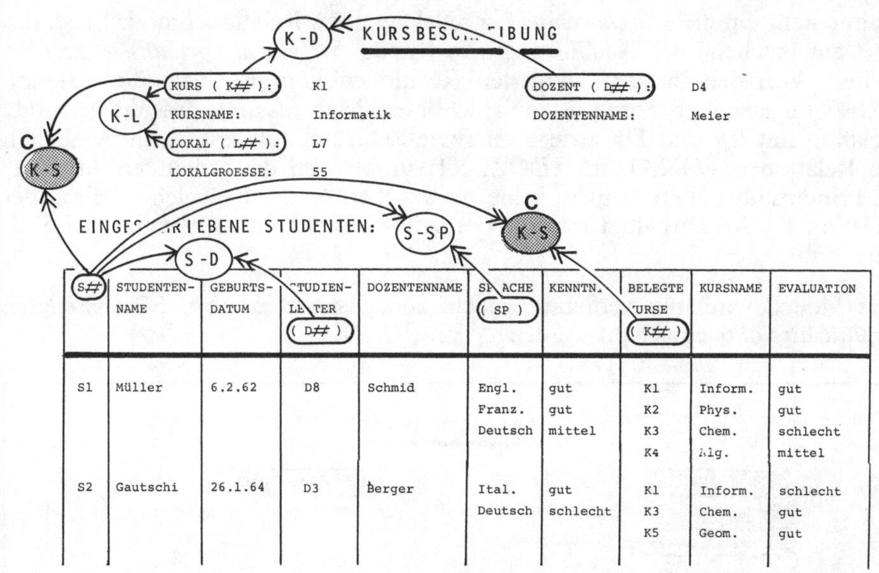

Abb. 6.2.3 Bestimmung von Beziehungsmengen. Unterstellt man, dass KURS, LOKAL, DOZENT, STUDENT sowie SPRACHE Entitätsmengen sind, so lassen sich folgende Beziehungsmengen ableiten: K-L (KURS und LOKAL involvierend), K-D (KURS und DOZENT involvierend), K-S (KURS und STUDENT involvierend), S-D (STUDENT und DOZENT involvierend), S-SP (STUDENT und SPRACHE involvierend). Man beachte, dass die mit C markierten Beziehungsmengen identisch sind.

Die Beziehungsmenge K-D aufgrund einer Erweiterung der soeben modifizierten Relation KURS:

KURS (K#, L#, D#, ...)

Die Beziehungsmenge S-D schliesslich aufgrund einer Erweiterung der Relation STUDENT:

STUDENT (S#, D#, ...)

Die auf einer (M:M)-Abbildung basierende Beziehungsmenge K-S lässt sich nur aufgrund einer zusätzlichen Relation wie folgt berücksichtigen:

K-S (K#, S#, ...)

In gleicher Weise erfordert die ebenfalls auf einer (M:M)-Abbildung basierende Beziehungsmenge S-SP eine zusätzliche Relation der Art:

S-SP (S#, SP, ...)

Damit steht ein die ***Datenarchitektur*** reflektierendes Relationenmodell fest, das jetzt entsprechend der Ausführungen in Kapitel 5.2 ***global normalisiert*** werden sollte. Von den bislang definierten Relationen kommt einzig die Relation KURS für eine Verletzung der 3NF in Frage. Man erkennt, dass die genannte Relation mit L# und D# zwar zwei Fremdschlüssel aufweist, doch beinhalten die Relationen LOKAL und DOZENT, in welchen die genannten Attribute als Primärschlüssel erscheinen, keine zusätzlichen Attribute, welche auch in der Relation KURS enthalten wären. Demzufolge liegt keine Verletzung der 3NF vor.

Das Modell wird nun verfeinert, indem zunächst die in Abb. 6.2.4 gezeigten ***Entitätsattribute*** eingebaut werden.

KURSBESCHREIBUNG

EINGESCHRIEBENE STUDENTEN:

S#	STUDENTEN-NAME	GEBURTS-DATUM	STUDIEN-LEITER (D#) (E)	DOZENTENNAME	SPRACHE (SP)	KENNTNIS	BELEGTE KURSE (K#) (D)	KURSNAME	EVALUATION
S1	Müller	6.2.62	D8	Schmid	Engl.	gut	K1	Inform.	gut
					Franz.	gut	K2	Phys.	gut
					Deutsch	mittel	K3	Chem.	schlecht
							K4	Alg.	mittel
S2	Gautschi	26.1.64	D3	Berger	Ital.	gut	K1	Inform.	schlecht
					Deutsch	schlecht	K3	Chem.	gut
							K5	Geom.	gut

Abb. 6.2.4 Bestimmung von Entitätsattributen. Man beachte, dass die mit **D** bzw. **E** markierten Entitätsattribute identisch sind.

Nachdem allen Entitätsattributen eine Funktion zugrunde liegt, lassen sich besagte Entitätsattribute aus den in Kapitel 6.1 genannten Gründen wiederum aufgrund von Erweiterungen bereits definierter Relationen wie folgt berücksichtigen: Das Entitätsattribut KURSNAME aufgrund einer Erweiterung der Relation KURS:

KURS (K#, L#, D#, KURSNAME)

Das Entitätsattribut LOKAL.GROESSE aufgrund einer Erweiterung der Relation LOKAL:

LOKAL (<u>L#</u>, LOKAL.GROESSE)

Das Entitätsattribut DOZENT.NAME aufgrund einer Erweiterung der Relation DOZENT:

DOZENT (<u>D#</u>, DOZENT.NAME)

Die Entitätsattribute STUDENT.NAME und GEBURT.DATUM aufgrund einer Erweiterung der Relation STUDENT:

STUDENT (<u>S#</u>, D#, STUDENT.NAME, GEBURT.DATUM)

Die vorstehenden Erweiterungen betreffen allesamt Relationen mit einfachem Primärschlüssel; das heisst, die Erweiterungen bewirken keine Verletzungen der Normalformen.

Schliesslich werden die in Abb. 6.2.5 gezeigten ***Beziehungsattribute*** wie folgt berücksichtigt:

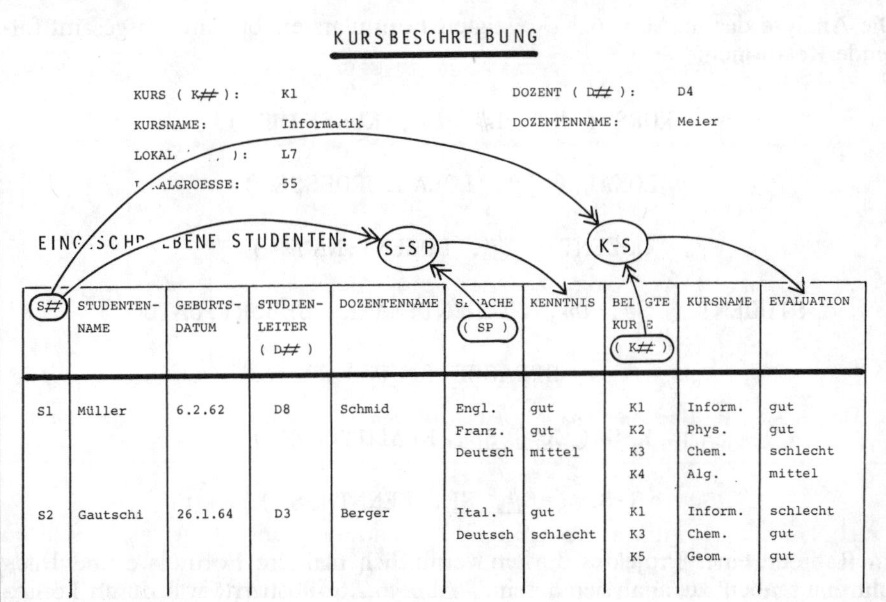

Abb. 6.2.5 Bestimmung von Beziehungsattributen.

Das die Beziehung zwischen Studenten und Sprachen charakterisierende Beziehungsattribut KENNTNIS aufgrund einer Erweiterung der Relation S-SP:

S-SP (S#, SP, KENNTNIS)

Das die Beziehung zwischen Studenten und Kursen charakterisierende Beziehungsattribut EVALUATION aufgrund einer Erweiterung der Relation K-S:

K-S (K#, S#, EVALUATION)

Da die vorstehenden Erweiterungen Relationen mit zusammengesetzten Primärschlüsseln betreffen, ist zu prüfen, ob Verletzungen der 2NF vorliegen. Unterstellt man für die Relation S-SP, dass ein Student in der Regel mehrere Sprachen unterschiedlich gut spricht und eine Sprache in der Regel von mehreren Studenten unterschiedlich gut gesprochen wird, dann ist das Attribut KENNTNIS von keiner Schlüsselkomponente funktional abhängig, und die Relation ist damit in Ordnung. Analog: Unterstellt man für die Relation K-S, dass die einen bestimmten Kurs besuchenden Studenten in der Regel unterschiedlich benotet werden und ein Student für die von ihm besuchten Kurse in der Regel unterschiedlich benotet wird, dann ist das Attribut EVALUATION von keiner Schlüsselkomponente funktional abhängig und die Relation ist damit in Ordnung.

Die Analyse des in Abb. 6.2.1 gezeigten Formulars ergibt somit insgesamt folgende Relationen:

KURS (K#, L#, D#, KURSNAME)

LOKAL (L#, LOKAL.GROESSE)

DOZENT (D#, DOZENT.NAME)

STUDENT (S#, D#, STUDENT.NAME, GEBURT.DATUM)

SPRACHE (SP)

K-S (K#, S#, EVALUATION)

S-SP (S#, SP, KENNTNIS)

Im Rahmen eines Projektes dürften vermutlich mehrere Formulare und Bildschirmausgaben zu analysieren sein. Abb. 6.2.6 illustriert, wie durch konsequentes Anwenden der vorstehend geschilderten Methode (der Syntheseschritte 1 bis 3 also) zunächst pro Formular (resp. pro Bildschirmausgabe) eine Menge von voll normalisierten Relationen erhalten wird. Selbstverständlich lassen sich verschiedenen derartigen Mengen angehörende Relationen mit identischen

Primärschlüsseln wiederum vereinigen, wodurch ein ***applikationsorientiertes konzeptionelles Datenmodell*** zustande kommt. Analog können verschiedenen derartigen applikationsorientierten konzeptionellen Datenmodellen angehörende Relationen mit identischen Primärschlüsseln vereinigt werden, wodurch ein ***globales*** (d.h. applikationsüberspannendes) und mit der Zeit ein ***unternehmungsweites konzeptionelles Datenmodell*** resultiert.

Zu beachten ist, dass die vorerwähnten Vereinigungen eine Verletzung der 3NF bewirken können. Dies bedeutet, dass die ***Globalnormalisierung*** nach jeder Vereinigungsoperation zu wiederholen ist.

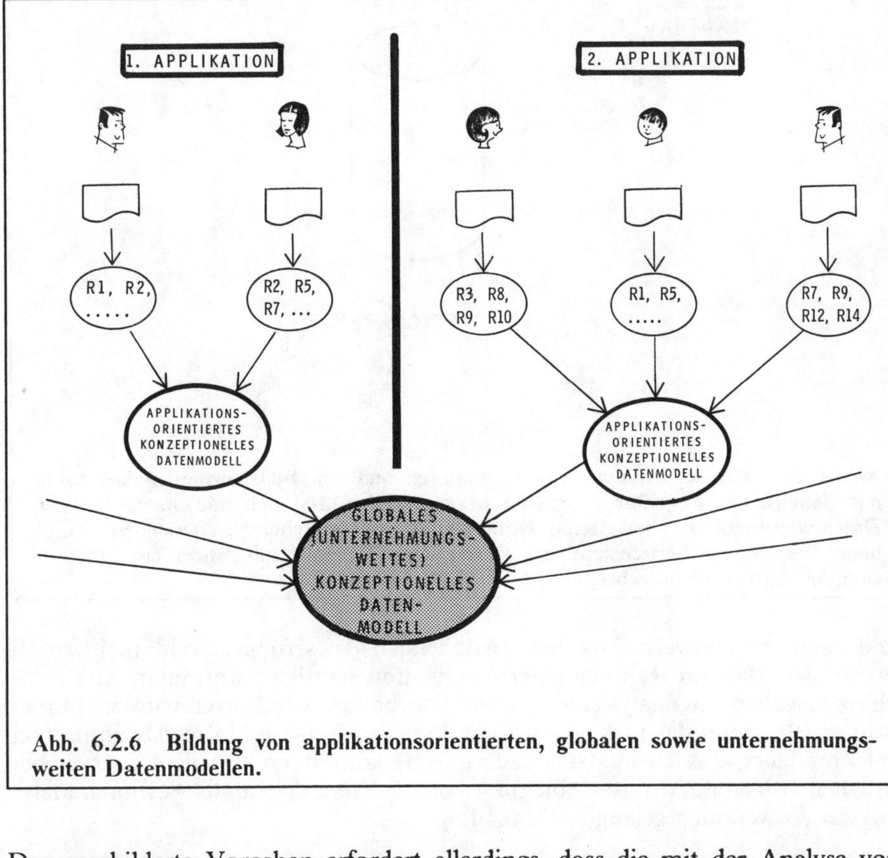

Abb. 6.2.6 Bildung von applikationsorientierten, globalen sowie unternehmungsweiten Datenmodellen.

Das geschilderte Vorgehen erfordert allerdings, dass die mit der Analyse von Formularen und Bildschirmausgaben betrauten Personen mit ***einheitlichen Begriffen*** arbeiten. Damit dieser Forderung entsprochen werden kann, empfiehlt sich – wie aus Abb. 6.2.7 hervorgeht – der Einsatz eines ***Data Dictionary's***. Letzterer enthält die im Rahmen von Formular- und Bildschirmanalysen zugelassenen Begriffe und sollte von einer zentralen, kompetenzkräftigen Betriebsstelle verwaltet werden. Normalerweise spricht man in diesem Zusammenhang von der ***Datenadministration***.

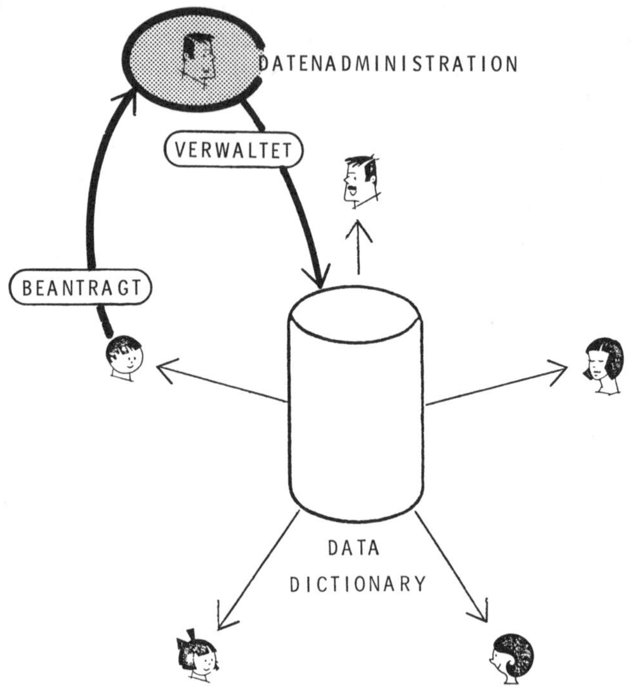

Abb. 6.2.7 Bei der Analyse von Formularen und von Bildschirmausgaben sollte mit einheitlichen Begriffen gearbeitet werden. Dies lässt sich mit einem von der ***Datenadministration*** verwalteten ***Data Dictionary*** weitgehend sicherstellen. Sind neue Begriffe zu berücksichtigen, so ist der Datenadministration ein entsprechender Antrag zu unterbreiten.

Und noch ein Hinweis: Aus den vorstehenden Äusserungen sollte nicht gefolgert werden, dass im Rahmen einer Applikation sämtliche Formulare und Bildschirmausgaben zu analysieren wären. Die besten Ergebnisse wurden immer dann erzielt, wenn das in Kapitel 6.1 diskutierte Verfahren (also Ableitung von Datenmodellen aus Realitätsbeobachtungen) kombiniert mit dem soeben besprochenen Verfahren (also Ableitung von Datenmodellen aus Formularanalysen) zur Anwendung gelangte. Demzufolge:

Man ermittle aufgrund von Realitätsbeobachtungen ein die Datenarchitektur (also Entitätsmengen und Beziehungsmengen) reflektierendes Relationenmodell und verfeinere letzteres aufgrund von Analysen der im Rahmen einer Applikation zu produzierenden, einen repräsentativen Querschnitt darstellenden Formulare und Bildschirmausgaben.

6.3 Ableitung von Datenmodellen mittels Datenbestandsanalysen

Jede Unternehmung wird sich früher oder später mit der Frage beschäftigen müssen, wie die alten Datenbestände in einem konzeptionellen Datenmodell berücksichtigt werden können ("wie bewältigt man die ***Erblast***?" ist eine oft gestellte Frage in diesem Zusammenhang).

Dazu ist zu sagen, dass das in den vorangegangenen Kapiteln geschilderte Verfahren unbesehen auch für existierende Datenbestände zur Anwendung gelangen kann. Das heisst, man wird in den bestehenden Datenbeständen zunächst die – bislang vermutlich nur intuitiv berücksichtigten – ***Konstruktionselemente*** ausfindig machen und für letztere ein ***voll normalisiertes Relationenmodell*** definieren. Wird dabei festgestellt, dass die alten Datenbestände modernen Erkenntnissen nicht standhalten, oder besteht die Absicht, die alten Bestände in einen Gesamtdatenbestand zu integrieren, so bieten sich folgende Möglichkeiten an:

1. ***Das evolutionäre Vorgehen*** (siehe Abb. 6.3.1)

   Bestehende Applikationen werden vorerst weiterhin mit den alten Datenbeständen betrieben. Daneben entwickelt man auf dem Papier eine Vorstellung bezüglich einer ***idealen Datenstruktur***, wobei die in Kapitel 6 diskutierten Methoden insgesamt zur Anwendung gelangen können. Normalerweise wird man die existierenden Datenbestände nicht unmittelbar in die ideale Datenstruktur umsetzen können, weil eine derartige Umsetzung auch entsprechende Anpassungen in – in der Regel – hunderten von Programmen erfordern würde. Nun müssen aber existierende Datenbestände erfahrungsgemäss laufend neuen Bedürfnissen angepasst werden. Dieser Sachverhalt kann genutzt werden, um – wie in Abb. 6.3.1 gezeigt – alte Datenbestände schrittweise im Verlaufe der Zeit der idealen Datenstruktur anzugleichen. Die Idealstruktur stellt beim geschilderten Vorgehen sozusagen ein ***Leitbild*** dar und gewährleistet als solches, dass notwendige Strukturänderungen in ein Gesamtkonzept passen.

   Nachteil des vorstehenden Verfahrens: Verbesserungen kommen erst nach längerer Zeit zum Tragen.

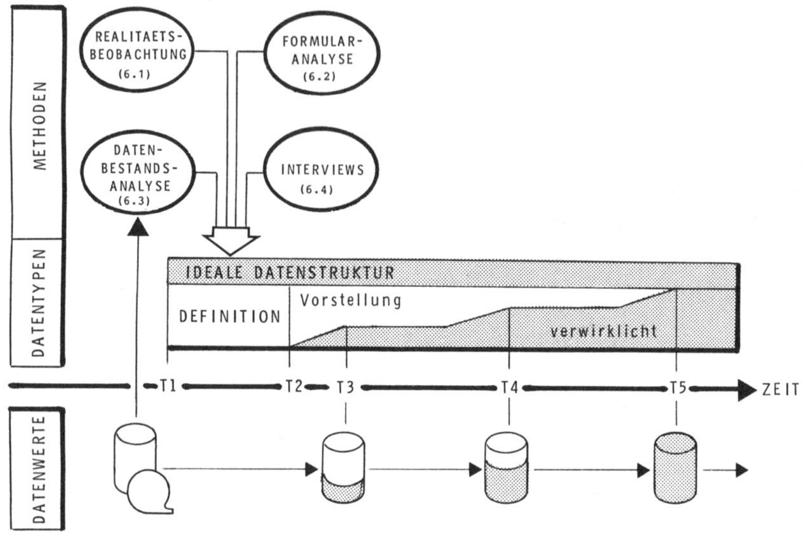

Abb. 6.3.1 Bewältigung der "Erblast": Evolutionäres Verfahren. Man entwickelt auf dem Papier eine Vorstellung bezüglich einer idealen Datenstruktur und gleicht sich dieser mit den bestehenden Datenbeständen im Verlaufe der Zeit in Inkrementen an.

2. ***Das revolutionäre Verfahren*** (siehe Abb. 6.3.2)

   Man führt die bestehenden Applikationen wiederum vorerst mit den alten Datenbeständen weiter. Parallel dazu entwickelt und realisiert man eine ideal strukturierte Datenbank. Neue Applikationen werden selbstverständlich mit der ideal strukturierten Datenbank realisiert, während die alten Applikationen in Verlaufe der Zeit in die neue Umgebung übernommen werden (siehe Abb. 6.3.2).

   Nachteil dieses Verfahrens: Alte und neue Datenbestände müssen eine gewisse Zeit parallel geführt werden, was neben einem erhöhten Arbeitsaufwand auch zu ***Synchronisationsproblemen*** führen kann.

Selbstverständlich ist auch eine gemischte Anwendung der vorstehend beschriebenen Möglichkeiten denkbar.

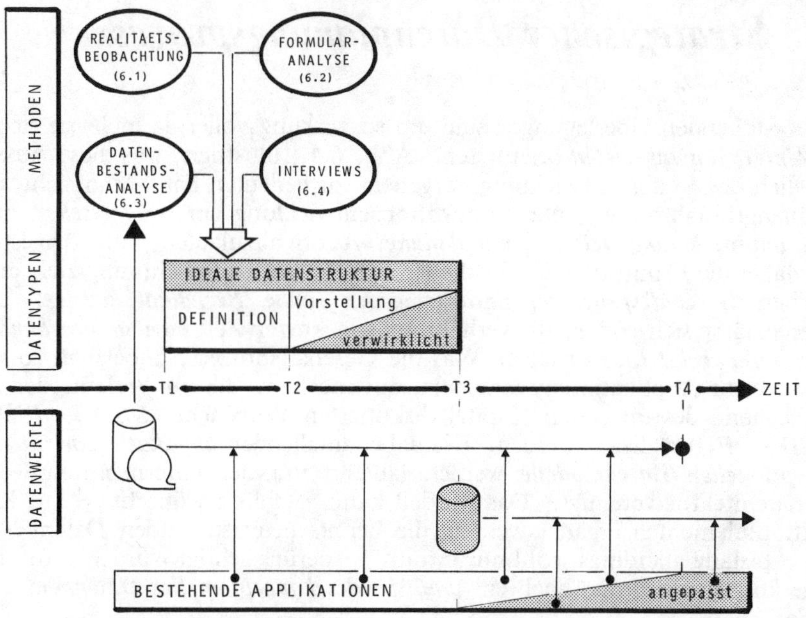

Abb. 6.3.2 Bewältigung der "Erblast": Revolutionäres Vorgehen. Man entwickelt und realisiert neben den alten Datenbeständen eine neue, ideal strukturierte Datenbank. Die existierenden Datenbestände werden weiter verwendet, bis die alten Applikationen restlos den neuen Verhältnissen angepasst sind.

6.4 Strategischer Datenplanungsprozess

Die vorstehenden Überlegungen sind um so wirkungsvoller, je mehr sie sich an den ***Unternehmungszielen*** orientieren. Abb. 6.4.1 illustriert, was diese Aussage bezüglich des Systementwicklungsvorgehens zu bedeuten hat. Man sieht, dass vor Inangriffnahme jeglicher Applikationsentwicklung ein ***startegischer***, möglichst ***unternehmungsweiter Datenplanungsprozess*** abzulaufen hat. Angestrebt wird dabei die Ermittlung der für die Erreichung der Unternehmungsziele erforderlichen ***Geschäftsprozesse***, ***Entitätsmengen*** sowie ***Beziehungsmengen***. Mit letzteren lässt sich sodann in verhältnimässig kurzer Zeit eine ***unternehmungsweite Datenarchitektur*** erstellen. Was die Geschäftsprozesse anbelangt, so werden diese zu Applikationssystemen zusmmengefasst, die im Verlaufe der Zeit entsprechend des im ersten Kapitel diskutierten Vorgehens (***OSD → ISD → KDBD → PD***) realisiert werden. Die dabei anfallenden ***applikationsorientierten konzeptionellen Datenmodelle*** werden laufend mit der unternehmungsweiten Datenarchitektur vereinigt. Das Modell kann – falls erwünscht – mit Konstruktionselementen ergänzt werden, die bereits in existierenden Datenbeständen – bislang allerdings wohl nur intuitiv – berücksichtigt wurden. Auf diese Weise kommt nach und nach ein ***umfassendes konzeptionelles Datenmodell*** zustande.

Eine Möglichkeit, den vorstehend beschriebenen ***strategischen Datenplanungsprozess*** maschinell zu unterstützen, ist unter dem Begriff ***Information System Study*** (abgekürzt ***ISS***) bekannt geworden [19] (in Deutschland ist in diesem Zusammenhang von einer ***Kommunikations System Studie***, oder kurz ***KSS*** die Rede).

Im Rahmen einer ISS/KSS werden die Schlüsselpersonen einer Unternehmung systematisch hinsichtlich der für die Entscheidungsfindung notwendigen ***Datentypen*** befragt, wobei die Ergebnisse laufend maschinell festgehalten werden. Spezielle Programme ermöglichen sodann, Schwachstellen in der Informationsversorgung ausfindig zu machen, sowie jene Geschäftsprozesse zu Applikationssystemen zusammenzufassen, deren DV-mässige Realisierung am ehesten zu einer Verbesserung der Informationsversorgung beitragen würde. Die ganze Angelegenheit bis hin zu einer ***unternehmungsweiten Datenarchitektur*** lässt sich erfahrungsgemäss je nach Komplexität der Unternehmung und je nach gewünschtem Detaillierungsgrad in einem Zeitrahmen von ca. 6 bis 12 Monaten durchspielen. Man kann sich zu einer ISS/KSS stellen wie man will: fest steht, dass damit die Entscheidungsträger einer Unternehmung in ganz hervorragender Weise in den Werdegang unternehmungsweiter Informationssysteme einzubinden sind.

Eine ISS/KSS wickelt sich normalerweise in vier Phasen ab, die sich wie folgt umschreiben lassen:

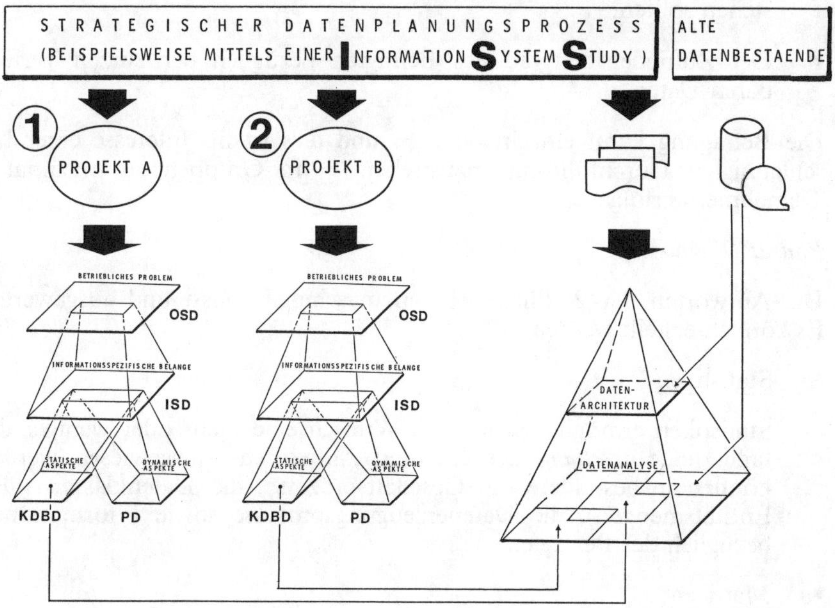

Abb. 6.4.1 Strategische Datenplanung.

1. *Phase: Analyse der Unternehmung*

   Ein kleines Studienteam ermittelt zunächst:

   - Alle relevanten ***Geschäftsprozesse***.
   - Die zur Durchführung der Geschäftsprozesse erforderlichen ***Kernentitätsmengen*** (im ISS/KSS wird dafür der Begriff ***Datenklasse*** verwendet).
   - Die ***personelle Struktur*** der Unternehmung.

2. *Phase: Interviews*

   Schlüsselpersonen aus den Fachbereichen und der Geschäftsleitung werden interviewt, wobei pro Person folgende Sachverhalte ermittelt werden:

   - Die organisatorische Stellung des Befragten.
   - Die Geschäftsprozesse, für die ein Befragter zuständig ist.

- Die Daten, die pro Geschäftsprozess vom Befragten benötigt werden und demzufolge in geeigneter Form sowie rechtzeitig zur Verfügung stehen sollten.

- Der Zufriedensheitgrad des Befragten bezüglich der zurzeit verfügbaren Daten.

Die Befragung kann einzeln oder – und dies ist im Interesse einer beschleunigten Durchführung anzustreben – in Gruppen zu maximal 6 Teilnehmern erfolgen.

3. *Phase: Diagnose*

Die Antworten der 2. Phase werden maschinell erfasst und ausgewertet. Es können erstellt werden:

- Statistiken

  Statistiken ermöglichen je nach Wunsch eine mehr oder weniger detaillierte ***Aufstellung*** der erfassten Antworten. Ausgewiesen werden können insbesondere die Geschäftsprozesse, die Datenklassen (also Entitätsmengen), die Datenerzeugungsprozesse sowie Informationen bezüglich der Befragten.

- Matrizen

  Matrizen ermöglichen je nach Wunsch eine mehr oder weniger detaillierte ***Gegenüberstellung*** der erfassten Informationen. Mögliche Gegenüberstellungen sind:

  - Prozesse / Datenklassen (Entitätsmengen).
  - Prozesse / Datenerzeugungsprozesse (Ursprung der Daten).
  - Prozesse / Befragte.
  - Datenklassen / Datenerzeugungsprozesse.
  - Datenklassen / Befragte.
  - Datenerzeugungsprozesse / Befragte.

- Simulation

  Im Rahmen einer Simulation kann festgestellt werden, wie sich der Wirkungsgrad der Informationsversorgung verändern würde, wenn für eine oder mehrere Datenklassen ein optimaler Zufriedenheitsgrad unterstellt wird. Daraus ergeben sich wertvolle Hinweise bezüglich jener Datenklassen, deren Perfektionierung am ehesten eine Verbesserung der Informationsversorgung zur Folge hätte.

4. *Phase: Anwendungsarchitektur*

Eine Anwendungsarchitektur zeigt die Gliederung eines unternehmungsweiten Informationssystems in ***Teilsysteme*** wie Personal, Fabrikation, Vertrieb, Finanz und innerhalb eines Teilsystems in ***Subsysteme***, die ihrerseits einen oder mehrere Geschäftsprozesse betreffen. Zudem weist eine Anwendungsarchitektur den ***Datenfluss*** zwischen den Systemen aus.

Mit den im Rahmen einer ISS/KSS erfassten Informationen lässt sich die Bildung von Subsystemen derart steuern, dass jene Prozesse zusammengefasst werden, die in hohem Masse Daten austauschen. Dadurch lässt sich die Anzahl der Schnittstellen reduzieren und die Effizienz der Informationsversorgung erhöhen.

Die vorstehend geschilderten Schritte repräsentieren das übliche ISS/KSS-Vorgehen und wurden weltweit bereits von zahlreichen Unternehmungen durchgespielt. Einige dieser Unternehmungen haben die aus den Interviews gewonnenen Informationen für die Ableitung einer ***unternehmungsweiten Datenarchitektur*** verwendet. Obschon sich eine derartige Architektur aus Komplexitätsgründen oder bestehender Applikationen wegen in der Regel nicht unmittelbar realisieren lässt, hat sie trotzdem ihre Berechtigung, und zwar:

- Als ***Leitbild***, dem man sich im Verlaufe der Zeit in Inkrementen nähern kann (man vergleiche mit den Ausführungen in Kapitel 6.3),

- Als ***Hilfsmittel*** für die Erarbeitung von umfassenden Datenbanken, die komprimierte und konsolidierte Daten aus operationellen Beständen enthalten und mit Datenmanipulationssprachen der vierten und der fünften Generation ausgewertet werden können. In der Regel ist in diesem Zusammenhang vom ***Information-Center-Konzept*** die Rede, wobei mit dem genannten Begriff auch die organisatorischen Massnahmen gemeint sind, die einen reibungslosen Ablauf der geschilderten Arbeitsweise gewährleisten.

Abb. 6.4.2 illustriert diese Aussagen. Man erkennt, dass Informationssysteme bisher in der Regel für einzelne ***Unternehmungsbereiche*** wie Fabrikation, Personal, Finanzen, etc. und zwar vorzugsweise für die ***operationelle Ebene*** realisiert wurden. Demgegenüber werden im ***Information Center Konzept*** operationelle Daten aus verschiedenen Unternehmungsbereichen zusammengeführt, allenfalls ergänzt und in komprimierter Form der ***strategischen*** und ***taktischen Unternehmungsebene*** zur Verfügung gestellt. Eine erfolgreiche Realisierung des geschilderten Konzeptes erfordert allerdings umfassende (beispielsweise im Rahmen einer ISS/KSS Studie erarbeitete) Kenntnisse bezüglich aller unternehmungsrelevanten Daten.

Die vorstehenden Ausführungen haben gezeigt, dass mit den vorgeschlagenen Syntheseschritten ein einwandfreies, auf Relationen basierendes Realitätsmodell geschaffen werden kann. Steht ein relationenunterstützendes Datenbankmanagementsystem zur Verfügung, so lässt sich dieses Modell unmittelbar implementieren. Andernfalls muss das Relationenmodell in eine von einem konven-

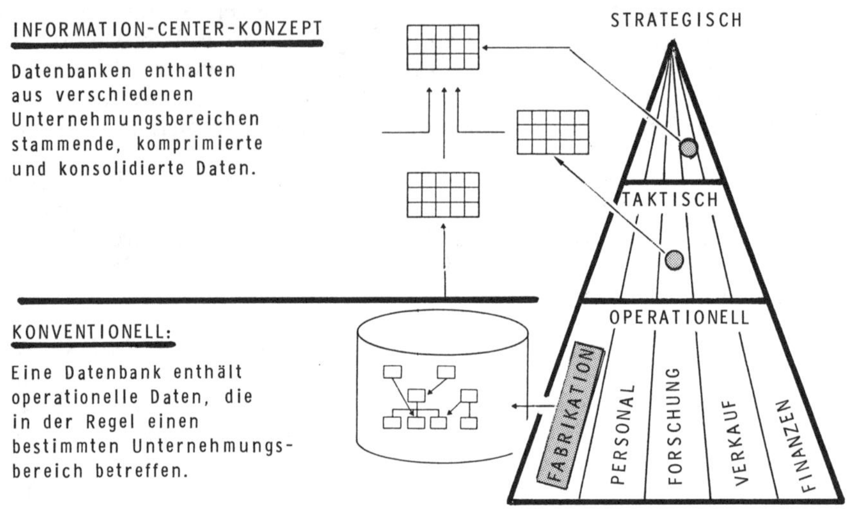

Abb. 6.4.2 Konventionelle Informationssysteme und das Information Center Konzept.

tionellen Datenbankmanagementsystem unterstützte Struktur transformiert werden. Welche Aspekte dabei von Bedeutung sind, soll in den folgenden Kapiteln zur Sprache kommen.

6.5 *Übungen Kapitel 6*

6.1 Man analysiere die in den Abb. 6.5.1 und Abb. 6.5.2 gezeigten Formulare und ermittle ein optimales, voll normalisiertes Relationenmodell.

FAKTUR

FAKTURNUMMER: 79123

FAKTURADATUM: 14. April 1985

KUNDENNUMMER: 1234

KUNDENNAME: Fritz Meier

STRASSE: Bahnhofstr.

NUMMER: 100

STADT: Zufikon

ARTIKEL NUMMER	ARTIKEL NAME	EINHEITS-PREIS	MENGE	PREIS
587	Aepfel	1.-	2 kg	2.-
123	Orangen	2.50	5 kg	12.50
⋮				
			TOTAL	14.50

Abb. 6.5.1 1. Formular für Übung 6.1.

F O R D E R U N G

KUNDENNUMMER:	1234
KUNDENNAME:	Fritz Meier
STRASSE:	Bahnhofstr.
NUMMER:	100
STADT:	Zufikon

FAKTURNUMMER	DATUM	BETRAG
61333	26. Januar 85	120.75
78956	17. Mai 85	8.--
79123	14. April 85	14.50
⋮		
	TOTAL	143.25

Abb. 6.5.2 2. Formular für Übung 6.1.

7 Logische Datenstrukturen

Die aufgrund der Syntheseschritte 1 bis 3 ermittelte ***optimale***, ***voll normalisierte Datenstruktur*** macht noch keine Aussagen bezüglich der zu berücksichtigenden ***Datenmengen***. Desgleichen wurden bisher noch keine ***Beziehungsintegritätsaspekte*** berücksichtigt. Dies soll nun in einem 4. Syntheseschritt (diskutiert in Kapitel 7.1) nachgeholt werden.

Im Rahmen des 4. Syntheseschrittes wird ein sogenanntes ***konzeptionelles Strukturdiagramm*** erstellt, welches neben den Datenmengen und Beziehungsintegritätsaspekten auch die ***Primärschlüssel-Fremdschlüssel-Beziehungen*** zu visualisieren erlaubt. Damit werden aber die Zusammenhänge im Datenmodell transparent, was dessen Bearbeitung (insbesondere durch EDV-Laien) erleichtert.

Im Kapitel 7.2 werden Prinzipien diskutiert, bei deren Befolgung auch in komplizierteren Fällen – etwa bei globalen oder gar unternehmungsweiten Datenmodellen – übersichtliche, sauber strukturierte Strukturdiagramme resultieren.

Schliesslich soll im Kapitel 7.3 gezeigt werden, wie – ausgehend vom konzeptionellen Strukturdiagramm – die für eine Problemstellung erforderlichen ***Zugriffspfade*** ermittelt werden können. Ein Zugriffspfad beschreibt, welche Daten in welcher Sequenz zur Verfügung gestellt werden sollten, damit ein Applikationsprogrammierer mit möglichst geringem Aufwand möglichst effiziente Programme erstellen kann. Sinngemäss interpretiert, entspricht ein Zugriffspfad einer ***logischen Datenstruktur***.

7.1 *Das konzeptionelle Strukturdiagramm*

Es wurde bereits im Zusammenhang mit den Normalisierungsüberlegungen darauf hingewiesen, dass das gleiche Attribut (bzw. die gleiche Attributskombination) in verschiedenen Relationen (seltener in der gleichen Relation) als ***Primärschlüssel*** und als ***Fremdschlüssel*** in Erscheinung treten kann. Der geschilderte Tatbestand bildete ja recht eigentlich die Voraussetzung dafür, um von einem Sachverhalt in einer Relation auf verwandte Sachverhalte in andern Relationen schliessen zu können.

Das ***Primärschlüssel-Fremdschlüssel-Prinzip*** setzt also Relationen miteinander in Beziehung, wobei von der Primärschlüsselrelation zur Fremdschlüsselrelation eine Typ 1, Typ C oder Typ M Assoziation vorliegen kann, während von der Fremdschlüsselrelation zur Primärschlüsselrelation lediglich eine Typ 1 oder Typ C Assoziation in Frage kommt. Damit können Primärschlüsselrelationen und Fremdschlüsselrelationen grundsätzlich an folgenden Abbildungstypen beteiligt sein:

1. Fall: Primärschlüsselrelation ←——→ Fremdschlüsselrelation

2. Fall: Primärschlüsselrelation ←——) Fremdschlüsselrelation

3. Fall: Primärschlüsselrelation ←——→→ Fremdschlüsselrelation

4. Fall: Primärschlüsselrelation (——→ Fremdschlüsselrelation

5. Fall: Primärschlüsselrelation (——) Fremdschlüsselrelation

6. Fall: Primärschlüsselrelation (——→→ Fremdschlüsselrelation

Abb. 7.1.1 illustriert die vorstehenden Abbildungstypen anhand eines Beispiels. Neben einer Beziehungsintegritätsspezifikation, derzufolge ein Fremdschlüsselwert – mit Ausnahme der Nullwerte – jederzeit einem Primärschlüsselwert zu entsprechen hat, sind für die einzelnen Fälle die nachstehend diskutierten Relationsdefinitionen erforderlich. Man beachte, dass den einem Fremdschlüssel vorgelagerten Zeichen folgende Bedeutung zukommt:

nw	Für den Fremdschlüssel sind Nullwerte zulässig.
+	Der Fremdschlüssel ist zugleich auch Schlüsselkandidat
+ /nw	Der Fremdschlüssel ist Pseudoschlüsselkandidat

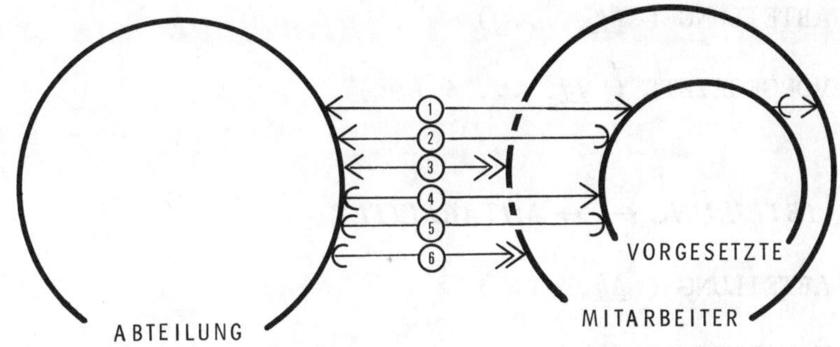

ABTEILUNG (A#, ...)

MITARBEITER (M#, ...)

VORGESETZTE (V#, ... + M#)

Abb. 7.1.1 Abbildungstypen, an denen Primärschlüsselrelationen zusammen mit Fremdschlüsselrelationen beteiligt sein können.

1. Fall: ABTEILUNG ⟷ VORGESETZTE

ABTEILUNG (A#, ...)

VORGESETZTE (V#, ... + A#)

Mit der vorstehenden Definition kann lediglich die Integrität der Assoziation

VORGESETZTE ⟶ ABTEILUNG

nicht aber jene der dazu inversen Assoziation

ABTEILUNG ⟶ VORGESETZTE

gewährleistet werden, ist es doch möglich, in der Relation ABTEILUNG Abteilungen zu berücksichtigen, für welche in der Relation VORGESETZTE keine Tupel mit entsprechenden A#-Werten vorliegen müssen. Das Problem lässt sich nur im Rahmen einer Transaktion lösen, die sicherstellt, dass bei einem Einschub eines Tupels in die Relation ABTEILUNG zwangsläufig auch ein Tupel mit entsprechendem A#-Wert in die Relation VORGESETZTE eingebracht wird.

2. Fall: ***ABTEILUNG ←—) VORGESETZTE***

ABTEILUNG (A#, ...)

VORGESETZTE (V#, ... + A#)

3. Fall: ***ABTEILUNG ←—>> MITARBEITER***

ABTEILUNG (A#, ...)

MITARBEITER (M#, ... A#)

4. Fall: ***ABTEILUNG (—> VORGESETZTE***

Der 4. Fall verhält sich zum 2. Fall symmetrisch. Die einfachste Lösung resultiert, wenn die Primärschlüsselrelation (bzw. die Fremdschlüsselrelation) des zweiten Falles wie folgt in eine Fremdschlüsselrelation (bzw. Primärschlüsselrelation umfunktioniert wird:

VORGESETZTE (V#, ...)

ABTEILUNG (A#, ... + V#)

5. Fall: ***ABTEILUNG (—) VORGESETZTE***

ABTEILUNG (A#, ...)

VORGESETZTE (V#, ... +/nw A#)

6. Fall: ***ABTEILUNG (—>> MITARBEITER***

ABTEILUNG (A#, ...)

MITARBEITER (M#, ... nw A#)

Damit können wir uns mit den Regeln für die Erstellung ***konzeptioneller Strukturdiagramme*** befassen.

1. Jede Relation wird in Form eines Kästchens gemäss Abb. 7.1.2 dargestellt. Ausgewiesen werden:
   - Der *Name* der Relation.
   - Der ***Primärschlüssel*** der Relation.
   - Die voraussichtliche ***Tupelzahl***.
   - Die voraussichtliche ***Tupellänge*** gemessen in Bytes.
   - Ein ***Parameter "E"***, sofern es sich um eine Relation handelt, deren Primärschlüssel jenem einer Kernentitätsmenge entspricht.

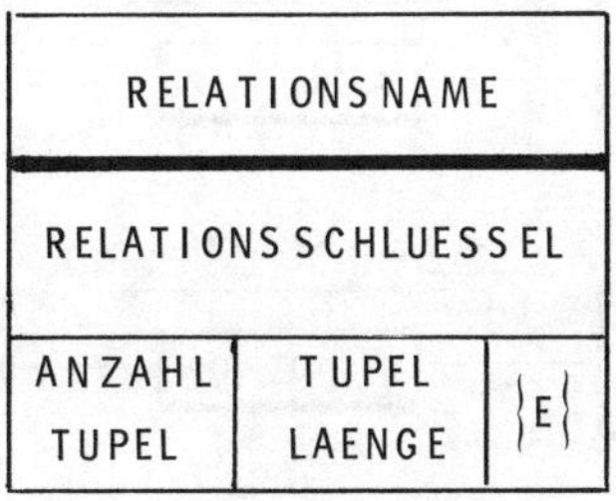

Abb. 7.1.2 Darstellung einer Relation in einem konzeptionellen Strukturdiagramm.

2. Die Kästchen jener Relationen, die aufgrund des ***Primärschlüssel-Fremdschlüssel-Prinzips*** miteinander in Beziehung stehen, werden mit Pfeilen verbunden. Dabei weist der Pfeil immer von der Relation mit dem Primärschlüssel zur Relation mit dem Fremdschlüssel. Den vorstehenden Ausführungen zufolge repräsentiert ein Pfeil somit in der Regel eine ***komplexe***, in seltenen Fällen eine ***konditionelle*** oder ***einfache Assoziation***.
3. Jeder Pfeil wird seinerseits mit einem Kästchen versehen. Dieses dient der Aufnahme von:
   - Einer die ***Beziehungsintegrität*** betreffenden Spezifikation.
   - Eines numerischen Wertes **n**, der aussagt, mit wievielen Tupeln der Fremdschlüsselrelation ein Tupel der Primärschlüsselrelation durchschnittlich in Beziehung steht.

Abb. 7.1.3 illustriert, wie die eingangs diskutierten sechs Fälle im Strukturdiagramm in Erscheinung treten.

Im folgenden sollen die vorstehenden Regeln auf die im Kapitel 6.2 aufgrund einer Formularanalyse erhaltenen Relationen appliziert werden. Zu diesem

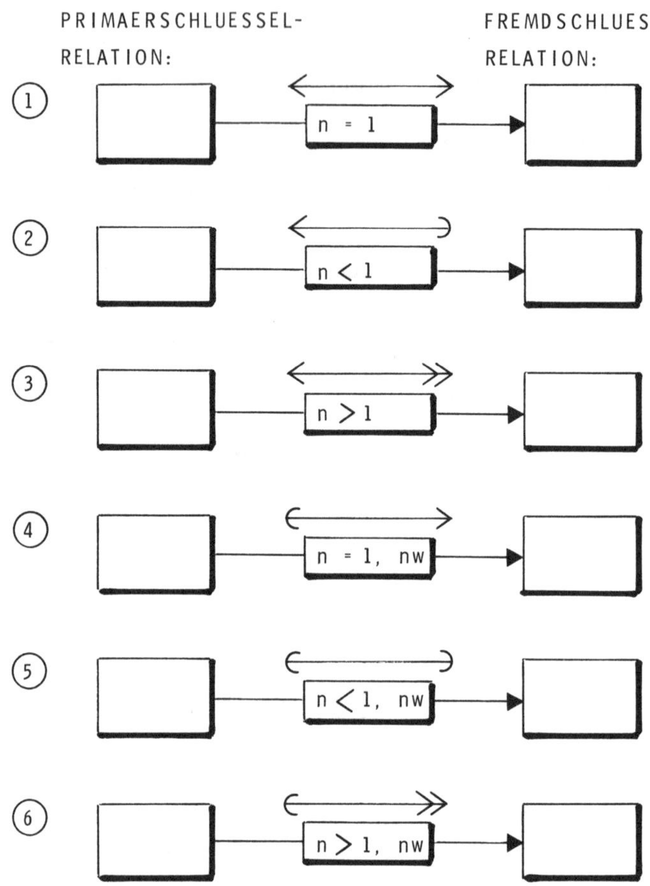

Abb. 7.1.3 Darstellung von Primärschlüssel-Fremdschlüssel-Beziehungen im Strukturdiagramm.

Zwecke sollen die genannten Relationen wie folgt mit Beziehungsintegritätsspezifikationen erweitert werden (zur Erinnerung: der Parameter **nl** bedeutet "Nullsetzung bei Löschung eines entsprechenden Primärschlüsselwertes", während der Parameter **wl** für "Weitergabe der Löschung" steht):

KURS (<u>K#</u>, nl L#, nl D#, KURSNAME)

LOKAL (<u>L#</u>, LOKAL.GROESSE)

DOZENT (<u>D#</u>, DOZENT.NAME)

STUDENT (S#, nl D#, STUDENT.NAME, GEBURT.DATUM)

SPRACHE (SP)

K-S (wl K#, wl S#, EVALUATION)

S-SP (wl S#, wl SP, KENNTNIS)

Abb. 7.1.4 zeigt das den vorstehenden Relationen entsprechende ***konzeptionelle Strukturdiagramm***. Man beachte, dass die Mengenangaben miteinander in Beziehung stehen. Wenn beispielsweise für die Relation DOZENT 10 Tupel ausgewiesen werden, und wenn anderseits gesagt wird, dass ein Tupel der Relation DOZENT im Durchschnitt mit 3 Tupeln der Relation KURS in Beziehung steht, dann müssen in der Relation KURS eben 3 x 10 = 30 Tupel vorliegen. Übrigens bedeutet die genannte Zahl 10 auf die Realität bezogen, dass mit 10 Dozenten zu rechnen ist, während die Zahl 3 zum Ausdruck bringt, dass ein Dozent im Durchschnitt 3 Kurse hält. Es versteht sich, dass die im konzeptionellen Strukturdiagramm festzuhaltenden Zahlen aufgrund von Realitätsbeobachtungen ermittelt werden. Im übrigen erklärt sich das Strukturdiagramm von selbst.

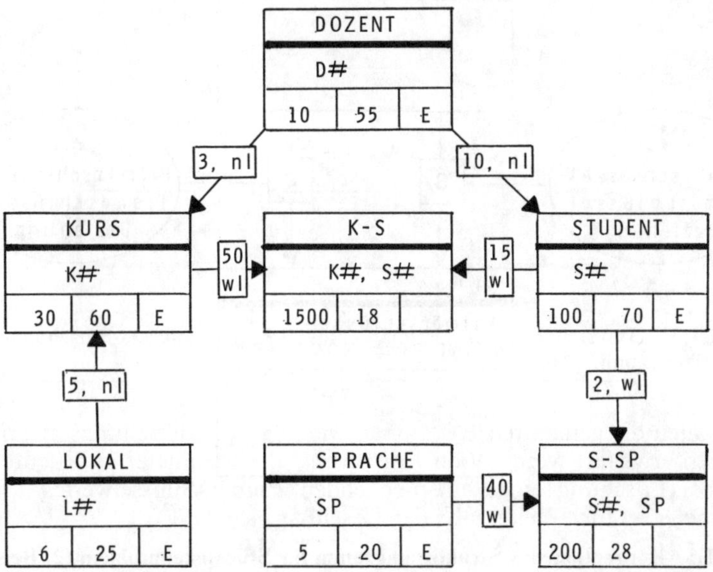

Abb. 7.1.4 Konzeptionelles Strukturdiagramm (1. Beispiel). Das Diagramm bezieht sich auf die in Kapitel 6.2 diskutierten, aufgrund einer Formularanalyse erhaltenen Relationen.

Wir wollen im folgenden noch ein weiteres wichtiges Beispiel behandeln.

Abb. 7.1.5 zeigt das konzeptionelle Strukturdiagramm für das in Kapitel 5.1 diskutierte Stücklistenproblem. Man sieht, dass von dem der Relation

PRODUKT (PR#, ...)

entsprechenden Kästchen zwei Pfeile auf das der Relation

SL (MASTER.PR#, KOMPONENTE.PR#, ...)

entsprechende Kästchen zeigen. Dies darum, weil die Relation SL mit den Attributen MASTER.PR# und KOMPONENTE.PR# zwei Fremdschlüssel aufweist. Die beiden Zahlen in den kleinen Kästchen bedeuten: für die Herstellung eines Masterproduktes sind durchschnittlich ***drei*** Komponentenprodukte erforderlich bzw. ein Komponentenprodukt wird für die Herstellung von durchschnittlich ***zwei*** Masterprodukten verwendet.

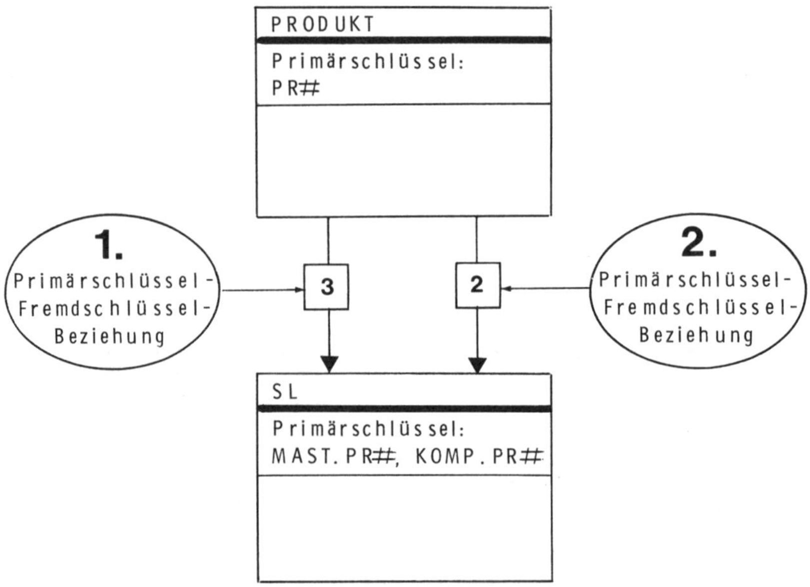

Abb. 7.1.5 Konzeptionelles Strukturdiagramm für Stücklistenproblem (2. Beispiel).

Vergegenwärtigen wir uns doch an dieser Stelle das bisher besprochene Vorgehen. Bis jetzt wurden folgende Schritte diskutiert:

1. *Syntheseschritt*

   Definition eines Realitätsmodells auf der Basis der ***Konstruktionselemente***

   - ***Entitätsmenge,***
   - ***Beziehungsmenge,***
   - ***Entitätsattribut,***
   - ***Beziehungsattribut***

   und Festhalten derselben mit Hilfe von voll normalisierten ***Elementarrelationen.***

2. *Syntheseschritt*

   Zusammenfassen von Elementarrelationen mit identischen Schlüsseln.

3. *Syntheseschritt*

   Globale Normalisierung.

Die in diesem Kapitel gemachten Aussagen betreffen den 4. Syntheseschritt. Demzufolge:

4. Syntheseschritt

Die aufgrund der ersten drei Syntheseschritte erhaltene *optimale, voll normalisierte Datenstruktur* wird graphisch festgehalten. Dabei werden folgende Aspekte berücksichtigt:

- **Primärschlüssel-Fremdschlüssel-Beziehungen,**
- **Datenmengen,**
- **Überlegungen bezüglich der Beziehungsintegrität.**

Abb. 7.1.6 illustriert die vorstehenden Ausführungen anhand der wiederholt verwendeten pyramidenförmigen Anordnung.

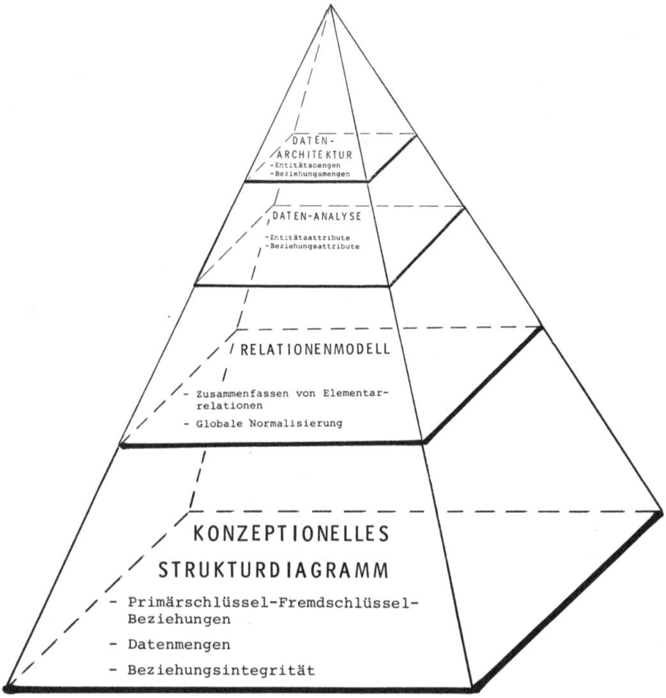

Abb. 7.1.6 **"Vom Groben zum Detail" führendes Datenbankentwurfsprozedere (3. Teil).**

7.2 Graphische Darstellung umfangreicher Datenmodelle

Wie in späteren Kapiteln zu zeigen sein wird, hat ein ***konzeptionelles Strukturdiagramm*** im Hinblick auf die Implementierung der Datenbank verschiedensten Zwecken zu dienen. Darüber hinaus sollte es aber auch verwendet werden können, um einem Benützer der Datenbank die Zusammenhänge transparent zu machen. Zu diesem Zwecke muss ein Strukturdiagramm aber in möglichst übersichtlicher Form vorliegen. Um die geforderte Übersichtlichkeit auch in komplexen Fällen – etwa bei globalen (applikationsüberspannenden) oder gar unternehmungsweiten Datenmodellen – gewährleisten zu können, muss das in Kapitel 7.1 geschilderte Vorgehen mit Erkenntnissen aus der ***Systemtheorie*** [13] ergänzt werden. Die Systemtheorie besagt im wesentlichen, dass sich ein komplexer Sachverhalt als eine Gesamtheit von Systemelementen darstellen lässt, die untereinander sowie mit ausserhalb des Systems lokalisierten Elementen in Beziehung stehen. Sind bezüglich eines Systemelementes detailliertere Aussagen erwünscht, so lässt sich besagtes Element seinerseits als eine Gesamtheit von Systemelementen auffassen. Damit lässt sich – wie in Abb. 7.2.1 gezeigt – ein komplexer Sachverhalt über beliebig viele Detaillierungsstufen hinweg in überschaubare Teilgebiete auflösen.

Gelangen die vorstehenden Erkenntnisse bei der Darstellung von komplexen Datenmodellen zur Anwendung, so werden zunächst jene Relationen ausfindig gemacht, die gesamthaft für die Bearbeitung eines ***Sachgebietes*** erforderlich sind. Im Strukturdiagramm weist man sodann – gewissermassen als ***"Modellaufhänger"*** – nur noch jene Relationen aus, deren Primärschlüssel einem Schlüssel einer ***Kernentitätsmenge*** entsprechen. An die genannten Relationen "hängt" man nun die wiederum in Form von Kästchen dargestellten Sachgebiete. Werden dabei auch die Beziehungen zwischen den Sachgebieten dargestellt, so kommt ein grobes, übersichtliches Bild der ***Gesamtzusammenhänge*** zustande. Im Anschluss daran werden alle relevanten Relationen pro Sachgebiet festgehalten. Wird dabei auch die Umgebung des Sachgebietes ausgewiesen, so resultieren detaillierte Bilder bezüglich der Zusammenhänge in den einzelnen Sachgebieten.

Beispiel

(Wir verdanken dieses Beispiel der Christlichsozialen Kranken- und Unfallkasse der Schweiz CKUS in Luzern)

Im folgenden konzentrieren wir uns nochmals auf das in Kapitel 6.1 diskutierte Datenmodell für eine Versicherungsgesellschaft, welches bisher lediglich in vereinfachter Form in Erscheinung getreten ist. In Tat und Wahrheit mussten nämlich gemäss Abb. 7.2.2 folgende ***Kernentitätsmengen*** berücksichtigt werden:

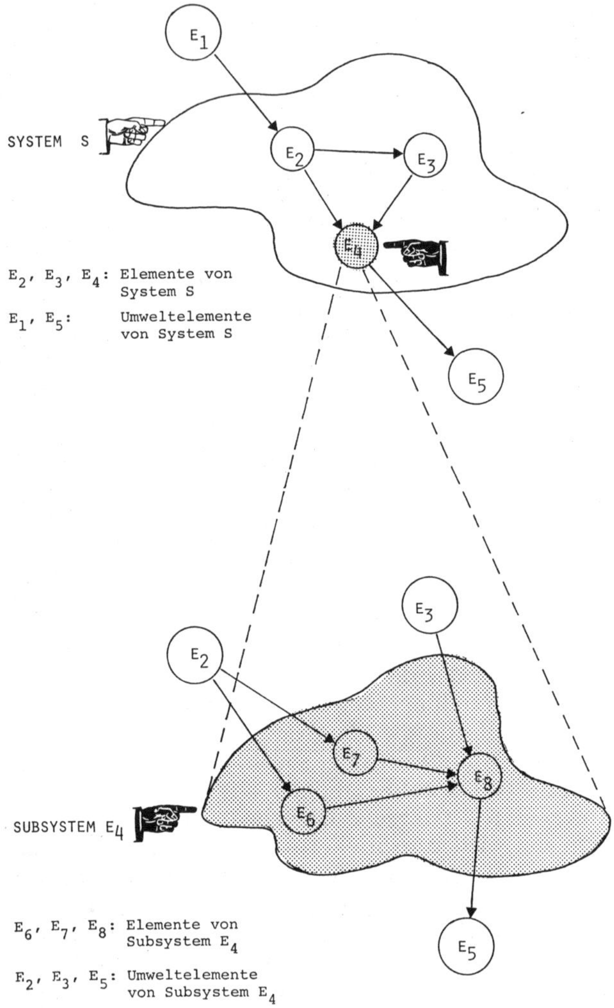

Abb. 7.2.1 Das Prinzip der Systemtheorie.

- **Versicherungsklasse**,
- **Versicherungszweig**,
- **Person** unterteilt in:
  - Mitglied,
  - Prämienzahler,
  - Leistungsempfänger,

- Rechnungssteller, etc.

- **Zentralkassen Organe**,
- **Regionale Abteilung**,
- **Sektions Organe**, etc.

Folgende Sachgebiete waren von Bedeutung:

- **Tarifierung**,
- **Angebot**,
- **Versicherungsabschluss**,
- **Schaden**, etc.

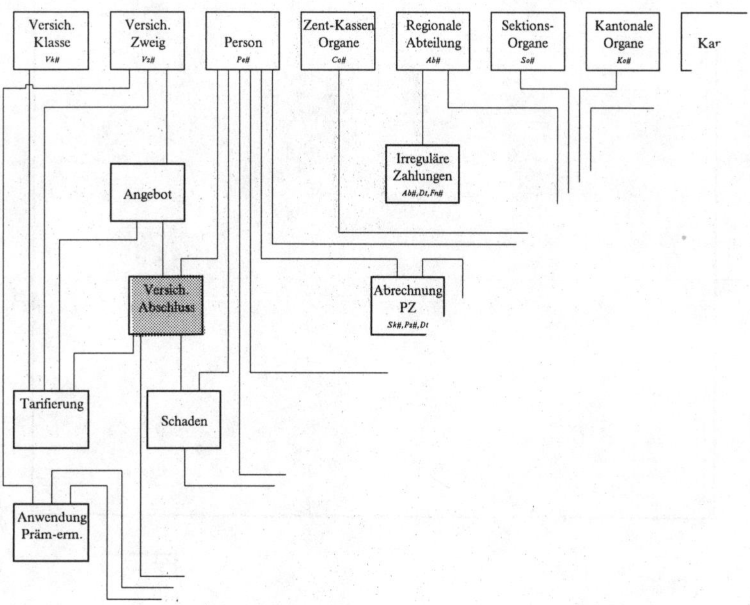

Abb. 7.2.2 Globales Datenmodell für Versicherungsunternehmung. Gezeigt sind die den Kernentitätsmengen entsprechenden Relationen als "Modellaufhänger" sowie die Sachgebiete. (Mit freundlicher Genehmigung der Christlichsozialen Kranken- und Unfallkasse CKUS in Luzern).

Abb. 7.2.2 zeigt, dass die Relationen, deren Primärschlüssel den vorerwähnten ***Kernentitätsmengen*** entsprechen, gewissermassen als ***"Modellaufhänger"*** in Erscheinung treten. Darunter erkennt man die in Form von Kästchen dargestellten ***Sachgebiete***, sowie deren Beziehungen untereinander.

Sollen nun für ein Sachgebiet Details ersichtlich gemacht werden, so werden gemäss Abb. 7.2.3 die beteiligten Relationen sowie die Umgebung des Sachgebietes ausgewiesen.

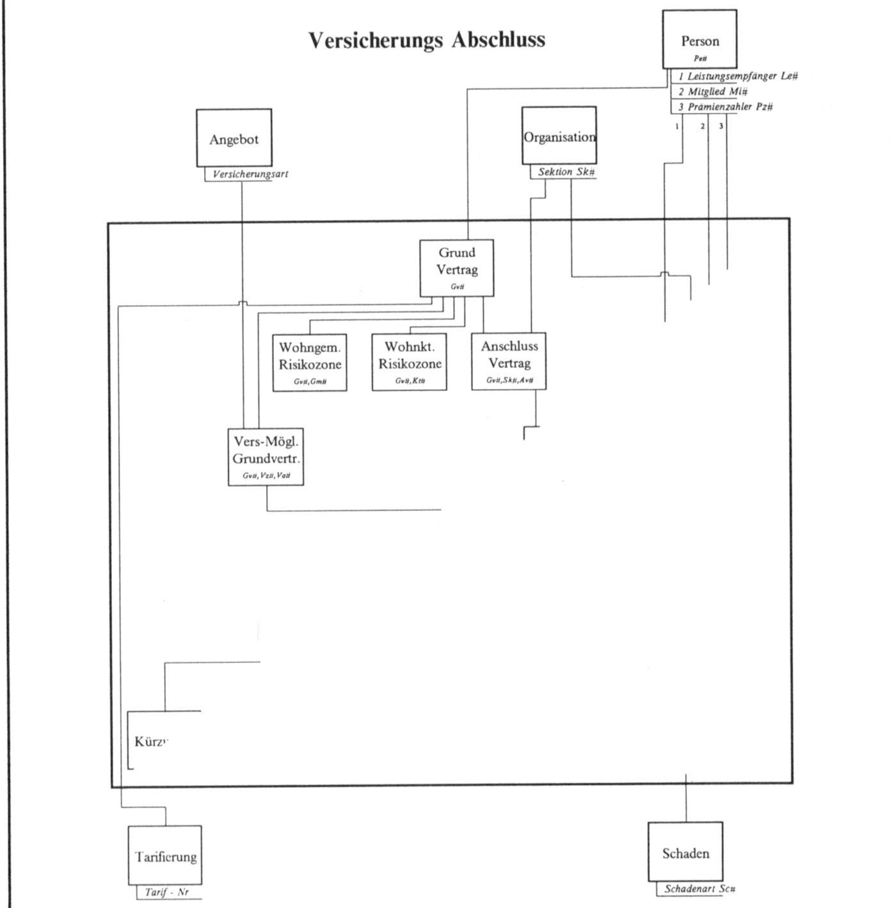

Abb. 7.2.3 Detaillierte Darstellung des Sachgebietes "Versicherungs-Abschluss". (Mit freundlicher Genehmigung der Christlichsozialen Kranken- und Unfallkasse CKUS in Luzern).

7.3 Zugriffspfad und logische Datenstruktur

Ein ***Zugriffspfad*** beschreibt, welche Daten in welcher Reihenfolge zur Verfügung gestellt werden sollten, damit ein Applikationsprogrammierer mit möglichst geringem Aufwand möglichst effiziente Programme erstellen kann.

Für die Ableitung eines Zugriffspfades wird unter Zuhilfenahme des konzeptionellen Strukturdiagrammes festgestellt, in welcher Sequenz Relationen zur Verfügung stehen müssen, damit die für die Erstellung eines Formulars oder einer Bildschirmausgabe erforderlichen Daten rechtzeitig zur Verfügung stehen.

Abb. 7.3.1 illustriert, wie der für die Erstellung des Formulars "Kursbeschreibung" erforderliche Zugriffspfad vom konzeptionellen Strukturdiagramm her abgeleitet werden kann. Offenbar muss als erstes der in der Relation KURS befindliche Kursname zur Verfügung stehen. Entsprechend beginnt der Zugriffspfad mit einem Zugriff auf die Relation KURS. Sodann ist die Lokalnummer und die Lokalgrösse erforderlich. Zu diesem Zwecke muss von der Relation KURS auf die Relation LOKAL geschlossen werden können. Nachdem diese beiden Relationen aufgrund des ***Primärschlüssel-Fremdschlüssel-Prinzips*** tatsächlich miteinander in Beziehung stehen, lässt sich ohne weiteres das Lokal ausfindig machen, in welchem ein vorgegebener Kurs stattfindet. Formal hält man den geschilderten Sachverhalt wie folgt fest:

KURS → LOKAL

Als nächstes ist die Dozentennummer und der Dozentenname erforderlich. Demzufolge muss von der Relation KURS auch auf die Relation DOZENT geschlossen werden können, formal:

KURS → LOKAL

→ DOZENT

Sodann sind Angaben bezüglich der Studenten und deren Studienleiter erforderlich; das heisst, von KURS sollte via K-S auf STUDENT und von hier auf DOZENT geschlossen werden können. Schliesslich erfordern die pro Student ausgewiesenen Sprachkenntnisse resp. belegten Kurse einen Zugriff von STUDENT via S-SP auf SPRACHE resp. via K-S auf KURS.

Insgesamt ist somit für die Erstellung des Formulars "Kursbeschreibung" folgender Zugriffspfad erforderlich:

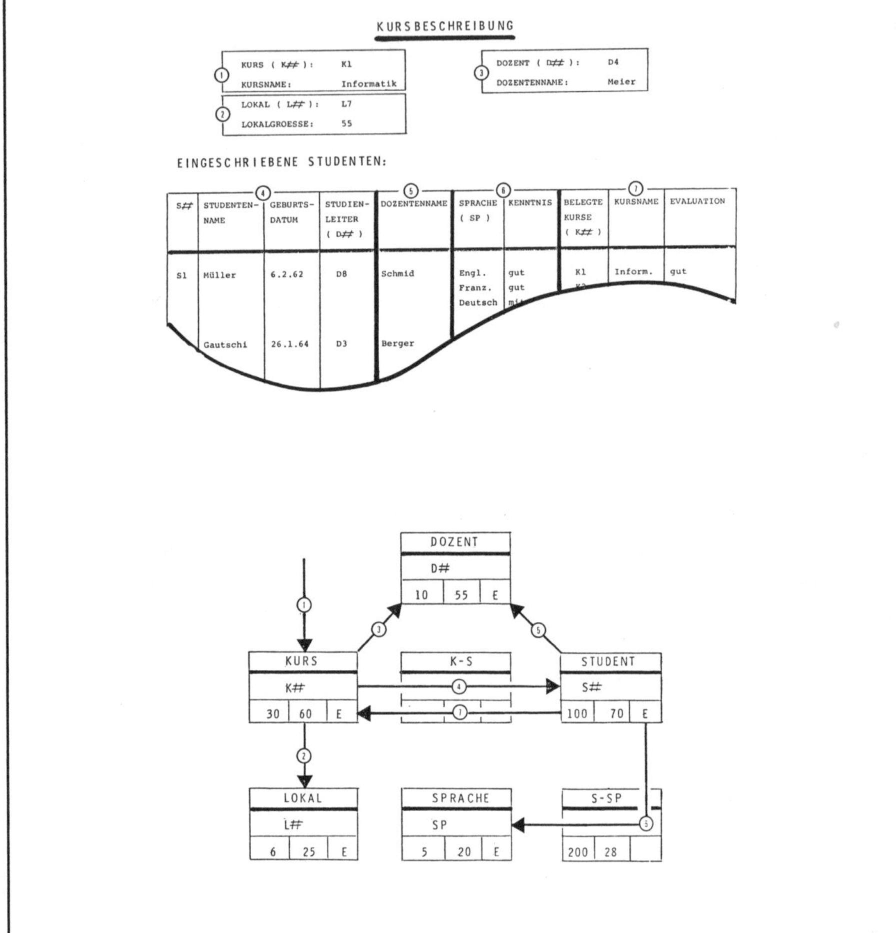

Abb. 7.3.1 Ermittlung eines Zugriffspfades.

KURS → LOKAL

→ DOZENT

→ K-S → STUDENT → DOZENT

→ S-SP → SPRACHE

→ K-S → KURS

Wird der vorstehende Zugriffspfad um 90 Grad gedreht, so resultiert die in Abb. 7.3.2 gezeigte ***logische Datenstruktur*** (zur Erinnerung: eine logische Datenstruktur beschreibt, wie die Daten einem Benützer der Datenbank präsentiert werden sollen).

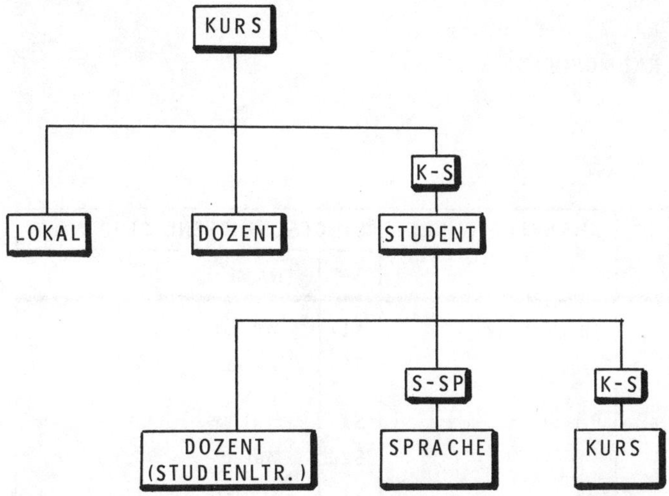

Abb. 7.3.2 Von Zugriffspfad abgeleitete logische Datenstruktur. Aus Gründen, die später dargelegt werden sollen, wurden die Komponenten LOKAL, DOZENT (im Sinne von Kursleiter) sowie STUDENT auf der gleichen Hierarchiestufe aufgeführt. Das gleiche gilt für die Komponnenten DOZENT (im Sinne von Studienleiter), SPRACHE und KURS.

Im Rahmen einer Applikation sind in der Regel mehrere Formulare und Bildschirmausgaben zu produzieren, und damit auch mehrere ***logische Datenstrukturen*** (also Zugriffspfade) zur Verfügung zu stellen. Abb. 7.3.3 zeigt ein weiteres, die Raumbelegung betreffendes Formular, dessen Erstellung folgenden Zugriffspfad erfordert:

LOKAL → KURS → K-S → STUDENT

Sinnvoll wäre nun, den zuletzt diskutierten Zugriffspfad mit dem früher definierten zu vereinigen, um auf diese Weise eine Vorstellung bezüglich der insgesamt zu unterstützenden Zugriffsmöglichkeiten zu erhalten. Dies lässt sich mit einer sogenannten ***Zugriffspfadmatrix*** denkbar einfach bewerkstelligen.

Abb. 7.3.4 zeigt, dass eine ***Zugriffspfadmatrix*** pro Relation eine Zeile und eine Kolonne aufweist. Die auf den Zeilen aufgeführten Relationen werden als ***"von"-Relationen*** interpretiert, während die den Kolonnen entsprechenden Relationen als ***"zu"-Relationen*** aufgefasst werden. Ein im Kreuzungspunkt einer Zeile und einer Kolonne erscheinendes Zeichen (normalerweise wird aus Gründen, die später dargelegt werden, mit numerischen Werten gearbeitet) deutet

RAUMBELEGUNG

RAUM (R#): L7

RAUMGROESSE: 55

KURSE

K#	KURSBEZEICHNUNG	EINGESCHRIEBENE STUDENTEN	
		S#	NAME
K1	Informatik	S1	Müller
		S2	Meier
K3	Physik	S1	Müller
		S2	Meier
		S7	Schmid

Abb. 7.3.3 Formular "Raumbelegung".

an, dass es möglich sein muss, von der der Zeile entsprechenden "von"-Relation auf die der Kolonne entsprechende "zu"-Relation schliessen zu können. Abb. 7.3.4 illustriert, wie der für die Erstellung des Formulars "Kursbeschreibung" erforderliche Zugriffspfad in der Zugriffspfadmatrix festzuhalten ist.

Sind weitere Zugriffspfade zu unterstützen, so wird die Zugriffspfadmatrix sinngemäss ergänzt. Abb. 7.3.5 zeigt beispielsweise eine Zugriffspfadmatrix, in welcher die für die Erstellung des Formulars "Kursbeschreibung" **und** "Raumbelegung" erforderlichen Zugriffspfade **vereinigt** festgehalten sind. Man sieht, dass sich bei Bedarf auch ausweisen lässt, an wievielen logischen Strukturen ein Zugriffspfad beteiligt ist. So bedeuten die beiden eingekreisten 2, dass der Zugriff von KURS auf K-S bzw. von K-S auf STUDENT in zwei logischen Datenstrukturen von Bedeutung ist. Selbstverständlich können auch ***effektive Häufigkeiten*** berücksichtigt werden. Wird beispielsweise festgestellt, dass das Formular "Kursbeschreibung" monatlich (also 12 mal im Jahr), das Formular "Raumbelegung" aber nur einmal jährlich erstellt wird, so könnte in der Zugriffspfadmatrix an Stelle der vorerwähnten Zahl 2 die Zahl 13 eingebracht werden, mit der Bedeutung, dass pro Jahr 13 mal von KURS auf K-S bzw. von K-S auf STUDENT zuzugreifen ist. Allerdings bedingt ein derartiges Vorgehen, dass alle in der Zugriffspfadmatrix festgehaltenen Zugriffshäufigkeiten auf

VON \ ZU	KURS	K-S	DOZENT	SPRACHE	LOKAL	S-SP	STUDENT
KURS		1	1		1		
K-S	1						1
DOZENT							
SPRACHE							
LOKAL							
S-SP				1			
STUDENT		1	1			1	

Abb. 7.3.4 Zugriffspfadmatrix. Die Matrix hält den für die Erstellung des Formulars "Kursbeschreibung" erforderlichen Zugriffspfad fest.

den gleichen Nenner gebracht werden (also etwa: Anzahl Zugriffe pro Tag, Monat oder Jahr).

Bei Bedarf lassen sich in einer Zugriffspfadmatrix auch unterschiedlich zu behandelnde Zugriffsarten unterscheiden. So ermöglicht beispielsweise die in Abb. 7.3.5 erfolgte Unterteilung eines Matrixfeldes, effizient zu implementierende Zugriffspfade (beispielsweise für On-line Applikationen) und solche, bei denen Effizienzanforderungen eine geringere Rolle spielen (beispielsweise für Batch Applikationen) getrennt auszuweisen.

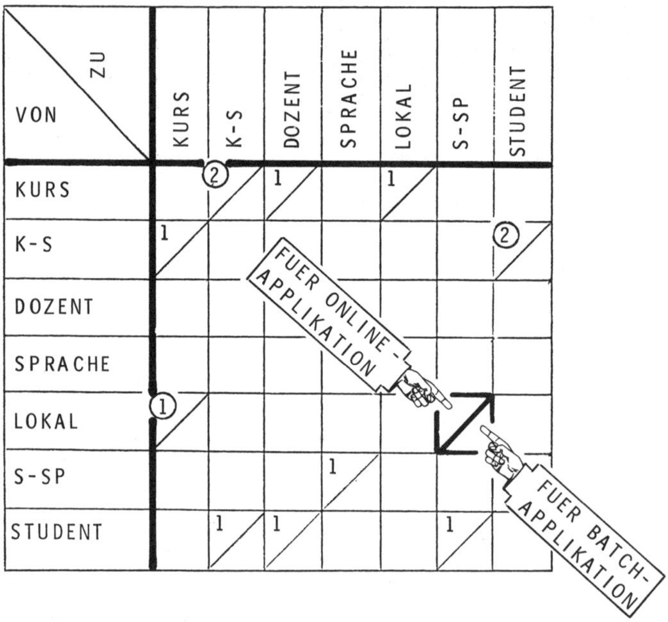

Abb. 7.3.5 Zugriffspfadmatrix. Die Zugriffspfadmatrix hält die für die Erstellung der Formulare "Kursbeschreibung" und "Raumbelegung" erforderlichen Zugriffspfade vereinigt fest.

Die in diesem Kapitel gemachten Aussagen betreffen den 1. Teil des ***5. Syntheseschrittes***. Demzufolge:

5. Syntheseschritt

Von dem im 4. Syntheseschritt erhaltenen konzeptionellen Strukturdiagramm werden

- ***Zugriffspfade* und damit *logische Datenstrukturen***

abgeleitet.

Abb. 7.3.6 illustriert die bisherigen Aussagen anhand der wiederholt verwendeten pyramidenförmigen Anordnung.

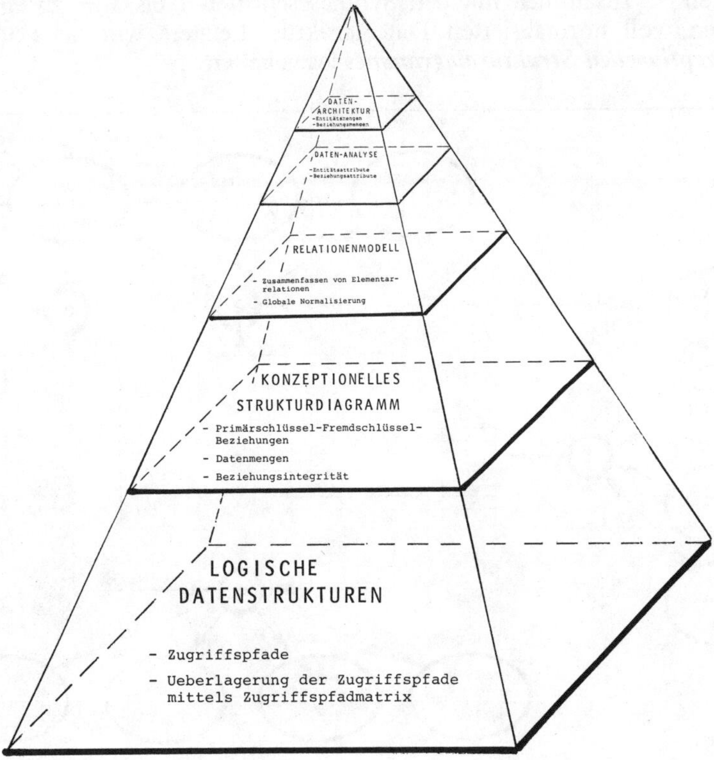

Abb. 7.3.6 "Vom Groben zum Detail" führendes Datenbankentwurfsprozedere (4. Teil).

Im nächsten Kapitel kommt der 2. Teil des 5. Syntheseschrittes zur Sprache. Zu diesem Zwecke wird gezeigt, wie sich – wiederum ausgehend vom konzeptionellen Strukturdiagramm – typenmässig unterschiedliche ***physische Datenstrukturen*** ableiten lassen. Abb. 7.3.7 verdeutlicht, dass die Zugriffspfadmatrix bei diesem Vorgang eine nicht unwesentliche Rolle spielt, ermöglicht letztere doch die Ermittlung einer den applikatorischen Bedürfnissen optimal angepassten physischen Datenstruktur.

Den eingekreisten Zahlen in Abb. 7.3.7 kommt folgende Bedeutung zu:

1. Die in Kapitel 6 beschriebenen Möglichkeiten, also

   - ***Analyse von Formularen und Bildschirmausgaben***,
   - ***Realitätsbeobachtungen***,
   - ***Analyse existierender Datenbestände***,

- ***ISS/KSS-Vorgehen***

führen – zusammen mit den Syntheseschritten 1 bis 3 – zu einer optimalen, voll normalisierten Datenstruktur. Letztere wird in Form eines ***konzeptionellen Strukturdiagrammes*** festgehalten.

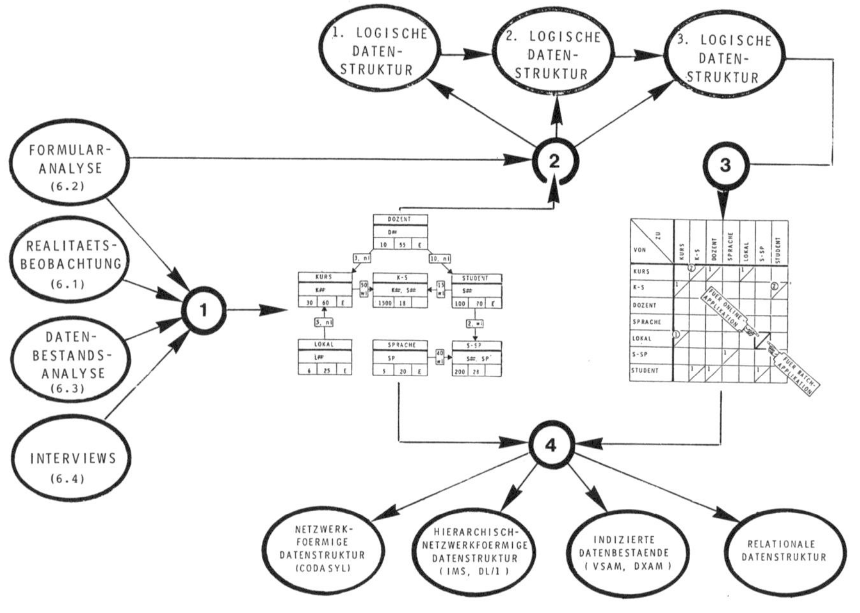

Abb. 7.3.7 Zusammenhang zwischen logischen und physischen Datenstrukturen.

2. Für die im Rahmen einer Applikation zu erstellenden Formulare und Bildschirmausgaben werden unter Zuhilfenahme des konzeptionellen Strukturdiagrammes ***Zugriffspfade*** und damit ***logische Datenstrukturen*** ermittelt.

3. Die im Rahmen einer Applikation insgesamt zu unterstützenden Zugriffspfade werden einander überlagert und das Ergebnis in Form einer ***Zugriffspfadmatrix*** festgehalten.

4. Ausgehend vom konzeptionellen Strukturdiagramm und der Zugriffspfadmatrix wird eine den applikatorischen Bedürfnissen optimal angepasste ***physische Datenstruktur*** ermittelt (dieser Vorgang entspricht dem 2. Teil des 5. Syntheseschrittes und wird im Kapitel 8 behandelt).

7.4 Übungen Kapitel 7

7.1 Man erstelle für das in Übung 6.1 ermittelte Relationenmodell ein konzeptionelles Strukturdiagramm. Bezüglich der Mengen und der Beziehungsintegrität sollen vernünftige Annahmen getroffen werden.

7.2 Man ermittle die für die Erstellung der in Übung 6.1 gezeigten Formulare erforderlichen Zugriffspfade.

7.3 Man forme die Zugriffspfade aus Übung 7.2 in logische Datenstrukturen um.

7.4 Man definiere eine Zugriffspfadmatrix für das in Übung 6.1 erhaltene Relationenmodell und halte die Zugriffspfade aus Übung 7.2 darin fest.

8 Physische Datenstrukturen

Im folgenden soll gezeigt werden, wie sich unter Zuhilfenahme des ***konzeptionellen Strukturdiagrammes*** sowie der ***Zugriffspfadmatrix*** typenmässig unterschiedliche, den applikatorischen Bedürfnissen optimal angepasste ***physische Datenstrukturen*** ableiten lassen. Zur Sprache kommen:

- Ableitung physischer Datenstrukturen für indizierte Datenbestände (beispielsweise VSAM [24], DXAM [23]).
- Ableitung physischer Datenstrukturen für CODASYL-mässige Datenbankmanagementsysteme [8].
- Ableitung physischer Datenstrukturen für IMS- (bzw. DL/I-) mässige Datenbankmanagementsysteme [20], [21].

Darüber hinaus soll auch gezeigt werden, wie die für die Implementierung einer ***relationalen Datenbank*** erforderlichen Indices systematisch ermittelt werden können. Derartige Überlegungen sind vor allem dann von Bedeutung, wenn eine relationale Datenbank in einer ***operationellen Umgebung*** betrieben werden soll. Um in einer derartigen Umgebung zu den üblicherweise geforderten kurzen Antwortzeiten zu kommen, sollten nur gerade jene Indices spezifiziert werden, die für einen optimalen Ablauf der applikatorischen Belange unbedingt erforderlich sind.

Das Kapitel 8 ist so aufgebaut, dass auch nur einzelne Unterkapitel gelesen werden können. Allerdings werden dabei gewisse Kenntnisse der angesprochenen Datenbankmanagementsysteme vorausgesetzt. Liegen keine derartigen Kenntnisse vor, so ist auch ein gänzliches Überspringen des Kapitels möglich, ohne dass deswegen befürchtet werden muss, den Anschluss an das Kapitel 9 zu verpassen.

8.1 Transformation: Relationenmodell in indizierte Datenstruktur

Um eine relationalartige Datenstruktur mittels ***indizierter Datenbestände*** (beispielsweise der **Virtual Storage Access Method VSAM** [24] oder der **Direct Indexed Access Method DXAM** [23]) zu implementieren, wird für jede Relation ein indizierter Datenbestand definiert, dessen Schlüssel dem Primärschlüssel der Relation entspricht. Sodann werden mit Hilfe der Zugriffspfadmatrix ***Sekundärindices*** (auch ***Alternate Keys*** genannt) abgeleitet.

Die vorstehenden Aussagen sollen im folgenden anhand eines Beispiels illustriert werden.

Im oberen Teil von Abb. 8.1.1 erkennt man die Matrix mit den Zugriffspfaden, die für die Erstellung der in früheren Kapiteln diskutierten Formulare "Kursbeschreibung" sowie "Raumbelegung" erforderlich sind. Im unteren Teil der nämlichen Abbildung ist die Struktur der indizierten Datenbestände, zusammen mit den erforderlichen Schlüsseln (schwarze Pfeile) und Sekundärindices (weisse Pfeile) zu erkennen. Die Schlüssel (schwarze Pfeile) entsprechen jeweils dem Primärschlüssel der Relation, während die Sekundärindices (weisse Pfeile) von der Zugriffspfadmatrix wie folgt abgeleitet werden (die folgenden Nummern beziehen sich auf die eingekreisten Zahlen in Abb. 8.1.1):

1. **Zugriff KURS → K-S**:

   Für einen K#-Wert in KURS können die den gleichen K#-Wert aufweisenden Tupel in K-S direkt gefunden werden, sofern für das Attribut K# ein ***Sekundärindex*** vorliegt. Dieser Sekundärindex erübrigt sich, falls das System das sogenannte ***Generic-Key-Konzept*** unterstützt.

   *Hinweis: das Generic-Key-Konzept ermöglicht den wahlweisen Einstieg in einen Datenbestand unter Vorgabe eines **vorderen** Schlüsselteils.*

2. **Zugriff KURS → DOZENT**:

   Für einen K#-Wert in KURS lässt sich ein bestimmter D#-Wert ermitteln. Das den gleichen D#-Wert aufweisende Tupel lässt sich in DOZENT unter Verwendung des ***Schlüssels*** D# direkt finden.

3. **Zugriff KURS → LOKAL**:

   Für einen K#-Wert in KURS lässt sich ein bestimmter L#-Wert ermitteln. Das den gleichen L#-Wert aufweisende Tupel lässt sich in LOKAL unter Verwendung des ***Schlüssels*** L# finden.

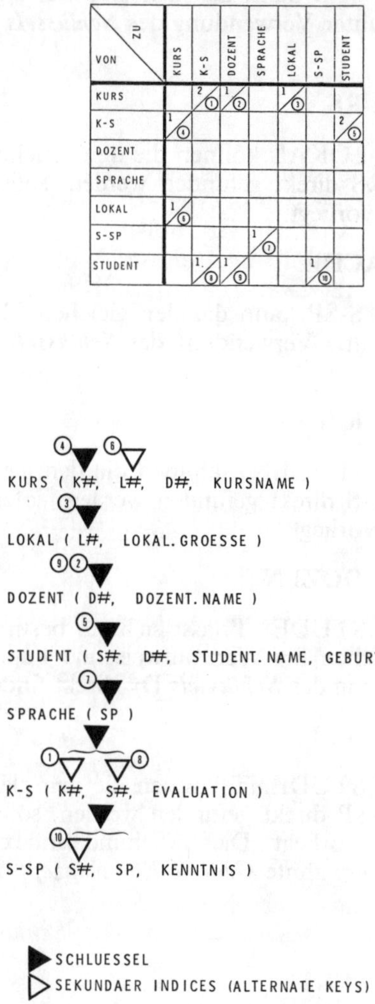

Abb. 8.1.1 Transformation einer relationalen Datenstruktur in indizierte Datenstruktur.

4. **Zugriff K-S → KURS:**

Für einen K#-Wert in K-S kann das den gleichen K#-Wert aufweisende Tupel in KURS unter Verwendung des ***Schlüssels*** K# direkt gefunden werden.

5. **Zugriff K-S → STUDENT**:

   Für einen S#-Wert in K-S kann das den gleichen S#-Wert aufweisende Tupel in STUDENT unter Verwendung des ***Schlüssels*** S# direkt gefunden werden.

6. **Zugriff LOKAL → KURS**:

   Für einen L#-Wert in LOKAL können die den gleichen L#-Wert aufweisenden Tupel in KURS direkt gefunden werden, sofern für das Attribut L# ein ***Sekundärindex*** vorliegt.

7. **Zugriff S-SP → SPRACHE**:

   Für einen SP-Wert in S-SP kann das den gleichen SP-Wert aufweisende Tupel in SPRACHE unter Verwendung des ***Schlüssels*** SP direkt gefunden werden.

8. **Zugriff STUDENT → K-S**:

   Für einen S#-Wert in STUDENT können die den gleichen S#-Wert aufweisenden Tupel in K-S direkt gefunden werden, sofern für das Attribut S# ein ***Sekundärindex*** vorliegt.

9. **Zugriff STUDENT → DOZENT**:

   Für einen S#-Wert in STUDENT lässt sich ein bestimmter D#-Wert bestimmen. Das den gleichen D#-Wert aufweisende Tupel lässt sich in DOZENT unter Verwendung des ***Schlüssels*** D# direkt finden.

10. **Zugriff STUDENT → S-SP**:

    Für einen S#-Wert in STUDENT können die den gleichen S#-Wert aufweisenden Tupel in S-SP direkt gefunden werden, sofern für das Attribut S# ein ***Sekundärindex*** vorliegt. Dieser Sekundärindex erübrigt sich, falls das System das bereits erwähnte ***Generic-Key-Konzept*** unterstützt.

8.2 Transformation: Relationenmodell in CODASYL-Struktur

Bevor die Regeln für die Transformation eines Relationenmodells in eine CODASYL-mässige Datenstruktur [8] zur Sprache kommen, sollen im folgenden die Prinzipien einer derartigen Struktur kurz diskutiert werden.

Eine CODASYL-mässige Datenstruktur basiert auf dem sogenannten ***Set-Typ-Prinzip***. Jeder Set-Typ besteht aus einem ***Owner-Record-Typ*** und einem (möglicherweise mehreren) ***Member-Record-Typ(en)***. Die genannten Record-Typen sind an folgender (M:1)-Abbildung beteiligt:

OWNER-RECORD-TYP ⟵⟶⟶ MEMBER-RECORD-TYP

Dies bedeutet, dass ein Owner-Record in einem Set mit mehreren Member-Records in Beziehung stehen kann, während jeder Member-Record des Sets immer nur mit einem Owner-Record in Beziehung steht.

Abb. 8.2.1 illustriert diese Aussagen anhand eines Beispiels, in welchem unterstellt wird, dass ein Dozent mehrere Kurse halten kann, ein Kurs aber immer nur von einem Dozenten gehalten wird, formal:

DOZENT ⟵⟶⟶ KURS

Im linken Teil von Abb. 8.2.1 erkennt man den zur Festhaltung der vorerwähnten (M:1)-Abbildung erforderlichen ***Strukturtyp***, während dem rechten Teil drei unterschiedlich implementierte ***Strukturvorkommen*** entnommen werden können. Man erkennt (die folgenden Nummern beziehen sich auf die eingekreisten Zahlen in der Abbildung):

1. Ein Set-Vorkommen kann mittels sogenannter ***Next Pointers*** realisiert werden. Zu diesem Zwecke wird eine Kette aufgebaut, an welcher ein Owner-Record (beispielsweise den Dozenten D1 repräsentierend) und alle dem Set-Vorkommen angehörenden Member-Records (beispielsweise die Kurse K1, K2 sowie K3 repräsentierend) beteiligt sind. Damit können die von einem Dozenten gehaltenen Kurse wie auch der Dozent eines Kurses ausfindig gemacht werden. Der letztgenannte Suchvorgang kann allerdings sehr ineffizient verlaufen, sind doch für einen Kurs unter Umständen mehrere Member-Records abzuarbeiten, bis auf den gesuchten Owner-Record zugegriffen werden kann.

2. Ein Set-Vorkommen kann mittels ***Next Pointers*** und ***Owner Pointers*** realisiert werden. Letztere ermöglichen einen direkten Zugriff von einem Member-Record auf den zugehörigen Owner-Record.

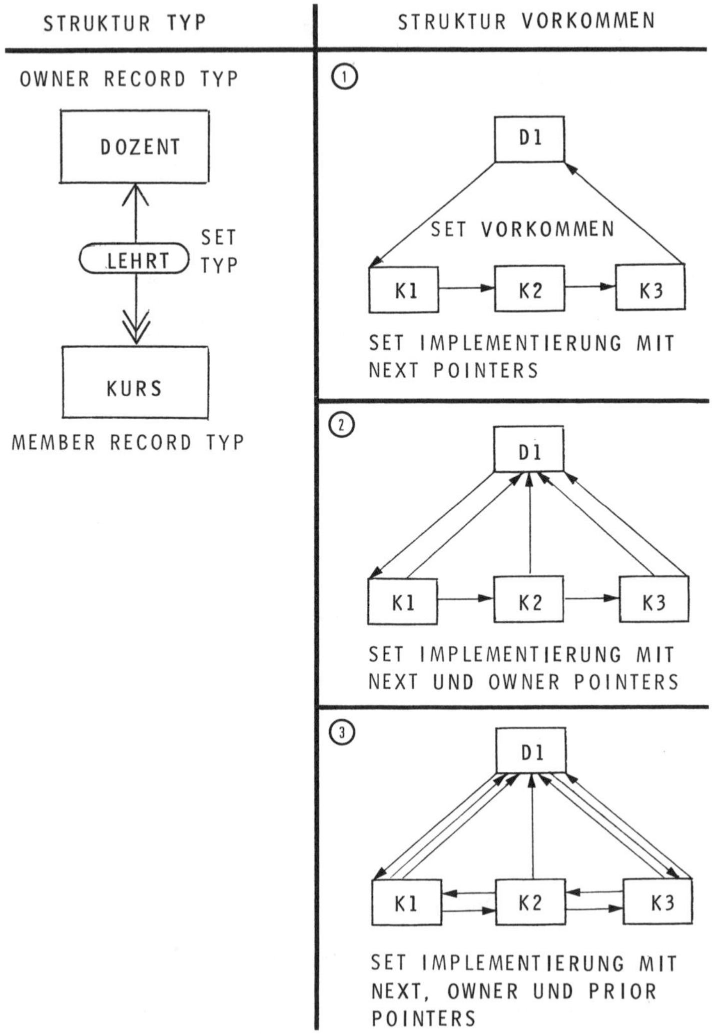

Abb. 8.2.1 Das CODASYL Set-Typ-Konzept.

3. Ein Set-Vorkommen kann mittels ***Next Pointers***, ***Owner Pointers*** und ***Prior Pointers*** realisiert werden. Letztere ermöglichen eine rückwärts gerichtete Abarbeitung der einem Set-Vorkommen angehörenden Member-Records und erleichtern darüber hinaus auch Löschoperationen von Member-Records.

Mit dem Set-Typ-Konzept kann eine (M:M)-Abbildung nicht ***direkt*** realisiert werden. Vielmehr muss letztere – wie bereits im Zusammenhang mit den Normalisierungsregeln gezeigt – in zwei (M:1)-Abbildungen aufgespalten werden. Abb. 8.2.2 illustriert die vorstehende Aussage anhand des bekannten Studenten-Kurs-Beispiels. Man erkennt, dass die (M:M)-Abbildung

STUDENT ↞↠ KURS

in die beiden (M:1)-Abbildungen

STUDENT ⟷↠ K-S ↞⟶ KURS

transformiert werden muss, bevor das Beispiel mit Hilfe der Set-Typen A und B CODASYL-mässig festgehalten werden kann. Auf der rechten Seite von Abb. 8.2.2 sind zwei Möglichkeiten dargestellt, die genannten Set-Typen zu realisieren. Man erkennt (die folgenden Nummern beziehen sich auf die eingekreisten Zahlen in der Abbildung):

1. Bei dieser Implementierung wurde für den Member-Record-Typ K-S die sogenannte ***Store-Option*** **VIA SET A** spezifiziert. Dies bedeutet, dass alle zu einem Set-Vorkommen A gehörenden Member-Records möglichst ***kompakt*** (d.h. im gleichen physischen Block) gespeichert werden. Dies bedeutet aber auch, dass für die Ermittlung der zu einem bestimmten Studenten gehörenden Member-Records in der Regel nur eine physische Leseoperation erforderlich ist.

   Demgegenüber sind die einem Set-Vorkommen B angehörenden Member-Records ***zerstreut*** gespeichert. Dies bedeutet, dass für die Ermittlung der zu einem bestimmten Kurs gehörenden Member-Records in der Regel mehrere physische Leseoperationen erforderlich sind. Nehmen wir beispielshalber an, dass ein Student im Durchschnitt 2 Kurse besucht, während ein Kurs im Durchschnitt von 3 Studenten besucht wird, so resultiert mit der ***Store-Option*** **VIA SET A** eine ***kompakte Kette*** mit der durchschnittlichen Länge 2 und eine ***"zerstreute" Kette*** mit der durchschnittlichen Länge 3.

2. Bei dieser Implementierung wurde für den Member-Record-Typ K-S die ***Store-Option*** **VIA SET B** spezifiziert. Unterstellen wir auch hier die vorgängig diskutierten Annahmen, so resultiert jetzt eine ***kompakte Kette*** mit der durchschnittlichen Länge 3 und eine ***"zerstreute" Kette*** mit der durchschnittlichen Länge 2.

Aus Effizienzgründen ist man in der Regel an möglichst kurzen "zerstreuten" Ketten interessiert – insbesondere dann, wenn das System für eine (oder beide) Kette(n) eine bestimmte Sequenz aufrechtzuerhalten hat.

Damit können wir uns mit den Regeln für die Transformation eines Relationenmodells in eine CODASYL-mässige Datenstruktur [8] beschäftigen.

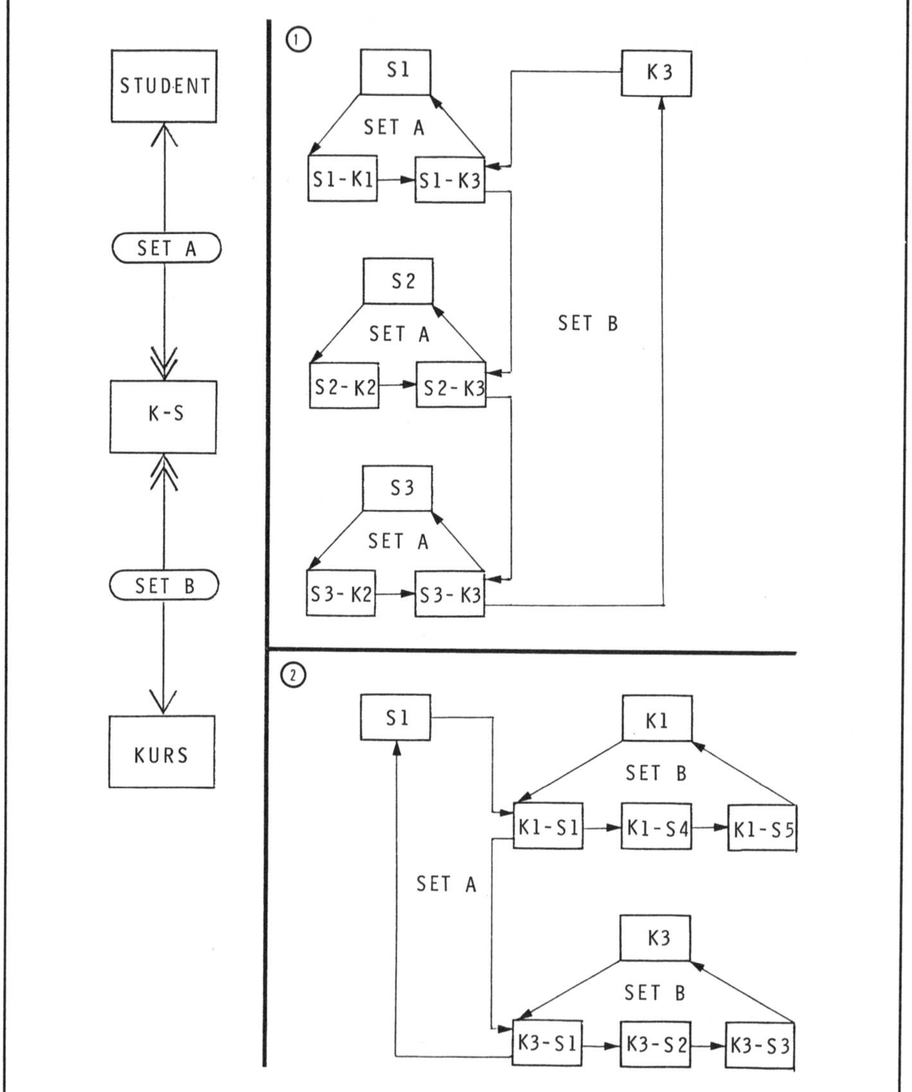

Abb. 8.2.2 Das CODASYL Store-Option-Konzept.

1. Jede Relation im konzeptionellen Strukturdiagramm entspricht einem *Record-Typ* in der CODASYL Struktur. Der *Schlüssel* des Record-Typs entspricht dem Primärschlüssel der Relation.

2. Die *Felder* des Record-Typs entsprechen den Attributen der Relation – mit einer Ausnahme: für Fremdschlüsselattribute sind *keine* Felder vorzusehen.

Begründung: Beziehungen zwischen Relationen kommen aufgrund des Primärschlüssel-Fremdschlüssel-Prinzips zustande, während Beziehungen zwischen Recordtypen – wie in Kapitel 3.3 gezeigt – mittels einer auf Adresshinweisen beruhenden Anordnung aufgebaut werden.

3. Jeder Pfeil im konzeptionellen Strukturdiagramm entspricht einem *Set-Typ* in der CODASYL Struktur. Dabei entspricht der *Owner-Record-Typ* der Relation mit dem Primärschlüssel und der *Member-Record Typ* jener mit dem Fremdschlüssel.

4. Partizipiert ein Member-Record-Typ an mehreren Set-Typen, so kann die *"zerstreute" Kettenlänge* mit der *Store-Option* VIA SET X minimalisiert werden. Dabei repräsentiert X den Namen jenes Set-Typs, der im Strukturdiagramm dem Pfeil mit dem höchsten n-Wert entspricht (zur Erinnerung: der Wert n macht eine Aussage über die Anzahl Tupel in der Fremdschlüsselrelation, mit denen ein Tupel in der Primärschlüsselrelation durchschnittlich in Beziehung steht).

5. Wird in der Zugriffspfadmatrix ausgesagt, dass von einer einem Member-Record-Typ entsprechenden Relation auf eine einem Owner-Record-Typ entsprechende Relation zugegriffen werden soll, so muss für besagten Member-Record-Typ ein *Owner Pointer* spezifiziert werden.

Die vorstehenden Regeln sollen im folgenden anhand eines Beispiels illustriert werden.

Abb. 8.2.3 zeigt im oberen Teil das in Kapitel 7 entwickelte konzeptionelle Strukturdiagramm sowie die Zugriffspfadmatrix. Im unteren Teil der nämlichen Abbildung ist die aufgrund der vorstehenden Regeln erhaltene CODASYL Struktur festgehalten. Man erkennt:

- Jede Relation im konzeptionellen Strukturdiagramm entspricht gemäss ***Regel 1*** einem Record-Typ in der CODASYL Struktur.

- Die Record-Typen beinhalten gemäss ***Regel 2*** folgende Felder:

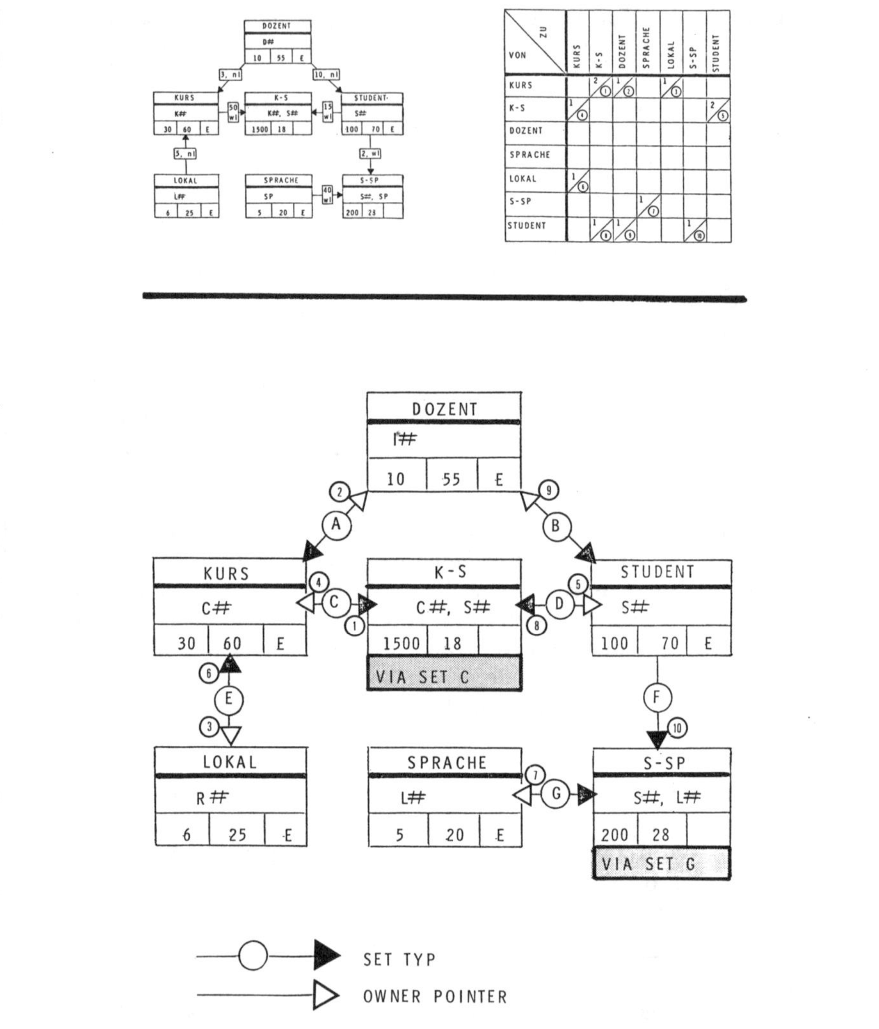

Abb. 8.2.3 Umsetzung eines Relationenmodells in eine CODASYL-mässige Datenstruktur.

KURS: K#, KURSNAME

LOKAL: L#, LOKAL.GROESSE

DOZENT: D#, DOZENT.NAME

STUDENT: S#, STUDENT.NAME, GEBURT.DATUM

SPRACHE:	SP
K-S:	EVALUATION
S-SP:	KENNTNIS

- Jeder Pfeil im konzeptionellen Strukturdiagramm entspricht gemäss ***Regel 3*** einem Set-Typ. Man beachte dass:
  - Ein Record-Typ kann ***Owner*** in verschiedenen Set-Typen sein (Beispiel: DOZENT ist Owner in den Set-Typen A und B).
  - Ein Record-Typ kann ***Member*** in verschiedenen Set-Typen sein (Beispiel: K-S ist Member in den Set-Typen C und D).
  - Ein Record-Typ kann gleichzeitig ***Owner*** und ***Member*** – allerdings in verschiedenen Set-Typen – sein (Beispiel: STUDENT ist Owner in den Set-Typen D und F aber Member im Set-Typ B).
- Wird gemäss ***Regel 4*** für den an verschiedenen Set-Typen beteiligten Record-Typ K-S die ***Store-Option*** **VIA SET C** spezifiziert, so resultiert eine kompakte Kette mit der durchschnittlichen Länge 50 und eine "zerstreute" Kette mit der durchschnittlichen Länge 15. Entsprechend bewirkt die für den Record-Typ S-SP spezifizierte ***Store-Option*** **VIA SET G** eine kompakte Kette der durchschnittlichen Länge 40 und eine "zerstreute" Kette der durchschnittlichen Länge 2.
- Die erforderlichen ***Owner Pointers*** können gemäss ***Regel 5*** wie folgt aus der Zugriffspfadmatrix abgeleitet werden (die folgenden Nummern beziehen sich auf die eingekreisten Zahlen in Abb. 8.2.3):

  1. **Zugriff KURS → K-S**:

     Zugriff gewährleistet aufgrund der für den Set-Typ C erforderlichen *Next Pointers.*

  2. **Zugriff KURS → DOZENT**:

     Effizienter Zugriff gewährleistet, falls ***Owner Pointer*** für KURS in Set-Typ A vorliegt.

  3. **Zugriff KURS → LOKAL**:

     Effizienter Zugriff gewährleistet, falls ***Owner Pointer*** für KURS in Set-Typ E vorliegt.

  usw.

Abb. 8.2.4 zeigt ein weiteres Beispiel einer Umsetzung eines Relationenmodells in eine CODASYL-mässige Datenstruktur. Man erkennt im oberen Teil das in Kapitel 7.1 entwickelte konzeptionelle Strukturdiagramm für das Stücklistenproblem, während im unteren Teil der CODASYL-mässige Strukturtyp sowie ein Strukturvorkommen ersichtlich sind.

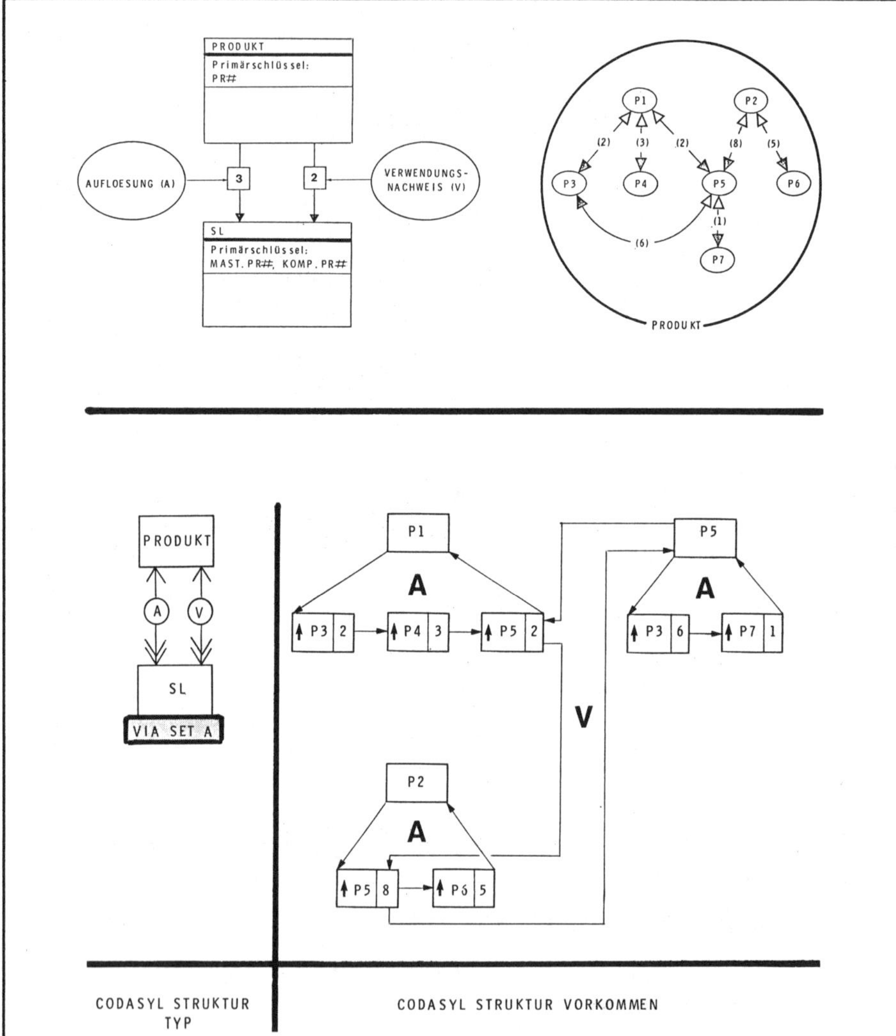

Abb. 8.2.4 CODASYL-mässige Datenstruktur für Stücklistenproblem.

8.3 Transformation: Relationenmodell in IMS- (DL/I-) Struktur

Bevor die Regeln für die Transformation eines Relationenmodells in eine IMS- (DL/I-) Struktur zur Sprache kommen, soll im folgenden die Architektur eines IMS- (DL/I-) Datenbankmanagementsystems [20], [21] kurz diskutiert werden.

IMS (DL/I) basiert grundsätzlich auf einer dreistufigen Architektur der Art, wie sie in Kapitel 3.6 vorgestellt worden ist. Abb. 8.3.1 illustriert:

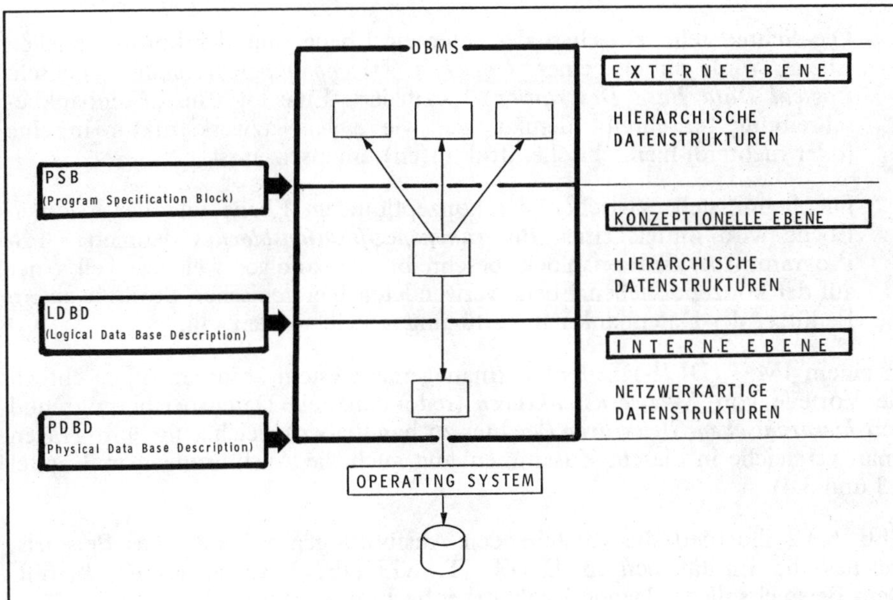

Abb. 8.3.1 Die Architektur eines IMS- (DL/I-) Datenbankmanagementsystems.

- Auf der *externen Ebene* werden die Daten in Form von ***hierarchischen Datenstrukturen*** zur Verfügung gestellt. In der IMS- (DL/I-) Terminologie ist in diesem Zusammenhang normalerweise von ***logischen Datenstrukturen*** die Rede.

- Auf der *konzeptionellen Ebene* wird – wiederum mittels ***hierarchischer Datenstrukturen*** – jener Realitätsausschnitt beschrieben, der datenmässig auf einem externen Speichermedium festzuhalten ist.

Die auf der konzeptionellen Ebene verwendeten Strukturen sind in der Regel wesentlich komplexer, als die auf der externen Ebene in Erscheinung tretenden Strukturen. Tatsächlich repräsentiert eine externe Struktur im allgemeinen eine Untermenge einer konzeptionellen Struktur.

- Auf der ***internen Ebene*** wird mittels einer ***netzwerkartigen Datenstruktur*** beschrieben, wie die Daten redundanzfrei auf einem externen Speichermedium zu plazieren sind. In der IMS- (DL/I-) Terminologie ist in diesem Zusammenhang normalerweise von ***physischen Datenstrukturen*** die Rede.

- Die Schnittstelle zwischen der internen Ebene und dem die Zugriffsroutinen enthaltenden ***Operating System*** wird mittels einer ***physischen Datenbankbeschreibung*** (englisch: ***Physical Data Base Description***) spezifiziert. Eine physische Datenbankbeschreibung beschreibt, wie Daten zu speichern sind.

- Die Schnittstelle zwischen der internen Ebene und der konzeptionellen Ebene wird mittels einer ***logischen Datenbankbeschreibung*** (englisch: ***Logical Data Base Description***) spezifiziert. Eine logische Datenbankbeschreibung umschreibt demzufolge, wie eine Netzwerkstruktur in eine (oder mehrere) hierarchische Struktur(en) umzusetzen ist.

- Die Schnittstelle zwischen der konzeptionellen Ebene und der externen Ebene wird mittels eines ***Programmspezifikationsblockes*** definiert. Ein Programmspezifikationsblock beschreibt demzufolge, welcher Teil einer auf der konzeptionellen Ebene verwendeten hierarchischen Struktur einem Benützer der Datenbank zur Verfügung gestellt werden soll.

In einem IMS- (DL/I-) Datenbankmanagementsystem kommen offensichtlich die Vorteile von ***Netzwerkstrukturen*** (redundanzfreie Datenspeicherung) und von ***hierarchischen Strukturen*** (leichter zu handhaben) gleichzeitig zum Tragen (man vergleiche in diesem Zusammenhang auch die Ausführungen in Kapitel 3.3 und 3.4).

Abb. 8.3.2 illustriert die vorstehenden Ausführungen anhand eines Beispiels, welches die Entitätsmengen DOZENT, STUDENT sowie KURS betrifft. Dem Beispiel sollen folgende Realitätsbeobachtungen zugrunde liegen:

1. Ein Dozent ist in der Regel für mehrere Kurse zuständig, aber ein Kurs wird immer nur von einem Dozenten gehalten; formal:

$$\text{DOZENT} \longleftrightarrow\!\!\!\!\!\!\!\!\!\!\!\twoheadrightarrow \text{KURS}$$

2. Ein Dozent ist Studienleiter für mehrere Studenten, aber ein Student hat immer nur einen Studienleiter; formal:

$$\text{DOZENT} \longleftrightarrow\!\!\!\!\!\!\!\!\!\!\!\twoheadrightarrow \text{STUDENT}$$

3. Ein Student besucht mehrere Kurse und ein Kurs wird von mehreren Studenten besucht; formal:

STUDENT ←←→→ KURS

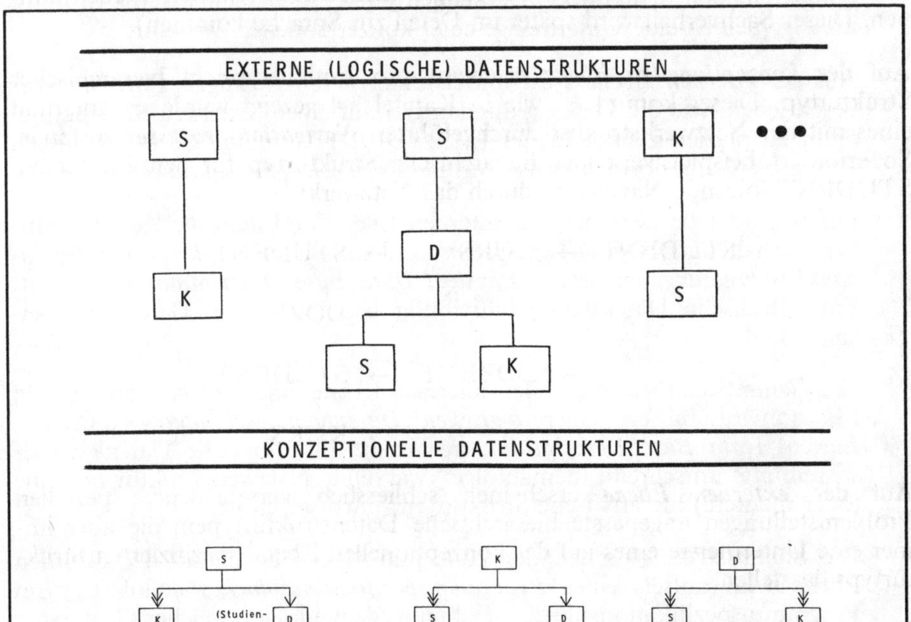

Abb. 8.3.2 IMS- (DL/I-) Datenbankmanagementsystem. Darstellung der auf den verschiedenen Ebenen zur Anwendung gelangenden Strukturtypen.

Abb. 8.3.2 zeigt die in einem IMS- (DL/I-) Datenbankmanagementsystem auf den verschiedenen Ebenen für die vorstehende Problemstellung zur Anwendung gelangenden Strukturtypen. Man erkennt:

Auf der ***internen Ebene*** ermöglicht eine Netzwerkstruktur eine redundanzfreie Darstellung der Problemstellung (die gezeigte Netzwerkstruktur ist insofern nicht ganz korrekt, als (M:M)-Abbildungen nicht ***direkt*** realisiert werden können. Dieser Sachverhalt wird später im Detail zur Sprache kommen).

Auf der ***konzeptionellen Ebene*** erscheint pro Entitätstyp ein hierarchischer Strukturtyp. Dieser kommt – wie in Kapitel 3.4 gezeigt wurde – aufgrund eines mit der Netzwerkstruktur durchgeführten ***Navigationsprozesses*** zustande. So erfordert beispielsweise der hierarchische Strukturtyp für den Entitätstyp STUDENT folgende Navigation durch das Netzwerk:

STUDENT	→ KURS	→ STUDENT
		→ DOZENT
	→ DOZENT	→ STUDENT
		→ KURS

Auf der ***externen Ebene*** erscheinen schliesslich verschiedene, speziellen Problemstellungen angepasste hierarchische Datenstrukturtypen, die aber immer eine Untermenge eines auf der konzeptionellen Ebene spezifizierten Strukturtyps darstellen.

Es wurde bereits angedeutet, dass eine (M:M)-Abbildung mit einer IMS-(DL/I-) Struktur nicht ***direkt*** realisiert werden kann. Vielmehr muss letztere – wie bereits im Zusammenhang mit den Normalisierungsregeln gezeigt – in zwei (M:1)-Abbildungen aufgespalten werden. Was unsere Problemstellung betrifft, so müsste die (M:M)-Abbildung

STUDENT ↞↠ KURS

durch die beiden (M:1)-Abbildungen

STUDENT ←↠ K-S ↞→ KURS

ersetzt werden. Für die Implementierung dieser (M:1)-Abbildungen stehen gemäss Abb. 8.3.3 folgende Möglichkeiten zur Verfügung:

1. Der Segmenttyp K-S ist ***physisches Dependent*** von KURS und ***logisches Dependent*** von STUDENT.

   Diese Implementierung bewirkt, dass ein physisches Parent-Segment (beispielsweise den Kurs K1 repräsentierend) möglichst zusammen mit den zugehörigen physischen Dependent-Segmenten in ein und demselben physischen Block gespeichert wird. Ein Zugriff auf einen bestimmten Kurs bewirkt demzufolge, dass praktisch alle zugehörigen, auf Studenten verweisende physische Dependents ebenfalls im Speicher vorzufinden sind.

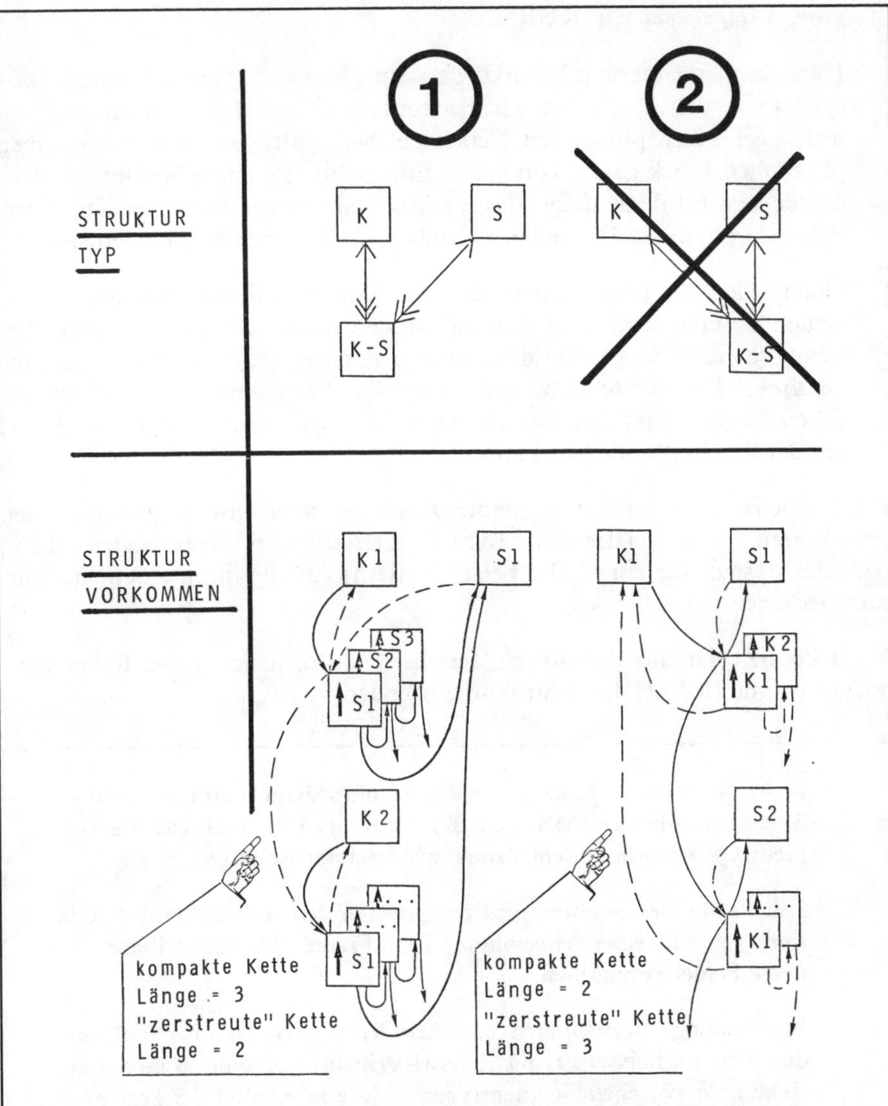

Abb. 8.3.3 IMS- (DL/I-) mässige Implementierung einer (M:M)-Abbildung. Bedeutung der Abkürzungen: K = KURS, S = STUDENT.

Unterstellen wir beispielshalber, dass ein Kurs von durchschnittlich 3 Studenten besucht wird und dass ein Student durchschnittlich 2 Kurse besucht, so resultiert gemäss dem linken unteren Teil von Abb. 8.3.3 eine ***physische Twin-Kette*** (d.h. eine ***kompakte Kette***) mit der durchschnittlichen Länge 3 und eine ***logische Twin-Kette*** (d.h. eine ***"zerstreute" Kette***) mit der durchschnittlichen Länge 2.

2. Der Segmenttyp K-S ist ***physisches Dependent*** von STUDENT und ***logisches Dependent*** von KURS.

   Diese Implementierung bewirkt, dass ein physisches Parent-Segment (beispielsweise den Studenten S1 repräsentierend) möglichst zusammen mit den zugehörigen physischen Dependent-Segmenten in ein und demselben physischen Block gespeichert wird. Ein Zugriff auf einen bestimmten Studenten bewirkt demzufolge, dass praktisch alle zugehörigen, auf Kurse verweisende physische Dependents ebenfalls im Speicher vorzufinden sind.

   Unterstellen wir noch einmal, dass ein Kurs von durchschnittlich 3 Studenten besucht wird, und dass ein Student durchschnittlich 2 Kurse besucht, so resultiert gemäss dem rechten unteren Teil von Abb. 8.3.3 eine ***physische Twin-Kette*** (d.h. eine ***kompakte Kette***) mit der durchschnittlichen Länge 2 und eine ***logische Twin-Kette*** (d.h. eine ***"zerstreute" Kette***) mit der durchschnittlichen Länge 2.

Aus Effizienzgründen ist man in der Regel an möglichst kurzen logischen Twin-Ketten (also "zerstreuten" Ketten) interessiert – insbesondere dann, wenn das System für eine (oder beide) Kette(n) eine bestimmte Sequenz aufrechtzuerhalten hat.

Damit können wir uns den Regeln für die Transformation eines Relationenmodells in eine IMS- (DL/I-) Struktur zuwenden.

1. Jeder Relation im konzeptionellen Strukturdiagramm entspricht ein *Segmenttyp* in der IMS- (DL/I-) Struktur. Der *Schlüssel* des Segmenttyps entspricht dem Primärschlüssel der Relation.

2. Die *Felder* des Segmenttyps entsprechen den Attributen der Relation – mit einer Ausnahme: Für Fremdschlüsselattribute sind *keine* Felder vorzusehen.

   Begründung: Beziehungen zwischen Relationen kommen aufgrund des Primärschlüssel-Fremdschlüssel-Prinzips zustande, während Beziehungen zwischen Segmenttypen – wie in Kapitel 3.3 gezeigt – mittels einer auf Adresshinweisen beruhenden Anordnung aufgebaut werden.

3. Jeder Pfeil im konzeptionellen Strukturdiagramm entspricht einer *physischen Parent - physischen Dependent* oder einer *logischen Parent - logischen Dependent Beziehung* (eine Ausnahme wird in Regel 6 behandelt).

4. Folgende Relationen qualifizieren als *Wurzelsegmenttypen*:

4.1. Mit der Option "E" gekennzeichnete Relationen.

Begründung: Mit der Option "E" gekennzeichnete Relationen weisen auf die Existenz von *Kernentitätsmengen* hin. Nun muss aber gemäss Kapitel 2 die Existenz einer Kernentität aufgrund eines Schlüsselwertes darstellbar sein und zwar *unabhängig von der Existenz anderweitiger Entitäten.* Dieser Forderung vermögen aber nur die Wurzelsegmente zu genügen.

4.2. Relationen *ohne* Fremdschlüssel (im konzeptionellen Strukturdiagramm sind diese Relationen dadurch zu erkennen, dass *keine* Pfeile auf das die Relation darstellende Kästchen weisen).

Begründung: Eine Relation *mit* Fremdschlüssel ist immer von einer Relation mit entsprechendem Primärschlüssel abhängig. Nachdem Wurzelsegmente aber unabhängig sind, müssen sie zwangsläufig einer Relation *ohne* Fremdschlüssel entsprechen.

5. *Physische Dependent-Segmente*, die nicht an einer logischen Beziehung beteiligt sind, werden wie folgt ermittelt: Ausgehend von einer Relation, die gemäss Regel 4 als Wurzelsegment qualifiziert, wird das konzeptionelle Strukturdiagramm in Pfeilrichtung durchschritten. Wird dabei eine Relation angesteuert, die

- **gemäss Regel 4 *nicht* als Wurzelsegment qualifiziert,**
- **nur in *einer* Pfeilrichtung erreicht werden kann,**

so qualifiziert diese Relation als physisches Dependent-Segment.

Abb. 8.3.4 zeigt beispielshalber auf der linken Seite ein konzeptionelles Strukturdiagramm und auf der rechten Seite die aufgrund der vorstehenden Regeln erhaltenen IMS-(DL/I) Strukturen. Man erkennt, dass die bisher besprochenen Regeln zu reinen ***hierarchischen Strukturen*** führen.

In Abb. 8.3.4 qualifiziert die Relation E gemäss Regel 4.1 als Wurzelsegment. Fest steht auch, dass der Primärschlüssel der Relation F als Fremdschlüssel in der Relation E erscheint (andernfalls würde im konzeptionellen Strukturdiagramm kein Pfeil von F nach E zeigen).

Sind die Relationen E und F an der (M:1)-Abbildung

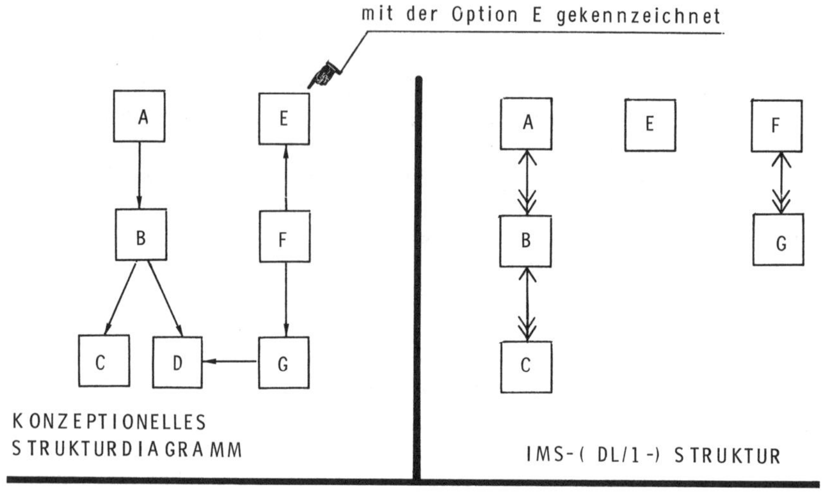

Abb. 8.3.4 Transformation Relationenmodell → IMS- (DL/I-) Struktur. Die Abbildung zeigt auf der linken Seite ein konzeptionelles Strukturdiagramm und auf der rechten Seite die aufgrund der Regeln 1 - 5 erhaltenen IMS- (DL/I-) Strukturen.

$$F \longleftrightarrow\!\!\!\!\!\twoheadrightarrow E$$

beteiligt (dies ist dann der Fall, wenn der dem Primärschlüssel von F entsprechende Fremdschlüssel in E ***nicht*** Schlüsselkandidat ist) oder qualifiziert F als Wurzelsegment, so erfordert die Beziehung zwischen E und F ein zusätzliches Segment. Sind die Relationen E und F hingegen an der (1:1)- oder (C:1)-Abbildung

$$F \longleftrightarrow E \quad \text{oder} \quad F \longleftarrow) E$$

beteiligt (dies ist dann der Fall, wenn der dem Primärschlüssel von F entsprechende Fremdschlüssel in E Schlüsselkandidat ist) und ist F ***kein*** Wurzelsegment, so erfordert die Beziehung zwischen E und F ***kein*** zusätzliches Segment.

Ist ein zusätzliches Segment erforderlich, so ist dieses als physisches Dependent jenem Segment unterzuordnen, welches der Relation mit dem Primärschlüssel entspricht (im vorliegenden Beispiel also der Relation F). Abb. 8.3.5 begründet diese Aussage. Man erkennt im linken Teil der genannten Abbildung ein konzeptionelles Strukturdiagramm für die Relationen

DOZENT (<u>D#</u>, ...)

und

KURS (K#, D#, ...)

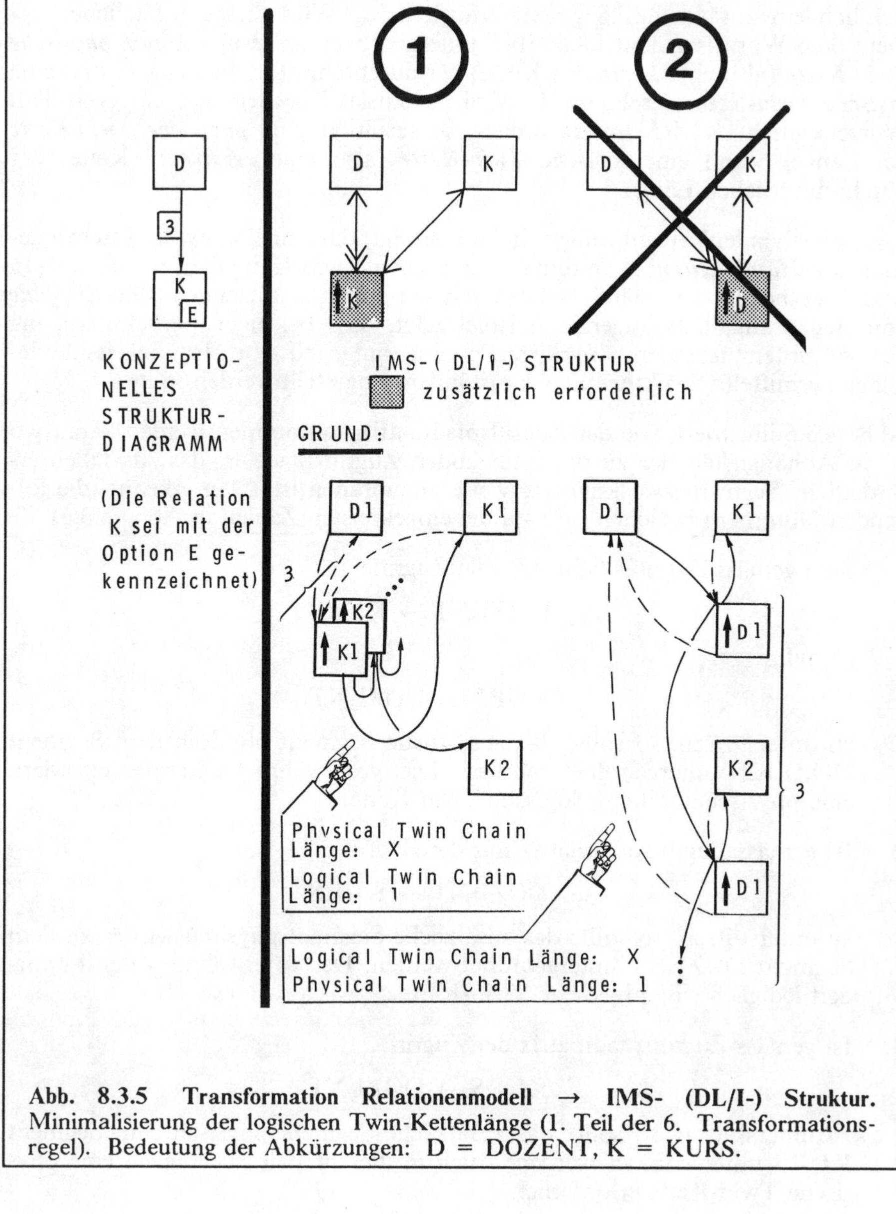

Abb. 8.3.5 Transformation Relationenmodell → IMS- (DL/I-) Struktur. Minimalisierung der logischen Twin-Kettenlänge (1. Teil der 6. Transformationsregel). Bedeutung der Abkürzungen: D = DOZENT, K = KURS.

Der Wert 3 sagt aus, dass ein Dozent für durchschnittlich drei Kurse zuständig ist.

Im rechten Teil von Abb. 8.3.5 sind für die geschilderte Problemstellung zwei IMS- (DL/I-) Strukturen zu erkennen. Offenbar entsprechen die Relationen KURS und DOZENT entsprechend der Regeln 4.1 und 4.2 je einem Wurzelsegment. Damit ist für die Beziehung zwischen DOZENT und KURS offensichtlich ein zusätzliches Segment erforderlich. Wird dieses zusätzliche Segment dem Wurzelsegment DOZENT untergeordnet, so resultiert eine ***physische Twin-Kette*** (also eine ***kompakte*** Kette) der durchschnittlichen Länge 3 und eine ***logische Twin-Kette*** der Länge 1. Wird das zusätzliche Segment hingegen dem Wurzelsegment KURS untergeordnet, so resultiert eine ***physische Twin-Kette*** der Länge 1 und eine ***logische Twin-Kette*** (also eine ***zerstreute*** Kette) der durchschnittlichen Länge 3.

Die vorstehenden Ausführungen haben gezeigt, dass eine sinnvolle Interpretierung der ***Häufigkeiten*** zu minimalen logischen Twin-Kettenlängen führt. Nun sind aber neben den Häufigkeiten auch die zu unterstützenden ***Zugriffspfade*** von Bedeutung. Das folgende Beispiel zeigt, dass bei einer Berücksichtigung der zu unterstützenden Zugriffspfade eine aufgrund von Häufigkeitsüberlegungen ermittelte Struktur unter Umständen umgestellt werden sollte.

Abb. 8.3.6 illustriert, wie der Zugriffspfadmatrix entnommen werden kann, wo – in Abhängigkeit der zu unterstützenden Zugriffspfade – das zusätzlich erforderliche Segment zweckmässigerweise anzuordnen ist. Man erkennt (die folgenden Nummern beziehen sich auf die eingekreisten Zahlen in Abb. 8.3.6):

1. Sind gemäss Zugriffspfadmatrix die Zugriffe

   DOZENT → KURS

   und

   KURS → DOZENT

   zu unterstützen, so sollte das zusätzliche Segment physisch dem Segment DOZENT untergeordnet werden. Die vorerwähnten Zugriffe erfordern eine physische und eine logische Twin-Kette.

2. Ist gemäss Zugriffspfadmatrix nur der Zugriff

   DOZENT → KURS

   zu unterstützen, so sollte das zusätzliche Segment physisch wiederum dem Segment DOZENT untergeordnet werden. Der vorerwähnte Zugriff erfordert lediglich eine physische Twin-Kette.

3. Ist gemäss Zugriffspfadmatrix der Zugriff

   KURS → DOZENT

   zu unterstützen, so sollte das zusätzliche Segment physisch dem Segment KURS untergeordnet werden. Auch in diesem Fall ist lediglich eine physische Twin-Kette erforderlich.

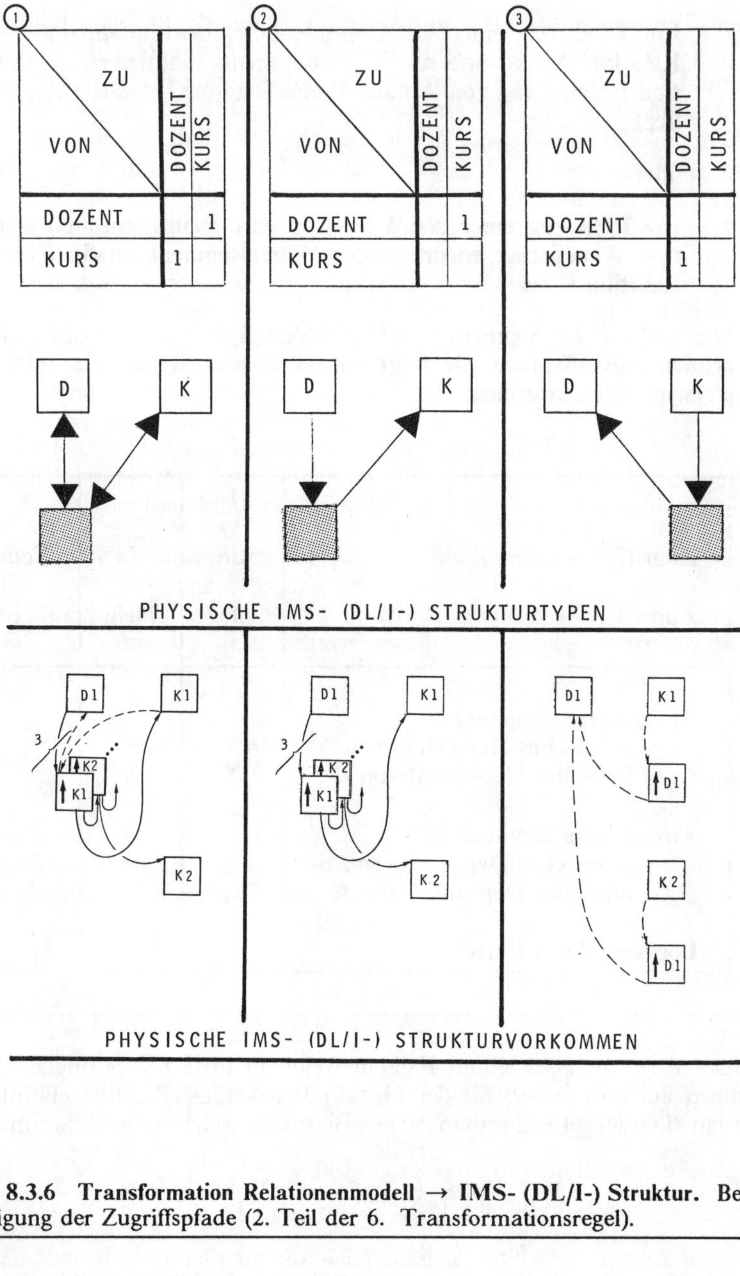

Abb. 8.3.6 Transformation Relationenmodell → IMS- (DL/I-) Struktur. Berücksichtigung der Zugriffspfade (2. Teil der 6. Transformationsregel).

Wir wollen die vorstehenden Ausführungen wie folgt in einer allgemein gültigen Regel zusammenfassen:

6. Ein zusätzliches Segment Z ist erforderlich falls:

- **Ein Pfeil von einer als Dependent-Segment qualifizierenden Relation A auf eine als Wurzelsegment qualifizierende Relation B zeigt und von A nach B eine komplexe Assoziation vorliegt**

  oder

- **Ein Pfeil von einer als Wurzelsegment qualifizierenden Relation A auf eine wiederum als Wurzelsegment qualifizierende Relation B zeigt.**

Das zusätzliche Segment Z ist in Abhängigkeit der zu unterstützenden Zugriffspfade wie folgt entweder dem Segment A oder B physisch unterzuordnen:

	1.	2.	3.
Zugriff A → B	**Ja**	**Ja**	**Nein**
Zugriff B → A	**Ja**	**Nein**	**Ja**
Zusätzliches Segment Z: **= physisches Dependent von A** **= logisches Dependent von B**	**X**	**X**	
Zusätzliches Segment Z: **= physisches Dependent von B** **= logisches Dependent von A**			**X**
Logische Twin Kette	**X**		

Die nächste Regel behandelt den Fall, in welchem im konzeptionellen Strukturdiagramm auf eine *nicht* mit der Option E gekennzeichnete Relation zwei Pfeile zeigen. Die Regel soll anhand eines Beispiels, welches die Relationen

```
KURS ( K#, ... )

K-S ( K#, S#, ... )

STUDENT ( S#, ... )
```

betrifft, systematisch hergeleitet werden.

Im linken Teil von Abb. 8.3.7 erkennt man das den vorgenannten Relationen entsprechende konzeptionelle Strukturdiagramm. Die Zahlen 2 und 3 bedeuten, dass ein Student durchschnittlich zwei Kurse besucht, und dass ein Kurs von durchschnittlich 3 Studenten besucht wird.

Im rechten Teil von Abb. 8.3.7 wird gezeigt, wie die aufgrund des Primärschlüssel-Fremdschlüssel-Prinzips zustande kommenden Abbildungen

STUDENT ⟷⟫ K-S ⟪⟶ KURS

IMS- (DL/I-) mässig implementiert werden können. Offenbar entspricht eine Relation, auf welche im konzeptionellen Strukturdiagramm zwei Pfeile zeigen, direkt einem Segment, durch welches eine ***logische Beziehung*** zustande kommt. Wird dieses Segment physisch dem Segment KURS untergeordnet, so resultiert eine ***physische Twin-Kette*** der durchschnittlichen Länge 3 und eine ***logische Twin-Kette*** der durchschnittlichen Länge 2. Wird das Segment K-S hingegen physisch dem Segment STUDENT untergeordnet, so resultiert eine ***physische Twin-Kette*** der durchschnittlichen Länge 2 und eine ***logische Twin-Kette*** der durchschnittlichen Länge 3. Die logische Twin-Kettenlänge lässt sich demzufolge dann minimalisieren, wenn das für die logische Beziehung zuständige Segment physisch jenem Segment untergeordnet wird, welches der Relation entspricht, von welcher der Pfeil mit der ***grösseren*** Zahl ausgeht.

Berücksichtigt man neben den ***Häufigkeiten*** auch die zu unterstützenden ***Zugriffspfade***, so kann sich unter Umständen eine andere Anordnung als günstig erweisen.

Abb. 8.3.8 illustriert, wie der Zugriffspfadmatrix entnommen werden kann, wo – in Abhängigkeit der zu unterstützenden Zugriffspfade – das Segment K-S zweckmässigerweise anzuordnen ist. Man erkennt (die folgenden Nummern beziehen sich auf die eingekreisten Zahlen in Abb. 8.3.8):

1. Sind gemäss Zugriffspfadmatrix die Zugriffe

   KURS → K-S → STUDENT

   und

   STUDENT → K-S → KURS

   zu unterstützen, so sollte das Segment K-S physisch dem Segment KURS untergeordnet werden. Die vorerwähnten Zugriffe erfordern eine physische und logische Twin-Kette.

2. Ist gemäss Zugriffspfadmatrix nur der Zugriff

   KURS → K-S → STUDENT

   zu unterstützen, so sollte das Segment K-S physisch wiederum dem Segment KURS untergeordnet werden. Der vorerwähnte Zugriff erfordert lediglich eine physische Twin-Kette.

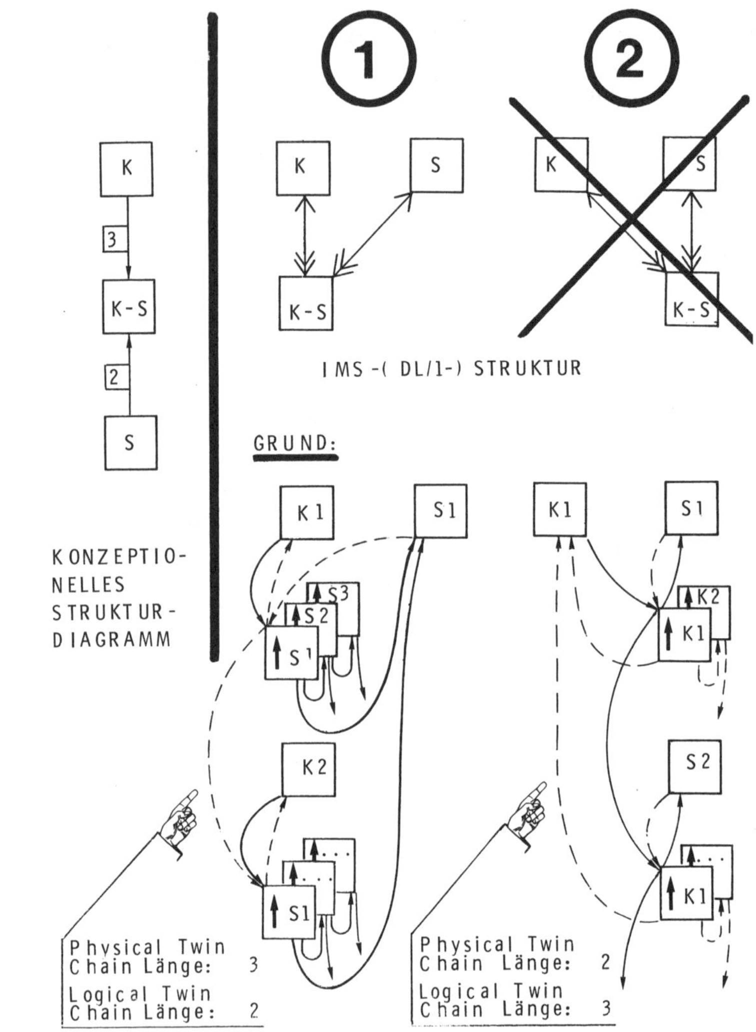

Abb. 8.3.7 Transformation Relationenmodell → IMS- (DL/I-) Struktur. Minimalisierung der logischen Twin-Kettenlänge (1. Teil der 7. Transformationsregel).

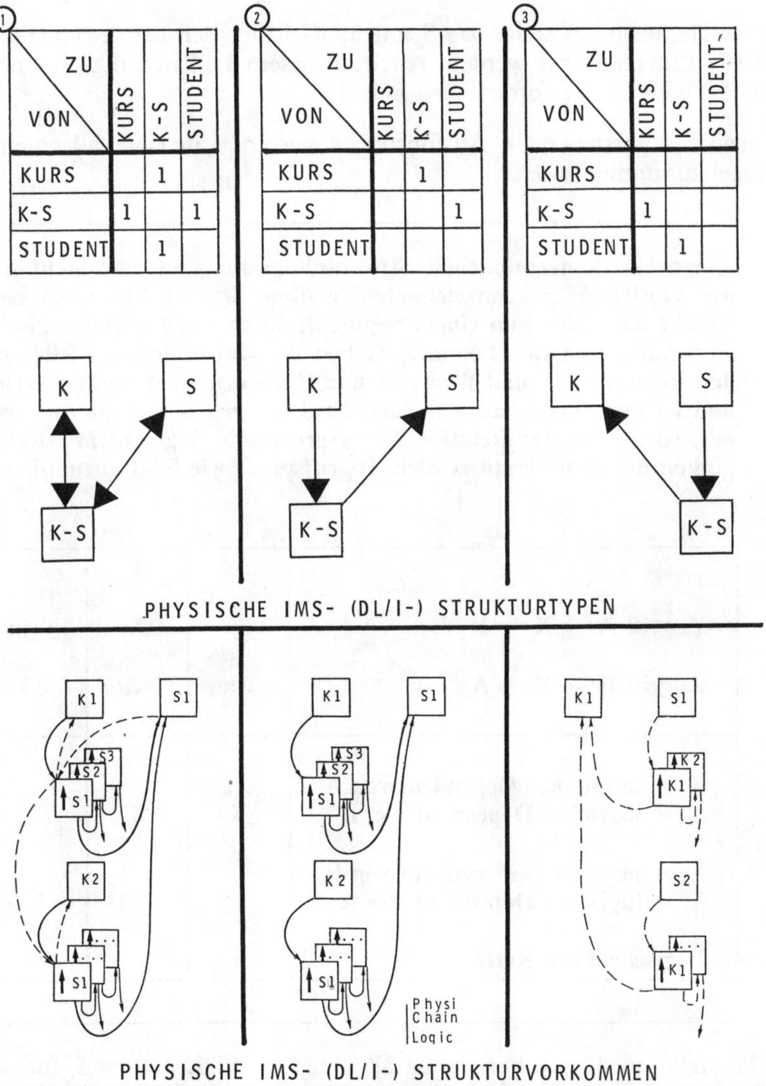

Abb. 8.3.8 Transformation Relationenmodell → IMS- (DL/I-) Struktur. Berücksichtigung der Zugriffspfade (2. Teil der 7. Transformationsregel).

3. Ist gemäss Zugriffspfadmatrix der Zugriff

STUDENT → K-S → KURS

zu unterstützen, so sollte das Segment K-S physisch dem Segment STUDENT untergeordnet werden. Auch in diesem Fall ist lediglich eine physische Twin-Kette erforderlich.

Wir wollen die vorstehenden Ausführungen wie folgt in einer allgemein gültigen Regel zusammenfassen:

7. Zeigen im konzeptionellen Strukturdiagramm auf eine nicht mit der Option E gekennzeichnete Relation X zwei Pfeile, so entspricht diese Relation einem Segment, durch welches eine logische Beziehung zustande kommt. Gehen die vorerwähnten Pfeile von den Relationen A und B aus (A und B können auch identisch sein) und ist dem von A ausgehenden Pfeil die *grössere* Zahl zugeordnet, so ist das der Relation X entsprechende Segment in Abhängigkeit der zu unterstützenden Zugriffspfade wie folgt anzuordnen:

	1.	2.	3.
Zugriff A → X → B	**Ja**	**Ja**	**Nein**
Zugriff B → X → A	**Ja**	**Nein**	**Ja**
X = physisches Dependent von A = logisches Dependent von B	**X**	**X**	
X = physisches Dependent von B = logisches Dependent von A			**X**
Logische Twin Kette	**X**		

In der Praxis können – selten genug allerdings – Fälle auftreten, für welche Speziallösungen gesucht werden müssen. Ein derartiger Fall ist in Abb. 8.3.9 gezeigt und möge stellvertretend darlegen, wie derartige Lösungen gefunden werden können.

Die vorstehend diskutierten Transformationsregeln sollen im folgenden im Rahmen eines umfangreicheren Beispiels zur Anwendung gelangen. Dabei wollen wir demonstrationshalber schrittweise vorgehen, und uns zunächst nur mit den ***Häufigkeiten*** beschäftigen, was ja bekanntlich zu minimalen logischen Twin-Kettenlängen führt. In einem zweiten Schritt soll dann die physische

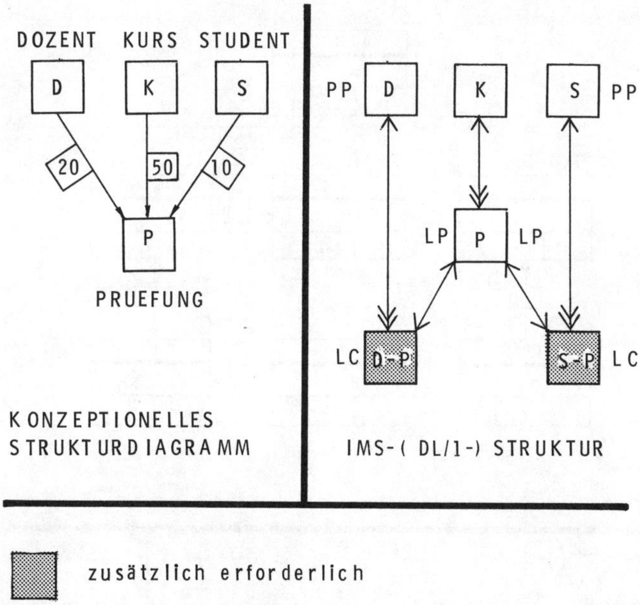

Abb. 8.3.9 Behandlung von Spezialfällen.

Struktur unter Berücksichtigung der zu unterstützenden ***Zugriffspfade*** den applikatorischen Bedürfnissen optimal angepasst werden.

Der obere Teil von Abb. 8.3.10 zeigt das in Kapitel 7.1 diskutierte konzeptionelle Strukturdiagramm für das Relationenmodell

KURS (K#, nl L#, nl D#, KURSNAME)

LOKAL (L#, LOKAL.GROESSE)

DOZENT (D#, DOZENT.NAME)

STUDENT (S#, nl D#, STUDENT.NAME, GEBURT.DATUM)

SPRACHE (SP)

K-S (wl K#, wl S#, EVALUATION)

S-SP (wl S#, wl SP, KENNTNIS)

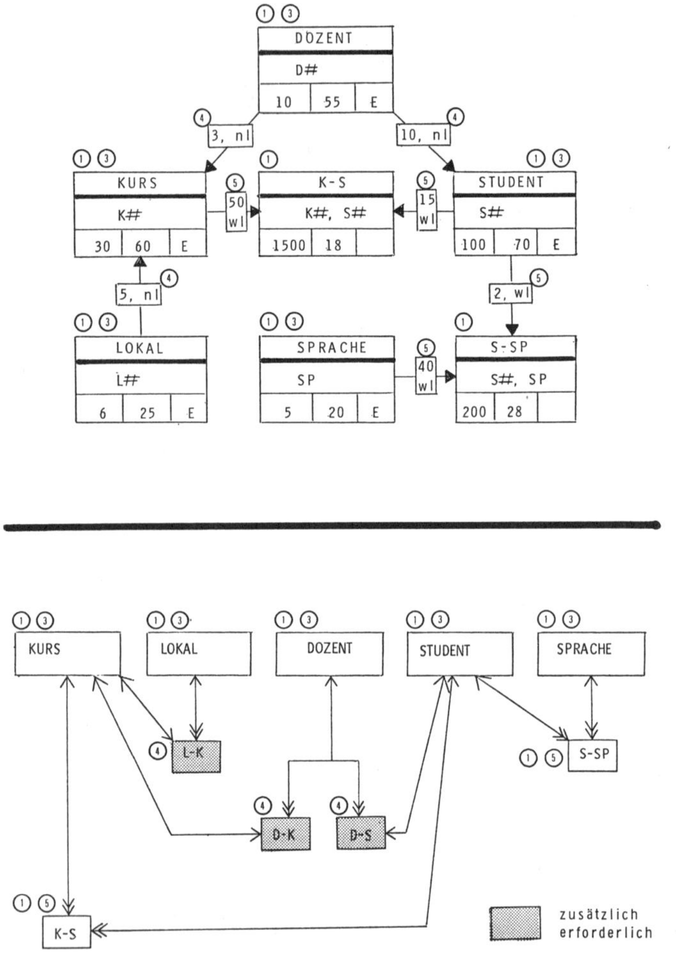

Abb. 8.3.10 Beispiel einer Transformation Relationenmodell → IMS- (DL/I-) Struktur. 1. Schritt: Minimalisierung der logischen Twin-Kettenlängen.

Im unteren Teil der gleichen Abbildung ist die unter Berücksichtigung der Häufigkeiten vom konzeptionellen Strukturdiagramm abgeleitete physische IMS- (DL/I-) Struktur ersichtlich. Man erkennt (die folgenden Nummern beziehen sich auf die eingekreisten Zahlen in Abb. 8.3.10):

1. Gemäss ***Regel 1*** entspricht jede Relation im konzeptionellen Strukturdiagramm einem Segmenttyp in der IMS- (DL/I-) Struktur.

2. Gemäss ***Regel 2*** enthalten die Segmenttypen folgende Felder:

KURS: K#, KURSNAME

LOKAL: L#, LOKAL.GROESSE

DOZENT: D#, DOZENT.NAME

STUDENT: S#, STUDENT.NAME, GEBURT.DATUM

SPRACHE: SP

K-S: EVALUATION

S-SP: KENNTNIS

3. Gemäss ***Regel 4.1*** qualifizieren die Relationen KURS, LOKAL, DOZENT, STUDENT und SPRACHE als Wurzelsegmente.

   Gemäss ***Regel 4.2*** würden die Relationen LOKAL, DOZENT und SPRACHE auch ohne die Option "E" als Wurzelsegmente qualifizieren.

4. Gemäss ***Regel 6*** erfordern die Beziehungen:

   LOKAL → KURS

   DOZENT → KURS

   DOZENT → STUDENT

   je ein zusätzliches Segment.

5. Auf die Relationen K-S und S-SP zeigen jeweils zwei Pfeile. Demzufolge entsprechen diese Relationen gemäss ***Regel 7*** je einem Segment, durch welches eine logische Beziehung zustande kommt. Um die logische Twin-Kettenlänge zu minimalisieren, werden besagte Segmente physisch jeweils jenem Segment untergeordnet, das der Relation entspricht, von welcher der Pfeil mit der ***grösseren*** Zahl ausgeht.

Als nächstes soll die in Abb. 8.3.10 gezeigte Struktur den applikatorischen Bedürfnissen optimal angepasst werden. Zu diesem Zwecke werden nicht nur ***Häufigkeiten***, sondern auch die zu unterstützenden ***Zugriffspfade*** berücksichtigt.

Der obere Teil von Abb. 8.3.11 zeigt die in Kapitel 7.3 diskutierte Zugriffspfadmatrix mit den Zugriffspfaden, die für die Erstellung der Formulare "Kursbeschreibung" und "Raumbelegung" erforderlich sind. Der mittlere Teil von Abb. 8.3.11 entspricht der in Abb. 8.3.10 gezeigten physischen Struktur. Im unteren Teil von Abb. 8.3.11 ist schliesslich die physische IMS- (DL/I-) Struktur aufgeführt, welche die applikatorischen Bedürfnisse optimal zu unterstützen vermag. Man erkennt (die folgenden Nummern beziehen sich auf die eingekreisten Zahlen in Abb. 8.3.11):

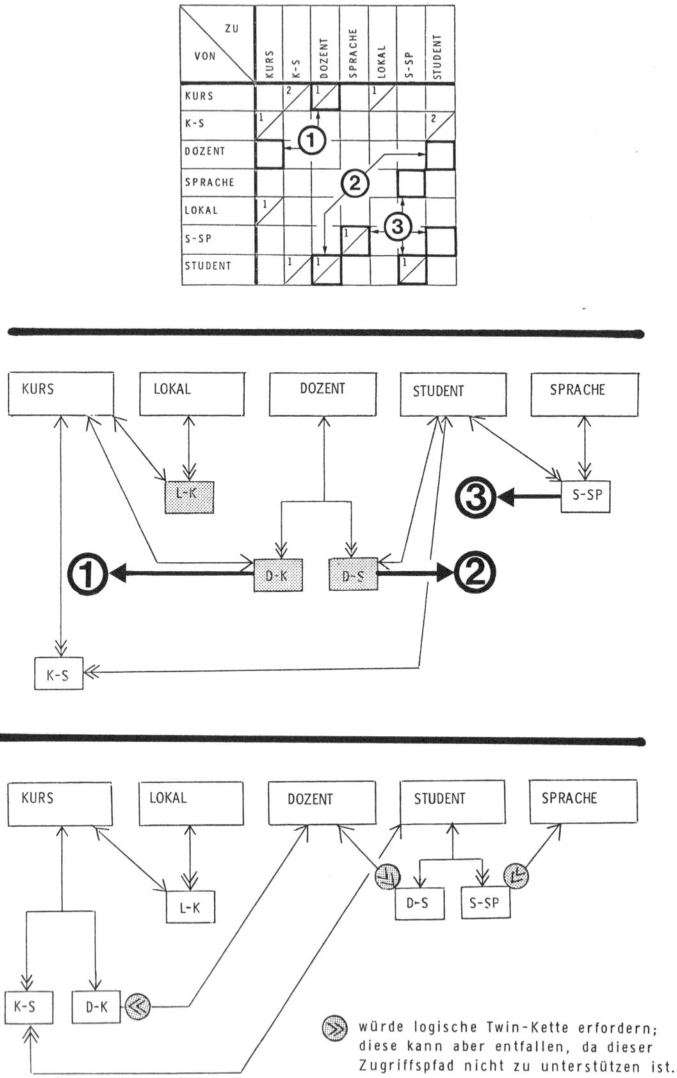

Abb. 8.3.11 Beispiel einer Transformation Relationenmodell → IMS- (DL/I-) Struktur. 2. Schritt: Berücksichtigung der zu unterstützenden Zugriffspfade.

1. Nachdem gemäss Zugriffspfadmatrix der Zugriffspfad

KURS → DOZENT

nicht aber

DOZENT → KURS

erforderlich ist, wird der Segmenttyp D-K gemäss ***Regel 6*** physisch dem Segmenttyp KURS untergeordnet.

2. Nachdem gemäss Zugriffspfadmatrix der Zugriffspfad

STUDENT → DOZENT

nicht aber

DOZENT → STUDENT

erforderlich ist, wird der Segmenttyp D-S gemäss ***Regel 6*** physisch dem Segmenttyp STUDENT untergeordnet.

3. Nachdem gemäss Zugriffspfadmatrix der Zugriffspfad

STUDENT → S-SP → SPRACHE

nicht aber

SPRACHE → S-SP → STUDENT

erforderlich ist, wird der Segmenttyp S-SP gemäss ***Regel 7*** physisch dem Segmenttyp STUDENT untergeordnet.

Von der in Abb. 8.3.11 gezeigten, die applikatorischen Bedürfnisse optimal respektierenden ***physischen Datenstruktur*** lassen sich nun die erforderlichen ***logischen Datenstrukturen*** ohne weiteres ableiten. So zeigt beispielsweise Abb. 8.3.12 im oberen Teil die für die Erstellung des Formulars "Kursbeschreibung" erforderliche ***logische Datenstruktur***, während – der besseren Übersichtlichkeit halber – im unteren Teil derselben Abbildung die ***physische Struktur*** aus Abb. 8.3.11 noch einmal wiederholt wurde. Man erkennt (die folgenden Nummern beziehen sich auf die eingekreisten Zahlen in Abb. 8.3.12):

1. Der physische Segmenttyp KURS entspricht dem logischen Segmenttyp KURS.

2. Die Zusammenfassung (englisch: concatenation) der physischen Segmenttypen L-K und LOKAL repräsentiert in der logischen Datenstruktur das Lokal, in dem ein Kurs stattfindet.

3. Die Zusammenfassung der physischen Segmenttypen D-K und DOZENT repräsentiert in der logischen Datenstruktur den Dozenten eines Kurses.

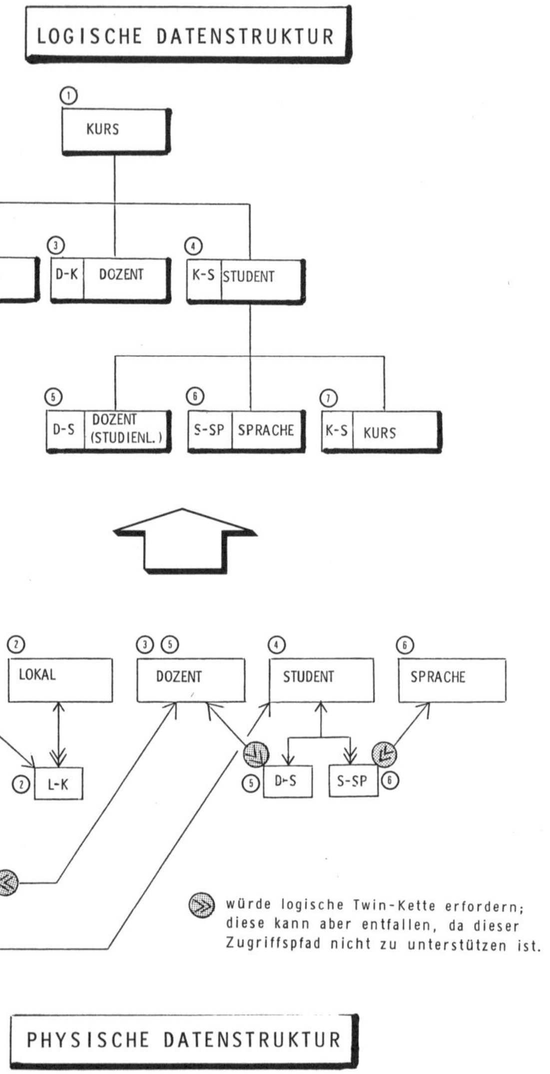

Abb. 8.3.12 Ableitung einer logischen Datenstruktur von einer physischen Datenstruktur.

4. Die Zusammenfassung der physischen Segmenttypen K-S und STUDENT repräsentiert in der logischen Datenstruktur die Studenten eines Kurses.

5. Die Zusammenfassung der physischen Segmenttypen D-S und DOZENT repräsentiert in der logischen Datenstruktur den Studienleiter eines Studenten.

6. Die Zusammenfassung der physischen Segmenttypen S-SP und SPRACHE repräsentiert in der logischen Datenstruktur die Sprachkenntnisse eines Studenten.

7. Die Zusammenfassung der physischen Segmenttypen K-S und KURS repräsentiert in der logischen Datenstruktur die von einem Studenten besuchten Kurse.

Man beachte, dass die in Abb. 8.3.12 gezeigte ***logische Datenstruktur*** mit der Datenstruktur übereinstimmt, die in Kapitel 7.3 aufgrund einer Drehung um 90 Grad des für die Erstellung des Formulares "Kursbeschreibung" erforderlichen ***Zugriffspfades*** zustande gekommen ist. Die Tatsache, dass die Segmenttypen K-S und STUDENT bzw. S-SP und SPRACHE bzw. K-S und KURS in der in Kapitel 7.3 diskutierten Struktur getrennt sind, während die gleichen Segmentpaare in Abb. 8.3.12 zusammengefasst in Erscheinung treten, stellt – logisch gesehen – keinen Unterschied dar (man versuche, diese Aussage zu beweisen).

Abb. 8.3.13 zeigt ein weiteres Beispiel einer Umsetzung eines Relationenmodells in eine IMS- (DL/I-) Struktur. Man erkennt im oberen linken Teil das in Kapitel 7.1 diskutierte ***konzeptionelle Strukturdiagramm*** für die Stücklistenrelationen

```
PRODUKT ( PR#, ... )

SL ( MASTER.PR#, KOMPONENTE.PR#, ... )
```

Der untere Teil von Abb. 8.3.13 zeigt einerseits den vom Strukturdiagramm abgeleiteten ***Strukturtyp*** sowie ein partielles ***Strukturvorkommen*** für die im oberen rechten Teil aufgeführte Stückliste. Man erkennt (die folgenden Nummern beziehen sich auf die eingekreisten Zahlen in Abb. 8.3.13):

1. Die Relation PRODUKT entspricht gemäss ***Regel 4.2*** einem Wurzelsegment.

2. Auf die Relation SL zeigen zwei Pfeile. Demzufolge entspricht diese Relation gemäss ***Regel 7*** einem Segment, durch welches eine ***logische Beziehung*** zustande kommt. Man beachte, dass der Pfeil, welcher die Primärschlüssel-Fremdschlüssel-Beziehung

   $$\text{PRODUKT.PR\#} \twoheadrightarrow \text{SL.MASTER.PR\#}$$

   reflektiert, den Wert 3 aufweist. Dies bedeutet, dass für die Herstellung eines Produktes durchschnittlich 3 Komponenten erforderlich sind. Der zweite Pfeil reflektiert die Primärschlüssel-Fremdschlüssel-Beziehung

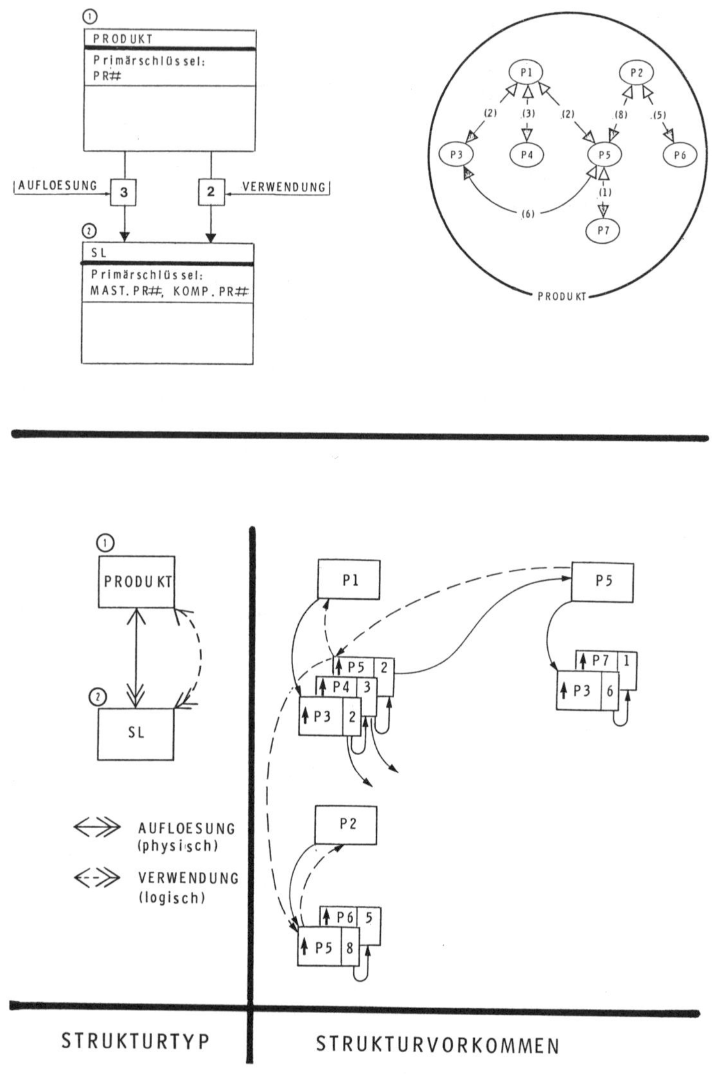

Abb. 8.3.13 Transformation Relationenmodell → IMS- (DL/I-) Struktur, dargelegt am Stücklistenproblem.

PRODUKT.PR# —↠ SL.KOMPONENTE.PR#

Der dem Pfeil zugeordnete Wert 2 bedeutet in diesem Fall, dass ein Komponentenprodukt für die Herstellung von durchschnittlich 2 Masterprodukten verwendet wird.

Um die ***logische Twin-Kettenlänge*** zu minimalisieren, sollte das Segment SL physisch jenem Segment untergeordnet werden, welches der Relation entspricht, von welcher der Pfeil mit der ***grösseren*** Zahl ausgeht. Nachdem diesem Pfeil im vorliegenden Beispiel die Bedeutung einer Auflösungsbeziehung zukommt, muss mit dem Segment SL auf die Produkte gezeigt werden, die für die Herstellung eines Masterproduktes erforderlich sind.

Interessant ist die in Abb. 8.3.14 illustrierte Überführung der physischen Stücklistenstruktur in eine logische Struktur. Man erkennt (die folgenden Nummern beziehen sich auf die eingekreisten Zahlen in Abb. 8.3.14):

1. Der physische Segmenttyp PRODUKT entspricht dem logischen Segmenttyp PRODUKT.

2. Die Zusammenfassung der physischen Segmenttypen SL und PRODUKT repräsentiert in der logischen Datenstruktur einen Segmenttyp für die Komponentenprodukte der 1. Auflösungsstufe.

3. Die rekursive Durchführung der unter Punkt 2 aufgeführten Zusammenfassungsoperation ergibt die Segmenttypen für die Komponentenprodukte der folgenden Auflösungsstufen.

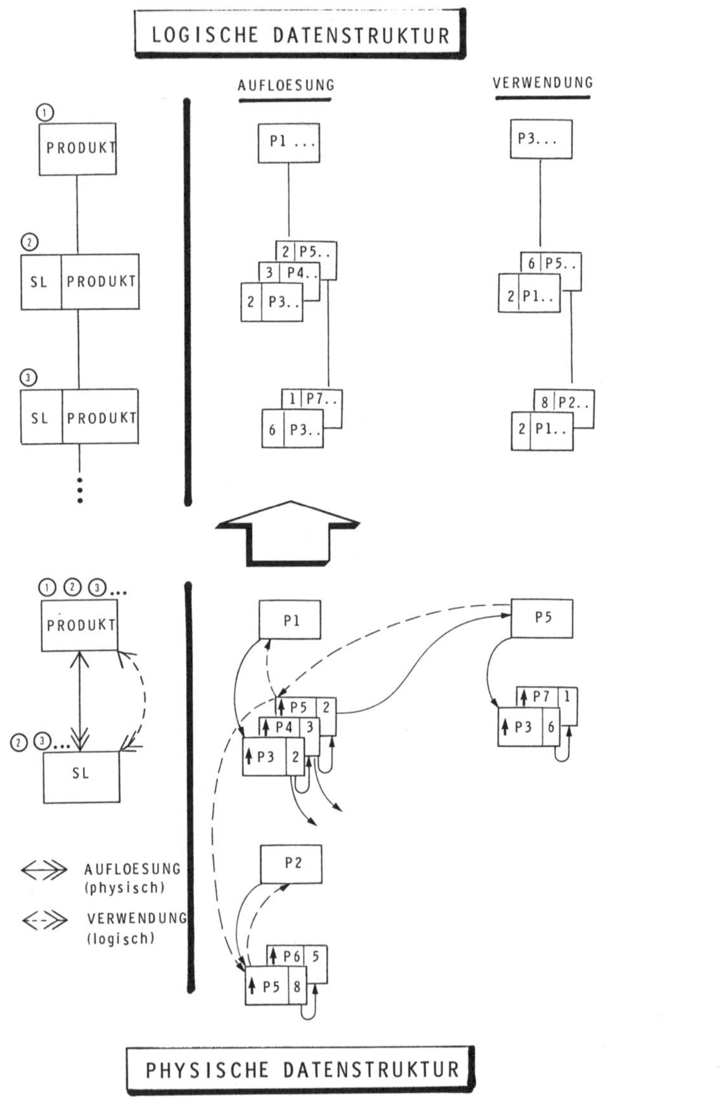

Abb. 8.3.14 Ableitung einer logischen Datenstruktur von einer physischen Datenstruktur, dargelegt am Stücklistenproblem.

8.4 Relationenmodell und operationelle Umgebung

In Kapitel 3.2 wurde ausgesagt, dass für den Zugriff auf eine Relation beliebige Attribute (also nicht nur die Schlüsselattribute) in Frage kommen. Allerdings muss man sich bewusst sein, dass auch einfachste Abfragen unter Umständen ein sequentielles Durchlesen ganzer Relationen erfordern können. Dies ist mit Sicherheit immer dann der Fall, wenn der Abfrage ein Attribut zu Grunde liegt, für welches kein ***Index*** vorliegt. Diese Aussage darf allerdings auch nicht dahingehend interpretiert werden, dass grundsätzlich für jedes Attribut ein Index zu spezifizieren ist. Da Aufbau und Pflege von Indices einen nicht zu vernachlässigenden Systemaufwand erfordern, sollte ein Index immer nur dann vorgesehen werden, wenn er aus applikatorischen Gründen tatsächlich auch gebraucht wird. Dies gilt in ganz besonderem Masse in einer ein optimales Antwortzeitverhalten erfordernden ***operationellen Umgebung***. Nun sind aber die in einer operationellen Umgebung betriebenen Applikationen weitgehend vorausbestimmbar. Diesen Sachverhalt sollte man sich unbedingt zunutze machen, um eine in einer operationellen Umgebung betriebene relationale Datenbank den applikatorischen Bedürfnissen optimal anzupassen. Es empfiehlt sich folgendes Vorgehen:

1. Man definiere für jeden ***Schlüsselkandidaten*** einen ***eindeutigen*** (englisch: ***Unique***) ***Index***. Mit einem eindeutigen Index vermag ein Datenbankmanagementsystem zu gewährleisten, dass die Werte von Schlüsselkandidaten ***eindeutig*** sind (und es auch bleiben). Darüber hinaus ermöglicht ein derartiger Index einen ***wahlweisen Zugriff*** (englisch: ***direct access***) aufgrund eines Schlüsselwertes.

2. Man ermittle mit Hilfe der ***Zugriffspfadmatrix*** die zusätzlich erforderlichen ***Indices*** (in der Regel wird es sich dabei um ***mehrdeutige*** (englisch: ***Non-Unique***) ***Indices*** handeln).

Die vorstehenden Aussagen sollen im folgenden anhand eines Beispiels illustriert werden.

Im oberen Teil von Abb. 8.4.1 erkennt man die Matrix mit den Zugriffspfaden, die für die Erstellung der in früheren Kapiteln diskutierten Formulare "Kursbeschreibung" sowie "Raumbelegung" erforderlich sind. Im unteren Teil der nämlichen Abbildung sind die Relationen mit den erforderlichen Indices aufgeführt. Zu erkennen ist, dass für jeden Primärschlüssel ein ***eindeutiger Index*** (mit ▲ gekennzeichnet) spezifiziert wurde. Die zusätzlich erforderlichen mehrdeutigen Indices (mit △ gekennzeichnet) können wie folgt von der Zugriffspfadmatrix abgeleitet werden:

1. Es soll gemäss Zugriffspfadmatrix von einer **VON**-Relation mit einem Fremdschlüssel X auf eine **ZU**-Relation mit entsprechendem Primärschlüssel zugegriffen werden.

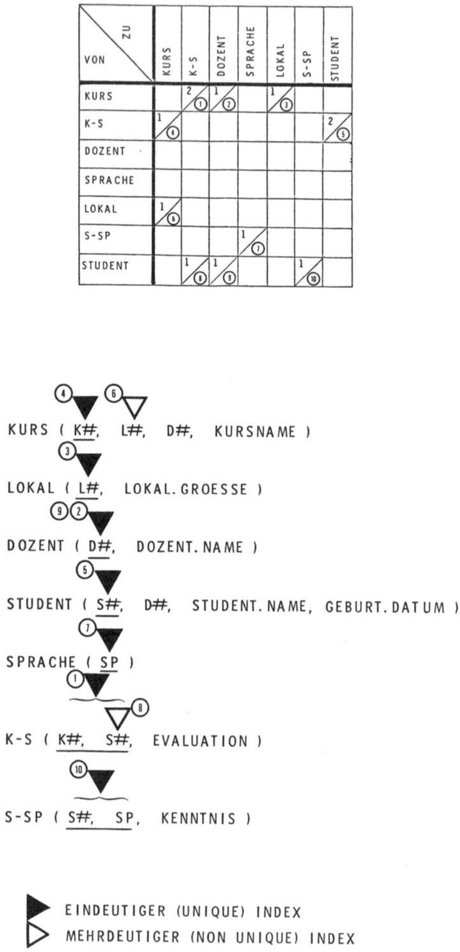

Abb. 8.4.1 Ableitung der für eine relationale Datenbank erforderlichen Indices.

Aktion des Datenbankadministrators: keine.

Begründung: Der für den Primärschlüssel der **ZU**-Relation definierte Index gewährleistet einen effizienten, wahlweisen Zugriff aufgrund eines vorgegebenen X-Wertes.

Anmerkung: Diesem Fall entsprechen in Abb. 8.4.1 die mit den eingekreisten Zahlen 2, 3, 4, 5, 7, 9 gekennzeichneten Zugriffe.

2. Es soll gemäss Zugriffspfadmatrix von einer **VON**-Relation mit einem Primärschlüssel X auf eine **ZU**-Relation zugegriffen werden, die einen zusammengesetzten Schlüssel mit einer Schlüsselkomponente X als Fremdschlüssel aufweist.

   Aktion des Datenbankadministrators:

   Fall 2.1: keine, sofern die Schlüsselkomponente X im zusammengesetzten Primärschlüssel an erster Stelle erscheint und das zur Verfügung stehende Datenbankmanagementsystem das sogenannte ***Generic-Key-Konzept*** verwendet. Letzteres ermöglicht den wahlweisen Einstieg in eine Relation unter Vorgabe der vordersten Schlüsselkomponente.

   Anmerkung: Diesem Fall entsprechen in Abb. 8.4.1 die mit den eingekreisten Zahlen 1, 10 gekennzeichneten Zugriffe.

   Fall 2.2: Treffen die für Fall 2.1 diskutierten Bedingungen nicht zu, so ist in der **ZU**-Relation für das Attribut X ein Index zu spezifizieren. Dabei wird es sich in der Regel um einen ***mehrdeutigen*** (englisch: ***Non-Unique***) ***Index*** handeln (in Abb. 8.4.1 mit △ gekennzeichnet).

   Anmerkung: Diesem Fall entspricht in Abb. 8.4.1 der mit der eingekreisten Zahl 8 gekennzeichnete Zugriff.

   Aufgrund der vorstehenden Ausführungen ist deutlich geworden, dass die Zugriffspfadmatrix im Falle eines zusammengesetzten Primärschlüssels die optimale, zu möglichst wenig zusätzlichen Indices Anlass gebende Sequenz der Schlüsselkomponenten ausfindig zu machen erlaubt.

3. Es soll gemäss Zugriffspfadmatrix von einer **VON**-Relation mit einem Primärschlüssel X auf eine **ZU**-Relation mit entsprechendem Fremdschlüssel zugegriffen werden.

   Aktion des Datenbankadministrators:

   In der **ZU**-Relation ist für den Fremdschlüssel X ein Index zu spezifizieren. Dabei wird es sich in der Regel um einen ***mehrdeutigen*** (englisch: ***Non-Unique***) ***Index*** handeln (in Abb. 8.4.1 mit △ gekennzeichnet).

   Anmerkung: Diesem Fall entspricht in Abb. 8.4.1 der mit der eingekreisten Zahl 6 gekennzeichnete Zugriff.

Zum Abschluss dieses Kapitels seien die in diesem Buche diskutierten Syntheseschritte noch einmal gesamthaft dargestellt.

1. Syntheseschritt (diskutiert in Kapitel 5.1)

Definition eines Realitätsmodells auf der Basis der *Konstruktionselemente*

- ***Entitätsmenge,***
- ***Beziehungsmenge,***
- ***Entitätsattribut,***
- ***Beziehungsattribut***

und Festhalten derselben mit Hilfe von voll normalisierten *Elementarrelationen.*

2. Syntheseschritt (diskutiert in Kapitel 5.2)

***Zusammenfassen* von Elementarrelationen mit identischen Primärschlüsseln.**

3. Syntheseschritt (diskutiert in Kapitel 5.2)

Globale Normalisierung.

4. Syntheseschritt (diskutiert in Kapitel 7.1)

Erstellen eines *konzeptionellen Strukturdiagrammes* und damit Visualisierung der

- **Primärschlüssel-Fremdschlüssel-Beziehungen,**
- **Datenmengen,**
- **Beziehungsintegrität.**

5. Syntheseschritt

Ermittlung von

- ***Zugriffspfaden* und *logischen Datenstrukturen* (diskutiert in Kapitel 7.3).**

- ***Physischen Datenstrukturen* (diskutiert in Kapitel 8.1 - 8.4).**

Abb. 8.4.2 illustriert das geschilderte Vorgehen anhand der wiederholt verwendeten pyramidenförmigen Anordnung.

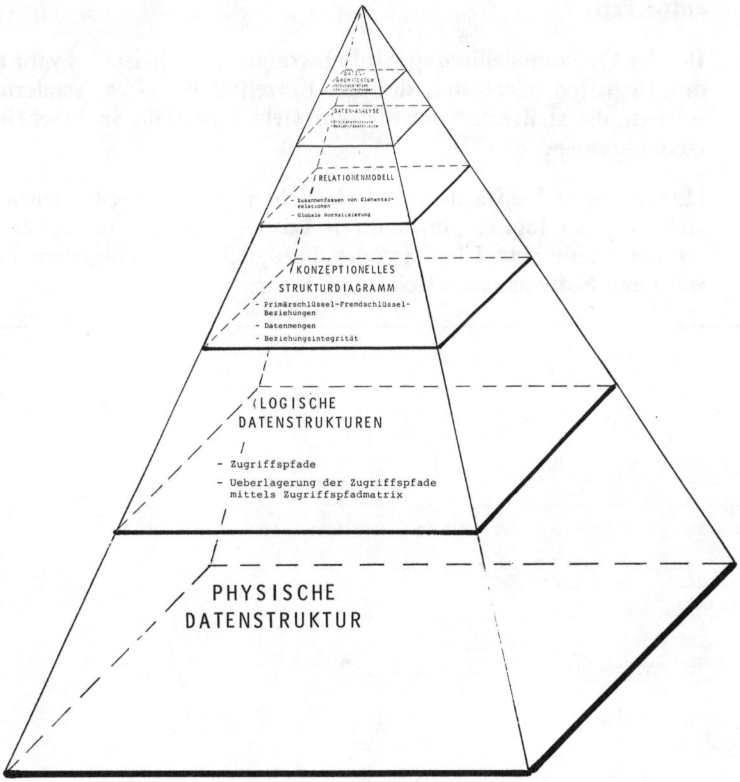

Abb. 8.4.2 "Vom Groben zum Detail" führendes Datenbankentwurfsprozedere (5. Teil).

Man beachte, dass sich das in Abb. 8.4.2 gezeigte Vorgehensprozedere konsequent an die im Vorwort erwähnten Kriterien der ***konzeptionellen Arbeitsweise*** hält. So gilt insbesondere:

1. **Datenmodelle werden vom Groben zum Detail (englisch: Top-down) entwickelt.**

2. **Bei der Datenmodellierung wird abstrahiert; das heisst, es wird nicht mit Begriffen gearbeitet, die den Einzelfall betreffen, sondern mit solchen, die stellvertretend für sehr viele Einzelfälle in Erscheinung treten können.**

3. **Hardware- und softwarespezifische Überlegungen werden zurückgestellt, bis eine logisch einwandfreie Lösung vorliegt (nur auf der untersten Ebene sind Überlegungen bezüglich der verfügbaren Hardware und Software anzustellen).**

8.5 Übungen Kapitel 8

8.1 Man definiere eine physische Datenstruktur für das in Übung 6.1 erhaltene Relationenmodell.

8.2 Man zeige, dass die physische Datenstruktur aus Übung 8.1 in die logischen Datenstrukturen aus Übung 7.3 umgesetzt werden kann.

8.3 Man ermittle die unbedingt erforderlichen Indices, um das in Übung 6.1 erhaltene Relationenmodell in einer operationellen Umgebung betreiben zu können.

9 Maschinelles Entwurfsprozedere

Das in den vorangegangenen Kapiteln diskutierte Vorgehensprozedere zur Ermittlung applikationsorientierter, globaler (d. h. applikationsüberspannender) sowie unternehmungsweiter Datenmodelle eignet sich sowohl für eine ***manuelle*** wie auch ***maschinelle*** Durchführung. Nachdem die 1. Möglichkeit bereits in Kapitel 6 anhand zahlreicher Beispiele dargelegt worden ist, soll nun im vorliegenden Kapitel die 2. Möglichkeit zur Sprache kommen. So wird gezeigt, wie ein ***Data Dictionary*** oder ein beliebiges ***Datenbankmanagementsystem*** eingesetzt werden kann, um die in den vorangegangenen Kapiteln diskutierten Syntheseschritte zu automatisieren. Das Vorgehen ist in Abb. 9.1 illustriert und basiert auf folgender Idee:

Dem ***1. Syntheseschritt*** entsprechend, ermitteln verschiedene Personen im Verlaufe der Zeit aufgrund von

- ***Realitätsbeobachtungen*** (diskutiert in Kapitel 6.1),
- ***Formularanalysen*** (Kapitel 6.2),
- ***Datenbestandsanalysen*** (Kapitel 6.3),
- ***Interviews*** (Kapitel 6.4)

Konstruktionselemente (d. h. Entitätsmengen, Beziehungsmengen, Entitätsattribute sowie Beziehungsattribute). Diese werden sodann in einem ***Data Dictionary*** oder in einer von einem beliebigen Datenbankmanagementsystem betriebenen ***Datenbank*** in Form von ***voll normalisierten Elementarrelationen*** festgehalten. Von Zeit zu Zeit (in Abb. 9.1 mit T1 und T2 bezeichnet) werden die ***Syntheseschritte 2 - 4*** maschinell ausgeführt. Wird das geschilderte Prozedere während einer hinreichend langen Zeitspanne durchgeführt, so resultiert zunächst ein applikationsorientiertes, dann globales und schliesslich unternehmungsweites Datenmodell.

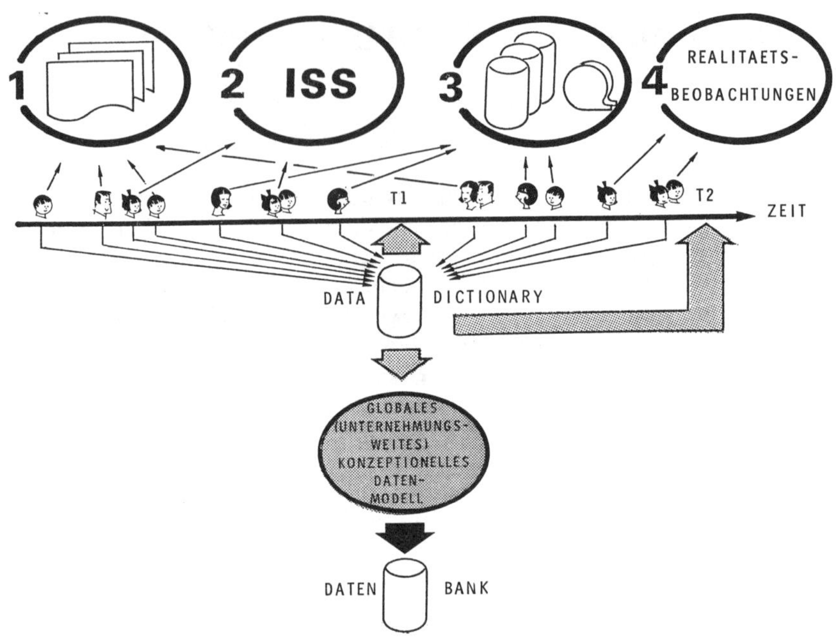

Abb. 9.1 Automatisierung des Entwurfsprozederes.

Im vorliegenden Kapitel werden zunächst einige Prinzipien eines ***Data Dictionary's*** diskutiert – allerdings nur soweit, als dies für ein Verständnis der anschliessend zur Sprache kommenden ***Automatisierungsüberlegungen*** unbedingt erforderlich ist.

9.1 Das Data-Dictionary-Konzept

Die Data Dictionary Systems Working Party der British Computer Society bezeichnet einen ***Data Dictionary*** als Werkzeug zur Verwaltung der Struktur und der Verwendung von Daten [14]. Berücksichtigt werden in diesem Zusammenhang normalerweise die für eine Unternehmung relevanten

- ***Applikationssysteme***,
- ***Jobs***,
- ***Programme***,
- ***Records*** bzw. ***Segmente***,
- ***Felder*** bzw. ***Elemente***,
- vom Benützer frei wählbare ***Kenngrössen***.

Man spricht in diesem Zusammenhang von ***Subjekten*** und arbeitet – wie aus Abb. 9.1.1 hervorgeht – mit entsprechenden ***Subjektkategorien***. Eine Subjektkategorie kann man sich als Bereich vorstellen, in welchem subjektbeschreibende Daten festgehalten werden können.

Charakteristisch ist nun, dass die in den einzelnen Kategorien festgehaltenen Subjekte miteinander in Beziehung gesetzt werden können – und zwar so, dass eine eigentliche ***Vernetzung*** der Subjekte zustande kommt. So erkennt man beispielsweise aus der in Abb. 9.1.2 gezeigten Anordnung, dass das System S1 die Jobs J1 und J2 umfasst, wobei letzterer auch im System S10 enthalten ist. Man sagt, dass das System S1 den Jobs J1 und J2 ***übergeordnet*** ist, während die genannten Jobs dem System S1 ***untergeordnet*** sind. Im Job J2 gelangen die Programme P1, P2 sowie P3 zur Ausführung. Dabei sprechen die beiden erstgenannten Programme die Datenbank D2 an, usw.

Wenn man sich anstelle von Subjekten einzelne Produkte vorstellt, so erinnert die in Abb. 9.1.2 gezeigte Anordnung an eine ***Stücklistenstruktur***. Tatsächlich liesse sich der abgebildete Sachverhalt durchaus in dem Sinne interpretieren, dass für die Herstellung des Produktes S1 die Produkte J1 und J2 erforderlich sind. Führt man diesen Gedankengang weiter, so wären gemäss Abb. 9.1.2 im Produkt J2 die Produkte P1, P2 sowie P3 enthalten, usw.

Ein Data Dictionary weist übrigens auch bezüglich anderweitiger Optionen durchaus die Charakteristika eines ***Stücklistenprozessors*** auf. So zeigt die Abb. 9.1.3, dass bei einer Bezugnahme von einem übergeordneten Subjekt (beispielsweise vom Programm P2) auf ein untergeordnetes Subjekt (beispielsweise die Datenbank D2) automatisch die ***inverse Bezugnahme*** generiert wird. Wichtig ist, dass bei der Bezugnahme auf ein untergeordnetes Subjekt auch ein ***Verwendungszweck*** definiert werden kann (beispielsweise: das Programm P2 ***verwendet*** die Datenbank D2 als Input). Wie aus Abb. 9.1.3 hervorgeht, steht dieser Verwendungszweck bei der generierten inversen Bezugnahme wiederum zur Verfügung. Dieser Sachverhalt wird im Zusammenhang mit den Überle-

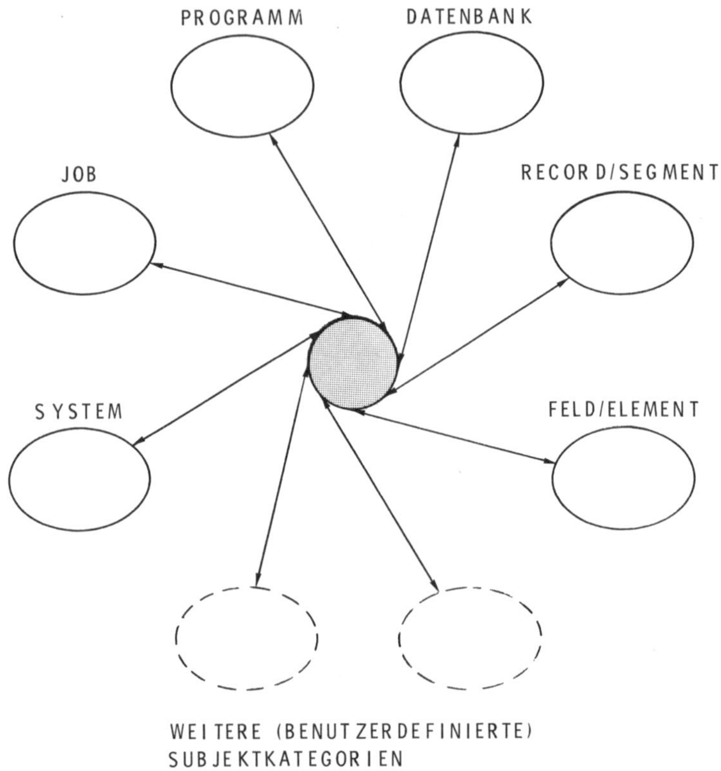

Abb. 9.1.1 Übliche Subjektkategorien eines Data Dictionary's.

gungen bezüglich des Einsatzes eines Data Dictionary's zur Erstellung eines applikationsorientierten, bzw. globalen, bzw. unternehmungsweiten konzeptionellen Datenmodells noch eine wichtige Rolle spielen.

Die vorstehenden Aussagen sollen im folgenden anhand eines konkreten Beispiels verdeutlicht werden. Zu diesem Zwecke sollen die Relationen

ABTEILUNG (<u>A#</u>, A-NAME, ...)

sowie

PERSON (<u>PE#</u>, P-NAME, A#, ...)

in einem Data Dictionary festgehalten werden. Man beachte, dass das in der Relation ABTEILUNG als ***Primärschlüssel*** erscheinende Attribut A# in der

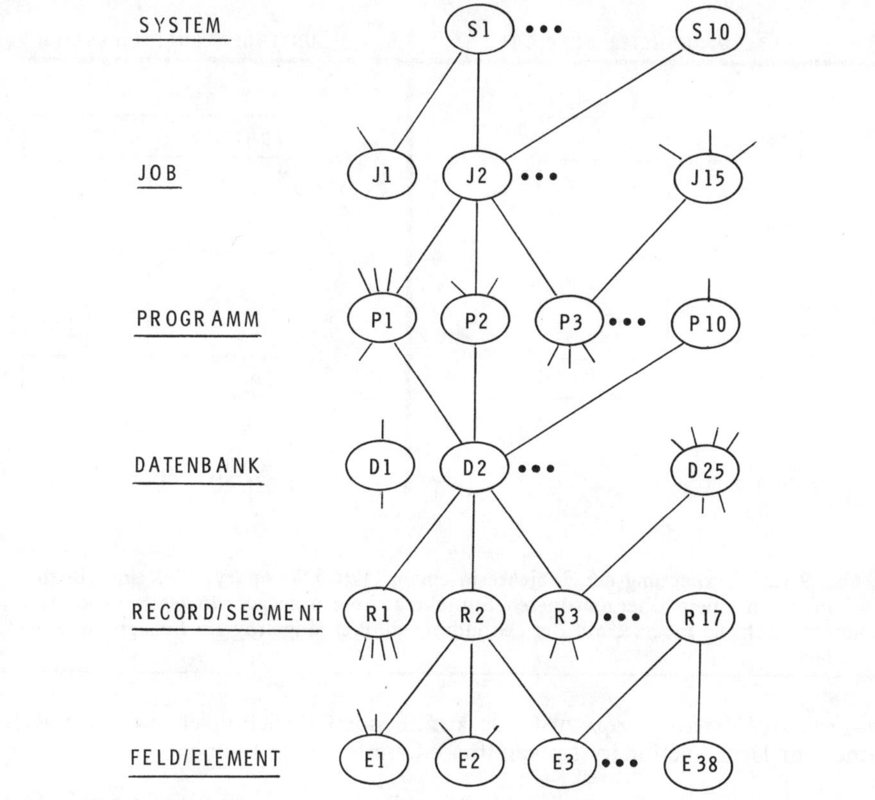

Abb. 9.1.2 Die den einzelnen Subjektkategorien angehörenden Subjekte sind stücklistenmässig miteinander verknüpft.

Relation PERSON als *Fremdschlüssel* auftritt. Damit werden die beiden Relationen wie folgt miteinander in Beziehung gesetzt:

ABTEILUNG ⟷⟶ PERSON

Abb. 9.1.4 illustriert, dass von den übergeordneten Subjekten (d. h. Relationen) ABTEILUNG und PERSON unter anderem auf das untergeordnete Subjekt (d. h. Attribut) A# verwiesen wurde. Bei der Bezugnahme von ABTEILUNG auf A# wurde überdies festgehalten, dass A# in ABTEILUNG als ***Primärschlüssel*** verwendet wird. Folge davon ist, dass der Data Dictionary das untergeordnete Subjekt A# automatisch mit den übergeordneten Subjekten ABTEILUNG sowie PERSON in Beziehung setzt. Aus der generierten inversen Beziehung ist ersichtlich, dass das Attribut A# in der Relation ABTEILUNG ***Primärschlüssel*** ist, nicht aber in der Relation PERSON. Damit steht fest, dass das Attribut A# in der Relation PERSON zwangsläufig einen ***Fremdschlüssel*** darstellt. Dies bedeutet, dass die aufgrund des ***Primärschlüs-***

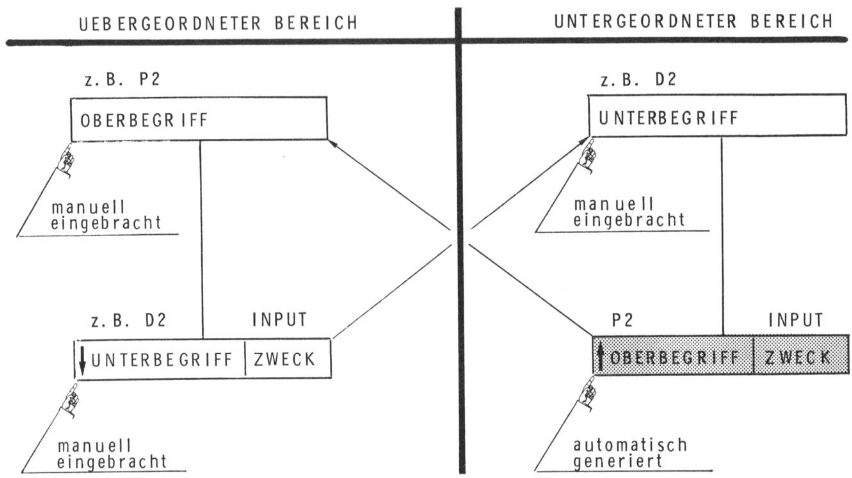

Abb. 9.1.3 Vernetzung der Subjekte in einem Data Dictionary. Bei einer Bezugnahme von einem übergeordneten Subjekt auf ein untergeordnetes Subjekt wird automatisch die inverse, auf der Abbildung dunkel eingetragene Bezugnahme generiert.

sel-Fremdschlüssel-Prinzips zustande kommenden Beziehungen zwischen Relationen im Data Dictionary einwandfrei erkannt werden können.

Auch was die ***Auswertungsmöglichkeiten*** anbelangt, erkennt man in einem Data Dictionary durchaus Ansätze, die mit jenen eines ***Stücklistenprozessors*** vergleichbar sind. So ist es beispielsweise möglich, mittels einer ***Auflösung*** (englisch: ***Explosion***) alle untergeordneten Subjekte zu ermitteln, die von einem vorgegebenen übergeordneten Subjekt her angesprochen werden. Abb. 9.1.5 illustriert diese Aussage anhand eines konkreten Beispiels. Man erkennt, dass eine Auflösung des übergeordneten Subjekts ABTEILUNG unmittelbar zu den untergeordneten Subjekten A# sowie A-NAME führt.

Bei dem in Abb. 9.1.5 gezeigten Beispiel handelt es sich um eine ***1-stufige Auflösung***. Möglich sind auch ***mehrstufige Auflösungen***, indem die bei der 1-stufigen Auflösung ermittelten untergeordneten Subjekte ihrerseits aufgelöst werden. Die dabei resultierenden untergeordneten Subjekte können selbstverständlich wiederum einer Auflösung zugeführt werden, wodurch eben die erwähnte mehrstufige Auflösung zustande kommt. Eine über 3 Stufen führende Auflösung des in Abb. 9.1.2 aufgeführten Programmes P2 würde via die Datenbank D2 sowie die Segmente R1, R2 und R3 unter anderem zu den Elementen E1, E2 sowie E3 führen. Eine derartige Auflösung könnte sich beispielsweise dann aufdrängen, wenn es gilt, die für ein Programm relevanten Elemente ausfindig zu machen.

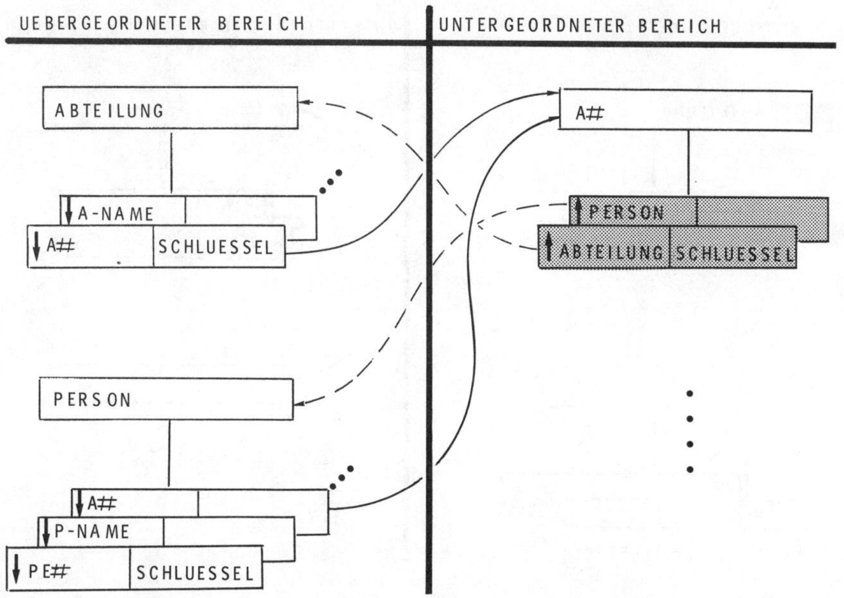

Abb. 9.1.4 Konkretes Beispiel zur Illustration der Vernetzung der Subjekte in einem Data Dictionary.

Der *Verwendungsnachweis* (englisch: *Implosion*) stellt das Gegenstück zur Auflösung dar. Sind bei einer Auflösung die in einem vorgegebenen übergeordneten Subjekt enthaltenen untergeordneten Subjekte gesucht, so wird bei einem Verwendungsnachweis nach den übergeordneten Subjekten gefragt, in denen ein vorgegebenes untergeordnetes Subjekt enthalten ist. In Abb. 9.1.6 erkennt man beispielsweise, dass ein Verwendungsnachweis für das untergeordnete Subjekt A# unmittelbar zu den übergeordneten Subjekten ABTEILUNG sowie PERSON führt.

Selbstverständlich sind auch *Verwendungsnachweise* ein- oder mehrstufig durchführbar. So würde ein über 3 Stufen führender Verwendungsnachweis für das in Abb. 9.1.2 aufgeführte Element E3 via die Segmente R2 und R17 sowie die Datenbank D2 unter anderem zu den Programmen P1, P2 sowie P10 führen. Ein derartiger Verwendungsnachweis wäre beispielsweise dann sinnvoll, wenn die von einer Elementmodifikation betroffenen Programme ausfindig zu machen sind.

Obschon die vorstehenden Erläuterungen die Möglichkeiten eines Data Dictionary's bei weitem nicht erschöpfend ausleuchten (wir haben uns bewusst auf jene Aspekte beschränkt, die für die in dieser Arbeit angestellten Überlegungen von Bedeutung sind), dürfte doch deutlich geworden sein, dass ein Data Dictionary die Verwaltung der für eine Unternehmung relevanten ***Appli-***

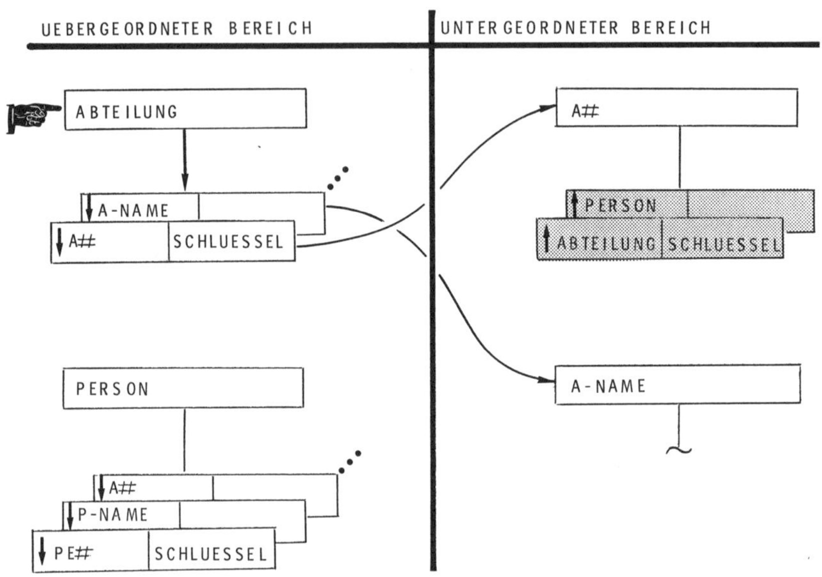

Abb. 9.1.5 1-stufige Auflösung.

kationssysteme, ***Programme***, ***Datentypen*** sowie ***Datenbeziehungstypen*** erleichtert – um nicht zu sagen: in ***effizienter Weise*** erst ermöglicht. Allerdings bedarf der Einsatz eines Data Dictionary's auch geeigneter organisatorischer Massnahmen. So sollte ein Data Dictionary – diese Forderung wurde bereits in Kapitel 6.2 aufgestellt – von einer ***zentralen, kompetenzkräftigen Betriebsstelle*** verwaltet werden (man spricht in diesem Zusammenhang in der Regel von der ***Datenadministration***).

Im folgenden wird nun zu zeigen sein, dass die vorstehend beschriebenen ***Data-Dictionary-Funktionen*** nicht nur im Zusammenhang mit der angesprochenen ***Verwaltungstätigkeit*** von Bedeutung sind, sondern ebensosehr bei der Schaffung von ***applikationsorientierten, globalen*** sowie ***unternehmungsweiten konzeptionellen Datenmodellen*** eingesetzt werden können.

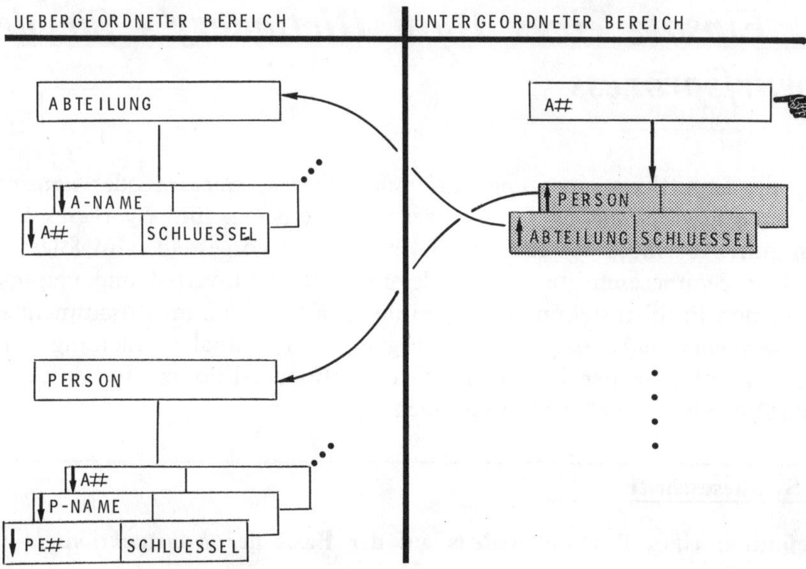

Abb. 9.1.6 1-stufiger Verwendungsnachweis.

9.2 Einsatz eines Data Dictionary's für den Entwurfsprozess

Die für die Ermittlung eines ***applikationsorientierten, globalen*** oder ***unternehmungsweiten konzeptionellen Datenmodells*** erforderlichen fünf ***Syntheseschritte*** wurden zum Abschluss des Kapitels 8.4 gesamthaft vorgestellt. Im folgenden sollen diese Syntheseschritte anhand der in Abb. 9.2.1 verbal und graphisch festgehaltenen Problemstellung (wir sind ihr in Kapitel 5.2 im Zusammenhang mit der ***Globalnormalisierung*** bereits begegnet) noch einmal – allerdings unter spezieller Würdigung der bei einem Data-Dictionary-Einsatz zu berücksichtigenden Aspekte – zur Sprache kommen.

1. Syntheseschritt

Definition eines Realitätsmodells auf der Basis der *Konstruktionselemente*

- ***Entitätsmenge,***
- ***Beziehungsmenge,***
- ***Entitätsattribut,***
- ***Beziehungsattribut***

und Festhalten derselben mit Hilfe von voll normalisierten *Elementarrelationen.*

Im Falle eines Data-Dictionary-Einsatzes bedeutet dies im einzelnen:

1.1 Die Namen der ***Elementarrelationen*** werden in einem übergeordneten Bereich und die Namen der ***Attribute*** in einem untergeordneten Bereich festgehalten. Sodann wird jede Elementarrelation mit den darin enthaltenen Attributen in Beziehung gesetzt.

1.2 Der Data Dictionary sorgt automatisch für eine ***wechselseitige Vernetzung*** der im übergeordneten Bereich aufgeführten Elementarrelationen und der im untergeordneten Bereich festgehaltenen Attribute.

Auf unser Beispiel bezogen bedeutet dies im einzelnen:

Werden die für die Problemstellung erforderlichen Elementarrelationen

GESUCHT IST EIN REALITAETSMODELL, DAS DIE ENTITAETSTYPEN

- PERSON (D.H. MITARBEITER)
- MASCHINE
- PRODUKT

ZU BERUECKSICHTIGEN ERLAUBT.

EINE REALITAETSANALYSE ERGIBT FOLGENDE FESTSTELLUNGEN:

	EIN MITARBEITER BEDIENT
1. Feststellung:	MEHRERE MASCHINEN UND
	PRODUZIERT DABEI
2. Feststellung:	MEHRERE PRODUKTE.
	EINE MASCHINE WIRD IMMER
	NUR VON
3. Feststellung:	EINER PERSON BEDIENT, KANN
	ABER DURCHAUS
4. Feststellung:	MEHRERE PRODUKTE PRODUZIEREN.
	DIE HERSTELLUNG EINES PRODUKTES
	ERFORDERT IMMER NUR
5. Feststellung:	EINE MASCHINE SOWIE
6. Feststellung:	EINE PERSON.

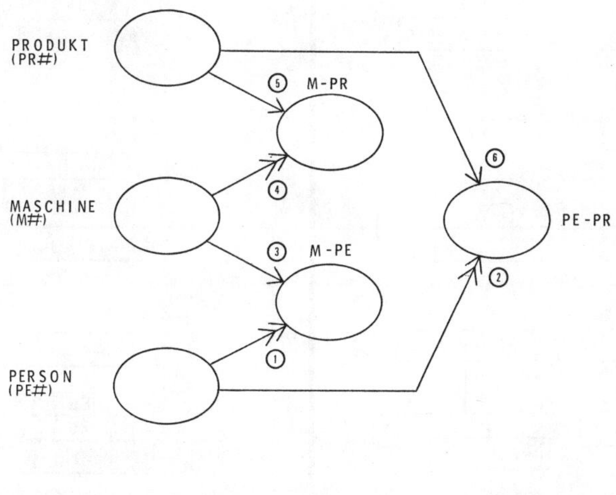

Abb. 9.2.1 Problemstellung.

PERSON (<u>PE#</u>)

MASCHINE (<u>M#</u>)

PRODUKT (<u>PR#</u>)

M-PE (<u>M#</u>, PE#)

PE-PR (<u>PR#</u>, PE#)

M-PR (<u>PR#</u>, M#)

im Sinne der obigen Ausführungen in den Data Dictionary eingebracht, so resultiert die in Abb. 9.2.2 gezeigte Anordnung.

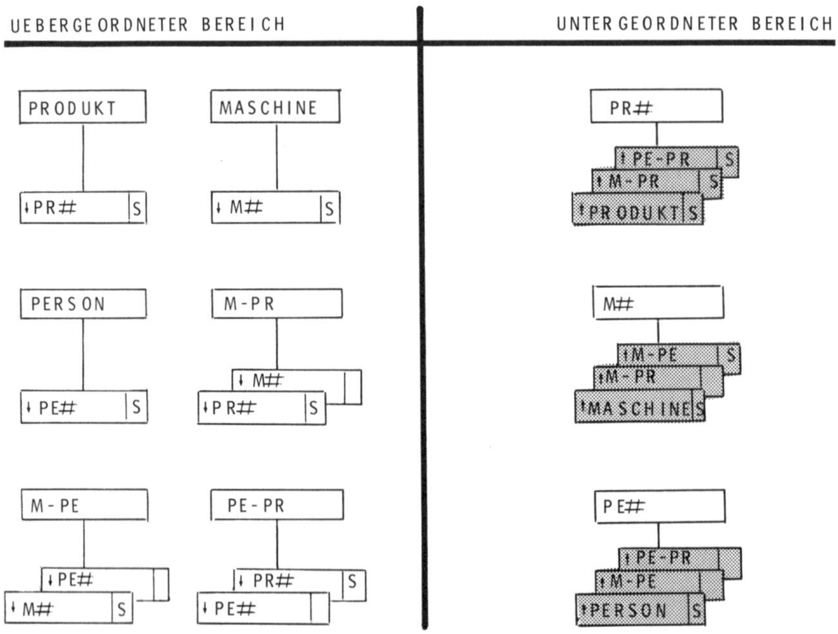

Abb. 9.2.2 Data-Dictionary-Konstellation nach dem 1. Syntheseschritt. Die Abbildung bezieht sich auf die Elementarrelationen, die im Rahmen der in Abb. 9.2.1 gezeigten Problemstellung entwickelt worden sind. Die in hellen Rechtecken aufgeführten Begriffe sind manuell einzubringen, während die in dunkeln Rechtecken erscheinenden Begriffe automatisch generiert werden. Der Buchstabe "S" steht für "Schlüssel".

2. Syntheseschritt

Zusammenfassen von Elementarrelationen mit identischen Primärschlüsseln.

Im Falle eines Data-Dictionary-Einsatzes bedeutet dies im einzelnen (die folgenden Nummern beziehen sich auf die eingekreisten Zahlen in Abb. 9.2.3):

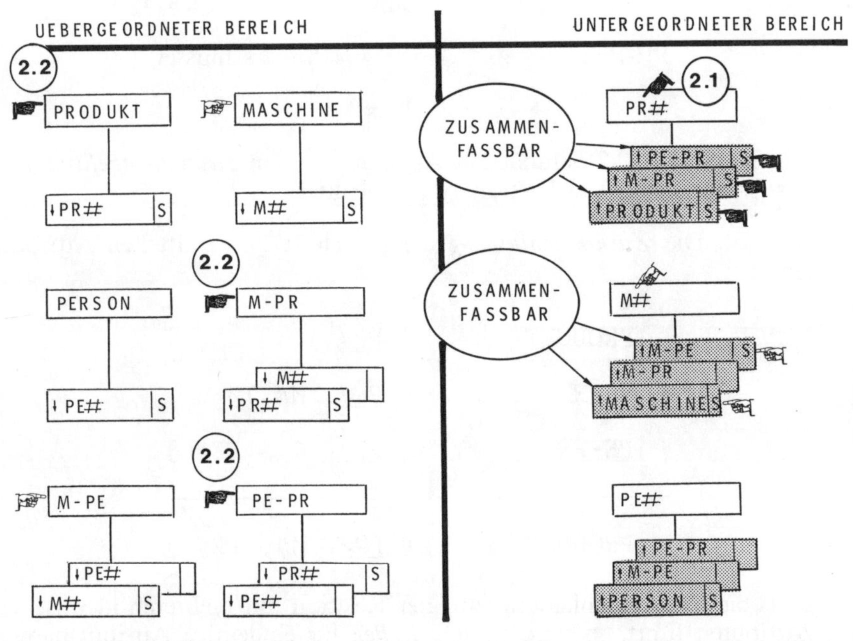

Abb. 9.2.3 2. Syntheseschritt. Mit einem ***Verwendungsnachweis*** werden pro Schlüsselattribut die zusammenfassbaren Relationen und mit einer ***Auflösung*** die darin enthaltenen Attribute ausfindig gemacht.

2.1 Mit Hilfe eines ***Verwendungsnachweises*** werden jene Relationen R_{i1}, R_{i2}, ... R_{ij} ermittelt, in denen ein vorgegebenes Attribut A_i als ***Primärschlüssel*** erscheint.

Beispiel: Ein ***Verwendungsnachweis*** für das Attribut PR# ergibt, dass besagtes Attribut in den Relationen PRODUKT, M-PR sowie PE-PR als ***Primärschlüssel*** verwendet wird. Demzufolge lassen sich diese Relationen zusammenfassen.

2.2 Die im Schritt 2.1 ermittelten Relationen R_{i1}, R_{i2}, ... R_{ij} werden ***aufgelöst***. Dabei fallen die in den genannten Relationen enthaltenen Attribute

A_i (als Primärschlüssel einmal pro aufgelöste Relation), A_{i11}, A_{i12}, ... A_{i21}, A_{i22}, ... A_{ij1}, A_{ij2}, ... an.

Beispiel: Die ***Auflösung*** der Relationen PRODUKT, M-PR und PE-PR ergibt folgende Attribute:

PRODUKT:	PR# (Primärschlüssel)
M-PR:	PR# (Primärschlüssel)
	M#
PE-PR:	PR# (Primärschlüssel)
	PE#

2.3 Die im Schritt 2.2 gefundenen Attribute werden ***zusammengefasst*** und das Ergebnis im Data Dictionary festgehalten.

Beispiel: Die ***Zusammenfassung*** der in Schritt 2.2 ermittelten Attribute ergibt:

```
  PRODUKT      ( PR#            )
+ M-PR         ( PR#, M#        )
+ PE-PR        ( PR#,      PE#  )
--------------------------------
  PRODUKT      ( PR#, M#,  PE#  )
```

Falls die Zusammenfassung zu einer Relation mit mehreren identischen Attributen führt, so wird mittels ***Rollen*** für eindeutige Attributsnamen gesorgt.

Beispiel:

```
  WOHNORT      ( PE#, ORT                    )
+ GEBURTSORT   ( PE#,            ORT         )
----------------------------------------------
  PERSON       ( PE#, WOHN.ORT, GEBURT.ORT   )
```

2.4 Die Schritte 2.1 bis 2.3 werden für das nächste Attribut wiederholt.

Für Leser, die an der Abfassung eines den 2. Syntheseschritt unterstützenden Computerprogrammes interessiert sind, zeigt Abb. 9.2.4 die entsprechende Logik in Form eines ***Nassi-Shneiderman-Diagrammes*** [32].

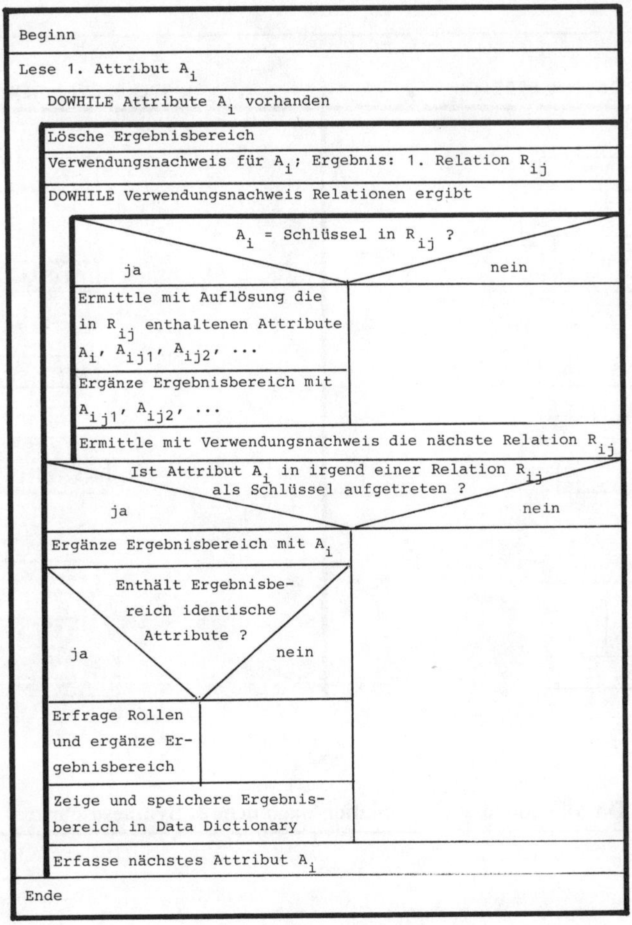

Abb. 9.2.4 Nassi-Shneiderman-Diagramm (die dem 2. Syntheseschritt zugrunde liegende Logik festhaltend).

Werden die nach dem 1. Syntheseschritt im Data Dictionary befindlichen Elementarrelationen (siehe Abb. 9.2.2) mit einem Programm bearbeitet, welchem die in Abb. 9.2.4 gezeigte Logik zugrunde liegt, so resultieren die Relationen

PRODUKT (PR#, M#, PE#)

MASCHINE (M#, PE#)

PERSON (PE#)

Abb. 9.2.5 zeigt, in welcher Form die vorstehenden Relationen nach Abschluss des 2. Syntheseschrittes im Data Dictionary vorzufinden sind.

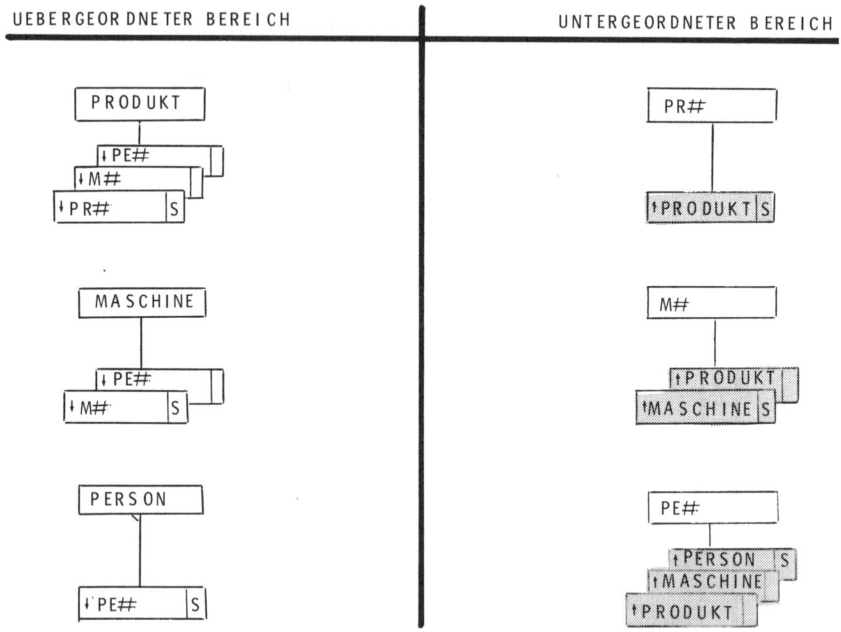

Abb. 9.2.5 Data-Dictionary-Konstellation nach dem 2. Syntheseschritt.

3. Syntheseschritt

Globale Normalisierung.

Der 3. Syntheseschritt drängt sich bekanntlich deswegen auf, weil beim Zusammenfassen von Elementarrelationen umfangreichere Relationen entstehen können, die unter Umständen die 3NF verletzen. In Kapitel 5.2 wurde gezeigt, dass derartige Relationen folgende Bedingungen erfüllen:

1. Bedingung:

Eine aufgrund einer Zusammenfassung von voll normalisierten Elementarrelationen zustande gekommene Relation R verletzt möglicherweise die 3NF, sofern die Relation R einen *Fremdschlüssel* – beispielsweise namens A – aufweist. Dies bedeutet, dass eine andere Relation ER3 vorliegt, in welcher das Attribut A den *Primärschlüssel* darstellt.

2. Bedingung:

Die Relationen R und ER3 müssen beide ein zusätzliches identisches Attribut – beispielsweise namens B – aufweisen.

Im Falle eines Data-Dictionary-Einsatzes bedeutet dies im einzelnen (die folgenden Nummern beziehen sich auf die eingekreisten Zahlen in Abb. 9.2.6):

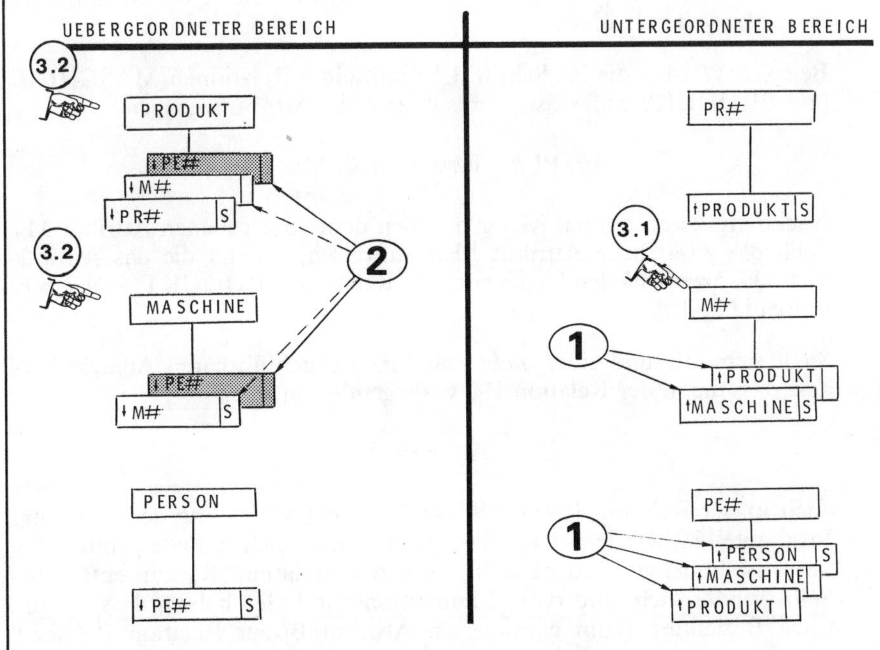

Abb. 9.2.6 3. Syntheseschritt: Verwendungsnachweise und Auflösungen.

3.1 *Bestimmung der Relationen, welche die 1. Bedingung erfüllen:*

Mit einem ***Verwendungsnachweis*** wird festgestellt, ob ein vorgegebenes Attribut A_i in einer Relation R_{if} als ***Fremdschlüssel*** erscheint. Dies ist mit Sicherheit dann der Fall, wenn sich aufgrund des nämlichen Verwendungsnachweises ergibt, dass das vorgegebene Attribut in einer andern Relation R_{ik} als ***Primärschlüssel*** verwendet wird.

Beispiel: Ein Verwendungsnachweis für das Attribut M# ergibt, dass letzteres in der Relation MASCHINE als ***Primärschlüssel*** und in der Relation PRODUKT als ***Fremdschlüssel*** erscheint.

3.2 *Bestimmung der Relationen, die neben der 1. auch die 2. Bedingung erfüllen:*

Mit einer ***Auflösung*** wird festgestellt, ob die in Schritt 3.1 gefundenen Relationen R_{ik} und R_{if} ein zusätzliches, identisches Attribut B_i aufweisen. Trifft die genannte Bedingung zu, so verletzt die Relation R_{if} ***möglicherweise*** die 3NF.

Beispiel: Werden die im Schritt 3.1 ermittelten Relationen MASCHINE und PRODUKT aufgelöst, so resultieren die Attributsmengen

{ M#, **PE#** } bzw. { PR#, M#, **PE#** }

Nachdem die genannten Mengen neben dem vorgegebenen Attribut M# noch das zusätzliche Attribut PE# aufweisen, verletzt die das Attribut M# als ***Fremdschlüssel*** aufweisende Relation PRODUKT ***möglicherweise*** die 3NF.

3.3 Stellt sich aufgrund einer ***nicht*** maschinell durchführbaren Analyse heraus, dass die in der Relation R_{ik} vorliegende Funktion

$$A_i \longrightarrow B_i$$

auch in der Relation R_{if} zutrifft, so liegt eine Verletzung der 3NF vor. In Kapitel 5.2 wurde gezeigt, dass es in einem solchen Falle genügt, das transitiv abhängige Attribut B_i aus der Relation R_{if} zu entfernen. Selbstverständlich wird diese Elimination zur Folge haben, dass die inverse Beziehung (vom eliminierten Attribut B_i zur Relation R_{if} also) ebenfalls gelöscht wird.

Beispiel: Stellt sich heraus, dass die in der Relation MASCHINE vorliegende Funktion

$$M\# \longrightarrow PE\#$$

auch in der Relation PRODUKT zutrifft, so ist das transitiv abhängige Attribut PE# aus der Relation PRODUKT zu eliminieren. Folge dieser Elimination wird sein, dass die Beziehung von PE# zu PRODUKT ebenfalls (und zwar systemmässig) gelöscht wird.

3.4 Die Schritte 3.1 bis 3.3 werden solange wiederholt, als das vorgegebene Attribut A_i in weiteren Relationen als ***Fremdschlüssel*** erscheint.

3.5 Die Schritte 3.1 bis 3.4 werden für das nächste Attribut wiederholt.

Für Leser, die an der Abfassung eines den 3. Syntheseschritt unterstützenden Computerprogrammes interessiert sind, zeigt Abb. 9.2.7 die entsprechende Logik in Form eines ***Nassi-Shneiderman-Diagrammes*** [32].

Werden die nach dem 2. Syntheseschritt im Data Dictionary befindlichen Relationen (siehe Abb. 9.2.5) mit einem Programm bearbeitet, welchem die in Abb. 9.2.7 festgehaltene Logik zugrunde liegt, so resultieren die Relationen

```
PRODUKT ( PR#, M# )

MASCHINE ( M#, PE# )

PERSON ( PE# )
```

Abb. 9.2.8 zeigt, in welcher Form die vorstehenden Relationen nach Abschluss des 3. Syntheseschrittes im Data Dictionary vorzufinden sind.

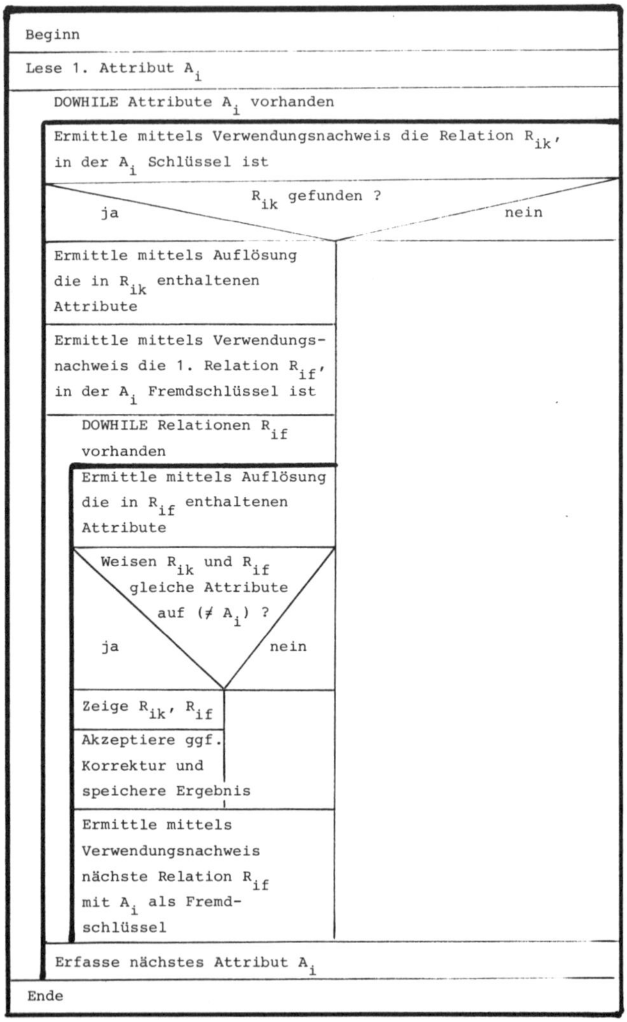

Abb. 9.2.7 Nassi-Shneiderman-Diagramm (die dem 3. Syntheseschritt zugrunde liegende Logik festhaltend).

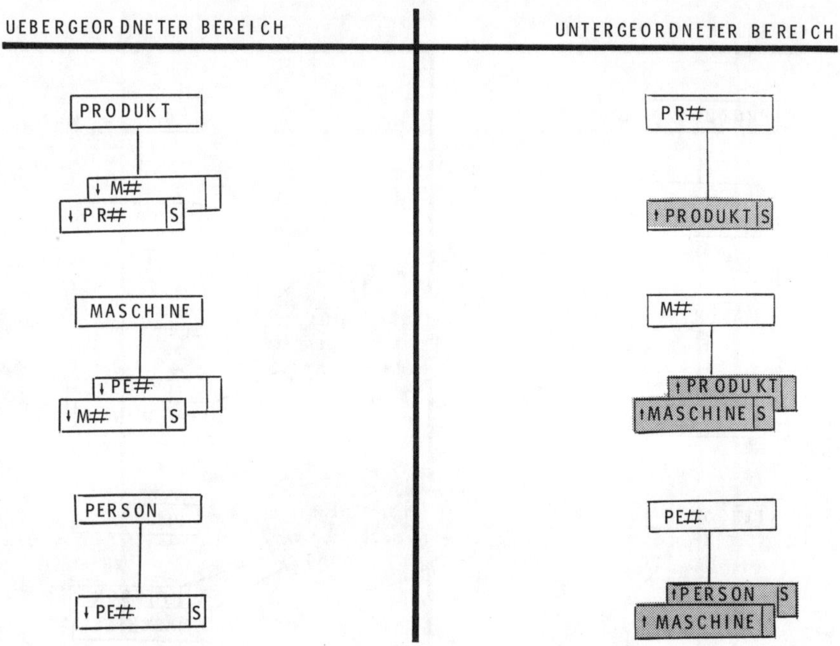

Abb. 9.2.8 Data-Dictionary-Konstellation nach dem 3. Syntheseschritt.

4. Syntheseschritt

Erstellen eines *konzeptionellen Strukturdiagrammes.*

Bei der Erstellung eines ***konzeptionellen Strukturdiagrammes*** sind in erster Linie die Beziehungen zwischen Relationen ausfindig zu machen, die aufgrund des ***Primärschlüssel-Fremdschlüssel-Prinzips*** zustande kommen. Im Falle eines Data-Dictionary-Einsatzes können derartige Beziehungen wie folgt gefunden werden (die folgenden Nummern beziehen sich auf die eingekreisten Zahlen in Abb. 9.2.9):

4.1 Mit einem ***Verwendungsnachweis*** wird festgestellt, ob ein vorgegebenes Attribut A_i in einer Relation R_{ik} als ***Primärschlüssel*** und in einer andern Relation R_{if} als ***Fremdschlüssel*** verwendet wird.

Beispiel: Ein ***Verwendungsnachweis*** für das Attribut M# ergibt, dass besagtes Attribut in der Relation MASCHINE als ***Primärschlüssel*** und in der Relation PRODUKT als ***Fremdschlüssel*** erscheint. Demzufolge ste-

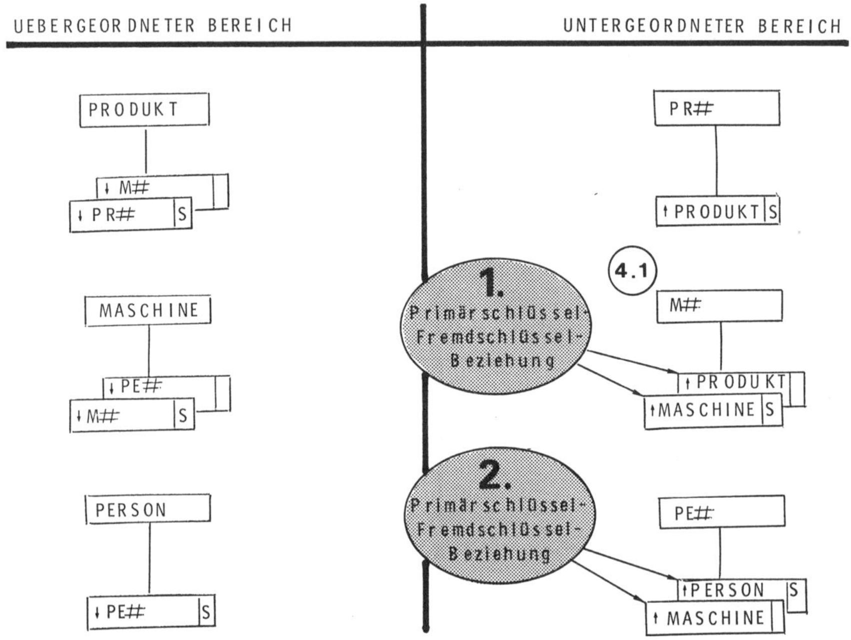

Abb. 9.2.9 4. Syntheseschritt: Verwendungsnachweise zur Bestimmung von Primärschlüssel-Fremdschlüssel-Beziehungen.

hen die genannten Relationen aufgrund des Primärschlüssel-Fremdschlüssel-Prinzips miteinander in Beziehung.

4.2 Der Schritt 4.1 wird solange wiederholt, als das vorgegebene Attribut A_i in weiteren Relationen als ***Fremdschlüssel*** erscheint.

4.3 Die Schritte 4.1 und 4.2 werden für das nächste Attribut wiederholt.

Für Leser, die an der Abfassung eines den 4. Syntheseschritt unterstützenden Computerprogrammes interessiert sind zeigt Abb. 9.2.10 die entsprechende Logik in Form eines ***Nassi-Shneiderman-Diagrammes*** [32].

Werden die nach dem 3. Syntheseschritt im Data Dictionary befindlichen Relationen (siehe Abb. 9.2.8) mit einem Programm bearbeitet, welchem die in Abb. 9.2.10 festgehaltene Logik zugrunde liegt, so resultieren folgende Primärschlüssel-Fremdschlüssel-Beziehungen:

MASCHINE.M# ←→→ PRODUKT.M#

PERSON.PE# ←→→ MASCHINE.PE#

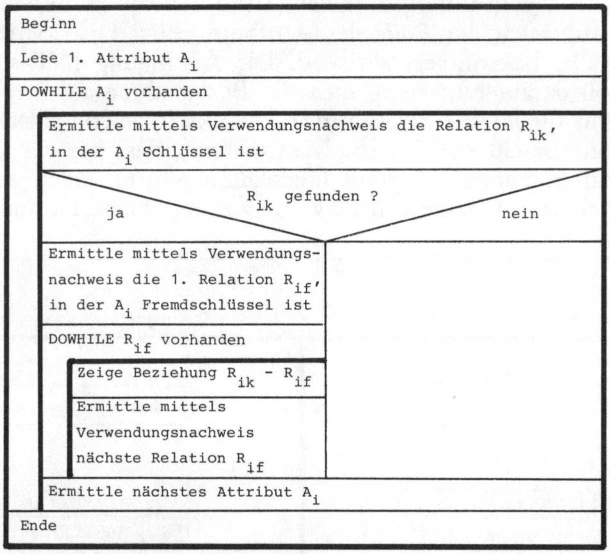

Abb. 9.2.10 Nassi-Shneiderman-Diagramm (die dem 4. Syntheseschritt zugrunde liegende Logik festhaltend).

Mit den vorstehend gefundenen Primärschlüssel-Fremdschlüssel-Beziehungen lässt sich nun sehr leicht ein ***konzeptionelles Strukturdiagramm*** erstellen, von dem anschliessend ***Zugriffspfade*** und ***logische Datenstrukturen*** (diskutiert in Kapitel 7) sowie ***physische Datenstrukturen*** (Kapitel 8) abgeleitet werden können.

Das vorstehend behandelte Beispiel hat zu keinerlei Schwierigkeiten Anlass gegeben. Etwas komplizierter wird die Angelegenheit dann, wenn Relationen mit ***zusammengesetzten Schlüsseln*** und mit ***Rollenbezeichnungen*** zu berücksichtigen sind. Anhand der für das ***Stücklistenproblem*** erforderlichen Relationen

PRODUKT (PR#, BEZEICHNUNG)

sowie

SL (MASTER.PR#, KOMPONENTE.PR#, MENGE)

soll im folgenden gezeigt werden, dass sich auch schwierigere Probleme mit dem in diesem Kapitel diskutierten Ansatz bearbeiten lassen.

Abb. 9.2.11 zeigt, dass der zusammengesetzte Schlüssel ***MASTER.PR#, KOMPONENTE.PR#*** dem Data Dictionary als ***ein*** Begriff bekanntgegeben wird. Allerdings muss zusätzlich dafür gesorgt werden, dass der Data Dictionary die Komponenten des zusammengesetzten Schlüssels zu erkennen vermag. Zu diesem Zwecke wird die Relation SL mit einzelnen Schlüsselkomponenten (d. h. zweimal mit dem untergeordneten Attribut PR#) in Beziehung gesetzt, wobei gleichzeitig auch die ***Rolle*** des Attributes PR# (also MASTER bzw. KOMPONENTE) bekanntgegeben wird. Die Abkürzung INT steht für INTERN und soll darauf hinweisen, dass die Bezugnahme auf den untergeordneten Begriff nur für ***interne*** Zwecke (d. h. zwecks Erzielung einer lückenlosen Vernetzung) eingebracht worden ist. Man erkennt, dass bei der Bezugnahme von einer Relation auf ein Attribut (allenfalls auch auf einen zusammengesetzten Schlüssel) vier Aspekte von Bedeutung sein können. Es sind dies:

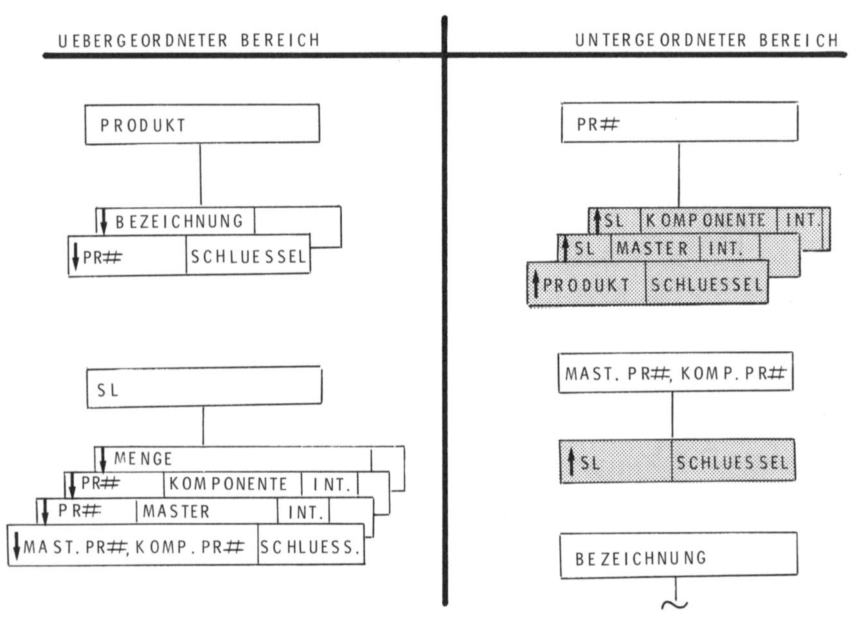

Abb. 9.2.11 Festhalten der Stücklistenrelationen im Data Dictionary. Die in hellen Rechtecken aufgeführten Begriffe sind manuell einzubringen, während die in dunkeln Rechtecken erscheinenden Begriffe automatisch generiert werden. Aus Platzgründen steht MAST für MASTER, KOMP für KOMPONENTE sowie INT für INTERN.

- Der ***Name*** des Attributes (ist immer notwendig),
- Die ***Rolle*** des Attributes (ist nur unter Umständen notwendig),
- Hinweis, ob die Bezugnahme nur für ***interne Zwecke*** eingebracht wurde (ist nur unter Umständen notwendig),

- Hinweis, ob ein Attribut eine ***Schlüsselfunktion*** inne hat (ist nur unter Umständen notwendig).

Des weitern könnten (in Abb. 9.2.11 allerdings nicht gezeigt) von Bedeutung sein:

- Der numerische Wert, welcher aussagt, mit wieviel Tupeln der Relation mit dem Fremdschlüssel ein bestimmtes Tupel der Relation mit dem Primärschlüssel durchschnittlich in Beziehung steht,

- ***Referential Integrity Constraints*** wie

  wl (für WEITERGABE der LÖSCHUNG stehend)

  bl (BEDINGTE LÖSCHUNG)

  nl (NULLSETZUNG bei LÖSCHUNG)

  wm (WEITERGABE der MODIFIKATION)

  bm (BEDINGTE MODIFIKATION)

  nm (NULLSETZUNG bei MODIFIKATION)

- Hinweis, ob im Falle eines Fremdschlüssels ***Nullwerte*** zugelassen werden.

Werden die im Data Dictionary befindlichen Stücklistenrelationen (siehe Abb. 9.2.11) mit einem Programm bearbeitet, welchem die in Abb. 9.2.10 festgehaltene Logik zugrunde liegt, so resultieren folgende Primärschlüssel-Fremdschlüssel-Beziehungen (siehe Abb. 9.2.12):

PRODUKT.PR# ←→→ SL.MASTER.PR#

PRODUKT.PR# ←→→ SL.KOMPONENTE.PR#

Mit den vorstehend gefundenen Primärschlüssel-Fremdschlüssel-Beziehungen lässt sich nun sehr einfach das bereits in Kapitel 7.1 diskutierte ***konzeptionelle Strukturdiagramm*** erstellen.

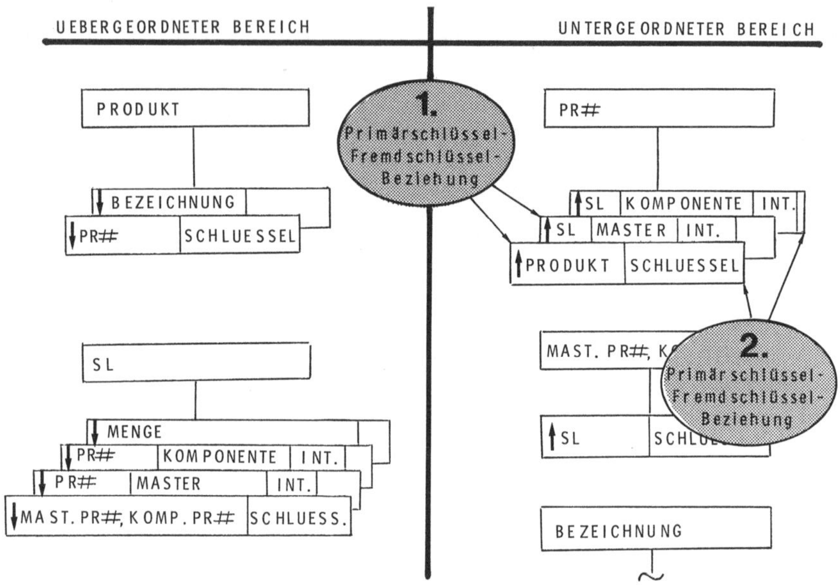

Abb. 9.2.12 4. Syntheseschritt: Verwendungsnachweis zur Bestimmung von Primärschlüssel-Fremdschlüssel-Beziehungen.

9.3 *Verwendung eines Datenbankmanagementsystems*

Nachdem bereits in Kapitel 9.1 festgestellt worden ist, dass ein ***Data Dictionary*** durchaus im Sinne eines ***Stücklistenprozessors*** aufgefasst werden kann, ist es eigentlich naheliegend, der Realisierung eines Data Dictionary's das Stücklistenprinzip zugrunde zu legen. Dabei wären grundsätzlich zwei Relationen erforderlich. Die erste Relation – wir wollen sie im folgenden DATA-DICTIONARY nennen – dient der Festhaltung von Subjektfakten, wobei als Subjekte neben ***Relationen*** und ***Attributen*** selbstverständlich auch ***Applikationssysteme***, ***Jobs, Programme, Datenbanken*** usw. in Frage kommen. Beispielsweise liessen sich die in Abb. 9.1.2 gezeigten ***Subjekte*** relational wie folgt festhalten:

```
DATA-DICTIONARY ( SUBJEKT, SUBJEKTART, ... )
                  S1       System
                  S10      System
                  J1       Job
                  J2       Job
                  P1       Programm
                  P2       Programm
                  P3       Programm
                  P10      Programm
                  D1       Datenbank
                  .
                  .
```

Die zweite Relation – wir wollen sie im folgenden DDSL nennen – dient dem Festhalten der stücklistenmässig organisierten Subjektbeziehungen. Beispielsweise liessen sich die in Abb. 9.1.2 gezeigten ***Subjektbeziehungen*** relational wie folgt festhalten:

DDSL (OBER.SUBJEKT, UNTER.SUBJEKT)

OBER.SUBJEKT	UNTER.SUBJEKT
S1	J1
S1	J2
S10	J2
J2	P1
J2	P2
J2	P3
J15	P3
P1	D2
P2	D2
.	
.	
.	

Es wurde bereits darauf hingewiesen, dass bei der Bezugnahme von einer Relation auf ein Attribut grundsätzlich folgende Aspekte von Bedeutung sein können:

- Der *Name* des Attributes.
- Die ***Rolle*** des Attributes.
- Hinweis, ob die Bezugnahme nur für ***interne Zwecke*** eingebracht wurde.
- Hinweis, ob ein Attribut eine ***Schlüsselfunktion*** inne hat.

Entsprechend sollte die Relation DDSL wie folgt definiert werden:

DDSL (OBER.SUBJEKT, UNTER.SUBJEKT, ROLLE, INTERN, KEY)

Abb. 9.3.1 zeigt die Relationen DATA-DICTIONARY sowie DDSL, zusammen mit den Tupeln, die für das Festhalten der das Stücklistenproblem betreffenden Relationen

PRODUKT (PR#, BEZEICHNUNG)

SL (MASTER.PR#, KOMPONENTE.PR#, MENGE)

erforderlich sind. Zu beachten ist, dass sich der Primärschlüssel der Relation DDSL aus den Attributen OBER.SUBJEKT, UNTER.SUBJEKT sowie ROLLE zusammensetzt. Damit können die Tupel in DDSL auch dann eindeutig identifiziert werden, wenn in einer Relation (beispielsweise SL) ein und dasselbe Attribut (beispielsweise PR#) mehrmals – allerdings mit unterschiedlichen Rollen – enthalten ist.

Die vorstehenden Ausführungen zeigen noch einmal mit aller Deutlichkeit, dass das ***Stücklistenprinzip*** keineswegs nur für Fertigungsunternehmungen von Bedeutung ist. Wie bereits in Kapitel 6.1 im Zusammenhang mit dem Bu-

DATA-DICTIONARY	SUBJEKT	SUBJEKTART	. . .
	PRODUKT	RELATION	
	SL	RELATION	
	PR#	ATTRIBUT	
	P-NAME	ATTRIBUT	
	M. PR#, K. PR#	ATTRIBUT	
	MENGE	ATTRIBUT	

AUFLOESUNG — VERWENDUNGSNACHWEIS

DDSL	OBER. SUBJEKT	UNTER. SUBJEKT	ROLLE	INTERN	SCHLUESSEL
	PRODUKT	PR#			JA
	PRODUKT	P-NAME			
	SL	M. PR#, K. PR#			JA
	SL	PR#	MASTER	JA	
	SL	PR#	KOMP.	JA	
	SL	MENGE			

Abb. 9.3.1 Festhalten der Stücklistenrelationen in einem stücklistenmässig organisierten Data Dictionary.

chungsproblem einer Bank gezeigt, führt das ***Stücklistenprinzip*** in sehr vielen Fällen zu einer äusserst eleganten, leicht überschaubaren Lösung.

Dass sich der in diesem Kapitel diskutierte Ansatz mit einem modernen Datenbankmanagementsystem mit verhältnismässig geringem Aufwand realisieren lässt, soll im folgenden anhand von **SQL/QMF**-Spezifikationen [22] gezeigt werden.

Die Definition der auf dem ***Stücklistenprinzip*** basierenden Datenbank erfordert folgende Spezifikationen:

1. Die Relation DATA-DICTIONARY wird dem System wie folgt bekannt gegeben:

```
CREATE TABLE DATA-DICTIONARY

( SUBJEKT     VARCHAR (20) NOT NULL,

  SUBJEKTART VARCHAR (15) NOT NULL,
  :
  : )
```

2. Der Primärschlüssel der Relation DATA-DICTIONARY erfordert:

```
CREATE UNIQUE INDEX DD-PS
ON DATA-DICTIONARY ( SUBJEKT )
```

3. Die Relation DDSL erfordert:

```
CREATE TABLE DDSL
( OBER.SUBJEKT VARCHAR (20) NOT NULL,
  UNTER.SUBJEKT VARCHAR (20) NOT NULL,
  ROLLE VARCHAR (20),
  INTERN CHAR (3),
  KEY CHAR (3))
```

4. Der Primärschlüssel der Relation DDSL erfordert:

```
CREATE UNIQUE INDEX DDSL-PS
ON DDSL ( OBER.SUBJEKT, UNTER.SUBJEKT, ROLLE )
```

5. Für effiziente Verwendungsnachweise ist ein zusätzlicher Index wie folgt zu spezifizieren:

```
CREATE INDEX DDSL-VN
ON DDSL ( UNTER.SUBJEKT )
```

Nachdem die Relationen DATA-DICTIONARY und DDSL dem System in der vorstehenden Weise bekanntgegeben worden sind, können die genannten Relationen geladen werden. Geschieht dies mit den ***Elementarrelationen***, die für die in Abb. 9.2.1 gezeigte Problemstellung erforderlich sind, so resultieren folgende Relationen:

```
DATA-DICTIONARY ( SUBJEKT,    SUBJEKTART,    ...)
                  PERSON      Relation
                  MASCHINE    Relation
                  PRODUKT     Relation
                  M-PE        Relation
                  PE-PR       Relation
                  M-PR        Relation
                  PE#         Attribut
                  M#          Attribut
                  PR#         Attribut
```

```
DDSL ( OBER.SUBJEKT, UNTER.SUBJEKT, ROLLE, INTERN, KEY )
       PERSON          PE#                          Ja
       MASCHINE        M#                           Ja
       PRODUKT         PR#                          Ja
       M-PE            M#                           Ja
       M-PE            PE#
       PE-PR           PR#                          Ja
       PE-PR           PE#
       M-PR            PR#                          Ja
       M-PR            M#
```

Demonstrationshalber soll nun gezeigt werden, wie der *2. Syntheseschritt* (das Zusammenfassen von Elementarrelationen mit identischen Primärschlüsseln also) mittels **SQL/QMF** spezifiziert werden kann

Der 2. Syntheseschritt erfordert bekanntlich gemäss Kapitel 9.2:

> 2.1 **Mit Hilfe eines *Verwendungsnachweises* werden jene Relationen R_{i1}, R_{i2}, ... R_{ij} ermittelt, in denen ein vorgegebenes Attribut A_i als *Primärschlüssel* erscheint.**

Folgende **SQL/QMF**-Befehlsfolge ergibt eine Relation R1, welche alle ***Elementarrelationen***, zusammen mit den darin enthaltenen ***Primärschlüsseln*** zeigt.

```
SELECT UNTER.SUBJEKT, OBER.SUBJEKT FROM DDSL

WHERE KEY = 'Ja'

ORDER BY UNTER.SUBJEKT


SAVE DATA AS R1
```

Nach erfolgter Durchführung der vorstehenden Befehlsfolge enthält die Relation R1 folgende Tupel:

```
R1 ( UNTER.SUBJEKT, OBER.SUBJEKT )
          M#              MASCHINE
          M#              M-PE
          PE#             PERSON
          PR#             PRODUKT
          PR#             M-PR
          PR#             PE-PR
```

Man erkennt sofort, dass die ***Elementarrelationen*** MASCHINE und M-PE zusammengefasst werden können, wird doch das Attribut M# in den genannten Relationen als ***Primärschlüssel*** verwendet.

> 2.2 **Die im Schritt 2.1 ermittelten Relationen R_{i1}, R_{i2}, ... R_{ij} werden *aufgelöst*. Dabei fallen die in den genannten Relationen enthaltenen Attribute A_i (als Primärschlüssel einmal pro aufgelöste Relation) A_{i11}, A_{i12}, ... A_{i21}, A_{i22}, ... A_{ij1}, A_{ij2}, ... an.**

Folgende **SQL/QMF**-Befehlsfolge ergibt eine Relation R2, welche die in den zusammenfassbaren Elementarrelationen enthaltenen Attribute zeigt:

```
SELECT OBER.SUBJEKT, UNTER.SUBJEKT, KEY,

       R1.UNTER.SUBJEKT FROM DDSL, R1

WHERE OBER.SUBJEKT = R1.OBER.SUBJEKT

ORDER BY R1.UNTER.SUBJEKT, UNTER.SUBJEKT


SAVE DATA AS R2
```

Nach erfolgter Durchführung der vorstehenden Befehlsfolge enthält die Relation R2 folgende Tupel:

R2 (OBER.SUBJEKT, UNTER.SUBJEKT, KEY, R1.UNTER.SUBJEKT)

MASCHINE	M#	Ja	M#
M-PE	M#	Ja	M#
M-PE	PE#		M#
PERSON	PE#	Ja	PE#
M-PR	M#		PR#
PE-PR	PE#		PR#
PRODUKT	PR#	Ja	PR#
M-PR	PR#	Ja	PR#
PE-PR	PR#	Ja	PR#

Die Relation R2 muss wie folgt interpretiert werden:

1. Für ein bestimmtes Attribut in R1.UNTER.SUBJEKT erkennt man in OBER.SUBJEKT die Relationen, die das besagte Attribut als ***Primärschlüssel*** enthalten und demzufolge zusammengefasst werden können.

   Beispiel: Das in R1.UNTER.SUBJEKT aufgeführte Attribut M# wird in den in OBER.SUBJEKT genannten Relationen MASCHINE und M-PE als ***Primärschlüssel*** verwendet. Demzufolge lassen sich die genannten Relationen zusammenfassen.

2. In UNTER.SUBJEKT sind die in den zusammenfassbaren Relationen enthaltenen Attribute gesamthaft aufgeführt.

   Beispiel: Die zusammenfassbaren Elementarrelationen MASCHINE und M-PE enthalten folgende Attribute:

MASCHINE:	M#	(Primärschlüssel)
M-PE:	M# PE#	(Primärschlüssel)

Die Zusammenfassung ergibt somit:

```
MASCHINE ( M#, PE# )
```

In analoger Weise lassen sich von R2 folgende Relationen ableiten:

```
PERSON ( PE# )

PRODUKT ( PR#, M#, PE# )
```

Es versteht sich, dass die vorstehenden Befehlsfolgen beliebig verfeinert werden können, falls komfortablere Ergebnisse erwünscht sind. Immerhin zeigen die vorstehenden Ausführungen, dass der Aufwand für die Realisierung von Programmen, die den Entwurfsprozess zu unterstützen vermögen, relativ gering zu veranschlagen ist.

10 Beurteilung des Vorgehensprozederes

Zum Abschluss dieses Buches sollen im folgenden die ausserordentlich vielfältigen Gründe dargelegt werden, welche die vorgeschlagene Arbeitsweise rechtfertigen. Es sind dies:

1. Das vorgestellte Vorgehensprozedere bietet die Möglichkeit, systematisch applikationsorientierte, globale (d. h. applikationsüberspannende) sowie unternehmungsweite konzeptionelle Datenmodelle zu entwickeln.

2. Die genannten Modelle kommen aufgrund einer Fülle von realitätsbezogenen Beobachtungen zustande. Letztere werden permanent in unmissverständlicher Form festgehalten, wobei – falls erwünscht – ein Data Dictionary oder eine von einem beliebigen Datenbankmanagementsystem betriebene Datenbank gewissermassen als Sammelbehälter von individuell eintreffenden Beobachtungen eingesetzt werden kann.

3. Falls erwünscht, lassen sich die im Data Dictionary festgehaltenen Beobachtungen aufgrund von präzisen Kriterien periodisch zu umfangreicheren Relationen zusammenfassen (diese Arbeit lässt sich selbstverständlich auch ohne Data Dictionary manuell durchführen). Dabei kommt ein Relationenmodell zustande, dessen Integrität – zumindest bezüglich der funktionalen Abhängigkeiten – jederzeit gewährleistet werden kann.

4. Das Modell weist einen kaum zu überbietenden Flexibilitätsgrad auf. So sind Erweiterungen, die bislang unberücksichtigte Realitätsausschnitte zu reflektieren haben, denkbar einfach einzubringen. Desgleichen sind realitätsbedingte Anpassungen problemlos vorzunehmen.

5. Das unter Punkt 3 genannte Modell kann mit vernünftigem Aufwand in eine Struktur transformiert werden, die von einem konventionellen Datenbankmanagementsystem unterstützt wird.

6. Sind bei der unter Punkt 5 genannten Transformation Implementierungskompromisse einzugehen, so sind deren Auswirkungen jederzeit abschätzbar.

7. Da die Modellerstellung nicht auf einer intuitiven, sondern auf einer präzisen, mathematisch fundierten Vorgehensweise basiert, können die erforderlichen Kenntnisse systematisch erarbeitet werden. Mit andern Worten: Langwierige, auf Erfahrungswerten basierende Lernprozesse dürften weitgehend entfallen.

8. Software- und hardwarespezifische, EDV-Laien unverständliche Überlegungen lassen sich bis zum Vorliegen eines konzeptionellen Modells zurückstellen. Damit ergibt sich vermehrt die Möglichkeit, auch EDV-Laien (d. h. den Auftraggeber sowie zukünftige Systembenützer) in den Gestaltungsprozess einzubeziehen, wodurch sich die Wahrscheinlichkeit der Realisierung benützerkonformer Systeme erhöht.

Anhang A: Mengenlehre für Informatiker

Der vorliegende Anhang beschäftigt sich mit einigen Prinzipien aus der Mengenlehre. Diese Prinzipien sind auch für Informatiker von Bedeutung, denn:

1. Das von modernen Datenbankmanagementsystemen unterstützte Relationenmodell basiert auf der Mengenlehre.
2. Datenmanipulationssprachen der 4. Generation unterstützen die Mengenoperationen.
3. Moderne Datenbankentwurfsmethoden arbeiten mit Mengen (gemeint sind die in diesem Buche diskutierten Entitätsmengen, Beziehungsmengen, Entitätsattribute sowie Beziehungsattribute).

Zugegeben: Die vorstehenden Tatsachen allein rechtfertigen eine Beschäftigung mit der Mengenlehre noch nicht unbedingt (man fährt ja schliesslich auch mit dem Automobil, ohne die Funktionsweise eines Motors oder eines Differentialgetriebes zu kennen). Wesentlich ist aber, dass die Mengenlehre in hervorragender Weise geeignet ist, das Abstraktionsvermögen zu schulen. Gerade in der Informatik ist die Fähigkeit, mit Begriffen zu arbeiten, die stellvertretend für sehr viele Einzelfälle in Erscheinung treten können – zumindest für komplexere Aufgabenstellungen – unentbehrlich geworden.

Der Anhang ist wie folgt gegliedert: Zunächst werden einige ***grundlegende Begriffe der Mengenlehre*** eingeführt. Sodann werden Mengenbeziehungen, wie ***Relation, Funktion, Produktfunktion*** behandelt. Schliesslich werden die klassischen Mengenoperationen, wie ***Vereinigung, Durchschnitt, Differenz***, aber auch aus der ***relationalen Algebra*** stammende Erweiterungen dieser klassischen Operationen, wie ***Projektion*** und ***natürlicher Verbund*** diskutiert.

A.1 Grundlegende Begriffe

Was ist eine Menge?

Eine Menge ist eine eindeutig definierte Kollektion von ***Elementen*** (mitunter ist auch von ***Objekten*** die Rede). Sie kann definiert werden entweder:

- Durch Auflisten der einzelnen Elemente oder
- Durch Angabe der Eigenschaft (bzw. der Eigenschaften), die ein Element aufweisen muss, damit es der Menge angehören kann.

Normalerweise wird der Name einer Menge mit Grossbuchstaben angegeben, die Elemente dagegen mit kleinen Buchstaben.

Beispiel

Die in Abb. A.1.1 gezeigte Menge STUDENT enthält die Studenten der Universität Zürich.

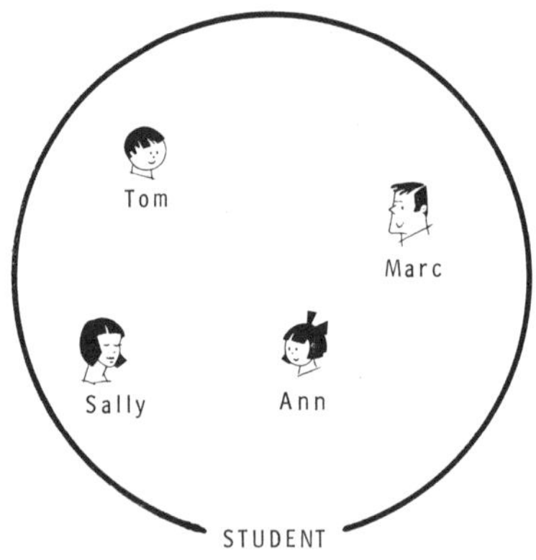

Abb. A.1.1 Menge der Studenten der Universität Zürich.

Die Menge STUDENT wird formal wie folgt dargestellt:

STUDENT = { Tom, Marc, Sally, Ann }

oder

STUDENT = { x | x ist ein Student der Universität Zürich }

Dieser Ausdruck wird wie folgt gelesen: "STUDENT ist die Menge aller Elemente x, so dass (dargestellt aufgrund des Zeichens |) jedes x einen Studenten der Universität Zürich repräsentiert."

Folgende Eigenschaften charakterisieren eine Menge:

- Ein und dasselbe Element tritt innerhalb einer Menge nur gerade einmal auf; man sagt, die Elemente seien ***distinkt***,
- Die Reihenfolge (Ordnung, Sequenz) der Elemente ist bedeutungslos.

Demzufolge repräsentieren die Mengen:

STUDENT_A = { Tom, Marc, Sally, Ann }

STUDENT_B = { Marc, Sally, Ann, Tom }

STUDENT_C = { Ann, Sally, Marc, Tom }

identische Mengen. Der Ausdruck:

STUDENT_D = < Tom, Marc, Sally, Ann, Tom >

stellt hingegen keine Menge, sondern eine ***Elementliste*** dar. Dies, weil das Element Tom – gemeint ist ein und dieselbe Person – mehrmals aufgeführt ist.

Mitgliedschaft eines Elementes zu einer Menge

Die Tatsache, dass das Element x der Menge A angehört, wird formal wie folgt dargestellt:

$$x \in A$$

Der Ausdruck

$$x \notin A$$

besagt demgegenüber, dass das Element x der Menge A *nicht* angehört.

Beispiel

Gegeben sei die Menge:

STUDENT = { Tom, Marc, Sally, Ann }

Dann gilt:

Sally $\in$ STUDENT

Max $\notin$ STUDENT

Beispiel

Gegeben sei die Menge:

$$ZAHL = \{ x \mid x \leq 10 \text{ und } x \geq 0 \text{ und } x = \text{ganzzahlig} \}$$

Dann *kann* gelten:

$$1 \in ZAHL$$

Mit *Sicherheit* gilt hingegen:

$$11 \notin ZAHL$$

Gleichheit und Ungleichheit von Mengen

Zwei Mengen A und B sind gleich, falls alle Elemente von A in B und alle Elemente von B in A enthalten sind. Formal wird dieser Sachverhalt wie folgt festgehalten:

$$A = B$$

Der Ausdruck

$$A \neq B$$

besagt demgegenüber, dass die Mengen A und B nicht gleich sind.

Beispiel

Gegeben seien die Mengen:

$$A = \{ 2, 4, 6, 8, ... \}$$

$$B = \{ x \mid x \text{ ist eine gerade, positive, ganze Zahl} \}$$

$$C = \{ x \mid x \text{ ist eine ungerade, positive, ganze Zahl} \}$$

Dann gilt:

$$A = B, \quad A \neq C, \quad B \neq C$$

Leermenge (Nullmenge)

Eine Leermenge (oder Nullmenge) ist eine Menge ohne Element und wird formal wie folgt dargestellt:

$$\{ \} \text{ oder } \emptyset$$

Untermengen

Falls A und B zwei Mengen darstellen, so ist A eine ***Untermenge*** von B, falls jedes Element von A ebenfalls als Element in B enthalten ist. Die Tatsache, dass A eine Untermenge von B ist, wird formal wie folgt dargestellt:

$$A \subseteq B$$

Dieser Ausdruck trifft auch dann zu, wenn die Mengen A und B identisch sind. Man sagt, die Menge A sei eine ***echte Untermenge*** von B, falls die Menge A eine Untermenge der Menge B darstellt und *nicht gleich* der Menge B ist.

Die Tatsache, dass A eine echte Untermenge von B ist, wird formal wie folgt dargestellt:

$$A \subset B$$

Beispiel

Gegeben seien die Mengen:

STUDENT = { Tom, Marc, Sally, Ann }

MATHEMATIK = { Marc, Ann }

Dann gilt:

MATHEMATIK ⊂ STUDENT

Die Menge MATHEMATIK repräsentiert also eine ***echte Untermenge*** der Menge STUDENT (siehe Abb. A.1.2).

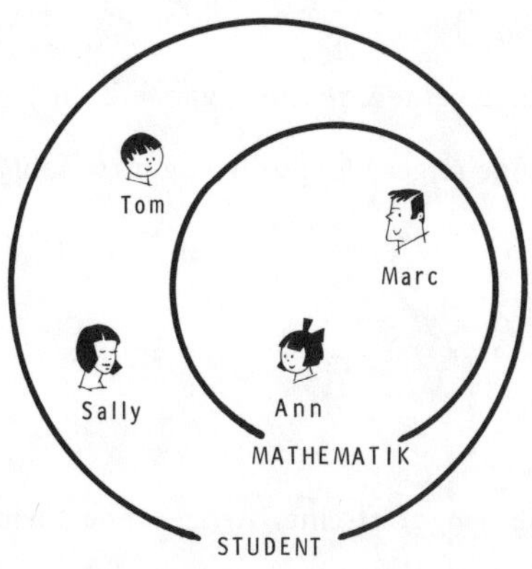

Abb. A.1.2 MATHEMATIK als echte Untermenge von STUDENT.

Disjunkte Mengen

Falls die Mengen A und B keine identischen Elemente enthalten, so sind die genannten Mengen ***disjunkt***.

Beispiel

Gegeben seien die Mengen:

$$A = \{ x \mid x < 10 \text{ und } x = \text{ganzzahlig} \}$$

$$B = \{ x \mid x > 10 \text{ und } x = \text{ganzzahlig} \}$$

Dann gilt:

A und B sind disjunkt.

A.2 Mengenbeziehungen und deren Darstellung

Geordnete Paare

Ein geordnetes Paar ist eine *Liste* bestehend aus zwei Elementen (beispielsweise a und b). Eines der Elemente wird als erstes Element, das andere als zweites Element aufgefasst. In einem geordneten Paar kommt der Reihenfolge der Elemente demzufolge eine Bedeutung zu.

Ein geordnetes Paar wird formal wie folgt dargestellt:

$$< a, b >$$

Zur Erinnerung: In einer *Liste* kann ein und dasselbe Element mehrmals vorkommen. Demzufolge stellt

$$< a, a >$$

ein gültiges geordnetes Paar dar.

Das Cartesische Produkt von Mengen

Das Cartesische Produkt der Mengen A und B liefert sämtliche Kombinationsmöglichkeiten der Elemente in A mit den Elementen in B. Eine einzelne Kombination wird mit einem geordneten Paar < a, b > festgehalten, so dass gilt:

$$a \in A$$

und

$$b \in B$$

Das Cartesische Produkt der Mengen A und B wird formal wie folgt dargestellt:

$$A \times B$$

Dieses Produkt ist wie folgt definiert:

$$A \times B = \{ < a, b > \mid a \in A \text{ und } b \in B \}$$

Beispiel

Gegeben seien die Mengen:

MAEDCHEN = { Ann, Su }

KNABEN = { Tom, Bob, Paul }

Dann gilt:

MAEDCHEN × KNABEN = { < Ann, Tom >,
< Ann, Bob >,
< Ann, Paul >,
< Su, Tom >,
< Su, Bob >,
< Su, Paul > }

Beispiel

Gegeben seien die Mengen:

A = { a, b }

B = { x, y, z }

Dann gilt:

A × B = { < a, x >,
< a, y >,
< a, z >,
< b, x >,
< b, y >,
< b, z > }

A × A = { < a, a >,
< a, b >,
< b, a >,
< b, b > }

Das letzte Beispiel zeigt, dass an einem Cartesischen Produkt auch nur eine *einzige* Menge beteiligt sein kann.

Geordnete n-Tupel

Ein geordnetes n-Tupel stellt eine *Liste* von n Elementen dar, es wird formal wie folgt dargestellt:

$$< a_1, a_2, \dots a_n >$$

Zur Erinnerung: In einer *Liste* kann ein und dasselbe Element wiederholt vorkommen.

Das Cartesische Produkt von mehr als zwei Mengen

Das Konzept des Cartesischen Produktes lässt sich verallgemeinern, so dass es für beliebig viele Mengen gilt.

Gegeben seien die Mengen:

$A_1, A_2, \ldots A_n$

Das Cartesische Produkt dieser n Mengen ist wie folgt definiert:

$$A_1 \times A_2 \times \ldots A_n = \{ < a_1, a_2, \ldots, a_n > | \; a_1 \in A_1 \text{ und } a_2 \in A_2 \ldots \text{ und } a_n \in A_n \}$$

Das vorstehende Cartesische Produkt liefert demnach sämtliche Kombinationsmöglichkeiten der Elemente in A_1 bis und mit den Elementen in A_n.

Beispiel

Gegeben seien die Mengen:

KURSE = { Math., Chem., Phys. }

RAEUME = { R1, R2 }

PROFESSOREN = { Brown, Smith }

Dann gilt:

$$\text{KURSE} \times \text{RAEUME} \times \text{PROFESSOREN} = \{ \begin{array}{l} < \text{Math., R1, Brown} >, \\ < \text{Math., R1, Smith} >, \\ < \text{Math., R2, Brown} >, \\ < \text{Math., R2, Smith} >, \\ < \text{Chem., R1, Brown} >, \\ < \text{Chem., R1, Smith} >, \\ < \text{Chem., R2, Brown} >, \\ < \text{Chem., R2, Smith} >, \\ < \text{Phys., R1, Brown} >, \\ < \text{Phys., R1, Smith} >, \\ < \text{Phys., R2, Brown} >, \\ < \text{Phys., R2, Smith} > \; \} \end{array}$$

Binäre Relationen

Die binäre Relation R einer Menge A = { $a_1, a_2, \ldots$ } zu einer Menge B = { $b_1, b_2, \ldots$ } stellt eine Untermenge des Cartesischen Produktes A × B dar:

$$R \subseteq A \times B$$

Diese Relation wird formal wie folgt dargestellt:

R (A, B)

Aus der obigen Definition folgt, dass eine binäre Relation eine *Menge* von geordneten Paaren darstellt.

Zur Erinnerung: In einer Menge kann ein und dasselbe Element – im vorliegenden Beispiel also ein und dasselbe geordnete Paar – nur einmal vorkommen.

Der vorstehende Ausdruck R (A, B) stellt das Gerüst einer zweidimensionalen Tabelle dar. R ist der Name der Tabelle, während A und B die Namen der ersten und der zweiten Kolonne repräsentieren. Die geordneten Paare der Relation R muss man sich wie folgt als Tabellenzeilen vorstellen:

R (A,	B)
a_1	b_1
a_1	b_2
a_1	b_3
a_2	b_1
a_3	b_5
⋮	

Anmerkung: Liegt eine Relation von der Menge A zur Menge B vor, so kann ein Element der Menge A mit beliebig vielen Elementen der Menge B in Beziehung stehen. Eine derartige Konstellation bezeichnet man in der Informatik auch als eine ***komplexe*** *(oder* ***Typ M****)* ***Assoziation****.*

Beispiel

Gegeben seien die Mengen:

MAEDCHEN = { Mary, Ann, Su }

KNABEN = { Bob, Paul }

Dann kann gelten:

BRUDER $\subseteq$ KNABEN $\times$ MAEDCHEN

oder

BRUDER = { < Bob, Ann >,
< Bob, Mary > }

oder

BRUDER (KNABEN,	MAEDCHEN)
Bob	Ann
Bob	Mary

BRUDER stellt eine mögliche Relation von der Menge KNABEN zur Menge MAEDCHEN dar. Ein geordnetes Paar, wie beispielsweise < Bob, Ann >, ist wie folgt zu interpretieren: "Bob ist der BRUDER von Ann."

Man beachte, dass die Reihenfolge der Elemente in einem geordneten Paar von Bedeutung ist: Bob ist der BRUDER von Ann aber Ann ist nicht ein Bruder von Bob. Entsprechend kann < Bob, Ann > der Anordnung BRUDER = { ... } angehören, nicht aber < Ann, Bob >.

Die tabellarische Darstellungsweise weist gegenüber der Anordnung R = { ... } insofern einen Vorteil auf, als die Reihenfolge der Kolonnen vertauschbar ist. So lässt sich der Tabelle

BRUDER (MAEDCHEN,	KNABEN)
Ann	Bob
Mary	Bob

immer noch entnehmen, dass Bob Bruder ist von Ann. Allerdings setzt diese Schlussfolgerung voraus, dass die Bedeutung der in den Kolonnen MAEDCHEN und KNABEN aufgeführten Werte bekannt ist.

Das folgende Beispiel zeigt, dass es Fälle gibt, in denen ohne vorsorgliche Massnahmen nicht ohne weiteres erkennbar ist, welche Bedeutung den in den einzelnen Kolonnen aufgeführten Werten zukommt.

Beispiel

Gegeben sei die Menge:

PRODUKT = { P1, P2, P3, ... }

Dann könnte gelten (siehe auch Abb. A.2.1):

$$\text{ZUSAMMENSETZUNG} \subseteq \text{PRODUKT} \times \text{PRODUKT}$$

oder

ZUSAMMENSETZUNG { < P1, P3 >,
< P1, P4 >,
< P1, P5 >,
< P2, P5 >,
< P2, P6 >,
< P5, P3 >,
< P5, P7 > }

oder

ZUSAMMENSETZUNG (PRODUKT,	PRODUKT)
P1	P3
P1	P4
P1	P5
P2	P5
P2	P6
P5	P3
P5	P7

ZUSAMMENSETZUNG stellt eine mögliche Relation dar, an der nur die Menge PRODUKT beteiligt ist. Ein geordnetes Paar, wie beispielsweise < P1, P3 >, ist wie folgt zu interpretieren: "Das Produkt P1 setzt sich (unter anderem) aus dem Produkt P3 zusammen."

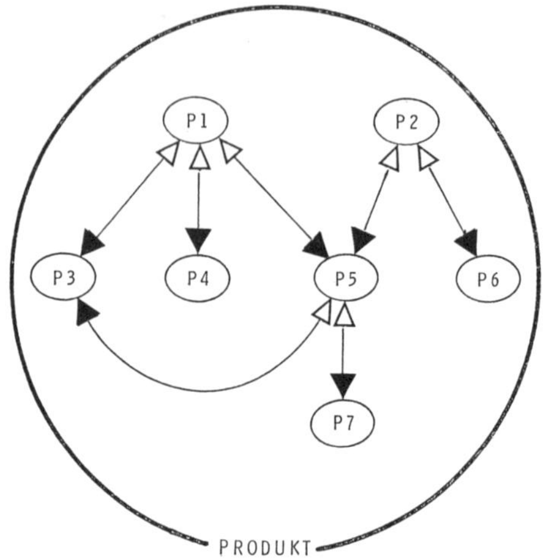

Abb. A.2.1 Beispiel zur Illustration einer Relation, an welcher nur eine Menge beteiligt ist. Die schwarzen Pfeile bezeichnen die Produkte, aus denen sich ein vorgegebenes Produkt ***zusammensetzt***. Beispiel: P5 setzt sich aus P3 und P7 zusammen. Die weissen Pfeile bezeichnen die Produkte, in denen ein vorgegebenes Produkt ***enthalten*** ist. Beispiel: P5 ist in P1 und P2 enthalten.

Auch hier ist die Reihenfolge der Elemente in einem geordneten Paar von Bedeutung: P1 *setzt sich* aus P3 *zusammen*, während P3 in P1 *enthalten* ist. Entsprechend kann < P1, P3 > der Anordnung ZUSAMMENSETZUNG = { ... } angehören, nicht aber < P3, P1 >.

Die tabellarische Darstellungsweise weist insofern Interpretationsschwierigkeiten auf, als nicht ohne weiteres erkennbar ist, ob sich die in der ersten Kolonne aufgeführten Produkte aus den in der zweiten Kolonne gezeigten Produkten *zusammensetzen* oder in letzteren *enthalten* sind. Dieser Schwierigkeit kann mit sogenannten ***Rollen*** begegnet werden.

Eine Rolle wird einem Kolonnennamen vorangestellt, sie umschreibt die Bedeutung der in der Kolonne aufgeführten Werte. Nennt man Produkte, die sich aus andern Produkten zusammensetzen *"Masterprodukte"* und Produkte, die in andern Produkten enthalten sind *"Komponentenprodukte"*, so liesse sich die vorstehende tabellarische Anordnung wie folgt verbessern:

ZUSAMMENSETZUNG (	MASTER.PRODUKT,	KOMPONENTEN.PRODUKT)
	P1	P3
	P1	P4
	P1	P5
	.	
	.	
	.	

Die Umkehrung (oder Inversion) einer Relation

Jede Relation R von einer Menge A zu einer Menge B weist eine Umkehrung (d.h. eine inverse Relation R′) von der Menge B zur Menge A auf. Diese Umkehrung ist wie folgt definiert:

$$R' = \{ \langle b, a \rangle \mid \langle a, b \rangle \in R \}$$

Beispiel

Gegeben sei die Relation:

$$\text{BRUDER} = \{ \langle \text{Bob, Ann} \rangle, \langle \text{Bob, Mary} \rangle \}$$

Dann gilt:

$$\text{BRUDER}' = \text{SCHWESTER} = \{ \langle \text{Ann, Bob} \rangle, \langle \text{Mary, Bob} \rangle \}$$

Man beachte folgenden wichtigen Sachverhalt: Eine Relation und die dazu inverse Relation können mit einer *einzigen* Tabelle festgehalten werden.

Beispiel

Aus der tabellarischen Anordnung

BRUDER (KNABEN, MAEDCHEN)

Bob	Ann
Bob	Mary

geht hervor, dass Bob Bruder ist von Ann, und dass Ann Schwester ist von Bob. Allerdings sind derartige Schlussfolgerungen nur möglich, sofern die Bedeutung der in den einzelnen Kolonnen aufgeführten Werte bekannt ist.

Beispiel

Aus der tabellarischen Anordnung

ZUSAMMENSETZUNG (MASTER.PRODUKT, KOMPONENTEN.PRODUKT)

P1	P3
P1	P4
P1	P5
P2	P5
P2	P6
P5	P3
P5	P7

geht hervor, dass sich das Masterprodukt P5 aus den Komponentenprodukten P3 und P7 *zusammensetzt*, und dass das Komponentenprodukt P5 in den Masterprodukten P1 und P2 *enthalten* ist.

Relationen n-ten Grades (n-ary Relationen)

Das für Binärrelationen erläuterte Konzept lässt sich erweitern, so dass es auch für Relationen n-ten Grades zutrifft.

Gegeben seien die Mengen:

$$A_1 = \{ a_{11}, a_{12}, \ldots \}$$

$$A_2 = \{ a_{21}, a_{22}, \ldots \}$$

$$\vdots$$

$$A_n = \{ a_{n1}, a_{n2}, \ldots \}$$

Eine Relation R über diese n Mengen ist wie folgt definiert:

$$R \subseteq A_1 \times A_2 \times \ldots \times A_n$$

Diese Relation wird formal wie folgt dargestellt:

$$R (A_1, A_2, \ldots, A_n)$$

Aus der obigen Definition folgt, dass eine Relation n-ten Grades eine *Menge* geordneter n-Tupel darstellt.

Man beachte, dass der vorstehende Ausdruck $R (A_1, A_2, \ldots, A_n)$ das Gerüst einer zweidimensionalen Tabelle darstellt. R ist der Name der Tabelle, während $A_1, A_2, \ldots, A_n$ die Namen der ersten, zweiten , ... sowie der n-ten Kolonne repräsentieren. Die geordneten n-Tupel der Relation R muss man sich wie folgt als Tabellenzeilen vorstellen:

R (A_1,	A_2, ...,	A_n)
a_{11}	a_{21} ...	a_{n1}
a_{11}	a_{25} ...	a_{n1}
⋮		

Beispiel

Gegeben seien die Mengen:

LIEFERANT = { S1, S2, S3 }

PRODUKT = { P1, P2, P3, P4 }

LAGER = { L1, L2 }

Dann kann gelten:

LIEFERUNG ⊂ LIEFERANT × PRODUKT × LAGER

oder

LIEFERUNG = { < S1, P1, L1 >,
< S1, P1, L2 >,
< S1, P3, L2 >,
< S2, P4, L1 > }

oder

LIEFERUNG (LIEFERANT,	PRODUKT,	LAGER)
S1	P1	L1
S1	P1	L2
S1	P3	L2
S2	P4	L1

LIEFERUNG stellt eine Relation dritten Grades dar, definiert über die Mengen LIEFERANT, PRODUKT und LAGER. Ein Tupel, wie beispielsweise < S1, P1, L1 >, sagt aus, dass der Lieferant S1 das Produkt P1 an das Lager L1 liefert.

Funktionen

Eine Funktion f von einer Menge A zu einer Menge B lässt sich ebenfalls als eine Untermenge des Cartesischen Produktes A × B auffassen. Allerdings darf jedes Element in A nur einmal als erstes Element in allen geordneten Paaren auftreten. Dies bedeutet, dass jedes Element in der Menge A nur mit einem Element in der Menge B in Beziehung steht.

Eine Funktion f von A nach B wird formal wie folgt dargestellt:

f: A ⟶ B

Dieser Ausdruck wird wie folgt gelesen: "f ist eine Funktion von A nach B."

Normalerweise nennt man die Menge A die ***Domäne*** und die Menge B die ***Co-Domäne*** der Funktion.

Beispiel

Gegeben seien die Mengen:

MITARBEITER = { M1, M2, M3, M4 }

WERTE = { 20, 30, 35, 50, 60 }

Dann kann gelten:

ALTER: MITARBEITER ⟶ WERTE

ALTER stellt eine mögliche Funktion von MITARBEITER nach WERTE dar. Dies bedeutet, dass jedem Element in MITARBEITER ein und nur ein Element in WERTE zugeordnet ist. Dieses Element stellt das Alter eines Mitarbeiters dar.

Die Funktion ALTER kann als eine Menge geordneter Paare dargestellt werden (siehe auch Abb. A.2.2):

$$\text{ALTER} = \{ \langle M1, 20 \rangle, \langle M2, 20 \rangle, \langle M3, 35 \rangle, \langle M4, 30 \rangle \}$$

Üblicher – vor allem in der Informatik – ist aber folgende tabellarische Darstellung:

ALTER (MITARBEITER, WERTE)

MITARBEITER	WERTE
M1	20
M2	20
M3	35
M4	30

Anmerkung: In der Regel ist in der Informatik im Zusammenhang mit tabellarischen Anordnungen der vorstehenden Art von **Relationen** *die Rede, und zwar auch dann, wenn die Tabelle – wie für* ALTER *der Fall – eine Funktion repräsentiert. Wir wollen uns im folgenden an diese Terminologie halten und bezeichnen hinfort jede tabellarische Anordnung der vorstehend diskutierten Art als Relation.*

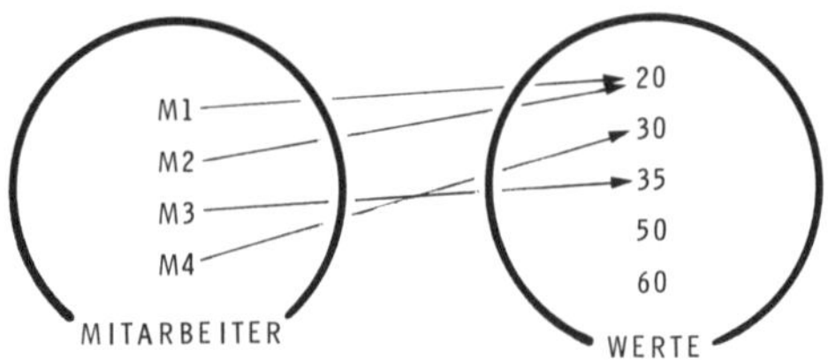

Abb. A.2.2 Beispiel einer Funktion.

Totale Funktion und partielle Funktion

Bislang wurde für eine Funktion f von einer Menge A zu einer Menge B angenommen, dass *jedes* Element in A mit einem Element in B in Beziehung steht. Eine derartige Funktion wird eine ***totale Funktion*** genannt. Stehen demgegenüber nur vereinzelte Elemente der Menge A mit Elementen der Menge B in Beziehung, so spricht man von einer ***partiellen Funktion*** (siehe Abb. A.2.3). Formal hält man eine totale Funktion von der Menge A zur Menge B wie folgt fest:

$$f: A \longrightarrow B$$

Der Ausdruck

f: A ——) B

repräsentiert demgegenüber eine partielle Funktion von A nach B.

Anmerkung: Anstelle von totalen bzw. partiellen Funktionen wird in der Informatik auch von ***einfachen*** *(oder* ***Typ 1****)* ***Assoziationen*** *bzw. von* ***konditionellen*** *(oder* ***Typ C****)* ***Assoziationen*** *gesprochen.*

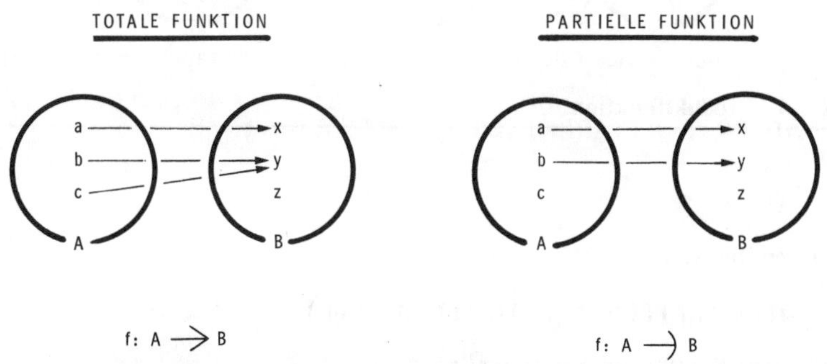

Abb. A.2.3 Unterschied zwischen totaler und partieller Funktion.

Die Produktfunktion

Die Produktfunktion ist wie folgt definiert:

Gegeben seien die Funktionen:

f: A ——> B

g: B ——> C

Offensichtlich steht aufgrund der Funktion f jedes Element der Menge A mit exakt einem Element der Menge B in Beziehung. Anderseits steht aufgrund der Funktion g jedes Element der Menge B mit exakt einem Element der Menge C in Beziehung. Dies bedeutet, dass für jedes Element in der Menge A exakt ein korrespondierendes Element in der Menge C vorliegt. Mit andern Worten existiert eine Funktion von A nach C. Diese Funktion wird ***Produktfunktion*** von f und g genannt, sie wird formal wie folgt dargestellt (siehe auch Abb. A.2.4):

$(g \circ f)$

oder

(gf)

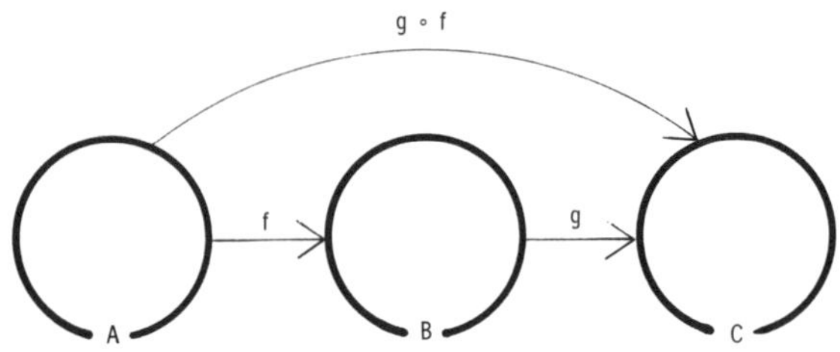

Abb. A.2.4 Produktfunktion.

Beispiel

Gegeben seien die Mengen:

MITARBEITER = { M1, M2, M3, M4 }

ABTEILUNG = { A1, A2, A3 }

VORGESETZTER = { V1, V2, V3 }

sowie die Funktionen:

MA: MITARBEITER ⟶ ABTEILUNG

AV: ABTEILUNG ⟶ VORGESETZTER

Damit gilt aufgrund der Produktfunktionsregel auch die Funktion (siehe auch Abb. A.2.5):

(AV ∘ MA) = MV: MITARBEITER ⟶ VORGESETZTER

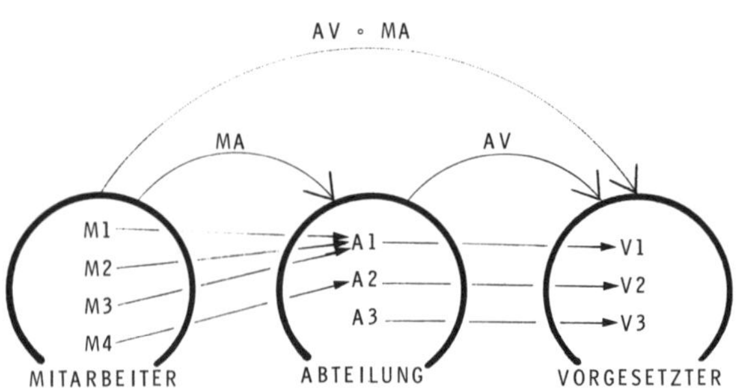

Abb. A.2.5 Beispiel für Produktfunktion.

Man beachte folgenden wichtigen Sachverhalt: Hält man die Funktionen

$$f: A \longrightarrow B$$

$$g: B \longrightarrow C$$

jeweils mit einer Relation fest, so lässt sich mit den nachstehend beschriebenen ***Projektions-*** und ***Verbundoperationen*** eine Relation finden, welche die Produktfunktion ($g \circ f$) repräsentiert.

A.3 Mengenoperationen

Im folgenden sind zunächst die klassischen Mengenoperationen wie ***Vereinigung***, ***Durchschnitt*** sowie ***Differenz*** diskutiert. Anschliessend kommen zwei aus der ***relationalen Algebra*** stammende Erweiterungen dieser klassischen Operationen zur Sprache, nämlich die ***Projektion*** und der ***natürliche Verbund***.

Die Vereinigung (Union) von Mengen

Die Vereinigung (Union) der Mengen A und B stellt die Menge aller Elemente dar, die entweder der Menge A oder der Menge B oder beiden Mengen angehören. Die Vereinigung wird formal wie folgt dargestellt:

$$A \cup B$$

(gesprochen: "A vereinigt mit B")

Die Vereinigung ist wie folgt definiert:

$$A \cup B = \{ x \mid x \in A \ \text{ oder } \ x \in B \}$$

Beispiel

Gegeben seien die Mengen:

MATHEMATIK = { Marc, Tom }

CHEMIE = { Marc, Ann, Sally }

Dann gilt:

MATHEMATIK ∪ CHEMIE = { Marc, Tom, Ann, Sally }

Man beachte, dass Marc als Element sowohl in der Menge MATHEMATIK als auch in der Menge CHEMIE erscheint. In der Vereinigung der genannten Mengen tritt Marc aber nur einmal auf (siehe Abb. A.3.1).

Anmerkung: In der Informatik könnte die vorstehende Vereinigungsoperation dafür verwendet werden, um aus zwei Datenbeständen, welche die Mathematik- bzw. die Chemiestudenten repräsentieren, alle Studenten zu finden, die Mathematik oder Chemie oder beides studieren.

Abb. A.3.1 Die dunkle Fläche repräsentiert die Vereinigung von MATHEMATIK und CHEMIE.

Der Durchschnitt von Mengen

Der Durchschnitt der Mengen A und B stellt die Menge aller Elemente dar, die sowohl der Menge A als auch der Menge B angehören. Der Durchschnitt der Mengen A und B wird formal wie folgt dargestellt:

$$A \cap B$$

(gesprochen: "A geschnitten mit B")

Der Durchschnitt ist wie folgt definiert:

$$A \cap B = \{ x \mid x \in A \text{ und } x \in B \}$$

Beispiel

Gegeben seien die Mengen:

MATHEMATIK = { Marc, Tom }

CHEMIE = { Marc, Ann, Sally }

Dann gilt:

MATHEMATIK ∩ CHEMIE = { Marc }

(siehe Abb. A.3.2).

Anmerkung: In der Informatik könnte die vorstehende Durchschnittsoperation dafür verwendet werden, um aus zwei Datenbeständen, welche die Mathematik- bzw. die Chemiestudenten repräsentieren, alle Studenten zu finden, die sowohl Mathematik als auch Chemie studieren.

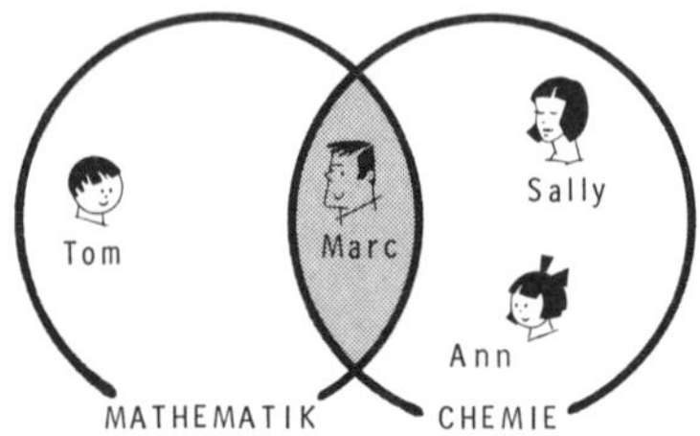

Abb. A.3.2 Die dunkle Fläche repräsentiert den Durchschnitt von MATHEMATIK und CHEMIE.

Beispiel

Gegeben seien die Mengen:

MAEDCHEN = { Ann, Sally }

KNABEN = { Tom, Bob, Paul }

Dann gilt:

MAEDCHEN ∩ KNABEN = ∅

Der Durchschnitt der Menge MAEDCHEN und der Menge KNABEN ergibt demnach eine Nullmenge.

Die Differenz von Mengen

Die Differenz der Mengen A und B stellt die Menge aller Elemente dar, die der Menge A angehören, nicht aber der Menge B. Die Differenz wird formal wie folgt dargestellt:

$$A - B$$

(gesprochen: "A minus B" oder: "A ohne B")

Die Differenz ist wie folgt definiert:

$$A - B = \{ x \mid x \in A \text{ und } x \notin B \}$$

Beispiel

Gegeben seien die Mengen:

MATHEMATIK = { Marc, Tom }

CHEMIE = { Marc, Ann, Sally }

Dann gilt:

MATHEMATIK − CHEMIE = { Tom }

Diese Differenz stellt die Menge aller Studenten dar, welche Mathematiklektionen, nicht aber Chemielektionen besuchen (siehe Abb. A.3.3).

Abb. A.3.3 Die dunkle Fläche repräsentiert die Differenz von MATHEMATIK und CHEMIE.

Anmerkung: In der Informatik könnte die vorstehende Differenzoperation dafür verwendet werden, um aus zwei Datenbeständen, welche die Mathematik- bzw. die Chemiestudenten repräsentieren, alle Studenten zu finden, die Mathematik, nicht aber Chemie studieren.

Man beachte, dass die Differenz

CHEMIE − MATHEMATIK = { Ann, Sally }

ergibt (siehe Abb. A.3.4).

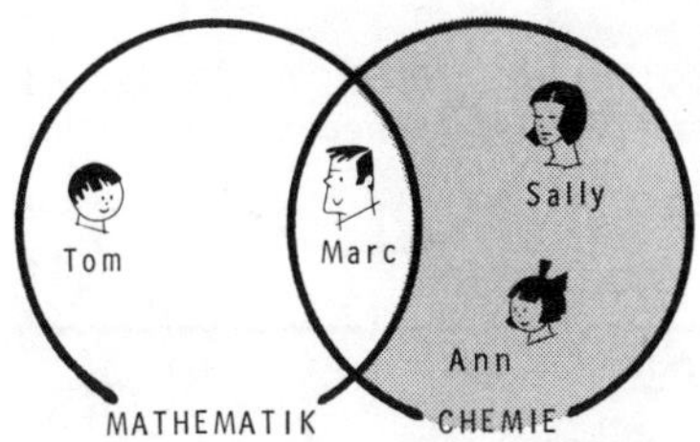

Abb. A.3.4 Die dunkle Fläche repräsentiert die Differenz von CHEMIE und MATHEMATIK.

Das Komplement einer Menge

Das Komplement einer Menge A stellt die Menge aller Elemente dar, die der Menge A nicht angehören. Das Komplement der Menge A wird formal wie folgt dargestellt:

$$A'$$

(gesprochen: "A invertiert")

Das Komplement ist wie folgt definiert:

$$A' = \{ x \mid x \notin A \}$$

Man beachte, dass das Komplement einer Menge eine *unendliche Menge* darstellt. Die in der Informatik unerwünschten unendlichen Mengen lassen sich vermeiden, wenn mit der nachstehend beschriebenen ***Universalmenge*** gearbeitet wird.

Die Universalmenge

Die Universalmenge U umfasst alle Elemente, die für eine Applikation, für einen Unternehmensbereich oder für die ganze Unternehmung von Bedeutung sind. Wird mit der Universalmenge gearbeitet, so lässt sich das Komplement A′ einer Menge A wie folgt definieren:

$$A' = U - A$$

(siehe Abb. A.3.5).

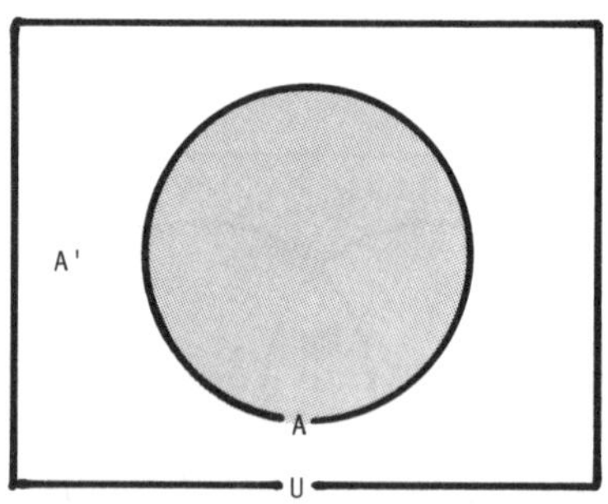

Abb. A.3.5 Universalmenge und Komplement einer Menge.

Beispiel

Die Universalmenge U sei wie folgt definiert:

$$U = \{ x \mid x \text{ ist ein Student der Universität Zürich} \}$$

Die Menge INFORMATIK sei wie folgt definiert:

INFORMATIK = { x | x ist ein Informatikstudent }

Das Komplement der Menge INFORMATIK repräsentiert die Menge aller Studenten, die *nicht* Informatik studieren, sie wird aufgrund folgender Differenz ermittelt:

INFORMATIK′ = U − INFORMATIK

Die folgenden Operationen stellen eine Erweiterung der klassischen Mengenoperationen dar. Sie sind Bestandteil der ***relationalen Algebra*** und wurden von E.F. Codd [10], [12] eingeführt.

Die Projektion

Mit einer Projektionsoperation lassen sich beliebige Kolonnen aus einer Relation selektionieren. Das Ergebnis einer Projektion ist wieder eine Relation.

Zur Erinnerung: Nachdem eine Relation eine ***Menge*** von Tupeln repräsentiert, wird im Ergebnis einer Projektion ein und dasselbe Tupel immer nur einmal erscheinen.

Falls r ein Tupel und A eine Kolonne der Relation R darstellen, so bezeichnet r[A] das A-te Element von r. Analog, falls A eine Liste von Kolonnen A_1, A_2, ... A_n darstellt, so gilt:

$$r[A] = < r[A_1], r[A_2], ..., r[A_n] >$$

Eine Projektion wird formal wie folgt dargestellt:

R [A]

(gesprochen: ″R projiziert über A″)

Die Projektion ist wie folgt definiert:

$$R[A] = \{ r[A] \mid r \in R \}$$

Beispiel

Gegeben sei die Relation:

LIEFERUNG (LIEFERANT, PRODUKT, LAGER, MENGE)

LIEFERANT	PRODUKT	LAGER	MENGE
S1	P1	L1	10
S1	P1	L2	20
S1	P3	L2	15
S2	P4	L1	10
S3	P2	L1	12
S3	P3	L1	15
S3	P3	L2	17
S3	P4	L2	25

Für die Relation LIEFERUNG gilt folgende Interpretation: Falls <S1, P1, L1, 10> ein Tupel der Relation LIEFERUNG darstellt, so liefert der Lieferant S1 das Produkt P1 an das Lager L1 in einer Menge von 10 Einheiten. Folgende Problemstellungen sind zu lösen:

1. Man bestimme alle möglichen Lieferanten.

   Das Problem wird wie folgt gelöst:

   ALLE_LIEFERANTEN ← LIEFERUNG [LIEFERANT]

   und ergibt folgende Relation:

   ALLE_LIEFERANTEN (LIEFERANT)

LIEFERANT
S1
S2
S3

   Anmerkung: Das Zeichen ← bedeutet, dass das Ergebnis der Projektion der Relation ALLE_LIEFERANTEN zuzuordnen ist.

2. Man bestimme alle Lieferanten, zusammen mit den von ihnen gelieferten Produkten.

   Das Problem wird wie folgt gelöst:

   GELIEFERTE_PRODUKTE ← LIEFERUNG [LIEFERANT, PRODUKT]

   und ergibt folgende Relation:

   GELIEFERTE_PRODUKTE (LIEFERANT, PRODUKT)

LIEFERANT	PRODUKT
S1	P1
S1	P3
S2	P4
S3	P2
S3	P3
S3	P4

Natürlicher Verbund (Natural Join)

Der natürliche Verbund involviert zwei Relationen als Operanden, er bildet eine neue, grössere Relation, in welcher jedes Tupel durch eine Verkettung (englisch: concatenation) je eines Tupels der Operandenrelationen zustandekommt. Bedingung für die Verkettung ist, dass die den Operandenrelationen entnommenen Tupel für identische Kolonnen identische Werte aufweisen.

Der natürliche Verbund ist wie folgt definiert:

Gegeben seien die Relationen:

R (X, Y)

S (Y, Z)

wobei X, Y und Z jeweils nicht nur eine einzelne Kolonne, sondern auch eine Liste von Kolonnen darstellen können, wie beispielsweise X_1, X_2, ..., X_n. Man beachte, dass die Kolonne Y (bzw. die Kolonnenliste Y) sowohl in der Relation R als auch S enthalten ist.

Der natürliche Verbund von R und S wird formal wie folgt dargestellt:

R ★ S

(gesprochen: "natürlicher Verbund von R und S")

Der natürliche Verbund ergibt die Relation T(X, Y, Z), die wie folgt definiert ist:

$$T (X, Y, Z) = \{ < x, y, z > \mid < x, y > \in R \text{ und } < y, z > \in S \}$$

Beispiel

Gegeben seien die Relationen:

STUDENT (S#, NAME)

S#	NAME
S1	Brown
S2	Smith
S3	Brown

BEURTEILUNG (S#, K#, NOTE)

S#	K#	NOTE
S1	K1	gut
S1	K2	schlecht
S1	K3	gut
S2	K2	mittel
S2	K3	mittel
S2	K4	gut

Die beiden Relationen sind wie folgt zu interpretieren: Falls < S1, Brown > ein Tupel der Relation STUDENT darstellt, so heisst der Student mit der Nummer S1 Brown; und falls < S1, K1, gut > ein Tupel der Relation BEURTEILUNG darstellt, so erhält der Student mit der Nummer S1 für den Kurs mit der Nummer K1 eine gute Note.

Der natürliche Verbund:

R ← STUDENT ★ BEURTEILUNG

ergibt:

R (S#,	NAME,	K#,	NOTE)
S1	Brown	K1	gut
S1	Brown	K2	schlecht
S1	Brown	K3	gut
S2	Smith	K2	mittel
S2	Smith	K3	mittel
S2	Smith	K4	gut

Anmerkung: Die aufgrund der Verbundoperation zustande gekommene Relation R weist den gleichen Informationsgehalt auf, wie die beiden Relationen STUDENT und BEURTEILUNG. Nicht zu übersehen ist allerdings, dass der Name eines Studenten in der Relation R wiederholt (d.h. ***redundant****) in Erscheinung tritt. Dafür ist die Relation R gegenüber den Relationen STUDENT und BEURTEILUNG leichter zu handhaben, wenn beispielsweise eine Auswertung zu erstellen ist, welche alle Studenten mit Namen, besuchten Kursen und erhaltenen Noten umfasst.*

Die vorstehenden Ausführungen deuten darauf hin, dass Verbundoperationen in hervorragendem Masse geeignet sind, redundanzfrei gespeicherte aber kompliziert strukturierte Daten in eine Form zu bringen, die vom Benützer der Daten leichter zu handhaben ist.

Zusammen mit der bereits diskutierten Projektionsoperation kann ausserdem der Zugriff zu vertraulichen oder nicht benötigten Daten verunmöglicht werden. So liesse sich beispielsweise mit der Operationsfolge

R ← (STUDENT ★ BEURTEILUNG) [S#, NAME, K#]

– also mit einer Verbundoperation, gefolgt von einer Projektionsoperation – bewirken, dass eine Relation zustandekommt, aus welcher alle Studenten mit ihren Namen und den besuchten Kursen (nicht aber den erhaltenen Noten) ersichtlich sind.

Beispiel

Für die Funktionen

MA: MITARBEITER ⟶ ABTEILUNG

AV: ABTEILUNG ⟶ VORGESETZTER

liegen folgende Relationen vor (siehe auch Abb. A.2.5):

MA(MITARBEITER,	ABTEILUNG)
M1	A1
M2	A1
M3	A1
M4	A2

AV(ABTEILUNG,	VORGESETZTER)
A1	V1
A2	V2
A3	V3

Die Verbundoperation

MAV ← MA ★ AV

liefert folgende Relation:

MAV (MITARBEITER,	ABTEILUNG,	VORGESETZTER)
M1	A1	V1
M2	A1	V1
M3	A1	V1
M4	A2	V2

Nun werde die Relation MAV wie folgt projiziert:

MV ← MAV [MITARBEITER, VORGESETZTER]

Dabei resultiert die Relation:

MV (MITARBEITER,	VORGESETZTER)
M1	V1
M2	V1
M3	V1
M4	V2

mit welcher die Funktion

MV: MITARBEITER ⟶ VORGESETZTER

festgehalten wird. Offensichtlich entspricht die Funktion MV der mit den Funktionen

MA: MITARBEITER ⟶ ABTEILUNG

AV: ABTEILUNG ⟶ VORGESETZTER

definierten Produkfunktion (AV ∘ MA). Demzufolge lässt sich die genannte Produktfunktion aufgrund einer Verbundoperation, gefolgt von einer Projektionsoperation, wie folgt ableiten:

MV ← (MA ★ AV) [MITARBEITER, VORGESETZTER]

Der ***relationalen Algebra*** gehören neben den vorstehend diskutierten – wohl wichtigsten – Operationen ***Projektion*** und ***natürlicher Verbund*** noch der ***Theta-Verbund*** (Θ-Join), die ***Restriktion*** sowie die ***Division*** an. Allerdings haben sich diese Operationen – vermutlich ihres etwas abstrakten Charakters wegen – in der Praxis nicht durchsetzen können, weshalb an dieser Stelle lediglich auf die einschlägige Literatur verwiesen sei (eine sehr gute Beschreibung aller Operationen der relationalen Algebra findet sich beispielsweise in [51]).

Zusammen mit den klassischen Mengenoperationen ***Vereinigung, Durchschnitt*** sowie ***Differenz*** bilden die Operationen ***Projektion, natürlicher Verbund, Theta-Verbund, Re-***

striktion sowie ***Division*** eine formale ***Datenmanipulationssprache*** mit ausserordentlich grossem Auswahlvermögen. So ermöglichen die genannten Operationen, sämtliche Fragestellungen zu formulieren, die für die gespeicherten Informationen überhaupt nur denkbar sind. Sofern eine Datenmanipulationssprache das gleiche Auswahlvermögen aufweist wie die relationale Algebra, so spricht man von einer ***relational vollständigen Sprache*** [12].

Wenn sich die relationale Algebra in der Praxis auch nicht durchzusetzen vermochte, so hat sie doch die Entwicklung von bedeutenden Datenmanipulationssprachen nachhaltig zu beeinflussen vermocht. So sind beispielsweise auch in SQL (Structured Query Language) [22], das aus den IBM-Entwicklungsarbeiten für ein relationales Datenbanksystem hervorgegangenen ist [7], Konstrukte der relationalen Algebra vorzufinden.

A.4 Übungen

Übung A.1

Gegeben sei die Menge:

A = { a, b, c }

Man bestimme:

1. Alle möglichen Untermengen von A,
2. Alle echten Untermengen von A.

Übung A.2

Gegeben seien die Mengen:

A = { a, b, c }

B = { b, c }

Man prüfe, ob die folgenden Aussagen formal und wertmässig richtig sind:

1. $b \in A$
2. $b \subset A$
3. $B \in A$
4. $B \subset A$
5. $\{ b \} \in A$
6. $\{ b \} \subset A$

Übung A.3

Gegeben seien die Mengen:

A = { Tom, Su, Ann, Mary }

B = { Su, Mary, Sally }

C = { Ann, Mary, Bob, Sally }

Man bestimme:

1. $A \cup A$
2. $A \cup B$

3. $A \cup C$

4. $B \cup C$

5. $(A \cup B) \cup C$

   Anmerkung: In der vorstehenden Aufgabe soll die Menge A zuerst mit der Menge B vereinigt werden. Sodann soll das Ergebnis mit der Menge C vereinigt werden.

6. $A \cup (B \cup C)$

   Anmerkung: In der vorstehenden Aufgabe soll zuerst die Menge B mit der Menge C vereinigt werden. Sodann soll das Ergebnis mit der Menge A vereinigt werden (man vergleiche die Ergebnisse der Übungen 5 und 6).

7. $A \cap B$
8. $(A \cap B) \cap C$
9. $A \cap (B \cap C)$
10. $A - C$
11. $C - A$
12. $B - B$

Übung A.4

Gegeben seien die Funktionen:

$f: A \longrightarrow B$

$g: A \longrightarrow C$

$h: B \longrightarrow C$

$i: C \longrightarrow B$

Man prüfe, ob die folgenden Aussagen zutreffen *können*:

1. $f = i \circ g$
2. $g = h \circ f$
3. $h = g \circ f$

Anhang B: Lösungen zu den Übungen

Im vorliegenden Anhang werden Lösungen zu den Übungen der einzelnen Kapitel diskutiert. Zu beachten ist, dass für zahlreiche Übungen neben der vorgeschlagenen Lösung auch anderweitige Lösungsvarianten denkbar sind.

Lösung zu Übung 2.1

Abb. B.1 zeigt eine mögliche Lösung zu Übung 2.1.

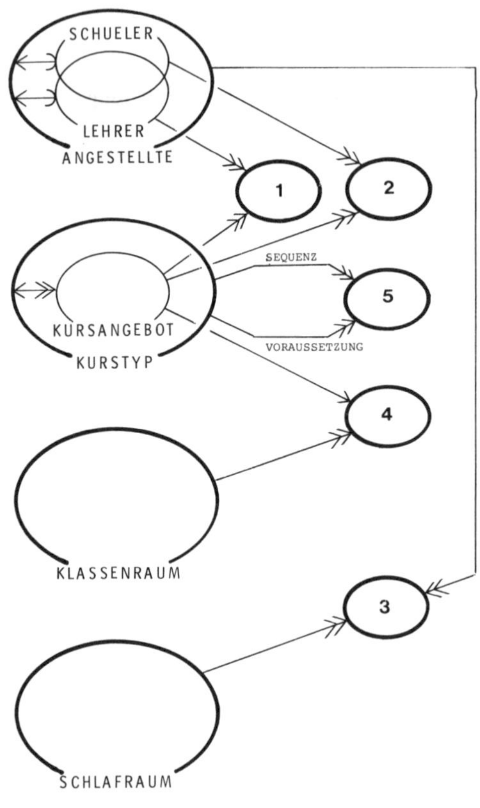

Abb. B.1 Mögliche Lösung zu Übung 2.1.

Anmerkung: Bei der Modelldefinition sollte man sich überlegen, ob nur ein ***momentaner Realitätszustand*** *oder auch* ***historische Sachverhalte*** *abzubilden sind. So ermöglicht beispielsweise die der Beziehungsmenge (3) zugrunde liegende (M:M)-Abbildung die Berücksichtigung von Aussagen bezüglich der Raumbelegung im Verlaufe der Zeit. Wäre nur die aktuelle Raumbelegung von Interesse, so müsste der Beziehungsmenge (3) folgende (C:1)-Abbildung zugrunde gelegt werden:*

SCHLAFRAUM ⟵) ANGESTELLTE

Lösung zu Übung 2.2

Abb. B.2 zeigt eine mögliche Lösung zu Übung 2.2.

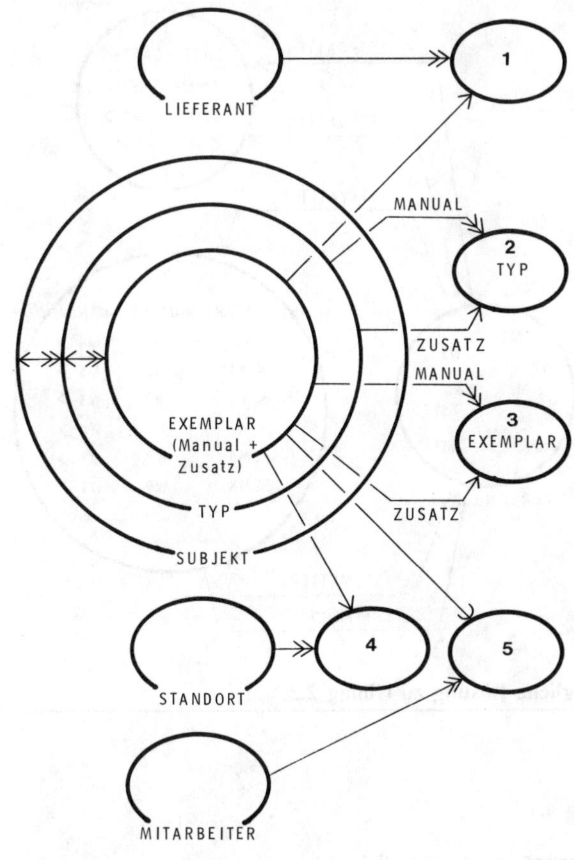

Abb. B.2 Mögliche Lösung zu Übung 2.2.

Anmerkung: Mit der Beziehungsmenge (2) kann typenmässig (also allgemein gültig) festgehalten werden, welche Zusatztypen für einen Manualtyp erforderlich sind. Damit kann überprüft werden, ob die tatsächlich vorhandenen (bzw. bestellten) Manualexemplare die erforderlichen Zusatzexemplare aufweisen.

Lösung zu Übung 2.3

Abb. B.3 zeigt eine mögliche Lösung zu Übung 2.3.

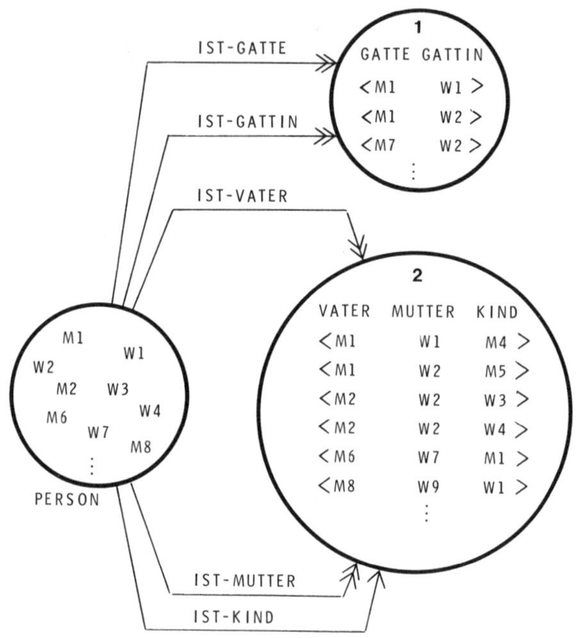

Abb. B.3 Mögliche Lösung zu Übung 2.3.

Lösung zu Übung 4.1

Folgende Relationen sind erforderlich:

Für die Abbildung A ⟷ B:

R (A, + B)   oder   R (+ A, B)

Für die Abbildung A ⟵) B:

R (A, +/nw B)

Anmerkung: B ist ***Pseudoschlüsselkandidat.***

Für die Abbildung A ↞⟶ B:

R (A, B)

Für die Abbildung A ↞→ B:

R (A, nw B)

Für die Abbildung A ↞↠ B:

R (A, B)

Lösung zu Übung 4.2

Abb. B.4 zeigt in graphischer Form die aufgrund der Übungsstellung in der Relation

LIEFERUNG (L#, NAME, P#, BEZEICHNUNG, MENGE)

vorliegenden Abhängigkeiten. Offenbar ist nur das Attribut MENGE vom zusammengesetzten Schlüssel L#, P# voll funktional abhängig. Die übrigen nicht dem Primärschlüssel angehörenden Attribute verletzen allesamt die 2NF und müssen aus der Relation LIEFERUNG eliminiert werden.

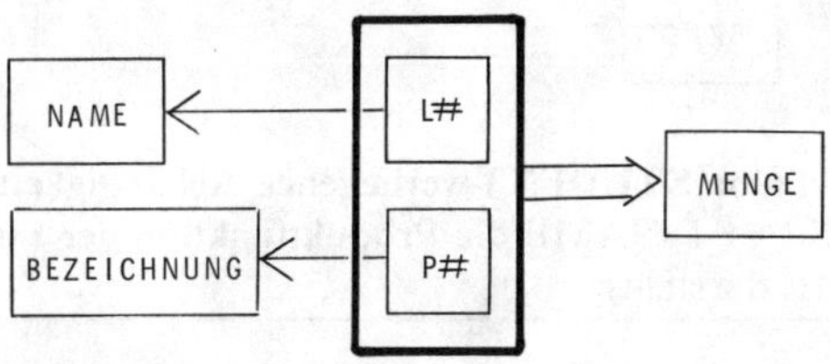

Abb. B.4 In der Relation LIEFERUNG vorliegende Abhängigkeiten.

Die Normalisierung der Relation LIEFERUNG ergibt:

LIEFERANT (L#, NAME)

PRODUKT (P#, BEZEICHNUNG)

LIEFERUNG (L#, P#, MENGE)

Lösung zu Übung 4.3

Abb. B.5 zeigt in graphischer Form die aufgrund der Übungsstellung in der Relation

STUDENT (S#, S.NAME, GEBURT.DATUM, K#, BZNG, NOTE, P#, P.NAME)

vorliegenden Abhängigkeiten. Offenbar ist nur das Attribut NOTE vom zusammengesetzten Schlüssel S#, K# voll funktional abhängig. Die übrigen nicht dem Primärschlüssel angehörenden Attribute verletzen allesamt die 2NF und müssen aus der Relation STUDENT eliminiert werden.

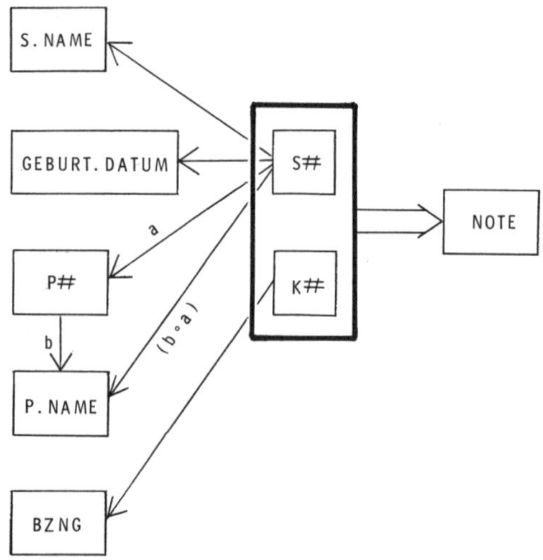

Abb. B.5 In der Relation STUDENT vorliegende Abhängigkeiten. (Man beachte, dass die Funktion S# → P.NAME die Produktfunktion der Funktionen S# → P# und P# → P.NAME darstellt).

Die Normalisierung der Relation STUDENT bis hin zur 2NF ergibt:

STUDENT (S#, S.NAME, GEBURT.DATUM, P#, P.NAME)

KURS (K#, BZGN)

S-K (S#, K#, NOTE)

Die Relationen KURS und S-K können die 3NF nicht verletzen. Hingegen ist in der Relation STUDENT das Attribut P-NAME vom Primärschlüssel S# transitiv abhängig und verletzt damit die 3NF. Die Normalisierung der 2NF-Relation STUDENT ergibt:

STUDENT (S#, S.NAME, GEBURT.DATUM, P#)

PROFESSOR (P#, P.NAME)

Lösung zu Übung 4.4

Abb. B.6 zeigt die in der Relation

ORGANISATION (M#, A#, V.M#, P#)

vorliegenden funktionalen Abhängigkeiten, die entweder aufgrund der Übungsstellung vorgegeben sind oder aufgrund der Produktfunktionsregel abgeleitet werden können.

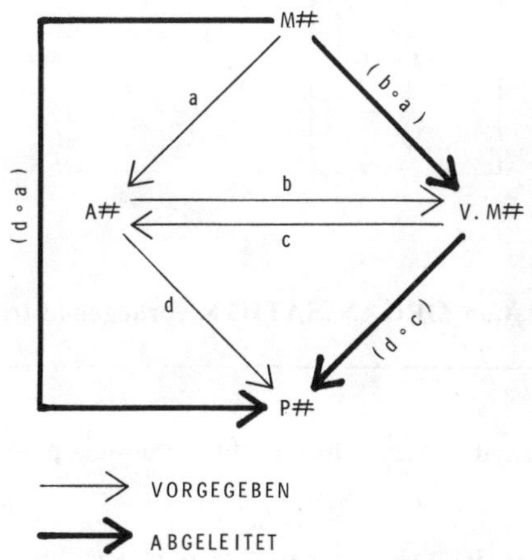

Abb. B.6 Übung 4.4: Vorgegebene und aufgrund der Produktfunktionsregel ableitbare Funktionen.

Die in Abb. B.6 gezeigten funktionalen Abhängigkeiten bewirken die in Abb. B.7 aufgeführten vier transitiven Abhängigkeiten. Damit verletzt die Relation ORGANISATION die 3NF aber gleich vierfach.

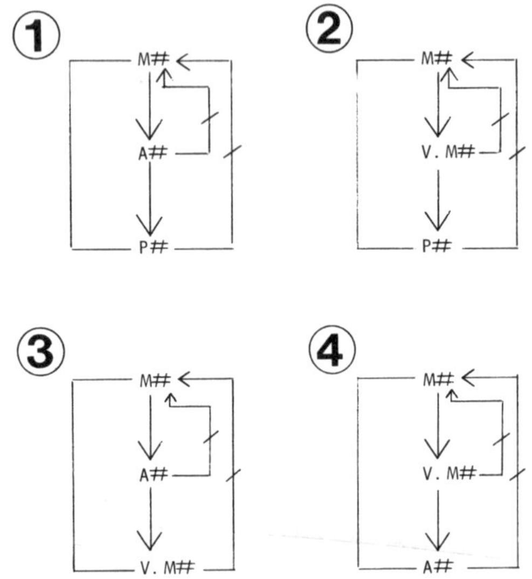

Abb. B.7 In der Relation ORGANISATION vorliegende transitive Abhängigkeiten.

Die transitive Abhängigkeit 1 kann durch Elimination von P# behoben werden. Es resultiert:

R1 (M#, A#, V.M#) und R2 (A#, P#)

Die Relation R1 verletzt die 3NF nach wie vor, weist sie doch immer noch die transitiven Abhängigkeiten 3 und 4 (siehe Abb. B.7) auf. Wird die transitive Abhängigkeit 3 eliminiert, so resultieren die Relationen:

R3 (M#, A#) und R4 (A#, + V.M#)

Zusammen mit der bereits erhaltenen Relation R2 ergeben die Relationen R3 und R4 eine 1. Lösungsvariante.

Die Normalisierung der Relation R1 ist auch aufgrund einer Elimination der transitiven Abhängigkeit 4 (siehe Abb. B.7) möglich. Dabei resultieren die Relationen:

R5 (M#, V.M#) und R6 (V.M#, + A#)

Zusammen mit der bereits erhaltenen Relation R2 ergeben die Relationen R5 und R6 eine 2. Lösungsvariante.

Zwei weitere Lösungsvarianten ergeben sich, wenn die vorgegebene Relation ORGANISATION durch eine Elimination der transitiven Abhängigkeit 2 (siehe Abb. B.7) normalisiert wird. Dabei resultieren die Relationen:

R1 (M#, A#, V.M#) und R7 (V.M#, P#)

Für die Normalisierung der Relation R1 bestehen wiederum die bereits beschriebenen Möglichkeiten. Das heisst: es resultieren bei einer Elimination der transitiven Abhängigkeit 3 (siehe Abb. B.7) die bereits genannten Relationen R3 und R4, während bei einer Elimination der transitiven Abhängigkeit 4 die Relationen R5 und R6 anfallen. Damit ergeben sich aber zwei weitere Lösungsvarianten: nämlich die Lösungsvariante 3 mit den Relationen R3, R4 und R7 und die Lösungsvariante 4 mit den Relationen R5, R6 und R7. Abb. B.8 fasst die vorstehenden Überlegungen zusammen.

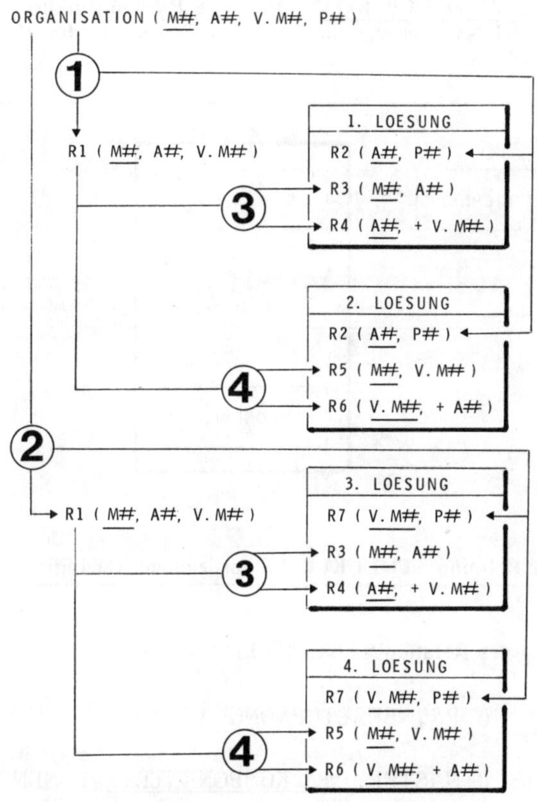

Abb. B.8 Der Normalisierungsprozess kann zu mehreren, logisch gleichwertigen Lösungen führen.

Anmerkung: Die vier Lösungsvarianten sind – logisch gesehen – gleichwertig. Eine bestimmte Lösungsvariante könnte sich allenfalls deswegen aufdrängen, weil die Rela-

tionen besagter Variante Attributskombinationen aufweisen, die häufiger zur Anwendung gelangen als die Attributskombinationen von Relationen anderweitiger Lösungsvarianten.

Lösung zu Übung 4.5

Abb. B.9 zeigt in graphischer Form die aufgrund der Übungsstellung in der Relation

```
STUECKLISTE ( MASTER.P#, BEZEICHNUNG, KOMPONENTE.P#,
              MENGE )
```

vorliegenden Abhängigkeiten. Offenbar ist nur das Attribut MENGE vom zusammengesetzten Schlüssel MASTER.P#, KOMPONENTE.P# voll funktional abhängig. Das Attribut BEZEICHNUNG verletzt die 2NF und muss aus der Relation STUECKLISTE eliminiert werden.

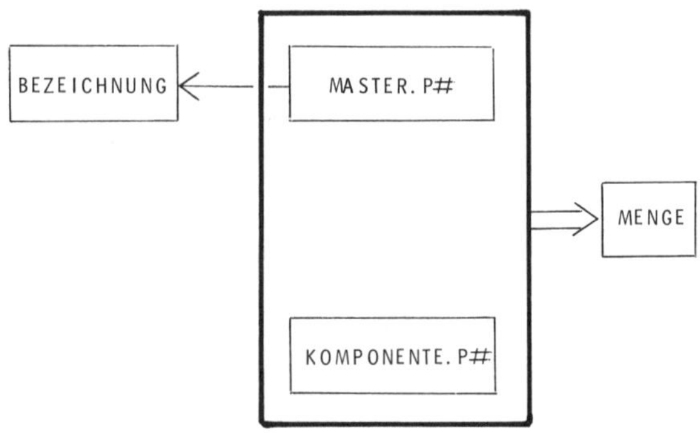

Abb. B.9 In der Relation STUECKLISTE vorliegende Abhängigkeiten.

Die Normalisierung der Relation STUECKLISTE ergibt:

```
PRODUKT     ( P#, BEZEICHNUNG )

STUECKLISTE ( MASTER.P#, KOMPONENTE.P#, MENGE )
```

Lösung zu Übung 4.6

Die Relation

```
ABTEILUNG ( A#, ... , + V.M#, NAME )
```

weist keine transitive Abhängigkeit im Sinne der Informatiker auf und verletzt demzufolge ***kein*** Normalisierungskriterium. Man beachte, dass das als ***Schlüsselkandidat*** erscheinende Attribut V.M# die Einbringung von Redundanz bezüglich des Attributes NAME verhindert.

Lösung zu Übung 4.7

Die Relation

```
MITARBEITER ( M#, ... , PLZ, ORT )
```

verletzt die 3NF, weil ORT von M# transitiv abhängig ist. Die Normalisierung der Relation MITARBEITER ergibt:

```
MITARBEITER ( M#, ... , PLZ )

ORT         ( PLZ, ORT )
```

*Anmerkung: Obschon die vorgegebene Relation MITARBEITER die 3NF verletzt, wird man aus **Effizienzgründen** vermutlich auf eine Normalisierung der genannten Relation verzichten. Damit nimmt man aber in Kauf, dass die Integrität über die Zeit nicht gewährleistet werden kann. In der Praxis wird man wiederholt Kompromisse der vorstehenden Art eingehen müssen. Wichtig ist dabei, dass man immer von einer logisch einwandfreien, voll normalisierten Lösung ausgeht, weil nur so erkannt werden kann, wo und wie sich Kompromisse nachteilig auswirken können.*

Lösung zu Übung 4.8

Nur Version b) ist korrekt.

Erklärung: Man unterstelle folgende, die in der Übungsstellung vorgegebenen Abbildungen respektierende Relation R:

```
R ( A,  B,  C )
    a1  b1  c1
    a2  b1  c1
    a3  b2  c1
```

Die Normalisierung der Relation R gemäss Version a) ergibt folgende Relationen:

```
R1 ( A,  B )        R2 ( A,  C )

     a1  b1              a1  c1
     a2  b1              a2  c1
     a3  b2              a3  c1
```

Offensichtlich lässt sich ohne weiteres in R1 das Tupel < a4, b1 > und in R2 das Tupel < a4, c2 > einbringen. Diese möglichen Einschübe bewirken aber indirekt eine Verletzung der vorgegebenen Funktion B $\longrightarrow$ C, hätten doch die genannten

Einschübe zur Folge, dass der Attributswert b1 bei einer Rekonstruktion der ursprünglichen Relation R zusammen mit den Attributswerten c1 und c2 in Erscheinung treten würde. Mit der Version a) lässt sich demzufolge die Integrität der Daten nicht gewährleisten.

Was die Version c) anbelangt, so ergibt die Normalisierung der Relation R folgende Relationen:

R2 (<u>A</u>,	C)
a1	c1
a2	c1
a3	c1

R3 (<u>B</u>,	C)
b1	c1
b2	c1

Mit diesen Relationen ist aber die Rekonstruktion der ursprünglichen Relation R nicht möglich. So würden im Verbundergebnis der Relationen R2 und R3 (siehe Anhang A.3) die nicht der ursprünglichen Relation R angehörenden Tupel < a1, b2, c1 >, < a2, b2, c1 > sowie < a3, b1, c1 > vorzufinden sein.

Lösung zu Übung 4.9

Abb. B.10 zeigt, wie die Relation

LIEFERUNG (<u>L#, P#, FARBE</u>)

aus einer Verbundoperation der Relationen LP und PF resultiert. Man beachte, dass die beiden letztgenannten Relationen folgende unabhängigen, den gleichen Entitätstyp betreffenden komplexen Assoziationen festhalten:

$$P\# \twoheadrightarrow L\#$$

$$P\# \twoheadrightarrow FARBE$$

Damit liegen aber in der Relation LIEFERUNG die mehrwertigen Abhängigkeiten

$$P\# \rightarrow\rightarrow FARBE$$

(mit der Bedeutung, dass ein von einem Lieferanten in verschiedenen Farben geliefertes Produkt in den gleichen Farben von allen das Produkt liefernden Lieferanten geliefert werden muss)

sowie

$$P\# \rightarrow\rightarrow L\#$$

(mit der Bedeutung, dass ein in einer Farbe von Lieferanten geliefertes Produkt von den gleichen Lieferanten in allen für besagtes Produkt erhältlichen Farben geliefert werden muss)

vor, was einer Verletzung der 4NF gleichkommt.

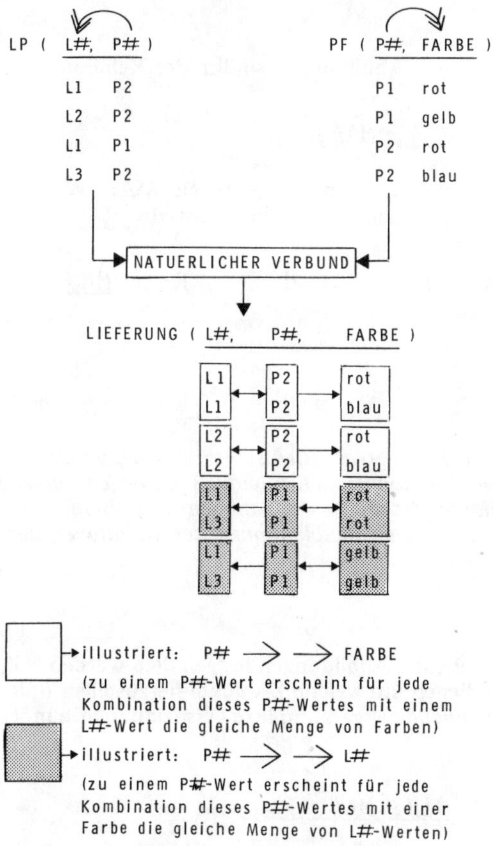

Abb. B.10 Die Relation LIEFERUNG verletzt die 4NF.

Weil mit der Relation LIEFERUNG eine Verletzung der vorstehenden mehrwertigen Abhängigkeiten möglich ist, sollten an Stelle der Relation LIEFERUNG die ebenfalls in Abb. B.10 gezeigten Relationen PF und PL zur Anwendung gelangen.

Lösung zu Übung 4.10

Übung a)

Aufgrund der vorgegebenen Abbildungen ist in der Relation

```
PRODUKTION ( MI#, MA#, P# )
```

das Attribut P# vom Primärschlüssel MI# transitiv abhängig. Die Normalisierung ergibt:

```
R1 ( MI#, MA# )          und          R2 ( MA#, P# )
```

Übung b)

Aufgrund der vorgegebenen Abbildungen sind in der Relation

```
PRODUKTION ( MI#, MA#, P# )
```

sowohl das Attribut P# wie auch das Attribut MA# vom Primärschlüssel MI# transitiv abhängig. Die Normalsierung ergibt entweder

```
R1 ( MI#, MA# )          und          R3 ( MA#, + P# )
```

oder

```
R4 ( MI#, P# )           und          R5 ( P#, + MA# )
```

Anmerkung: Die beiden Lösungsvarianten sind — logisch gesehen — gleichwertig. Eine bestimmte Lösungsvariante könnte sich allenfalls deswegen aufdrängen, weil die Relationen besagter Variante Attributskombinationen aufweisen, die häufiger zur Anwendung gelangen als die Attributskombinationen der Relationen der andern Lösungsvariante.

Übung c)

Sofern mit den vorgegebenen Abbildungen festgehalten werden soll, welche Mitarbeiter welche Maschinen bedienen um welche Produkte herzustellen (mit andern Worten: sofern es sich nicht um ***unabhängige*** komplexe Assoziationen handelt) verletzt die Relation

```
PRODUKTION ( MI#, MA#, P# )
```

kein Normalisierungskriterium.

Übung d)

Mit den vorgegebenen Abbildungen ist vorerst die Relation

```
PRODUKTION ( MI#, P#, MA# )
```

zu definieren. Diese Relation ist allerdings nur dann in 3NF, wenn neben den in der Aufgabenstellung genannten Abbildung auch gilt, dass

$$\text{MI\#} \twoheadrightarrow \text{MA\#}$$

(mit der Bedeutung, dass ein Mitarbeiter mehrere Maschinen bedient)

sowie

$$\text{P\#} \twoheadrightarrow \text{MA\#}$$

(mit der Bedeutung, dass die Produktion eines Produktes mehrere Maschinen erfordert).

Lösung zu Übung 4.11

Mit der Relation

SPRACHKENNTNIS (PERSON, SPRACHE, KENNTNISGRAD)

werden folgende Realitätsbeobachtungen festgehalten:

1. Eine PERSON spricht mehrere SPRACHEN.
2. Eine SPRACHE wird von mehreren PERSONEN gesprochen.
3. Eine PERSON spricht eine bestimmte SPRACHE mit einem bestimmten KENNTNISGRAD.
4. Eine PERSON spricht verschiedene SPRACHEN unterschiedlich gut.
5. Eine SPRACHE wird von verschiedenen PERSONEN unterschiedlich gut gesprochen.

Lösung zu Übung 5.1

Die in Übung 2.1 definierten Konstruktionselemente erfordern folgende Elementarrelationen (siehe auch Abb. B.1):

Elementarrelationen für Entitätsmengen:

KURSTYP (KT#)

KURSANGEBOT (KA#, wl KT#)

Anmerkung: Der in der Relation KURSANGEBOT erscheinende Fremdschlüssel KT# bewirkt – zusammen mit der Beziehungsintegritätsspezifikation wl (für Weitergabe der Löschung stehend) – dass KURSANGEBOT relational als abhängige Entitätsmenge definiert ist.

ANGESTELLTE (A#)

SCHUELER (S#, +/wl A#)

LEHRER (L#, +/wl A#)

Anmerkung: SCHUELER und LEHRER sind aus den bereits genannten Gründen relational als abhängige Entitätsmengen definiert.

```
KLASSENRAUM ( KR# )

SCHLAFRAUM ( SR# )
```

Elementarrelationen für Beziehungsmengen (die nachstehenden Zahlen beziehen sich auf die entsprechend markierten Beziehungsmengen in Abb. B.1):

```
(1)    LEHRER-KURSANGEBOT ( L#, KA# )

(2)    SCHUELER-KURSANGEBOT ( S#, KA# )

(3)    ANGESTELLTER-SCHLAFRAUM ( A#, SR# )

(4)    KURSANGEBOT-KLASSENRAUM ( KA#, KR# )

(5)    SEQUENZ-VORAUSSETZUNG ( VOR.KT#, NACH.KT# )
```

Lösung zu Übung 5.2

Es lassen sich nur die Elementarrelationen

```
KURSANGEBOT ( KA#, wl KT# )

KURSANGEBOT-KLASSENRAUM ( KA#, KR# )
```

aus Übung 5.1 kombinieren.

Nach erfolgter Zusammenfassung lässt sich mit der Globalnormalisierung keine Verletzung der 3NF nachweisen.

Lösung zu Übung 5.3

Die in der Übung vorgegebenen Konstruktionselemente erfordern folgende Elementarrelationen:

Elementarrelationen für Entitätsmengen:

```
KUNDE ( K# )

FAKTUR ( F# )

ARTIKEL ( A# )
```

Elementarrelationen für Beziehungsmengen:

```
FORDERUNG ( F#, K# )

POSTEN ( F#, A# )
```

Elementarrelationen für Entitätsattribute:

```
NAME ( K#, NAME )

ADRESSE ( K#, ADRESSE )

TOTAL ( F#, TOTAL )

DATUM ( F#, DATUM )

ARTIKEL-NAME ( A#, ARTIKEL-NAME )

ARTIKEL-PREIS ( A#, ARTIKEL-PREIS )
```

Elementarrelation für das Beziehungsattribut:

```
MENGE ( F#, A#, MENGE )
```

Die Zusammenfassung der vorstehenden Elementarrelationen ergibt:

```
KUNDE ( K#, NAME, ADRESSE )

FAKTUR ( F#, K#, TOTAL, DATUM )

ARTIKEL ( A#, ARTIKEL-NAME, ARTIKEL-PREIS )

POSTEN ( F#, A#, MENGE )
```

Mit der Globalnormalisierung lässt sich keine Verletzung der 3NF feststellen.

Anmerkung: Das aus einer Multiplikation ARTIKEL-PREIS × MENGE berechenbare Attribut TOTAL ist in der Relation FAKTUR enthalten, weil ein einmal ermitteltes Fakturatotal aus gesetzlichen Gründen jederzeit auch dann ausweisbar sein muss, wenn die Artikelpreise im Verlaufe der Zeit ändern sollten.

Lösung zu Übung 5.4

Die vorgegebenen Konstruktionselemente erfordern folgende Elementarrelationen:

Für die Entitätsmengen:

PRODUKT (P#)

MASCHINE (M#)

MITARBEITER (MI#)

Für die Beziehungsmengen:

PM (P#, M#)

MMI (M#, MI#)

PMI (P#, MI#)

Die Zusammenfassung der Elementarrelationen ergibt:

PRODUKT (P#, M#, MI#)

MASCHINE (M#, MI#)

MITARBEITER (MI#)

Die Globalnormalisierung ergibt, dass die Relation PRODUKT möglicherweise die 3NF verletzt. Stellt sich heraus, dass die in der Relation MASCHINE mit Sicherheit vorliegende Funktion M# ⟶ MI# auch in der Relation PRODUKT zutrifft, so muss das vom Primärschlüssel P# transitiv abhängige Attribut MI# eliminiert werden. Nachdem dieser Sachverhalt für den 1. Fall der Übungsstellung zutrifft, ergeben sich nach erfolgter Globalnormalisierung folgende Relationen:

PRODUKT (P#, M#)

MASCHINE (M#, MI#)

MITARBEITER (MI#)

Im 2. Fall der Übungsstellung trifft die in der Relation MASCHINE vorliegende Funktion M# ⟶ MI# in der Relation PRODUKT nicht zu. Dies bedeutet, dass die Relation PRODUKT kein Normalisierungskriterium verletzt. Es empfiehlt sich in diesem Falle, mit Rollen zu umschreiben, was das Attribut MI# in der Relation PRODUKT bzw. MASCHINE zu bedeuten hat. Damit ergeben sich folgende Relationen:

PRODUKT (P#, M#, VERKAEUFER.MI#)

MASCHINE (M#, BEDIENER.MI#)

MITARBEITER (MI#)

Lösung zu Übung 5.5

Das in Abb. B.3 gezeigte Realitätsmodell erfordert folgende Relationen:

PERSON (PE#, VATER.PE#, MUTTER.PE#)

EHE (GATTE.PE#, GATTIN.PE#)

Lösung zu Übung 6.1

Abb. B.11 zeigt die dem Formular FAKTUR zugrunde liegenden Konstruktionselemente.

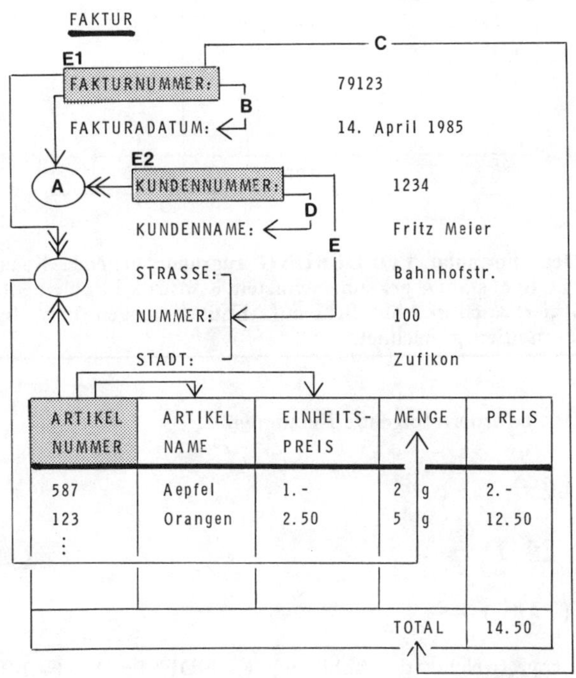

Abb. B.11 Dem Formular FAKTUR zugrunde liegende Konstruktionselemente. Die mit Buchstaben gekennzeichneten Konstruktionselemente treten entsprechend markiert auch in Abb. B.12 auf. Entitätsmengen (bzw. deren Entitätsschlüssel) sind schattiert gezeichnet.

Abb. B.12 zeigt die dem Formular FORDERUNG zugrunde liegenden Konstruktionselemente.

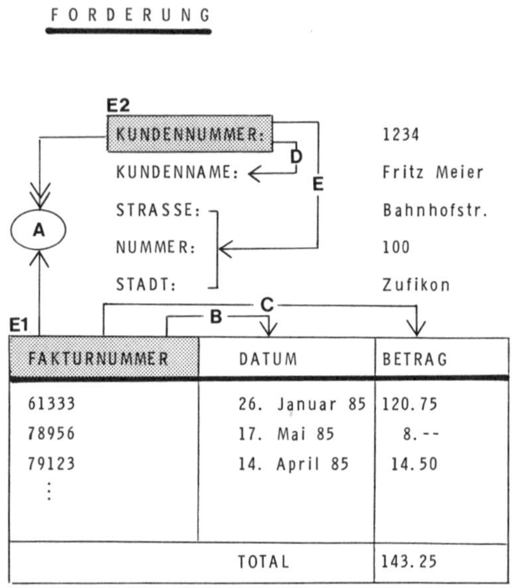

Abb. B.12 Dem Formular FORDERUNG zugrunde liegende Konstruktionselemente. Die mit Buchstaben gekennzeichneten Konstruktionselemente treten entsprechend markiert auch in Abb. B.11 auf. Entitätsmengen (bzw. deren Entitätsschlüssel) sind schattiert gezeichnet.

Die Entitätsmengen erfordern folgende Relationen:

KUNDE (K#)

FAKTUR (F#)

ARTIKEL (A#)

Die Beziehungsmenge, welcher die Abbildung KUNDE ←→→ FAKTUR zugrunde liegt, wird aufgrund einer Erweiterung der Relation FAKTUR wie folgt festgehalten:

FAKTUR (F#, K#)

Die Beziehungsmenge, welcher die Abbildung FAKTUR ←←→→ ARTIKEL zugrunde liegt, wird aufgrund einer zusätzlichen Relation wie folgt festgehalten:

POSTEN (F#, A#)

Mit der Globalnormalisierung lässt sich keine Verletzung der 3NF nachweisen.

Die Entitätsattribute werden wie folgt aufgrund von Erweiterungen der Relationen KUNDE, FAKTUR und ARTIKEL festgehalten:

```
KUNDE ( K#, NAME, ADRESSE )

FAKTUR ( F#, K#, DATUM, TOTAL )

ARTIKEL ( A#, ARTIKEL-NAME, ARTIKEL-PREIS )
```

Schliesslich wird das Beziehungsattribut wie folgt aufgrund einer Erweiterung der Relation POSTEN festgehalten:

```
POSTEN ( F#, A#, MENGE )
```

Nachdem die vorstehende Erweiterung eine Relation mit zusammengesetztem Schlüssel betrifft, ist zu prüfen, ob die Erweiterung eine Verletzung der 2NF bewirkt. Dies ist nicht der Fall, weil in einer Faktur mehrere Artikel in unterschiedlichen Mengen vorliegen können. Zudem ist es möglich, dass ein Artikel in mehreren Fakturen in unterschiedlichen Mengen auftreten kann. Dies bedeutet aber, dass die MENGE vom zusammengesetzten Schlüssel F#, A# voll funktional abhängig ist.

Die vorstehende Lösung ermöglicht die Berücksichtigung der gesetzlichen Bestimmung, derzufolge ein einmal ermitteltes Fakturatotal auch dann ausweisbar sein muss, wenn die Artikelpreise im Verlaufe der Zeit einer Änderung unterliegen. Eine einmal erstellte Faktur lässt sich aber mit den vorstehenden Relationen im Falle von Artikelpreisänderungen nicht mehr erstellen. Sollte dies erwünscht sein, so müssten die Relationen wie folgt definiert werden:

```
KUNDE ( K#, NAME, ADRESSE )

FAKTUR ( F#, K#, DATUM )

ARTIKEL ( A#, ARTIKEL-NAME )

POSTEN ( F#, A#, MENGE )

ARTIKEL-PREIS ( A#, AB.DATUM, ARTIKEL-PREIS )
```

Lösung zu Übung 7.1

Abb. B.13 zeigt ein konzeptionelles Strukturdiagramm für die in Übung 6.1 ermittelten Relationen:

KUNDE (<u>K#</u>, NAME, ADRESSE)

FAKTUR (<u>F#</u>, K#, DATUM, TOTAL)

ARTIKEL (<u>A#</u>, ARTIKEL-NAME, ARTIKEL-PREIS)

POSTEN (<u>F#, A#</u>, MENGE)

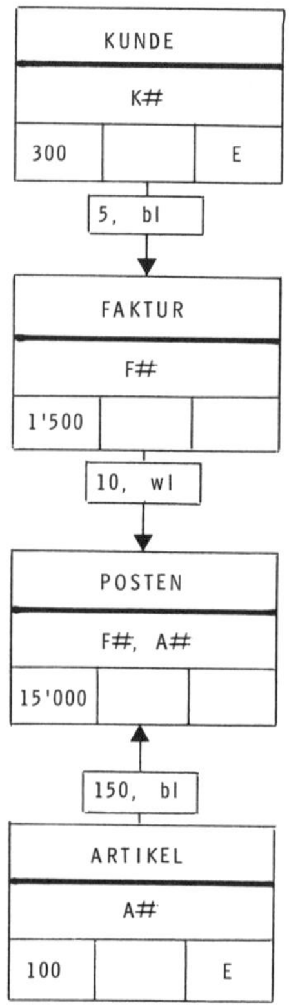

Abb. B.13 Strukturdiagramm für die in Übung 6.1 ermittelten Relationen.

Lösung zu Übung 7.2

Die in Übung 6.1 gezeigten Formulare erfordern folgende Zugriffspfade:

Zugriffspfad für Formular FAKTUR:

FAKTUR → KUNDE

→ POSTEN → ARTIKEL

Zugriffspfad für Formular FORDERUNG:

KUNDE → FAKTUR

Lösung zu Übung 7.3

Abb. B.14 zeigt die aus den vorstehenden Zugriffspfaden abgeleiteten logischen Datenstrukturen.

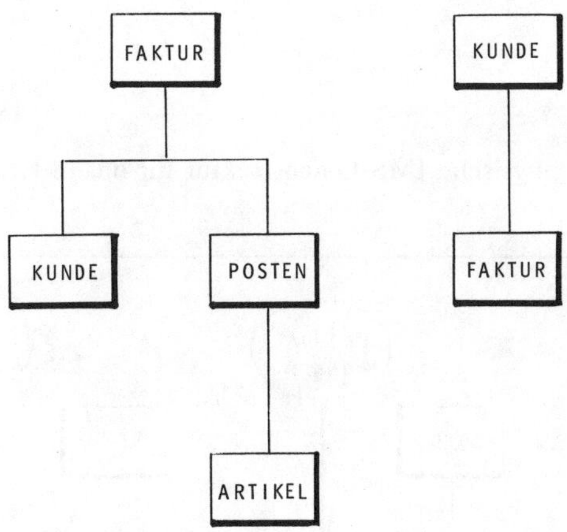

Abb. B.14 Von Zugriffspfaden abgeleitete logische Datenstrukturen.

Lösung zu Übung 7.4

Abb. B.15 zeigt die Zugriffspfadmatrix mit den für die Erstellung der Formulare FAKTUR und FORDERUNG erforderlichen Zugriffspfaden.

VON \ ZU	KUNDE	FAKTUR	POSTEN	ARTIKEL
KUNDE		1		
FAKTUR	1		1	
POSTEN				1
ARTIKEL				

Abb. B.15 Zugriffspfadmatrix mit Zugriffspfaden.

Lösung zu Übung 8.1

Abb. B.16 zeigt eine physische IMS-Datenstruktur für das in Übung 6.1 erhaltene Relationenmodell.

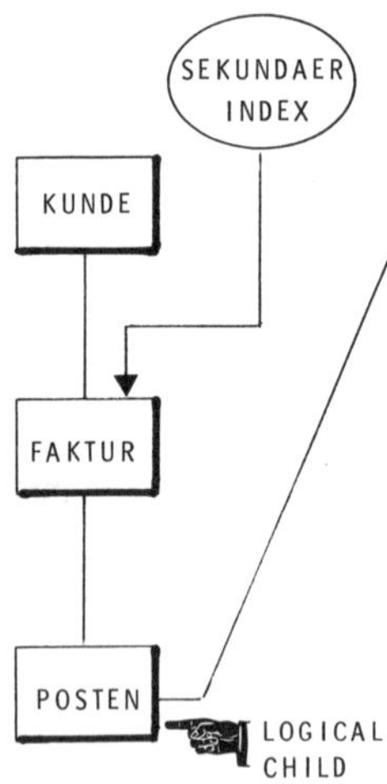

Abb. B.16 Physische IMS-Datenstruktur für Relationenmodell aus Übung 6.1.

Anmerkung: Die Minimalisierung der logischen Twin-Kette würde erfordern, dass das Segment POSTEN dem Segment ARTIKEL untergeordnet wird. Weil aber gemäss Zugriffspfadmatrix (siehe Abb. B.15) immer nur entsprechend

$$FAKTUR \rightarrow POSTEN \rightarrow ARTIKEL$$

nie aber entsprechend

ARTIKEL → POSTEN → FAKTUR

auf die Daten zugegriffen wird, empfiehlt es sich, das Segment POSTEN dem Segment FAKTUR unterzuordnen.

Mit dem für das Segment FAKTUR definierten Sekundär-Index wird der Zugriffspfad

FAKTUR → KUNDE

→ POSTEN → ARTIKEL

ermöglicht. Dank dem Sekundär-Index lässt sich nämlich die physische Struktur aus Abb. B.16 in die durch den obgenannten Zugriffspfad definierte logische Struktur (1) aus Abb. B.17 invertieren.

Lösung zu Übung 8.2

Abb. B.17 zeigt die von der physischen IMS-Datenstruktur aus Abb. B.16 abgeleiteten logischen Datenstrukturen zur Erstellung der Formulare FAKTUR und FORDERUNG.

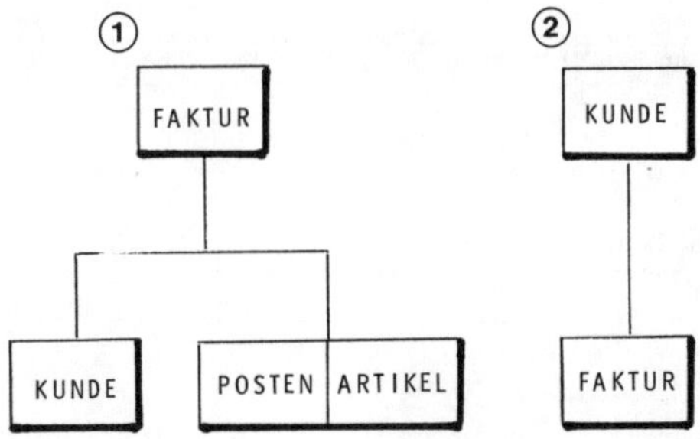

Abb. B.17 Aus physischer IMS-Datenstruktur abgeleitete logische Datenstrukturen.

Lösung zu Übung 8.3

Abb. B.18 zeigt die unbedingt erforderlichen Indices, um das in Übung 6.1 erhaltene Relationenmodell in einer operationellen Umgebung betreiben zu können.

```
             ▼
KUNDE ( K#,  NAME,  ADRESSE )

             ▼     ▽
FAKTUR ( F#,  K#,  TOTAL,  DATUM )

              ▼
ARTIKEL ( A#,  ARTIKEL-NAME, ARTIKEL-PREIS )

                 ▼
POSTEN ( F#,  A#,  MENGE )

  ▶ EINDEUTIGER (UNIQUE) INDEX
  ▷ MEHRDEUTIGER (NON UNIQUE) INDEX
```

Abb. B.18 Erforderliche Indices für Relationenmodell.

Lösung zu Übung A.1

1. { },

   { a }, { b }, { c },

   { a, b }, { a, c }, { b, c },

   { a, b, c }

2. wie 1., ausser { a, b, c }

Lösung zu Übung A.2

1. ja
2. nein
3. nein
4. ja
5. nein
6. ja

Lösung zu Übung A.3

1. { Tom, Su, Ann, Mary }
2. { Tom, Su, Ann, Mary, Sally }

3. { Tom, Su, Ann, Mary, Bob, Sally }

4. { Su, Mary, Sally, Ann, Bob }

5. { Tom, Su, Ann, Mary, Sally, Bob }

6. { Tom, Su, Ann, Mary, Sally, Bob }

Anmerkung: Die Übungen 5 und 6 liefern das gleiche Ergebnis; d.h. die Reihenfolge der Vereinigungsoperationen ist belanglos. Man spricht in diesem Zusammenhang vom sog. **Assoziativgesetz.**

7. { Su, Mary }

8. { Mary }

9. { Mary }

Anmerkung: Die Übungen 8 und 9 liefern das gleiche Ergebnis; d.h. die Reihenfolge der Durchschnittsoperationen ist belanglos. Auch hier spricht man vom sog. **Assoziativgesetz.**

10. { Tom, Su }

11. { Bob, Sally }

12. $\emptyset$

Lösung zu Übung A.4

1. ja

2. ja

3. nein

Literatur

[1] Aho A.V., Beeri C., Ullman J.D.: The Theory of Joins in Relational Databases. ACM Transactions on Database Systems 4, No. 3 (September 1979)

[2] Ansi/X3/Sparc: Interim report: Study group on data base management systems. FDT ... Bulletin of ACM-"Sigmod", the Special Interest Group on Management of Data. Vol. 7, No. 2, 1975

[3] Bachmann C.W.: The programmer as navigator. CACM, Vol. 16, No. 11, 1973

[4] Betriebswissenschaftliches Institut der Eidg. Technischen Hochschule: BWI-Info, Nr. 1, 1980

[5] Boehm B.W.: Software engineering. IEEE Transactions on computers, Vol. 25, No. 12, December 1976

[6] Büchel A.: EDV für Betriebsingenieure. Vorlesungsunterlagen, Eidgenössische Technische Hochschule, Zürich, 13. April 1978

[7] Chamberlin D.D., Boyce R.F.: Sequel: A structured english query language. Proc of the Sixth Ann. Princeton Conf. on Information Science and Systems, March 1972

[8] Codasyl Data Base Task Group: April 1971 Report. IFIP Administrative Data Processing Group Amsterdam

[9] Codd E.F.: A relational model for large shared data banks. CACM, Vol. 13, No. 6, June 1970

[10] Codd E.F.: A Data Base Sublanguage Founded on the Relational Calculus. Proc. 1971 ACM SIGFIDET Workshop on Data Description, Access and Control

[11] Codd E.F.: Further normalization of the relational model. Data Base Systems, Courant computer science symposium 6, 1971. Rustin R., Editor, Englewood Cliffs, New Jersey 1972

[12] Codd E.F.: Relational Completeness of Data Base Sublanguages. In Data Base Systems, Courant Computer Science Symposium Series, Vol. 6. Englewood Cliffs, N.J.: Prentice-Hall, 1972

[13] Daenzer W.F.: Systems Engineering. Verlag "Industrielle Organisation", Zürich 1976/77

[14] Data Dictionary Systems Working Party: The British Computer Society Data Dictionary Systems Working Party Report. Database, ACM SIGBDP Newsletter Vol. 9, No.2, 1977

[15] Date C.J.: An Introduction to Database Systems. Addison Wesley Publishing Company, 1981

[16] Date C.J.: A practical guide to database design. Technical Report TR-03.220, IBM Santa Teresa Laboratory, San Jose, 1982

[17] Fagin R.: Multivalued Dependencies and a New Normal Form for Relational Databases. ACM Transactionson Database Systems 2, No. 3 September 1977)

[18] Foster C.C.: Content Addressable Parallel Processors. Van Nostrand Reinhold Company, 1976

[19] Hein K.P.: Information System Model and Architecture Generator. IBM Systems Journal, Vol. 24, Nos 3/4, 1985

[20] IBM-Broschüre: Information Management System (IMS/VS). "Concepts and Facilities". F-Nr. ZR20-4411

[21] IBM-Broschüre: Data Language I (DL/I DOS/VS). "General information". F-Nr. GH20-1246

[22] IBM-Broschüre: IBM Database 2, Reference, SC26-4078

[23] IBM-Broschüre: 8100 DPPX – Distributed processing programming executive: "DTMS – Data base and transaction management system", F-Nr. GC26-3915

[24] IBM-Broschüre: VSAM – Virtual storage access method: "Primer and reference", F-Nr. G320-5774

[25] Jackson M.A.: Grundsätze des Programmentwurfs. S. Toeche-Mittler Verlag, Darmstadt 1979

[26] Jaeger H.: Darstellungstechniken für EDV-Informationssysteme. Betriebswissenschaftliches Institut der ETH, Forschungsberichte für die Unternehmungspraxis, Band 8, 1978

[27] Kendall R.C.: Management perspectives on programs, programming and productivity. Guide 45, Atlanta, Georgia, Nov 2, 1977

[28] Lipschutz S.: Finite Mathematics. Schaum's Outline Series, McGraw-Hill Book Company, 1966

[29] Lundeberg M., Goldkuhl G., Nilsson A.: Information Systems Development – a Systematic Approach. Prentice-Hall Inc. ISBN 0-13-464677-0 AACR2, 1981

[30] Martin J.: Application development without programmer. Savant research studies, 2, New street, Carnforth, Lancashire, 1981

[31] Martin J.: Manifest für die Informationstechnologie von morgen. Econ Verlag Düsseldorf, Wien, 1985

[32] Nassi I., Shneiderman B.: Flowchart Techniques for Structured Programming. SIGPLAN NOTICES, ACM, Vol. 8, No. 8, 1973

[33] Nicolas J.M.: Mutual Dependencies and some Results on Undecomposable Relations. Proc. 4th International Conference on Very Large Data Bases (1978)

[34] Thomas J.C., Gould J.D.: A psychological study of query-by-example. Proc. National Computer Conference 44, 1975

[35] Vetter M.: Hierarchische, netzwerkförmige und relationalartige Datenstrukturen (mit ausgewählten Beispielen aus einem Fertigungsunternehmen). Dissertation ETH Zürich, Juris Verlag, 1976

[36] Vetter M.: Problem solving capabilities of the relational algebra. Proc. of the International Technical Conference on Relational Data Base Systems, IBM Scientific Center, Bari (Italy), June 23rd to 25th, 1976, IBM F-Nr. G513-3566, 193 - 229

[37] Vetter M.: Principles of data base systems. Proc. of the International Computing Symposium ICS77/ACM, Liege (Belgium), April 4th to 7th, 1977, 555 - 580

[38] Vetter M.: Data base design by applied data synthesis. Proc. of the 3rd International Conference on Very Large Data Bases, Tokyo, Oct. 6-8, 1977

[39] Vetter M.: Konzeptionelles Datenbankdesign mit Relationen. 1. Teil: "Output" Nr. 1, Januar 1981, 2. Teil: "Output" Nr. 2, Februar 1981

[40] Vetter M.: Strategie der Anwendungssoftware-Entwicklung (Planung, Prinzipien, Konzepte). B.G. Teubner Stuttgart, ISBN 3-519-02489-6, 1988

[41] Vetter M.: Methodische Trends in Datenbankmanagementsystemen. 1. Teil: "Output" Nr. 11, November 1981, 2. Teil: "Output" Nr. 12, Dezember 1981

[42] Vetter M.: Data base design methodology. Der Eidg. Techn. Hochschule Zürich vorgelegte Abhandlung zur Erlangung der venia legendi, Zürich, 1981 (die Originalarbeit kann von Interessenten in der Hauptbibliothek der ETH eingesehen werden)

[43] Vetter M.: Data Base Design Methodology. Prentice-Hall International, ISBN 0-13-196535-2, 1981 (es handelt sich um eine vereinfachte, teilweise erweiterte Version der vorstehend aufgeführten Habilitationsschrift)

[44] Vetter M.: Mit einem Data Dictionary zu einem unternehmungsweiten Realitätsmodell. 1. Teil: "Output" Nr. 8, August 1982, 2. Teil: "Output" Nr. 9, Sept. 1982, 3. Teil: "Output" Nr. 10, Okt. 1982, 4. Teil: "Output" Nr. 11, Nov. 1982

[45] Vetter M.: Das Jahrhundertproblem der Informatik. "Output" Nr. 3, März 1987

[46] Vetter M.: Strategy for Data Modelling (application- and enterprise-wide). John Wiley & Sons Limited, Chichester - Sussex - England, ISBN 0-471-91605-6, 1987

[47] Vogt E.: Produktentwicklungen unter Benützergesichtspunkten. IBM Dozentenseminar, Nov. 1980

[48] Wedekind H.: Datenbanksysteme I. Reihe Informatik, Bibliographisches Institut Mannheim

[49] Weizenbaum J.: Kurs auf den Eisberg. Pendo, 1984

[50] Zehnder C.A.: Der Computer als Gesprächspartner: Möglichkeiten und Grenzen. "Output" Nr. 10, 1980

[51] Zehnder C.A.: Informationssysteme und Datenbanken. Verlag der Fachvereine an den Schweizerischen Hochschulen und Techniken, Zürich, 4., überarbeitete und erweiterte Auflage 1987

[52] Zloff M.M.: Query-by-example: a data base language. IBM Systems Journal, No. 4, 1977

Stichwortverzeichnis

E

F

G

H

I

Leitfäden der angewandten Informatik

Bauknecht/Zehnder: **Grundzüge der Datenverarbeitung**
3. Aufl. 293 Seiten. DM 36,–

Beth / Heß / Wirl: **Kryptographie**
205 Seiten. Kart. DM 26,80

Brüggemann-Klein: **Einführung in die Dokumentenverarbeitung**
In Vorbereitung

Bunke: **Modellgesteuerte Bildanalyse**
309 Seiten. Geb. DM 48,–

Craemer: **Mathematisches Modellieren dynamischer Vorgänge**
288 Seiten. Kart. DM 38,–

Frevert: **Echtzeit-Praxis mit PEARL**
2. Aufl. 216 Seiten. Kart. DM 34,–

Frühauf/Ludewig/Sandmayr: **Software-Projektmanagement und -Qualitätssicherung.** 136 Seiten. Kart. DM 28,–

Gorny/Viereck: **Interaktive grafische Datenverarbeitung**
256 Seiten. Geb. DM 52,–

Hofmann: **Betriebssysteme: Grundkonzepte und Modellvorstellungen**
253 Seiten. Kart. DM 36,–

Holtkamp: **Angepaßte Rechnerarchitektur**
233 Seiten. DM 38,–

Hultzsch: **Prozeßdatenverarbeitung**
216 Seiten. Kart. DM 28,80

Kästner: **Architektur und Organisation digitaler Rechenanlagen**
224 Seiten. Kart. DM 28,80

Kleine Büning/Schmitgen: **PROLOG**
2. Aufl. 311 Seiten. DM 36,–

Lüthi/Frehner: **Decision Support Systems: Grundlagen, Entwicklung und Einsatz**
In Vorbereitung

Meier: **Methoden der grafischen und geometrischen Datenverarbeitung**
224 Seiten. Kart. DM 36,–

Meyer-Wegener: **Transaktionssysteme**
242 Seiten. DM 38,–

Mresse: **Information Retrieval – Eine Einführung**
280 Seiten. Kart. DM 38,–

Müller: **Entscheidungsunterstützende Endbenutzersysteme**
253 Seiten. Kart. DM 32,–

Mußtopf / Winter: **Mikroprozessor-Systeme**
302 Seiten. Kart. DM 34,–

Nebel: **CAD-Entwurfskontrolle in der Mikroelektronik**
211 Seiten. Kart. DM 34,–

Retti et al.: **Artificial Intelligence – Eine Einführung**
2. Aufl. X, 228 Seiten. Kart. DM 36,–

Schicker: **Datenübertragung und Rechnernetze**
3. Aufl. 299 Seiten. Kart. DM 42,–

Schmidt et al.: **Digitalschaltungen mit Mikroprozessoren**
2. Aufl. 208 Seiten. Kart. DM 28,80